U0921653

汽车先进技术译丛

车辆网联技术

[德] 克里斯托夫·佐默 (Christoph Sommer)
法尔科·德雷斯勒 (Falko Dressler) 著
胡红星 郭建华 严如强 译

机 械 工 业 出 版 社

《车辆网联技术》一书对于高度发散的车辆网联技术领域进行了全面而扎实的回顾，涵盖了车辆网联的所有重要方面，包括车内通信、车辆间通信、无线接入技术、信息传递、性能评估和安全与隐私。本书适合车辆网联研究人员、汽车行业的工程师、汽车、交通等专业师生以及其它领域但希望了解这个激动人心的新领域基础知识的人们阅读使用。

图书在版编目（CIP）数据

车辆网联技术/（德）克里斯托夫·佐默（Christoph Sommer），（德）法尔科·德雷斯勒（Falko Dressler）著；胡红星，郭建华，严如强译．—北京：机械工业出版社，2017.4

（汽车先进技术译丛）

书名原文：Vehicular Networking

ISBN 978-7-111-56361-7

Ⅰ. ①车…　Ⅱ. ①克…　②法…　③胡…　④郭…　⑤严…　Ⅲ. ①互联网络－应用－汽车工业－研究　Ⅳ. ①F407.471－39

中国版本图书馆 CIP 数据核字（2017）第 052707 号

机械工业出版社（北京市百万庄大街 22 号　邮政编码 100037）

策划编辑：孙　鹏　责任编辑：孙　鹏

责任校对：刘秀芝　封面设计：鞠　杨　责任印制：李　昂

三河市宏达印刷有限公司印刷

2017 年 5 月第 1 版第 1 次印刷

169mm×239mm · 21 印张 · 2 插页 · 415 千字

0 001—3000 册

标准书号：ISBN 978-7-111-56361-7

定价：169.00 元

凡购本书，如有缺页、倒页、脱页，由本社发行部调换

电话服务	网络服务
服务咨询热线：010－88361066	机 工 官 网：www.cmpbook.com
读者购书热线：010－68326294	机 工 官 博：weibo.com/cmp1952
010－88379203	金 书 网：www.golden-book.com
封面无防伪标均为盗版	教育服务网：www.cmpedu.com

译者序

2015年我国发布了《中国制造2025》，正式提出制造强国战略，并将节能与新能源汽车列为国家重点发展的十大领域之一。在2016年又发布了经由500多位专家、学者参与制定的《节能与新能源汽车技术路线图》，其中将智能网联汽车确定为一个重点技术发展领域。而汽车的网联化与智能化构成了智能网联汽车的两大核心技术基础。在今天汽车低碳化、信息化、智能化的技术发展潮流中，依据计算机网络、现代无线通信、移动互联网、大数据、云计算等新一代信息技术的革命性突破而发展起来的车辆网联技术起着至为关键的作用。它不仅已经成为汽车电子的一个核心基础技术，而且正在推动着智能交通的发展，甚至汽车产业格局的变革和崭新的汽车生态环境的建立。而这本专著正是对与汽车网联化相关技术的各个重要方面进行了比较完整而深入的介绍。

自从1886年德国人卡尔·奔驰发明了人类历史上第一辆汽车开始，到1912年美国人查尔斯·凯特林发明了应用于凯迪拉克轿车上的第一个电启动系统，开创了汽车电子的先河，再到1977年美国通用汽车公司在它的奥斯莫比尔品牌汽车上首次采用集成电路芯片控制的电子点火系统，标志着汽车电子进入了微处理器时代，步入了快速发展的历程。而随着1995年美国通用汽车公司OnStar系统的推出更是开启了一个激动人心的智能网联新时代。

广义地说，车辆网联可谓由来已久。一个由线束和接插件连接而成的电器系统就构成了一个最基本的车载电气网络。而CAN网络的出现则极大地推动了车辆电子系统的数字化进程。随后LIN，MOST，FlexRay和新近的以太网的引入，以及CAN网络技术自身不断地提升，使得车载网络成了汽车电子系统信息交换和通信的基础。美国通用汽车公司的OnStar系统可能是历史上第一个商业化的车联网(Telematics)，它借助于无线通信技术实现了车内网络与车载移动互联网络的连接，由此开始了一个划时代的车辆网联新纪元。如果说最经典的车联网系统，如OnStar是以提升车辆安防性为主要目标，那么随后在2007年由福特汽车公司推出的SYN-IC系统则是以加强实时车载信息娱乐为特点。但它们基本上都是一个以汽车生产制造企业为中心的封闭的信息网络系统。而今天人们所谈到的车辆网联已经是车内网、车载移动互联网、车际网三者的融合。它所构造的应该是一个建立在开放的、共享的、协作的平台上的，并由众多参与者共同建立和维护的生态圈。在过去的十多年里，车辆网联技术得到了快速的发展，它的应用领域也日益广泛，同时，也带来了新的挑战与未来新的机会。感谢这本书的两位作者，他们不但对过去十几年中车辆网联技术做了一个很好的总结，而且，还讨论了这一技术未来的趋势，它面临的问题和解决这些问题的方法。

车辆网联技术涉及的专业面非常广泛，而且随着技术的发展以及人们对它认识的深入，还不断会有新的技术领域的拓展。作为车辆网联的核心基础技术，它包括了：以有线与无线车载网络为基础的车内通信，车辆之间和车辆与基础设施之间的通信（车际通信），无线接入技术，信息的传递技术，基于仿真和现场运行试验的系统性能评估技术，以及网络的安全与隐私相关的技术等。在近几年出版的相关领域的著作或译著中对其中一些核心基础技术不乏很好的专业介绍，但是，我们仍然感到还缺少一本能够将车辆网联主要核心技术综合性概括并给出较详细介绍的书籍。而由克里斯托夫·佐默和法尔科·德雷斯勒两位在这一前沿技术领域知名的教授编写的这本专著正可以很好地弥补这一缺失。作为最新的有关车辆网联技术的综合性权威出版物，这本专著所涉及的网联技术的完整性及其广度与深度不仅可以作为希望学习和了解这一领域的初学者的一本优秀的教材，而且也为希望在这一领域进行深入研究的学者们和实际应用的工程师们提供了极有价值的参考。因此，我们相信这本书的出版会对推动国内车辆网联技术的发展和推广应用起到积极的作用。

当然，近年来车辆网联技术及其应用的发展非常迅速，尤其是随着4G/5G通信、移动互联网、云计算、大数据、网络安全、智能化人机交互，以及人工智能等技术的发展，它所涉及技术的深度和广度也在不断地扩展，所带来的应用机会和挑战也不断地呈现。所以，我们也期望本书的作者和其他专家学者们能够不断地完善这本书的内容和拿出新的著作出来。

这本书是由吉利新能源商用车研究院的胡红星、东南大学智能运输系统研究中心的郭建华和东南大学仪器科学与工程学院的严如强合作翻译的。由于本书涉及的技术的专业面很广，限于译者的水平，难免对原著的理解和翻译有不当的地方，同时，在尽量保持原著写作风格的情况下，所做出的翻译也可能不尽完善。请读者见谅，并热诚地欢迎国内外专家学者和广大读者提出宝贵的意见，以帮助我们进一步修订，改进和完善这本翻译的图书。

在本书的翻译过程中，三位译者都得到了各自的许多同事和专家们的帮助和支持，他们对这本译著的完成也做出了贡献。在此一并感谢。

最后，我们感谢出版社的信任和高度专业的工作，得以使这本书出版发行。

前　言

网络化嵌入式系统的大量应用是汽车工业成功的关键因素之一，也触发了大规模的创新周期缩短。由数千米长的电线连接到一起的成百个电子控制单元（ECU）在今天的汽车上运行着，使得从安全到舒适性应用的大量新功能得以实现。只有这些 ECU 能够通过汽车内的一个实时通信网络进行沟通和合作，所有这些功能才能得以实现。

今天，我们处在又一次飞跃的边缘。这个车内网正在被扩展到不仅仅连接本地的 ECU，而且通过车辆间通信（IVC）将整个车辆与其它车辆以及它的外部环境相连接。依赖于现有的第三代（3G）或第四代（4G）无线网，或其它新的特别为车载应用而设计的网络技术，例如 IEEE WAVE、ETSI ITS - G5 和 IEEE 802.11 协议等，使得可以利用车辆之间的自发连接来交换信息，并有望带来新颖的，有时甚至是未来崭新的应用。

使用这样的车辆间通信（IVC），一些通过本地传感器不能获得的安全相关的信息可以实现交互，从而使驾驶人能够穿过大的货车或者建筑物而看到前方的交通状况。这一新的网联汽车的概念创造了新的机会，不但能够提升交通安全，而且能够提升人们的驾驶体验。交通堵塞将完全可以避免（或至少可以提前得知）。甚至可以让驾驶人享受道路上车辆相互协调下的如火车车队样的完全自动驾驶。

车辆网联，这一车辆交换信息网络的融合，正是所有这些愿景建立的共同基础。

我们深深地被这些由车辆网联带来的机会与挑战而迷住，作为这个研究团队的成员已经近十年了。在这个时期里，对于如何连接未来的汽车，形成了许多新的、有时甚至是疯狂的想法和概念。在深入调研之后，发现这其中的许多设想并不适用，但是，确有一些留存下来，而且为目前一些已经接近市场化的解决方案铺平了道路。

从一个研究者的角度，我们能够识别车内和车间通信系统中面临的许多挑战。为了进一步地研究这些问题，我们联合组织了两个 Dagstuhl 研讨会，邀请了全球顶级的专家参加，将工业界的实践者与来自研究院和大学的科学家们组织到了一起，以这样一种方式，我们能够制定正在进行的研究工作的方向，至少是中期的研究方向。

通过由德国计算机科学与电气工程学会（GI 和 ITG）组织的国际 EG - IVC 系列研讨会的形式，我们还为这个领域新的入门者设立了一个补充研讨会系列。

本书的基础是在包括 IEEE CCNC，IEEE ICC，IEEE GLOBECOM 和 IEEE VTC 等所有主要 IEEE 会议上发表的有关这一专题的系列教程，以及 Falko Dressler 在欧洲、美国、南美和亚太地区举办的IEEE杰出讲师讲座的内容。我们还设计了一个新的研究生水平的大学课程，在欧洲不同的大学里教授。

这也激发了我们以一本教科书的形式来汇集我们的经验，为广泛的读者——从希望进入这一激动人心的新领域的学生，到寻找一个综合概述的实际工作者，提供一个集中了过去和未来车辆网联专题的共同概念的参考。

在我们研究车辆网联的十多年里，如果没有许多给予我们以灵感和支持的人们，本书是不可能完成的。他们首先是以这个领域首要的会议——IEEE车辆网联会议为中心的团体。我们想特别提到卡耐基梅隆大学的Ozan K. Tonguz和加州大学洛杉矶分校的Mario Gerla教授，他们与我们合作研究前述的一些最疯狂的想法，并最终确定有价值的和持久的解决方案。我们也要表达对在我们准备本书的过程中给予了支持和帮助的剑桥大学出版社工作人员的谢意！最后，我们要衷心感谢给予我们持久的帮助和支持的家人、朋友和同事们！

我们希望您能如我们快乐地为您准备这份材料一样快乐地阅读本书。我们也热切地欢迎您的任何反馈并邀请您给我们留言，或者查询本书的相关网页http：//book. car2x. org/上提供的补充材料。

克里斯托夫·佐默
法尔科·德雷斯勒
德国帕德伯恩

缩 略 语

缩写	英文全称	解释
3GPP	Third Generation Partnership Project	第三代合作伙伴项目
3GPP2	Third Generation Partnership Project 2	第三代合作伙伴项目 2，一个定义了 CDMAone、CDMA 2000 和 UMB 的竞争组织
AAA	American Automobile Association	美国汽车协会
ABS	Anti – lock braking system	防抱死制动系统
ACC	Adaptive Cruise Control	自适应巡航控制
ACK	Acknowledgement	确认信息
ACO	Ant Colony Optimization	蚁群优化算法
ACs	Access Categories	访问类别
ADAC	German Automobile Association (Allgemeiner Deutscher Automobilclub)	德国汽车协会
ADAS	Advanced Driver Assistance Systems	先进驾驶辅助系统
ADQR	Adaptive Dispersity QoS Routing	自适应分布式 QoS 路由
AHS	Automated Highway System	自动公路系统
AIFS	Arbitration Interframe Space	仲裁帧间间隔
ALDL	Assembly Line Diagnostic Link	总装线诊断连接
AMS	Application Message Service	应用信息服务
AODV	Ad – hoc on – demand Distance Vector Routing	自组织按需距离矢量路由
AP	Access Point	无线网络访问节点
API	Application Programming Interface	应用程序编程接口
AQOR	Ad – hoc QoS on – demand Routing	自组网按服务质量需求路由
ARIB	Association of Radio Industries and Businesses	日本无线电工业与商贸联合会
ASTM	American Society for Testing and Materials	美国材料与试验协会
ATB	Adaptive Traffic Beacon	自适应交通信标
ATIS	Alliance for Telecommunications Industry Solutions	世界无线通信解决方案联盟
AVB	Audio/Video Bridging	音视频桥接技术
BMBF	Bundesministerium für Bildungund Forschung	德国联邦教育与研究部
BMVBS	Bundesministerium für Verkehr, Bau und Stadtentwicklung	德国联邦交通建设与城市开发部
BMWi	Bundesministerium für Wirtschaft und Technologie	德国联邦经济和技术部
BPSK	Binary Phase – shift Keying	二进制相位移动键控
BRS	Bit Rate Switch Flag	位速率开关标志
BSC	Base Station Controller	基站控制器
BSM	Basic Safety Message	基本安全信息
BSS	Basic Service Set	基本服务集
BTP	Basic Transport Protocol	基本传输协议
BTP	Border Gateway Protocol	边界网关协议

（续）

缩写	英文全称	解释
BTS	Base Transceiver Station	基站收发信台
BYOD	Bring Your Own Device	自带设备
CA	Certificate Authority	证书授权
CACC	Cooperative Adaptive Cruise Control	协同式自适应巡航控制
CACS	Comprehensive Automobile Control System	汽车综合控制系统
Caltrans	California Department of Transportation	加利福尼亚州交通运输部
CAM	Cooperative Awareness Message	协同感知信息
CAN	Controller Area Network	控制器局域网络
CAN	Content Addressable Network	内容可寻址网络
CAS	Collision – avoidance Symbol	碰撞规避标识
CCA	Clear Channel Assessment	空闲信道评估
CCH	Control Channel	控制信道
CCK	Complementary Code Keying	互补码键控
CCS	Central Control System	中央控制系统
CDF	Cumulative Distribution Function	累积分布函数
CDMA	Code – division Multiple Access	码分多址
CEPT	European Conference of Postal and Telecommunications Administration	欧洲邮政和电信管理会议
CME	Certificate Management Entity	证书管理实体
CoCar	Cooperative Cars	协同式汽车通信项目
CoCarX	Cooperative Cars Extended	协同式汽车通信扩展项目
COM	Component Object Model	组件对象模型
Converge	Communication Network Vehicle Road Global Extension	通信网络车辆道路全球延伸
CPU	Central Processing Unit	中央处理器
CRC	Cyclic Redundancy Check	循环冗余检测
CRL	Certificate Revocation List	证书吊销列表
CSD	Circuit – switched Data	电路交换数据
CSMA	Carrier – sense Multiple – access	载波监听多址访问
CSMA/BA	Carrier Sense Multiple Access with Bitwise Arbitration	载波监听多址访问/位仲裁
CSMA/CA	Carrier Sense Multiple Access with Collision Avoidance	载波监听多址访问/碰撞规避
CSMA/CD	Carrier Sense Multiple Access with Collision Detection	载波监听多址访问/碰撞检测
CTIC	Central Traffic Information Center	中央交通信息中心
CTS	Clear – to – send	允许发送
CW	Contention Window	竞争窗口
CWS	Collision Warning System	碰撞预警系统
D2B	Demestic Data Bus	家用数字总线
DAB	Digital Audio Broadcasting	数字音频广播
DCC	Decentralized Congestion Control	分散式拥塞控制
DCF	Distributed Coordination Function	分布式协调功能
DCH	Dedicated Channel	专用频道

（续）

缩写	英文全称	解释
DENMs	Decentralized Environmental Notification Messages	分散式环境通知消息
DES	Discrete - event Simulation	离散事件仿真
D - FPAV	Distributed Fair Power Adjustment for Vehicular Network	车载网络的分布式公平功率调整
D - Greedy	Delay - bounded Greedy Forwarding	延迟有界贪婪转发
DHT	Distributed Hash Table	分布式哈希表
DLL	Dynamic Link Library	动态链接库
D - MinCost	Delay - bounded Min - cost Forwarding	延迟有界最小成本转发
DNS	Domain Name System	域名系统
DoIP	Diagnostic Communication over Internet Protocol	互联网协议的诊断通信
DSA	Dynamic Spectrum Access	动态频谱接入
DSC	DCC Sensitivity Control	DCC 灵敏度控制
DSDV	Destination Sequenced Distance Vector	目的序列距离矢量
DSR	Dynamic Source Routing	动态源路由
DSRC	Dedicated Short - range Communication	专用短程通信
DSRC/WAVE	Dedicated Short - range Communication/Wireless Access in Vehicular Environment	专用短程通信/车载环境中的无线接入
DSSS	Direct - sequence Spread Spectrum	直接序列扩展频谱
DTN	Delay/disruption - tolerant Network	延迟/中断容错网络
DV - CAST	Distributed Vehicular Broadcast	分布式车载广播
DYMO	Dynamic MANET on - demand	按需动态移动自组织网
DynB	Dynamic Beaconing	动态信标传输
ECC	Electronic Communications Committee	电子通信委员会
ECDF	Empirical Cumulation Density Function	经验积累密度函数
ECU	Electronic Control Unit	电子控制单元
EDCA	Enhanced Distribution Channel Access	增强型分布式信道接入
EDGE	Enhanced Data Rate for GSM Evolution	增强型数据速率 GSM 演进技术
EGRS	Electronic Route Guidance System	电子路径引导系统
eMBMS	Evolved Multimedia Broadcast/multicase Service	演进的多媒体广播多播业务
EMI	Electromagnetic Interface	电磁干扰
eNodeB	Evolved NodeB	演进型 NodeB
ESI	Error State Indicator Flag	错误状态指示器标志
ESP	Electronic Stability Program	电子稳定系统
ETSI	European Telecommunications Standards Institute	欧洲电信标准协会
FACH	Forward - access Channel	前向接入信道
FairAD	Fair and Adaptive Data Dissemination	公平和自适应数据传播
FairDD	Fair Data Dissemination	公平数据传播
FCC	US Federal Communications Commission	美国联邦通信委员会
FCD	Floating Car Data	浮动车辆数据
FDD	Frequency - division Duplex	频分双工
FDMA	Frequency - division Multiple Access	频分多址
FHWA	Federal Highway Administration	美国联邦公路管理局

（续）

缩写	英文全称	解释
FOT	Field Operational Test	场地运行测试
FPGA	Field – programmable Gate Array	现场可编程门阵列
GGSN	Gateway GPRS Support Node	GPRS 网关支持节点
GHT	Geographic Hash Tables	地理哈希（散列）表
GIDR	Geographic Inter – domain Routing	地理域间路由
GLOSA	Green – light Optimal Speed Advisory	绿灯最佳速度咨询
GPRS	General Packet Radio Service	通用分组无线业务
GPS	Global Positioning System	全球定位系统
GPSR	Greedy Perimeter Stateless Routing	贪婪周边无状态路由
GRWLI	Geographic Routing without Location Information	无位置信息地理路由
GSM	Global System for Mobile Communications	全球移动通信系统
GUI	Graphical User Interface	图形用户界面
HLA	High – level Architecture	高阶仿真架构（高级建模与仿真体系结构）
HMI	Human – machine Interface	人机交互界面
HSCSD	High – speed Circuit – switched Data	高速电路交换数据
HSDPA	High – speed Downlink Packet Access	高速下行链接分组接入
HSPA	High – speed Packet Access	高速分组接入
HSUPA	High – speed Uplink Packet Access	高速上行链接分组接入
IBSS	Independent Basic Service Set	独立基础服务集
ICWS	Intersection Collision Warning System	交叉路口碰撞预警系统
IDE	Integrated Development Environment	集成开发环境
IEEE	Institute of Electrical and Electronics Engineers	电气和电子工程师协会
IETF	Internet Engineering Task Force	互联网工程任务组
IFS	Interframe Space	帧间间隔
ILOC	Intersection Location	交叉路口位置
Intra VC	Intra – vehicle Communication	车内通信
IoT	Internet of Things	物联网
IP	Internet Protocal	网际协议（网络之间互联的协议）
ISM Bands	Industrial – scientific – medical Radio Bands	工业、科学、医学频带
ISO	Internatrional Organization for Standardization	国际标准化组织
ITS	Intelligent Transportation System	智能交通系统
ITSA	Intelligent Transportation Society for America	美国智能交通系统协会
ITS – G5	Intelligent Transportation Systems Access Layer for the 5 – GHz Band	支持 5GHz 频带的智能交通系统接入层
ITU	International Telecommunication Union	国际电信联盟
ITU – R	ITU Recommendations	国际电信联盟建议
ITU – R	ITU Radio Communication Sector	ITU 无线电通信局
ITU – T	ITU Telecommunication Standardization Sector	ITU 电信标准化局
IVC	Inter – vehicle Communication	车辆间通信（车际通信）
IVHS	Intelligent Vehicle – highway System	智能车辆道路系统
IVN	In – vehicle Networking	车载网络

（续）

缩写	英文全称	解释
LAN	Local Area Network	本地局域网
LDM	Local Dynamic Map	本地动态地图
LER	Last - encounter Routing	最后相遇路由
LiDAR	Light Detection and Ranging	激光探测与测量（激光雷达）
LIN	Local Interconnect Network	本地互联网络
LLC	Logical Link Control	逻辑链路控制
LOS	Line - of - sight	视线
LTE	Long Term Evolution	长期演进技术
MAC	Medium Access Control	介质访问控制
MANET	Mobile Ad - hoc Networks	移动自组织网络
MBL	Maximum Tolerable Channel Load	最大允许信道负载
MBMS	Multimedia Broadcast/multicast Service	多媒体广播/多播业务
MBSFN	Muticast - broadcast Single - frequency Network	多播广播单频网络
MCD	Minimum Cost Distribution	最低成本分配
METIS	Mobile and Wireless Communications Enables for 2020 Information Society	2020 年信息社会的移动和无线通信
MFD	Multi - function Display	多功能显示器
MIC	Ministry of Internal Affairs and Communication	内政和通信部
MIMO	Multiple - input Multiple - output	多输入多输出
mmW	Millimeter - wave	毫米波
MNO	Mobile Network Operator	移动网络运营商
MOST	Media Oriented Systems Transport	面向媒体的系统传输
MSC	Mobile Switching Center	移动交换中心
MTU	Maximum Transmission Unit	最大传输单元
MVNO	Mobile Virtual Network Operator	移动虚拟网络运营商
NHTSA	National Highway Traffic Safety Administration	国家公路交通安全管理局
NLOS	Non - line - of - sight	非视距
NRZ	Non - return - to - zero	不归零
O/D	Origin - destination	起点 - 终点
OAD	Obstacle - aware Distribution	障碍感知分布
OBU	On - board Unit	车载单元
OCB	Outside - the - context - of - a - BSS	基本服务集之外
ODbL	Open Database Licence	开放式数据库许可证
OEM	Original Equipment Manufacturers	原始设备制造商
OFDM	Orthogonal Frequency - division Multiplexing	正交频分复用
OFDMA	Orthogonal Frequency - division Multiple Access	正交频分多址访问
OLSR	Optimized Link State Routing Protocol	优化的连接状况路由协议
OPEN	One - pair Ethernet	一对以太网
P2P	Peer - to - peer	点对点
PAPR	Peak - to - average Power Ratio	峰均功率比
PATH	Partners for Advanced Transit and Highways	美国先进交通和公路合作联盟
PCF	Point Coordination Function	点协调功能

（续）

缩写	英文全称	解释
PCI	Peripheral Component Interconnect	外围组件互连
PDR	Packet Delivery Ratio	分组传送率
PeerTIS	Peer - to - peer Traffic Information System	点对点的道路交通信息系统
PHY	Physical Layer	物理层
PKI	Public - key Infrastructure	公钥基础设施
PoE	Power over Ethernet	以太网供电
POF	Plastic Optic Fiber	塑料光纤
PRNG	Pseudo - random - number Generator	伪随机数生成器
PSID	Provider Service Identifier	服务供应商标识符
PSSME	Provider Service Security Management Entity	供应商服务安全管理实体
PTP	Precision Time Protocol	精确时间协议
QAM	Quadrature Amplitude Modulation	正交幅度调制
QoS	Quality - of - service	服务质量
QPSK	Quadrature Phase - shift Keying	正交相移键控
RACH	Random Access Channel	随机接入信道
RAN	Radio Access Network	无线电接入网络
RB	Resource Book	资源簿
RDS	Radio Data System	无线电数据系统
RERR	Route Error	路由错误
RF	Radio Frequency	无线电频率
RFC	Request for Comments	请求评论
RIP	Routing Information Protocol	路由信息协议
RMSE	Root Mean Square Error	均方根误差
RNC	Radio Network Controller	无线电网络控制器
ROI	Region of Interest	感兴趣区
RREP	Route Reply	路由响应
RREQ	Route Request	路由请求
RSS	Received Signal Strength	接收信号强度
RSU	Roadside Unit	路侧单元
RTPGE	Reduced Twisted Pair Gigabit Ethernet	简化双绞线千兆以太网
RTR	Remote Transmit Request Flag	远程发送请求标志
RTS	Ready - to - send	准备发送
SAE	Society of Automotive Engineers	美国汽车工程师学会
SAM	Service Announcement Message	服务公告消息
SARTRE	Safe Road Trains for the Environment	欧洲环境安全公路列车项目
SCFDMA	Single - carrier FDMA	单载波 FDMA
SCH	Service Channels	服务通道
SDR	Software - defined Radio	软件 - 定义无线电
SFN	Single - frequency Network	单频网络
SGSN	Servicing GPRS Support Node	服务 GPRS 支持节点
SIFS	Short Interframe Space	短帧间间隔

（续）

缩写	英文全称	解释
SNR	Signal – to – noise Ratio	信噪比
SODAD	Segment – oriented Data Abstraction and Dissemination	面向数据段的数据抽象和传播
SOTIS	Self – organizing Traffic Information System	自组织的交通信息系统
SPAT	Signal Phase and Timing	信号相位和定时
SRP	Stream Reservation Protocol	流预留协议
SSU	Stationary Support Unit	固定支持单元
SUMO	Simulation of Urban Mobility	城市道路交通仿真
TAC	Transmit Access Control	传输访问控制
TCP	Transfer Control Protocol	传输控制协议
TDC	Transmit Data Rate Control	发送数据速率控制
TD – CDMA	Time – division CDMA	时分 CDMA
TDD	Time – division Duplex	时分双工
TDMA	Time – division Multiple – access	时分多址访问
TIC	Traffic Information Center	交通信息中心
TIS	Traffic Information System	交通信息系统
TMC	Traffic Messaging Channel	交通信息频道
TO – GO	Topology – assisted Geo – opportunistic Routing	拓扑辅助地理信息机会路由
TOPO	Road Topology	道路拓扑
TPC	Transmit Power Control	发射功率控制
TPEG	Transport Protocol Expert Group	传输协议专家组
TPM	Trusted Platform Module	可信平台模块
TraCI	Traffic Control Interface	交通控制界面
TRC	Transmit Rate Control	传输速率控制
TSF	Time Synchronization Function	时间同步功能
TSN	Time – sensitive Networking	时间敏感网络
TTCAN	Time – triggered CAN	时间触发 CAN
TTL	Time – to – live	存活时间
TVWS	TV White Space	电视白色空间
TXOP	Transmission Opportunity	传输机会
UART	Universal Asynchronous Receiver/transmitter	通用异步接收器/发送器
UDP	User Datagram Protocol	用户数据报协议
UDS	Unified Diagnostic Service	统一的诊断服务
UE	User Equilibrium	用户平衡
UMB	Ultra – mobile Broadband	超移动宽带
UMTS	Universal Mobile Telecommunications System	通用移动通信系统
U – NII bands	Unlicensed National Information Infrastructure Bands	未经授权的国家信息基础设施频带
US DOT	US Department of Transportation	美国交通运输部
USRP	Universal Software Radio Peripheral	通用软件无线电外设
UTC	Coordinated Universal Time	协调世界时
UV – CAST	Urban Vehicular Broadcast	城市车载广播
V2I	Vehicle to Infrastructure	车辆与基础设施

（续）

缩写	英文全称	解释
V2V	Vehicle – to – vehicle Communication	车辆与车辆间通信
V2X	Vehicle to X	车辆到 X
VANET	Vehicular Ad – hoc Network	车载自组织网络
VCP	Virtual Coordinate Protocol	虚拟坐标协议
Veins	Vehicles in Network Simulation	车辆网络仿真
VLAN	Virtual LAN	虚拟 LAN（虚拟局域网）
VN	Vehicular Networking	车辆网联
VNC	Vehicular Networking Conference	车联网大会
VoIP	Voice Over IP	IP 语音
VRR	Visual Ring Routing	视觉环路由
VSimRTI	V2X Simulation Runtime Infrastructure	V2X 仿真运行基础架构
VTC	Vehicular Technology Conference	车载技术会议
VTL	Virtual Traffic Light	虚拟交通信号灯
WAVE	Wireless Access in Vehicular Environment	车辆环境中的无线接入
W – CDMA	Wideband CDMA	宽带 CDMA
WiMAX	Worldwide Interoperability for Microwave Access	全球微波接入互操作性
WLAN	Wireless LAN	无线局域网
WME	WAVE Management Entity	WAVE 管理实体
WRAN	Wireless Regional Area Network	无线区域网
WSA	WAVE Service Advertisement	WAVE 服务广告
WSMP	WAVE Short Message Protocol	WAVE 短消息协议
WSM – s	WAVE Short Messages	WAVE 短信息
WSM – S	WAVE Short Message with Safety Supplement	带安全补充的 WAVE 短信
WSN	Wireless Sensor Network	无线传感器网络
WSU	Wireless Safety Unit	无线安全单元
WUP	Wake – up Pattern	唤醒模式
XML	Extensible Markup Language	可扩展标记语言

目　录

第1章 引　言

车辆网联，即车内和车辆之间信息交互，至少从人们常提到的1939年纽约世界博览会开始，就已经存在于研究者的脑海中了。在博览会的未来世界展部分，通用汽车呈现了20年后高速公路和城市可能的乌托邦般的景象。实际上，在那里展示的，以及在展览设计者1940年的著作《神奇的高速路》（Bel Geddes，1940）中描述的智能交通系统的许多场景仍然是今天探寻的目标。例如：利用车与车之间无线电的连接可以提示驾驶人另一辆汽车正在驶入临近的交叉路口，甚至可以保持控制同一车道上车辆间的速度和间距。现代的汽车通过车载传感器获得巨大数量的信息，这些储存于车载网络中，并可以与其它车辆分享的信息，不仅仅可用于如已经描述的交叉路口的辅助系统和队列行进，即道路列车应用，而且开创了一系列极有价值的新的应用。今天，随着车载的网络融入车辆的网络，这些早期的愿景似乎比以往任何时候都更加接近现实。

但是，为什么我们不得不等待这么长时间？

自从《神奇的高速路》一书出版以来，许多研究项目确实已经展开，它们都努力使得智能交通系统（ITS）的愿景变成事实（Jurgen 1991）。其中最著名的研究项目包括在20世纪60年代后期到70年代后期的日本的CACS、美国的ERGS和欧洲的ALI城市道路路径引导项目，1986～1995年的欧洲普罗米修斯自动驾驶项目，和1986～1992年美国的PATH协同驾驶项目。尽管商业上没有能够达到这些项目的预期，但毫无疑问，这些项目的大部分最后都产生了可工作的样车，以及进行了成功的实际运行试验。

K. Chen和R. D. Ervin（1990年）给出了一个可能的解释，即早期的研究路径对于他们那个时代太过于幻想或空想了，他们共同地聚焦于较少依赖基础设施的解决方案，而这些是那个时代的技术难以支持的。到了20世纪80年代开始出现了变化，人们的注意力从完全的高速公路的自动驾驶这一更长远的目标，转向如驾驶人咨询功能这样的更近期目标上。由于同样的原因，注意力也从较少依赖基础设施转移到基础设施辅助的解决方案。然而，在这一被称为智能车辆道路系统（IVHS）方案的推广实施中产生了一个作者们称之为鸡和蛋谁先谁后的僵局。

汽车与电子工业怀疑适合于智能车辆道路系统（IVHS）的公共基础设施是否能够实现（而没有这一基础设施，当然这些车载的或者公路上的协同式IVHS产品将不会有市场)。同样，高速公路的部门也怀疑智能车辆道路系统技术是否能够给出解决实际高速公路问题的方案（而没有一个公共利益的预期，当然公共投资也将是没有道理的)。

然而，自从这篇 1990 年的文章发表以后，在这些年里这些前提已经发生了相当大的变化，它使得有关车与车间通信的研究兴趣重新被点燃。

首先是最新一代的蜂窝通信技术的商业化推广应用，现在，一个几乎全球化的通信设施已经存在。事实上，可以称之为早期的车辆间通信（IVC）系统商业化样板已经出现在市场上，例如：OnStar（安吉星，1995 年），宝马 Assist（1999 年），FleetBoard（2000 年），和 TomTom HD Traffic（2007 年）。而在这之后，车车通信系统的数量成爆炸性增长。这些对于 IVC 通信研究所带来新发现的乐观也反映在了一些国家分配了仅仅用于车辆短程无线通信的专有短程通信（DSRC）频段，如：1990 年美国 FCC 规定的，以及 2008 年由欧洲 ECC 发布的专有频段。人们已经构想了工作于这个频谱的新技术，而且结合蜂窝网络，它将使得未来的车辆可以相互交换信息，以实现在道路上的彼此协调。

第二，运算能力已经提高了许多倍，它使得现代的车辆可以在严格的时间限制情况下收集和处理数据，带来了自动化程度的提升。与车内的其它系统完全网联的雷达、激光扫描、红外线探测以及三维全景系统都出现在了现代车辆中，或者，计划在即将到来的下代车型中。在 2011 年中，内华达州通过了一个法律，允许自动驾驶（即：无人驾驶）的车辆上路。大约一年以后，第一辆汽车被授予牌照（尽管它仍然需要至少两个人在车上，以便在必要的时候实施人为操控)。

现在这样两个趋势：提高自动化和加强车辆间的协调，正在显现出来。车辆的车内网络正在拓展到其自身界限以外，创造了真正的智能交通系统。

所以，当设计未来车辆的网络时，非常重要的是在头脑中保持车内和车辆间通信的整体图像，同时考虑可以利用的通信模式和技术的整体范围，即从有线的总线系统到无线的车内网络，从无线蜂窝通信到短距离的无线电通信。

从这样一个历史的观点，有关车辆网联方案的研究在 21 世纪的第二个十年再次启动了。这一研究前景构建了一个多学科的努力。车辆网联界在 2013 年又重新相聚于国际著名的会议地 Dagstuhl，再次从学术和工业两方面的角度思考我们这个领域的发展。这次会议的主要成果包括新的研究方向，以及为了能够顺利实现车辆间通信应用所必须解决的挑战这一新的关注点。

我们正在进入一个可能改变道路交通管理规则的新时代。车辆网联领域也正在从早期的学术研究的思路向以实际应用为核心的研究转移，并扩展向全球。大规模的现场运行试验正在欧洲和美国两地开展，它帮助决策制定者们，如：美国国家公路交通安全管理局（NHTSA）和美国国家交通运输部（US DOT），去准备在未来新车型上强制应用 DSRC 技术的推荐方案。

这本书是这类图书中的第一本去探索所有的车辆网联方法的共同概念，它们的局限，什么是它们统一的地方，彼此又是如何区别的，以及详细讨论一下在所选择的方法和技术条件下，车辆网联将遇到怎样的挑战——既回顾一下它们曾经遇到的，也看一下未来潜在的挑战。

我们也将讨论属于新的车辆网联方法研究核心的两个问题：第一个是如何对它们的可行性及性能进行一个严格的科学的评价——它既要能够产生一个接近实际生活的有意义的结果，而且还要能够推动科学的创新发展。第二个是如何设计这样的系统，它能够同时保证系统安全和它的用户的隐私。

然而，在我们开始这些讨论之前，一个好的方法可能是首先简要地看一下车辆网联的词汇，以及在这个领域的主要参与者。

1.1　术语和定义

我们将在这本书中使用的术语的大部分具有非常清晰的定义，但在许多情况下，在通常的使用中或在媒体上，由于混合了其它一些定义，或者被替代，它的原义反而已经被淡化。当考虑了这种情况，所以为了避免下面的误解，让我们快速地从头温习一下在过去的几十年的使用中常容易引起混淆的一些基本术语。

车辆网联所使用的术语中最明显的一类是由那些与通信网络本身相关的术语构成。

对于**车辆网联**，我们采用的是最普遍的分类，即指应用于车辆的计算机通信和网络。因此，车辆网联包含了车内和车辆间（车车间）通信两个方面，以及它们的融合。

在这里**车辆与车辆间或车车通信（IVC）**将不包括有线通信以及任何在车内的有线的或无线的网络。因此，它指的是在一个无线网络中车辆作为参与者的一个系统。而其它的参与者，例如路边的设施（RSUs）明确地可以是这个网络的一部分。

车载自组织（ad - hoc）网络（VANET）源自于移动自组织网络学科（MANETs），并使得车载自组织网络成为它的一个新的应用领域。作为我们今天称之为车辆与车辆间通信（IVC）的基础，这个术语虽然与IVC有些同义，但是更专注于自发创建的自组织网络，而较少那些预先部署的基础设施，如路侧单元（RSU）或者蜂窝网。

智能交通系统（ITS）描述的是能够更好地利用交通运输网络的总体目标，在这样的交通运输网络中道路网仅是许多这样的网络之一，而车辆间通信（IVC）也是许多方法中的一种。后来，随着其它运输方式逐渐消失在背景中，智能交通系统（ITS）已经变成了智能道路网络的同义词。在智能车辆作为一个选择考虑之前，ITS先前的目标是智能车辆公路系统（IVHSs），其目的更多的是在使道路更加智能化。

车辆与车辆（V2V）以及**车辆与基础设施（V2I）**和**车辆与X（V2X）**都是

相对于通信的终点而言，指示信息是否与其它车辆交换，与基础设施交换（也称车辆与路边设施），或者与任意节点交换，而独立于所使用的技术。有些人通俗地使用更短的词（CAR）替代车辆（Vehicle），即：C2C、C2I 和 C2X，但所指的是同样的概念。

第二组术语则是包含了那些与所应用的通信技术相关的术语：

IEEE WAVE 和 **ETSI ITS** 其完整的通信架构包括一个协议栈以及所需要的设施和 IVC 监管规定。

无论对用户网络还是车车间通信，**IEEE 802.11** Wireless LAN（WLAN）都是大多数通用短程无线通信协议的基础技术。术语 WiFi 指的是 IEEE 802.11 标准中的一个子集，它是 WiFi 联盟提供给用户网络设备的证书的一部分。

IEEE 802.11p 和专用短程通信（DSRC）已经成为使用 IEEE 802.11 进行车辆间通信（IVC）的同义语。IEEE 802.11p 是在 IEEE 802.11 中引进了许多原先缺失的功能配件后的修正版本，而这些功能对于高效的 IVC 来说是必需的——最突出是运行在 5.9MHz 附近。这一无线电波段在美国被称为专用短程通信（DSRC）波段。

最后，我们还必须论述一些通用术语，把它们包括在这里主要是为了保持完整性的原因。

通信信道（或通道）似乎是最令人棘手的术语。通常，它指的是通过有线或者无线媒介来传输信息的一种方法。在单个媒介上通过多址接入方式进行细分，如最常见的时隙或者频段的方式，多个信道能够在一个媒介上传输。为了方便起见，通过频分多址（FDMA）形成的信道通常不是按照它们的频谱范围或它们的中心频率来命名，而是通过相应通信技术标准中分配的频道号。举一个例子，IEEE 802.11 指定在其正交频分复用（OFDM）物理层中一个中心频率为 5.890MHz 的信道的信道号码为 178。

普及率指的是所有车辆中配备了 IVC 技术的车辆的比例。它表明道路上的车辆密度如何与网络上节点的密度相关联。这个比例另外的名称是装备率或者市场普及率。

自组织描述了一个支持网络参与者自治的控制模式。在网络中不维持全局状态，而且不需要集中协调（Dressler，2007 年）。

1.2 Who is who

许多世界各地的企业和组织是车辆网联的利益相关者。从规则的制定，以法规和标准的形式，到生产制造，涉及了许多的实体单位和部门，我们希望对他们做个简要的概述。此外，我们也将概括出关键的研究传播和网络平台。

1.2.1 规则制定、法规和标准

在车内网联的情况下，几乎不需要制定什么规则，因为车辆总线构造了一个闭环的系统，汽车制造商可以自由地遵循一个工业标准化程序。而在车车间通信（IVC）的情况下，就需要大量规则的制定，以及法规和标准的设立，因为一个品牌的车辆自然地需要能够与其它生产商的车辆进行通信。而且，无线电频谱也是被各个国家的政府严格管制的。事实上，很多书籍，比如举个例子：威廉姆斯2008年的著作，已经阐述了在智能交通系统（ITS）情景下的规则的制定和标准化的过程。在本书里我们将聚焦于当今最主要的汽车制造企业存在的国家的组织。这些国家是日本（如：丰田汽车、日产汽车、本田汽车），美国（如：通用汽车、福特汽车）和欧洲（如：大众汽车、戴姆勒汽车、宝马汽车）。

在日本，无线电频谱是由它的内政和通信省（MIC）管理的。频谱的分配是一个涉及公众咨询的过程的结果，由此将频段分配给特定的用途。为了进行研究和实施标准化过程，内政和通信省（或者，是它前期几个部之一的邮政省）特许创立了日本无线工业与商贸联合会（ARIB）。这个协会（ARIB）拥有200多个公司和组织为会员：除了所有主要的无线电通信公司，和那些与无线技术研究和发展相关的部门，所有主要的汽车制造商也是成员。

在美国，频段的分配和规则的制定是由一个独立的政府机构——美国联邦通信委员会（FCC）负责。美国联邦通信委员会（FCC）通常采用引用标准的方式，而标准则由独立的组织创建，例如：国际ASTM（美国材料与试验协会），它们相当于其它的国家标准组织，如：ANSI（美国国家标准学会）或者DIN（德国标准化学会）。FCC也经常与其它组织合作，包括在我们这个领域最为突出的IEEE标准委员会。它是国际电气和电子工程师协会（IEEE）中的一个组织。

在欧盟，其内部成员国的频谱分配是由欧盟委员会管控的，它发布需要欧盟成员国和相关的国家实施的决定。为此，欧盟委员会特发布授权给邮政和电信管理局欧洲会议（Conférence Européenne des Postes et Télécommunications，CEPT），该委员会隶属于负责通信立法工作的电子通信委员会（ECC）。为了制定标准，CEPT也创建了欧洲电信标准协会（ETSI）作为一个独立的，非营利的标准化组织。今天，ETSI拥有来自全球63个国家的750个成员组织。它的输出，这些统一的标准，将作为电子通信委员会（ECC）频谱法规的输入，也即成为欧盟委员会决策的依据。

更高层次的标准更适合国际标准化。国际标准化组织（ISO）和国际电信联盟（ITU）则是其中最积极的正式的国际标准化组织。国际标准化组织（ISO）由来自于全世界的国家标准组织组成，标准化工作由它的技术委员会（TCs）主持完成。国际电信联盟（ITU），特别是它的国际电信联盟电信标准化部门（ITU－T），是一个联合国机构。它以为全球标准化提供建议为目标，调查研究技术或业务问题，即尽管这些ITU－T的建议在许多领域被用作事实上的标准，ITU本身并不发布

标准。

这项工作也得到专业化的国家标准化机构的辅助，例如，汽车工程师学会(SAE)，以及行业特殊利益集团，如为了一个特殊的短程无线通信标准的 Wi - Fi 联盟和针对一个特殊车载网联标准的 AVnu 联盟。

1.2.2 研究

在一个国际研究讨论会系列中，对于更加富有远见性质的未来车辆网联概念的长期研究活动进行了讨论。这即是在世界知名的德国计算机科学界的计算机科学中心举行的关于车辆间通信的 Dagstuhl 研讨会。它最近的会议分别在 2010 年和 2013 年举行（Dressler et al. 2011a, 2014)。传统上，这一个系列研讨会将把来自于工业界许多部门的从业者与来自于计算机科学、电子工程、交通科学、商业和其它领域的研究者聚集到了一起。

车辆网联领域的研究成果在各种期刊和会议文集上发表。跨领域的发展也定期地在许多覆盖一般网络主题的期刊和杂志之一上发表，例如：

- IEEE 通信选域期刊（IEEE Journal on Selected Areas in Communications)。
- IEEE/ACM 网络期刊（IEEE/ACM Transactions on Networking)。
- IEEE 移动计算期刊（IEEE Transactions on Mobile Computing)。
- Elsevier Ad Hoc 网络（Elsevier Ad Hoc Networks)。
- IEEE 通信快报（IEEE Communications Letters)。
- IEEE 通信杂志（IEEE Communications Magazine)。

特别值得一提的是 IEEE 通信杂志每年两次出版它的车辆系列的专辑。在这些期刊之中，更加聚焦于车辆领域的期刊是：

- IEEE 车辆技术期刊（IEEE Transactions on Vehicular Technology)。
- IEEE 车辆技术杂志（IEEE Vehicular Technology Magazine)。
- IEEE 智能交通系统期刊（IEEE Transactions on Intelligent Transportation Systems)。

正在开展中的研究的成果总是在国际会议上报告和发表。而更具一般性的方法最通常地会发表在专注于网络作为一个整体的会议上。这些会议定期地特别安排一个或多个有关车辆网联的分组会议或者举办有关这一主题的专门研讨会。这类主要的会议有：

- IEEE 计算机通信会议［IEEE Conference on Computer Communications (INFOCOM)］。
- ACM 移动计算和网络国际会议［ACM International Conference on Mobile Computing and Networking (MobiCom)］。
- ACM 移动自组织网络和计算国际讨论会［ACM International Symposium on Mobile Ad Hoc Networking and Computing (MobiHoc)］。

• IEEE 通信国际会议 [IEEE International Conference on Communications (ICC)]。

• IEEE 全球电信会议 [IEEE Global Telecommunications Conference (GLOBECOM)]。

更加聚焦于车辆网联的是 IEEE 车辆技术会议（VTC），它举办有两个互为补充的年度会议，分别在春天和秋天。终于在 2009 年，主要的车辆网联专题研讨会合并组成了一个会议，在这个会议上也可以看到大量的来自以前主要研讨会，比如美国计算机协会的会议 ACMVANET 的参与者们汇集其中。这个会议就是 IEEE 车辆网联大会（VNC）。

1.3 如何使用这本书

接下来我们将简要概述一下这本书的结构，和说明依据读者特点的一个推荐的阅读方法。

1.3.1 目标读者

我们决定为大范围的读者们设计这本教科书，从研究生到需要对当前车辆网联的方法和未来研究的课题拥有一个全面概述的学者，以及来自于通信和汽车工业的实际工作者们。

这本书是以这样一种方式来构建：它既允许初学者和那些转入该领域的人去首先得到一个较高层次的概述，也让这个领域的专家们可以将这本书作为一个快速参考，以对所选择的车辆网联方法进行深度研究。这本教科书能够很容易地被用作为大学车辆网联专业的教材，同时也可以作为其它任何计算机网络和通信课程的补充材料。

我们主要关注的焦点首先是在于引入车载网络技术和车辆间通信方法。在 1.3.2 节里，我们将这些章节总结为一个“给非专家们的概述”。接着，我们详细地研究了车辆间通信的概念，也同时讨论评估这些方法性能的研究方法，以及与安全和隐私相关的考虑。随后讨论的相关章节（1.3.3 小节）则是“给有经验读者的深入研究”。

1.3.2 给非专家们的概述

我们将这一概述组织为两个章节，一个章节聚焦于车载网络，另一个章节聚焦于车辆间通信。我们强烈推荐读者从这些章节开始，这两个章节就其所涉及的领域给出了一个综合性概述，但是并没有研究所有琐碎的技术细节。对于专家读者，理所当然地可以跳过这两个章节，而从 1.3.3 小节描述的内容开始阅读本书。

车内通信（第2章）

在激发了实际的网联需求之后（例如，与专用线连接不同的总线系统和信息传递），这一章讨论单个网络组件的构成及作用，并且特别关注作为汽车总线系统的一部分的电子控制单元（ECU）。这一章接着描述这些组件的演变以及在线和离线的网联标准，从简单的LIN总线到千兆的以太网。这一章将重点介绍它们的基本共性和差异，以及从不太成功的标准中获得的经验教训。最后以对近期的趋势和早期的实施努力的探讨结束这一章节。

- 网络本身以及组件（ECU，网关）的讨论。
- 总线系统（LIN、CAN、MOST、FlexRay、车载以太网的发展趋势）。
- 无线车载网络。

车辆间通信（第3章）

车辆之间的通信以及车辆与现有的基础设施之间的通信是这一章讨论的主题。对IVC给出了一个基本的介绍，并且指明了在安全、效率和娱乐方面的关键应用领域。这一章节引导出所有相关的通信概念和这些应用的解决方案，并且最重要的是，识别了最低要求，例如最大延迟，最小传播范围，或者最小数据率。此外，也给出了一个关于可能的通信模式的概述，例如：是否信息能在没有任何可用设备的帮助下完成交换，或者是否基础设施单元（RSUs，停泊的车辆，甚至广泛部署的蜂窝网络）能被用于信息交换。

- 应用：安全、效率、娱乐。示例应用场景如交叉路口预警/辅助系统、车辆队列管理、交通信息系统、交通信号灯信息及控制、多媒体流、多人游戏。
- 概念、解决方案、要求：应用案例和建议的解决方案，通信技术的要求（延迟，可靠性，传播范围，数据率）。
- 基于基础设施与无基础设施：自组织通信、存储 - 传送 - 转发、路侧单元、固定支持单元、蜂窝网络。

1.3.3 有经验的读者的深入研究

当已经熟悉了车辆间通信的概念之后，我们现在会更详细地探索协议和概念。这一部分安排了两个章节介绍关键的网络技术（访问与信息传播），以及另外两个聚焦于性能评估和安全隐私问题的章节。这几个章节并不一定需要彼此为基础。这份材料既提供了一个一般的参考文献，也为深入研究车辆网联解决方案奠定了基础，例如，大学的研究生课程或者一个有关这一专题的深度研讨会。

无线接入技术（第4章）

任何一个依赖于车辆间通信的应用都需要一组特定的网络特性。在这一章中，我们将讨论已经被用于IVC的访问接入技术。这一章概括了蜂窝通信技术的所有相关方面的内容，和介绍在IVC领域中起着关键作用的专用短程通信/车辆环境中的无线接入（DSRC/WAVE）。在这个领域，将会就IEEE 802.11的WiFi版本以及作为DSRC/WAVE基础的IEEE 802.11p协议对IEEE802.11展开特别的讨论。此外，还会讨论目前在日本正在考虑的用于IVC的空白频段的使用。

- 蜂窝网络：介绍GSM、UTMS、LTE - A；使用蜂窝网络进行IVC的方法。
- 短程无线电：IEEE 802.11、EDCA、WAVE和ITS - G5的概念、频率，IEEE 802.11p。
- 空白频段和认知无线电：原则、认知无线电、使用空白频段于IVC。

信息传递（第5章）

这一章的目标是详细地讨论典型的车辆网络层协议。主要目标是任意两车之间，从一辆车到所有邻近车辆，从一辆车到基础设施组件，从基础设施到另一车辆，或者邻近所有车辆间的信息交换，以及从一辆车到所有那些对内容感兴趣的单元的信息传播。这一章详细阐述了构成这些IVC方法的基础原则，即单播、本地传播、任意播，以及车载网络中使用的多播通信原则。这也包括当前的IEEE和ETSI标准，例如本地广播的协同感知信息（CAMs）和分散式环境通知信息（DENMs），以及用于多跳传输的基于地理位置的信息传播。关注点主要集中在最新的信标解决方案，包括提供拥塞控制和公平资源共享的应用扩展。此外，还描述了更加复杂的重播和延迟/中断容错网络（DTN）概念。

- 路由：MANET路由、IVC适用性、RSUs影响。
- 信标：静态信标、自适应信标周期、自适应传输能力、自适应交通信标（ATB）、ETSI ITS - G5、分散式拥塞控制（DCC）、动态信标传输（DynB）。
- Geocast（基于地理位置的数据/信息传播）：地理位置路由、凸形网络、坐标转换、基于坐标的虚拟路由、限制地域的传播。
- DTN概念：存储 - 传输 - 转发、路边装置、异质性的车载网络。

性能评估（第6章）

所选择的方法将极大地影响性能评估的质量。现场的运营试验正在许多地方开展，并且已经提供了一些很有帮助的首次结果。但是大规模的试验概念上还是不现实的。所以，模拟仿真仍然是大部分性能评估研究的选择方法。这一章将讨论在IVC领域这样的模拟仿真应该如何开展，以及什么样的工具免费存在，可以用来帮助研究者们。这里主要的关注点是正确的和现实的车辆移动模型的建立。除此以外，场景的“正确”选择对于模拟仿真实验的表现力、有效性和可比性也有很强的影响。这一章还要研究无线电信号传播模型的影响，人类驾驶行为的影响，以及最后评判性能的适合的指标。

- 场地运营试验：测量策略、场地运营试验的案例。
- 网络仿真：网络仿真的基本模型和工具，这些工具在IVC上的应用、可扩展性。
- 道路交通仿真：道路交通的微观模拟仿真、交通流仿真、可扩展性。
- 模拟仿真的架构：IVC模拟仿真架构Veins、iTetris、VSimRTI。

- 场景：交叉道口、高速公路场景、车道数量的影响、郊区和城市情景。
- 信道模型：自由空间、Two - Ray、Nakagami - m、建筑物和其它车辆遮蔽。
- 指标：经典网络模拟仿真指标（延时、吞吐量/流率等）和应用场景相关的指标（行程时间、二氧化碳排放、安全）。

安全与隐私（第 7 章）

尤其是当主要的工业公司参与将 IVC 应用到市场的时候，确保车辆与基础设施间通信的要求已经成为一个重要的问题。除了满足布置一个仅仅为付费客户提供服务的封闭的市场系统以外，为了防止欺诈和恶意攻击，安全性也是必需的。已经演示证明 IVC 相关的系统并没有所需要的那样安全。攻击者成功地通过胎压监测系统而接管了汽车电子控制，或者他们攻击沿着高速公路的电子信息板。演示还证明，通过交通信息频道（TMC）甚至可以进行伪造的交通信息传输。本章将研究可能的安全解决方案，以及他们对 IVC 的影响。这一章将进一步地探讨非常关键的安全与私密性间的平衡：一个系统设计得越安全，驾驶人的隐私受到的影响就越大。所以，这一章也将研究私密性系统，如：临时假名，随时间变化的假名池，以及假名的交换。

- 安全性与私密性：安全性与私密性之间的平衡。
- 安全性：确保 IVC 的安全、群组管理策略。
- 证书：基本证书管理、公钥基础设施（PKI）、证书管理和撤销。
- 私密性：临时假名、时变假名池、假名交换。

第2章 车内通信

在当今车辆中，电子器件正起到越来越重要的作用。它们曾经历了一个简单粗陋的开始，如20世纪70年代出现的电子燃油喷射和电动门锁，或者20世纪80年代畅销的防抱死制动系统，直到今天一辆典型的现代汽车中拥有3km长的线束和50kg重的电子系统在运行。在当今的车辆故障中电子电器系统占据了至少三分之一，所以很明显地，离开了电子电器现代汽车将无法开动。

最容易让人联想到的使用案例可能就是发动机控制，或者在底盘电气化方面更新的进展，例如防抱死制动系统（ABS）或者电子稳定系统（ESP），可能还有现代信息娱乐系统，如后座的DVD流媒体播放器、导航系统、摄像机。然而，现代汽车包含了大量小的电器子系统——从风窗玻璃刮水器、车门锁、电动窗和自适应照明，到座椅和后视镜调节、空调控制和仪表显示，所有这些设备都是由电子控制单元（ECU）控制的。

早期，这激发了一种电子系统故障诊断方法的引进，它需要嵌入式系统和诊断工具之间的数字化数据交流。这种系统最初专门设计用于汽车装配线上，它不仅仅针对特定的制造商，而且也仅针对特定的要被诊断的部件。最早的一个例子就是在20世纪80年代早期用于发动机控制模块诊断的总装线诊断连接（ALDL）系统。

独立电子系统连接复杂性的不断增加进一步推动了ECU和其它组件之间的数字连接需求。在20世纪80年代初还一直可以容易地为每个连接、甚至每项任务使用专用的电线，但很明显没有多久这就不现实了，今天，打开左转弯信号关联到不少于8个嵌入式系统。这种复杂性只能通过使用数据总线去相互连接众多系统来处理，也就是说，通过车辆的电气组件之间的真正网联。

除了减少复杂性，系统网联化发展同时也降低了开发、安装和维护的费用，和连接器件的总体重量和体积，以及使得多个嵌入式系统间的功能分配具有更高的灵活性。

在这一章中，我们研究了所有用来连接车辆内设备的相关的网联技术，其中大部分是专门用于满足车辆中的实时通信需求的连接总线系统。同时我们也讨论了现代更加通用化的网络技术的发展趋势，例如以太网和无线化。

这一章组织如下：

1）车载网络（2.1节）——我们首先讨论车载网络和它们的网联系统的一般

概念。

2）汽车总线系统（2.2 节）——我们继续更详细地阐述四种用于汽车网络的专用的总线系统：CAN、LIN、MOST 和 FlexRay。

3）车载以太网（2.3 节）——已经讨论过了特殊用途的总线系统，然后我们转向一个现代概念：适应于车载网络的以太网。我们探索了它的背景、潜力和局限性，以及采用这种技术的步骤。

4）无线车载网络（2.4 节）——我们通过讨论一个更有远见的概念来结束这一章：无线车载网联。

2.1 车载网络

各个嵌入式系统，被称为 ECU，控制着当代汽车的各个功能（如检测座位是否占用）。本质上每个 ECU 都是一个加强的微型计算机，通常它是基于一个微控制器，可以从关联的传感器收集数据或触发相关联的执行器。根据 ECU 的任务，这可以是任何一项工作，比如从监控蓄电池充电到点爆安全气囊，我们可以选用不同复杂性和不同特性的硬件。除了最小的 ECU 以外，几乎所有的 ECU 都要运行一个小型嵌入式操作系统，例如当打开点火开关时启动，当需要时供电（如后摄像头），或者保持持续供电（如为无钥匙进入系统）。它们通常通过闪存启动，这也意味着它们需要通过固件来预编程，这可以是一个耗时的过程。

通常，一个 ECU 还包含一个（独立或集成的）总线监护器来监测所有总线操作，并且如果这个节点被认为是故障，则会禁止其通信（这可以解决某一个节点持续发送错误数据或错误帧的问题）。图 2-1 描述了这样一个 ECU。

从概念上来说，车内通信网络与工业网络和家用电脑网络没有很大的区别。在所有三种部署情况下，一般系统的要求是高度多样化的。

任何总线系统应该（在不同程度上）是制造成本低廉，允许任意长度电缆连接，并且同时提供非常低的延迟。它应该能够给予实时性保证，提供高鲁棒性数据传输，并可为多媒体流提供非常高的吞吐量。

工业网络在鲁棒性方面增加了额外的要求：一个工业总线系统应该有强健的物理抗振动、抗冲击和抗撕裂性，以及强健的抗电磁干扰性能（并且，反过来还应该减少它所引起的电磁干扰）。

现在汽车网络进一步加上了所有的这些需求，代表了总线系统最苛刻的一种应用情景。理想情况下，汽车总线系统应该尽可能轻，在供电后毫秒级的时间内即可运行，并且能够以时间同步的方式去运行（如，对音视频流的采样率的同步帧传输，以最小化，或者理想状态下，消除缓存的需求）。

更进一步，大多数汽车总线系统需要可以处理事件触发和时间触发的数据流。事件触发的信息是不经常传输的，例如当需要开启转向指示灯的时候，需要总线能

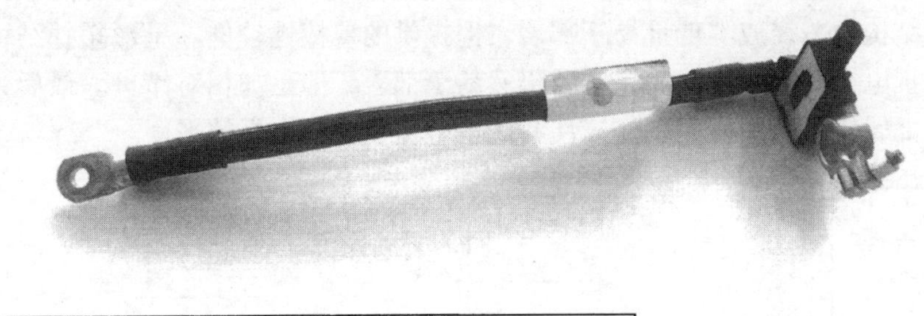

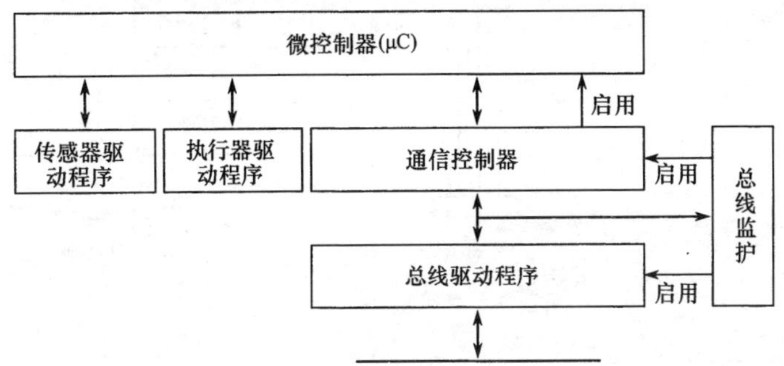

图2-1 一个ECU和简化的原理示意图：在现代汽车蓄电池负极上看起来像个凸块的就是一个小型网络系统，它通过LIN总线传递充电信息

够协调多个并发的传输请求。时间触发信息则是那些需要定期发送的信息，例如发动机控制信息实行严格的期限限制。这个特别的组合需要在总线系统的设计中给予特殊考虑。

很明显，满足任何这些标准很可能要权衡其它的标准，所以现代汽车通常实行许多不同的总线系统，它们之间相互联系并且每一个都服务一个特定的需求。

图2-2显示了一个简化的案例拓扑来说明这个概念：这里，一个座椅乘员检测系统通过LIN和安全气囊控制单元本地连接，它又通过专用的发动机CAN总线连接到所有共享类似的要求并提供类似功能的系统。网关把安全气囊控制单元连接到其它总线上的系统，如指示车辆的多功能显示器（MFD），可以通过服务于舒适系统的低速CAN总线获得它的信息。

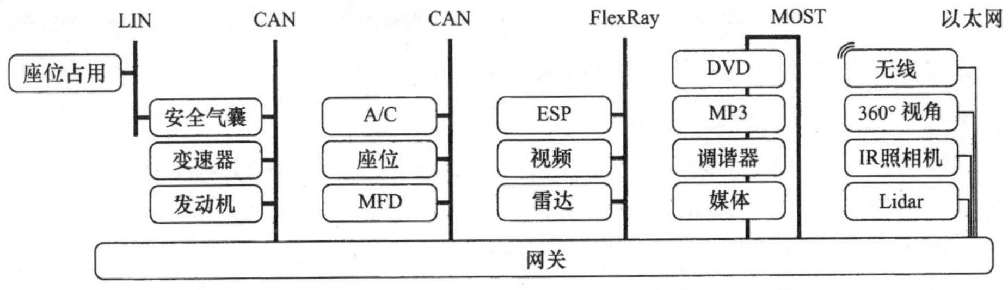

图2-2 一个简单的例子说明不同的总线系统是如何在一个车辆中部署的：五条总线使用四种不同的技术（CAN、FlexRay、MOST和以太网），每个服务一个特定的需求，通过网关互相连接。局部LIN子总线互联一组更小的系统

每个总线系统还依赖于总线拓扑结构（图 2-3）以满足其特定的需求：采用线形拓扑结构的总线成本低且易于部署，但提供的鲁棒性较低。星形拓扑结构具有非常强的抗电缆故障的鲁棒性，同时仍然易于部署，但是却相对昂贵。最后，环形拓扑结构部署较为复杂，但在鲁棒性和成本上提供了一个好的平衡。

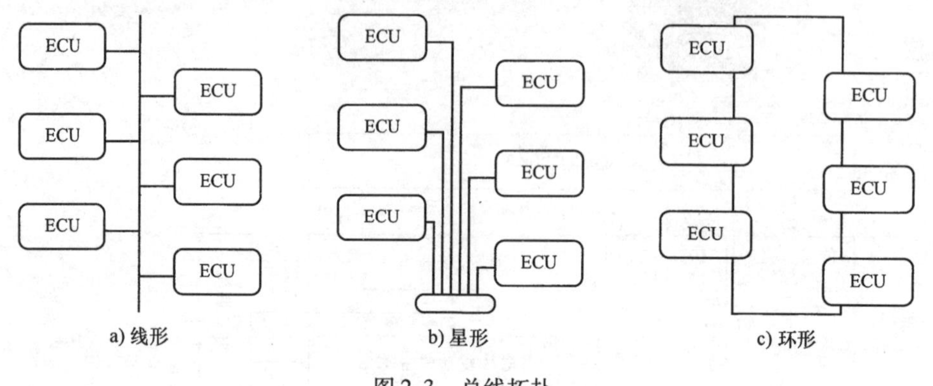

图 2-3　总线拓扑

接下来，我们将详细介绍为车载网络定制的四种总线系统：CAN、LIN、MOST 和 FlexRay。

2.2　汽车总线系统

2.2.1　CAN

CAN 总线是最古老的多功能总线规范之一，而且也是正在运行的最普遍的总线系统之一。CAN（控制器局域网的简称）是由罗伯特·博世公司开发的，并在 1986 年发布了第一个版本。随后，发布了标准更新的 CAN2.0（1991）和 CAN FD (Bosch 2012)。

除了车载网络，从航空到工业自动化，许多不同的应用依靠 CAN 总线来交互数据，从而导致了应用层和网络层协议的广泛多样化。同样的，根据所需的总线速率、容错性和节点数量，CAN 可以在多种不同的物理层上运行。典型的配置允许多达 110 个节点和 500m 的总线长度。

普遍地，CAN 的运行依赖于一个能提供具有两个不同总线电平的单通道串行总线的物理层，这两个不同的总线电平中的一个是显性电平，而另一个是隐性电平。这意味着，如果任何设备传输一个显性电平，总线将读取一个显性电平，独立于其它设备所试图传输的电平。为了方便我们将显性总线电平称为逻辑 0（和将隐性电平称为逻辑 1)，这实现了一个“线与”，图 2-4 显示了它的等效电路。

下面，我们重点介绍 CAN 在汽车环境的使用，ISO 11898 定义了两种不同的

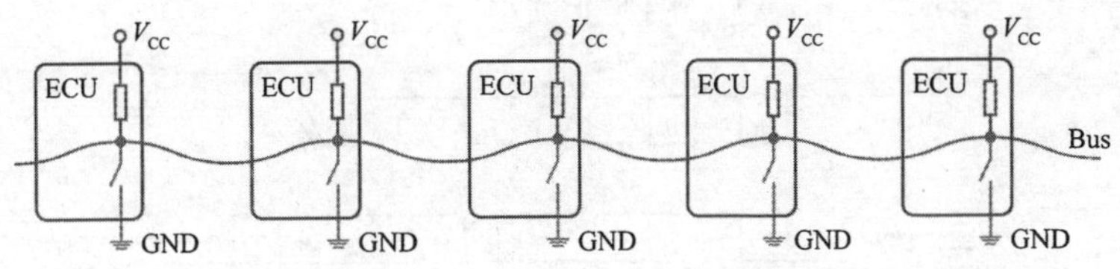

图2-4 线与的电气等效电路，上拉电阻提拉总线到 V_{CC}（逻辑1）。如果这些开关中的任何一个关闭，则总线短路到地（逻辑0）

CAN类型：速度最高达每秒125kbit的低速CAN（ISO 11898－3：2006）和速度最高达到每秒1Mbit的高速CAN（ISO 11898－2：2003）。两个标准描述了使用一对双绞线的物理层，其分别指定为CAN－H和CAN－L（CAN高和CAN低）来实现差分信号，以使得其抗干扰能力最强。差分信号意味着二进制编码作为两个互补信号在这对线上的差，例如，对CAN－L拉低和CAN－H拉高以实现在两条线之间产生电压差。这个系统的结构如图2-5所示。

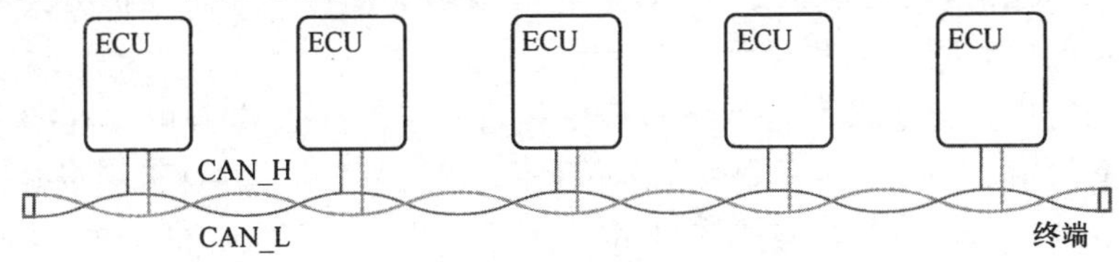

图2-5 基于ISO 11898的汽车CAN总线概略图

尽管使用了非归零编码（NRZ）方式的位编码，为了缓解时钟同步的难度，CAN在大多数协议字段采用位填充：在发送了5个连续相同的位后，任何发送器必须插入一个互补的填充位（由接收器丢弃），因此，在总线上的信号电平将至少每5位改变一次。结合总线上有显性和隐性总线电平存在的事实，这也给节点一个简易的标示错误状态的机会：发送6个连续的显性位，一个在正常数据传输不可能出现的信号，并且保证可以解码。

在CAN总线上的所有器件都是对等的，所以没有一个器件担负专门的主节点的角色。为了应对这个问题，CAN采用了一个独特的载波监听多址访问（CSMA）机制，通常被称为有逐位仲裁的载波监听多址访问（CSMA/BA）。机理如图2-6所示：当访问CAN总线时，任何想要传输的ECU都要等待总线空闲，而这可以从填充位的缺失推断出来。然后ECU从发送一个专门分配给它的消息标识符（ID）开始传输。这个消息标识符可以含有显性位（0）和隐性位（1）。在发送消息标识符期间，这个ECU密切监视总线。对于任何一个发送的隐性位1，可能会有另一个ECU同时发送了一个显性位0的消息标识符，导致总线传输0。如果ECU检测到这样的不匹配状态，它会立即停止传送，让出总线访问权给其它ECU，并稍后重试。另一个ECU则不受影响，就像总线上其它ECU一样，甚至不知道有一次隐性位1发送企图的失败。

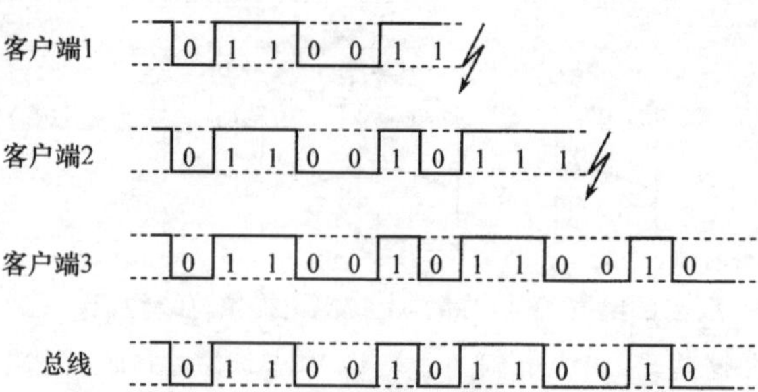

图 2-6 CSMA/ BA CAN 总线访问（显性总线电平是逻辑 0）。客户端 3 赢得竞争，并继续不中断地传输。客户端 1 和 2 检测到冲突并退出总线传输

该总线访问机制是 CAN 的一个巨大优点，也是主要缺点。优点方面是它允许优先控制的总线访问而不会在冲突中甚至仲裁阶段丢失数据和浪费时间。而在另一方面，只有当位时间比总线上信号传播时间长很多的情况下（确切地说，至少两倍长），位仲裁和错误信令才可能工作。这就限制了比特率和总线长度：越长的总线需要越长的位时间（因此只能使用低比特率）。

总线访问也完美地融入 CAN 帧结构中：每一个基本的 CAN 帧由在图 2-7 所示的下列要素构成。一个单独的显性信号位表示一帧的开始，并且紧接着就是仲裁和控制域。这些域可以是基本格式（11 位消息标识符）和扩展格式（29 位消息标识符，在 CAN 2.0 的 B 部分介绍），同样可以是 CAN 格式（单数据速率）和 CAN FD 格式（可变数据速率将在 CAN FD 中介绍）。接收器可以通过观察包含在仲裁域和控制域的位域，可靠地确定发送器使用的是哪种格式，如图 2-7 所示。除了用于仲裁的消息标识符，字段区域包含三个标志：这些标志可以表明这一帧是否仅仅只是用来查询远程数据（即 RTR，远程发送请求标志），在此帧的余下部分是否使用一个可供选择的预配置的高数据速率编码（BRS，位速率开关标志），或该 ECU

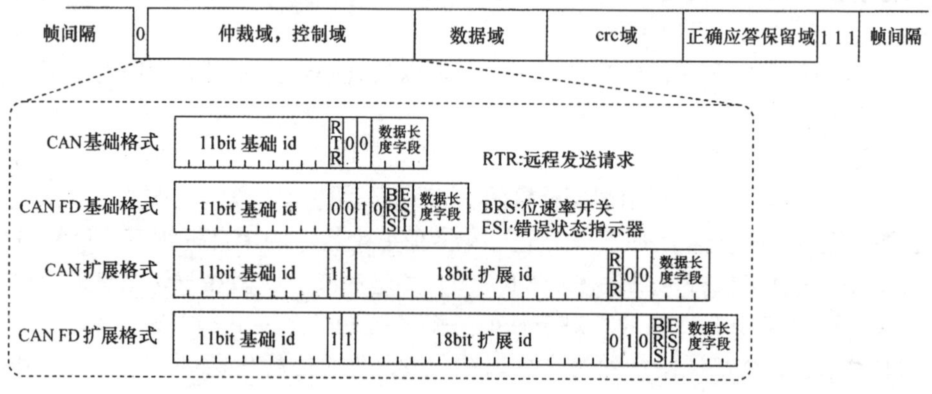

图 2-7 CAN 总线协议域，展示了 CAN 和 CAN FD，及两者的基础格式和扩展格式

是否将主动标识任何错误状态（ESI，错误状态指示器标志）。仲裁和控制字段以数据长度字段结束，它编码表示数据有效载荷字段将有多长（该字段的4位对应着查找表里预定义的长度）。CAN帧的余下部分被更高层次的载荷占用（指明长度的），一个帧校验，和一段预留的时间用于接收器发送一个回复应答确认信息ACK。在这段时间里，允许接收器在总线上置一个显性位去标示帧能够被解码，并且校验和成功匹配。

1. TTCAN（时间触发CAN）**扩展**

CAN的一个缺点就是只能对于标识符全是0位的消息（或者，通常地是那个具有最长的0前缀的）给出确定的延迟信息（由此给出实时性保证），因为这个消息总是比其它消息优先访问总线。由于更高优先级的消息应当率先被发送，所以任何其它消息就有可能会被无限期地延迟。由于这样的原因，为了能给予实时性保障，系统设计师一般需要严密地控制为哪个ECU分配哪个消息标识符，并对它们在应用层访问总线的频率施加限制。

为了缓解这个问题，引入了ISO 11898－4 TTCAN（时间触发CAN的简称）作为一个可选择的扩展，它用时分多址访问（TDMA）功能来升级CAN。这里，每一个ECU对时间主节点的时钟来同步本地时钟，以此来保持跟踪当前活跃的时间段。通过咨询一个预定义的被称为系统矩阵的调度表，每个ECU可以决定当前时槽是否保留给了一个特定的ECU，或者总线是否可用于常规的CSMA/BA访问。

时钟同步是通过专门的CAN消息来执行的，所有节点都把该消息当作参考信息。这些信息由一个时间主节点来发送，而最多可有7个后备时间主控器来竞争其传输。所以这样，当这个时间主控制器发生故障时，下一个备用节点将自动接管。

2. 错误检测和流量控制

在CAN总线上的错误检测发生在许多层面。每个ECU检查每个被观察的帧的协议一致性。每个接收器检查循环冗余检测（CRC）字段的正确性。发送器验证总线确实携带发送的信号（这类似于它在CSMA/BA中所做的）。此外，虽然CAN物理层可以在广泛的条件下运行，甚至在局部对地短路或对电池电压短路情况下也可以运行，仍然需要监控总线电平。最终，发送器确认它在一帧内所分配的时间接收到了肯定应答。如果任何电子控制单元检测到一个错误，它将发送一个错误帧：例如前面已经讨论过的缺少填充位而发送的6个连续显性位（0）。这个错误帧将允许其它节点立即抛弃该帧和/或允许发送器自动重复该消息。综合所有这些，错误检测和错误标识的措施预期将可把未被检测到的损坏消息的发生降到低于4.7×10^{11}分之一（Bosch 2012）。在CAN中特别考虑到如果短时间内出现了太多的总线错误，可以采取从临时停止错误信号发送到完全终止所有总线访问的措施来处理。

CAN里基本的流量控制是通过允许接收器在总线变为空闲状况前立即发送带有6个显性0位的专用过载帧，以阻止任何发送方发送来实现。

更细化的流量控制以及网络和传输层服务，例如分段和重组或路由，并未在

CAN 中规定，而是留给了更高层的协议。接下来看看这是如何实现的，我们将简要讨论这些更高层协议中的两种，ISO 15765－2（也称为 ISO－TP）和大众汽车专有的 TP 2.0。

3. ISO－TP

ISO－TP 是 ISO 15765－2 中规定的，并且作为一种在 CAN 线上传递诊断信息的方法。它通常用于统一的诊断服务（UDS）消息的传输。通过外部连接器（OBD－Ⅱ连接器，如图2-8所示）访问 CAN 总线在欧盟（2004年）和美国（2008 年）是强制性的外部车辆诊断。它也是许多其它应用层协议的基础，例如 Autosar 协议栈的那些协议。

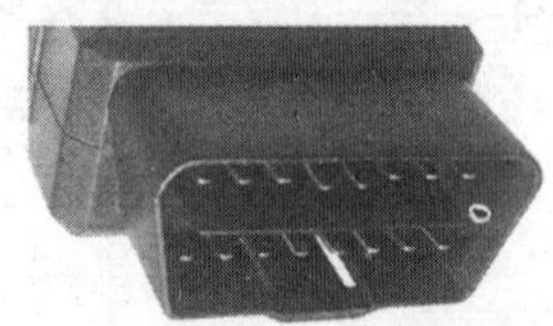

图 2-8　一个 OBD－II 诊断接口。是所有现代汽车强制性的一个接口，而且必须位于驾驶人容易触及的地方

ISO－TP 是一种非常轻量级的协议，只提供几个但很必要的功能：流量控制、分段和更高层次的寻址。图 2-9 展示了 ISO－TP 用来实现这一目标的四种打包格式。所有数据包可以从一个可选择的额外的地址字节开始，其可以用来区分更高层地址与一般的 CAN 地址。通过单帧、首帧和后续帧类型的支持，数据包可以是一帧，也可以是分开的数据包。连续帧之间的流量控制是通过明确的流控制帧来实现的。这被一个接收器用来给发送器指示流量状态（清除发送或等待）、块大小（在等待下一个流控制帧之前，可以发送多少连续帧）和间隔时间（任意两个连续帧发送之间的最短时间）。

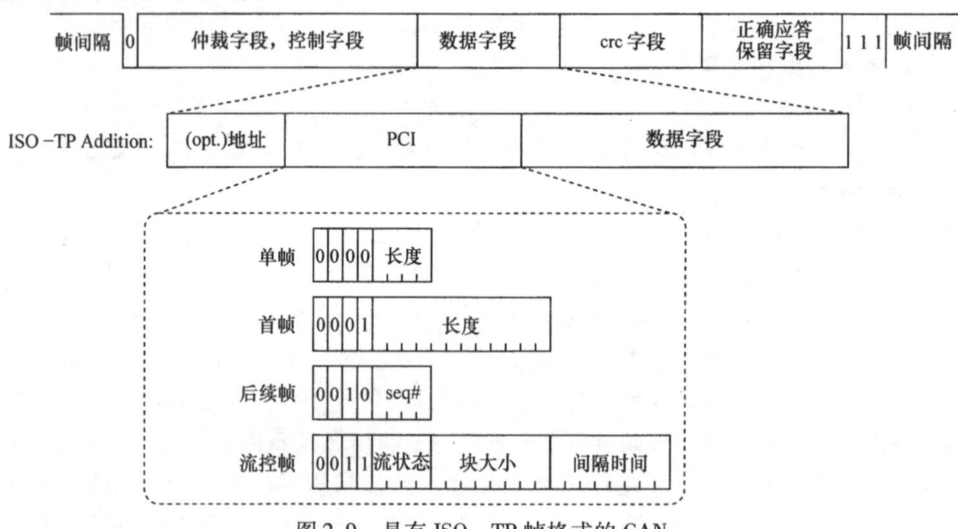

图 2-9　具有 ISO－TP 帧格式的 CAN

4. TP2.0

与 TSO－TP 相比，TP2.0 抽象了 CAN 的基元，引进了一种面向连接的方法。

TP 2.0 中的通信是基于已建立的依据 TP2.0 进行通信的 ECU 之间的通道，并通过专用的 TP2.0 帧类型的方式进行管理。相对于这些已建立的通道，各个 ECU 或 ECU 组被分配了逻辑地址和动态的 CAN 消息标识符。由于这些通道已经动态地分配了消息标识符，因此它们也被动态地分配了 CAN 总线访问优先权。图 2-10 说明了定义的 TP2.0 帧类型的一个子集，每个子集通过操作码表示来服务多个相关目的。

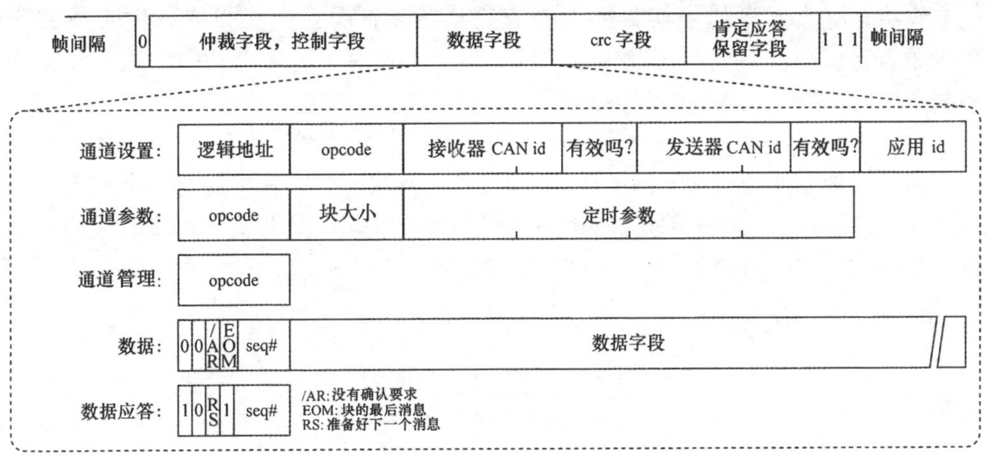

图 2-10 具有 TP 2.0 帧格式的 CAN

例如，一个通道的建立是通过发送一个通道设置帧的 0xc0 操作码（通道请求）和如下设置的字段来实现的：没有接收器 CAN 标识符将被设置（即有效吗？标志将读到隐性 1），发送器 CAN 标识符将被设定为一个动态分配的要求的值，并且应用类型字段将被设置来指示这个通道应该给多个应用层服务（类似 TCP 端口）中哪一个开通。接收器然后将通过发送回一个带有 0xd0 操作码的通道设置帧来确认这个通道的设置（肯定响应），现在确认了发送者要求的 CAN 消息标识符，而且包括一个为自己动态分配的消息标识符。

当成功地交换了通道设置帧之后，ECU 就可以为这个连接设置通道参数。一个专用的帧类型，即通道参数帧，被用于此，并且将包括一个所请求的块大小（直到发送者将不得不等待应答时的最大帧数）和定时参数，例如，两个 CAN 消息间的最小时间。

通道可以被发送者和接收者发送带有 0xa5 操作码的通道管理帧撤下。

数据包传输可以发生在非常轻量级的数据帧中，并使用动态分配的底层 CAN 标识符来识别通道（及其相关参数）；因此，一个数据帧只包括一个单字节的标头，以表示它的接收是否需要被确认，这是否是一块中的最后一帧，以及这帧携带的是哪一个序号。同样，因为所有的流量控制信息已经被设置为通道参数，所以一个确认数据包只有一个字节长度。它标示这个接收器是否已经准备好去接收更多帧，以及哪些帧已经被接收。

2.2.2 LIN

与 CAN 的复杂性相比，LIN（本地互联网络的缩写）是一个简单的总线系统。它被设计为一个低成本的子总线，也就是说，作为一个总线将多个低成本终端设备连接到，例如，一个 CAN 设备，而它又连接到一个主干总线。尽管 LIN 作为极具成本效益的解决方案的最初目标还没有完全达到，而且由于很大程度上得益于 CAN 的普及，CAN 的价格因此大幅下降，但是 LIN 对于诸如电动门锁这样预定的利基市场仍然是一个普遍的解决方案。

与基于对等方式的 CAN 不同，LIN 是一个主从式总线系统：一个单总线主节点（最普遍的是连接到主干网的设备，如图 2-11 所示）来管理具有一个或多个连接的从节点的整个 LIN 子网络。LIN 规范在 1999 年第一次出版，而其最近的更新是在 2010 年发布的 LIN2.2A（LIN 联盟 2010）。

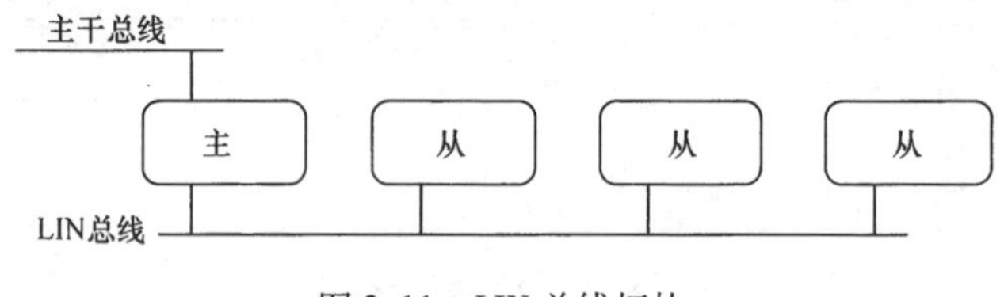

图 2-11　LIN 总线拓扑

LIN 遵守自同步概念，这使得在从属设备中不需要有昂贵的石英振荡器。LIN 主控制器独自决定什么时候和哪一个数据在总线上传输，而 LIN 的从设备则提供这些数据。

LIN 定义了一个完整的协议栈，包含一个物理层、一个介质访问层、一个用于诊断和配置服务的传输层、一个轻量级应用程序编程接口（API）。为了达到一个非常低的 LIN 设备的生产成本，并不是所有的设备都需要具备所有的功能。相反地，LIN 规范将节点根据它们的能力分为三个诊断类别。举例来说，第一类设备完全不支持传输层服务。第二类设备不需要支持除了产品 ID 以外的其它标识符的读取。第三类设备支持传输层的全功能集。

LIN 数据交换是围绕着一个信号的概念而开展的，信号被表示为一个单一的标量值（1 位布尔数，或者 2～16 位无符号整数）或者一个最多达 8B 的字节数组。它代表了一个系统的当前状态。LIN 总线用来取得这些信号的最新值。每一帧携带一个或多个信号，或者诊断数据。

在物理层，LIN 使用一根线缆以通用异步接收器/发射器（UART）兼容格式（1 个起始位、8 个数据位、1 个停止位）传输，速率可高达 20kbit/s。错误检测是通过监测总线状态，并在异常状态下终止传输来实现。如果一个从节点检测到一个总线错误，它将会记录下这个事实并体现到响应错误信号上，这个信息则可由主节点查询（查询这个信号并重置），但是不做纠错。

每个 LIN 帧结构包括一个请求部分和一个响应部分，如图 2-12 所示。一个帧以至少有 13 个显性 0 的标准位时间紧接着一个隐性 1 的间隔字段开始（也就是说，间隔字段不符合通常的 UART 标准，因此可以很容易被检测到）。接下来是一个同步字段（一个值为 0x55 的字节，即交替的 0 和 1 位）来同步从属节点的位定时。标识符和奇偶校验字段结束了该帧的请求部分。六位标识符用于指定哪一个信号（在 0x00 和 0x3b 区间）被请求。除了这些常规信号的标识符，两个标识符（0x3c 和 0x3d）被用来表示诊断数据传输，剩下的两个标识符（0x3e 和 0x3f）是留给未来的协议版本。跟随在短暂的应答间隙之后是响应部分，响应部分包含信号位（即 1～8 个字节，取决于被请求的信号）和 1 个校验和字节（根据 LIN 协议版本不同，计算时考虑只包含信号或同时包含标识符与信号）。

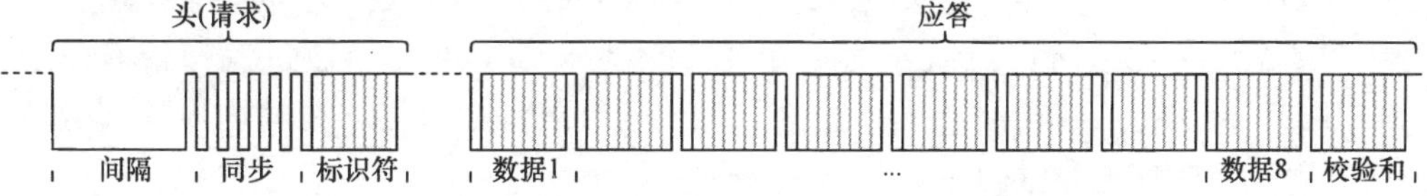

图 2-12 LIN 帧格式由请求、应答间隙和响应构成

然而，从技术上说，LIN 只指定一种帧类型，但它的概念却区分于四种不同的应用案例，这些用例则是以在被称为总线主节点调度表中预配置的时序而确定的（见表 2-1 的例子）。

表 2-1 一个简单的 LIN 时序表示例

时槽	类型	信号
1	无条件帧	空调
2	无条件帧	雨量传感器
3	无条件帧	胎压
4	事件触发帧	车门状态
5	零星帧	（未用）或燃油液面或温度

根据它的调度表，主节点周期性地请求**无条件帧**。每一次都触发了相应从节点的一个信号传输。因为无条件帧的传输遵守严格的时间表，这样可以允许完全的定时（因而保证了实时性）。

零星帧可以在主节点的调度表中分享共同的位置，而且只在很少的时候或者仅在需要的时候发送。举一个例子，一个 LIN 主节点只有当它知道左前电动车窗正在打开或关闭的时候才可能查询它的位置变化。否则，它可能会查询右前电动窗，或者都不查询。尽管这也引入了一些非确定性，而由主控制器确定的零星帧的优先级则对于最高优先级帧提供了实时性保证。

事件触发帧用于调查多个从节点的不经常发生的事件。举个例子，一个 LIN 主控制器可能同时查询所有的门接触开关状态的变化。只有一扇实际上在打开或关闭的门将响应这个请求。为了区分多个可能的响应，帧响应部分的第一个数据字节用于相应信号的标识符。显然，事件触发帧的使用也带来了总线冲突的可能性，进而引入了非确定性，这就需要有精心的策划。在冲突的情况下（即多个从节点试着响应事件触发帧），主系统将依次查询多个可能响应中的每一个。

诊断帧可以携带将在 LIN 总线上交换的 ISO - TP 传输层信息，例如，如下所示的，可允许诊断 CAN 信息由 LIN 主节点到 LIN 从节点的路由。

为了保持一个低的 ISO - TP 在 CAN 和 LIN 之间的转换成本，与图 2-9 所示格式相同的数据包格式被用于单帧、第一帧和连续帧，但是不支持流量控制帧。ISO - TP数据包的转发操作如下。转发诊断信息到 LIN 总线是简单的：如果一帧到达了 LIN 主节点，它的传输层负载通过一个 0x3c 的 LIN 标识符被传递到 LIN 总线。从 LIN 总线转发诊断信息就不太简单了。它要求 LIN 主节点通过发送带有一个 0x3d LIN 标识符的帧轮询总线。这给了 LIN 从节点一个机会，在帧内应答部分填充 ISO - TP 标准内容做回应。

2.2.3 MOST

车内总线系统的另一个特殊的细分部分则是由 MOST 总线占据的（MOST 协作组织 2010）。MOST 是面向媒体的系统传输的英文缩写。顾名思义，相比于 CAN 和 LIN，这个总线设计时考虑到不同的需求。不像那两个总线系统，其低延迟和高容错性是主要目标，而 MOST 则被设计为一个多媒体和信息娱乐的总线系统。这意味着主要关心的是两个非常不同的需求，即高数据速率和低抖动，以及简易的售后市场的可扩展性（例如，不依赖于预先计算的调度表）。

MOST 的历史可追溯到 D2B 数据总线（Domestic data bus），它后来在 20 世纪 90 年代被定义为 IEC61030。然而该总线很少被汽车制造商采用，所以不久之后，当时新成立的 MOST 协会开始致力于它的一个继承方案的开发。这个组织最初包括 Harmann/Becker、宝马、戴姆勒 - 克莱斯勒和 SMSC 等公司。在 2009 年 12 月，MOST 3. 0E1 出版，而且如今 MOST 协会成员总数已达到 60 个原始设备制造商（OEM）和 15 个汽车制造商。

MOST 是为了在塑料光纤（POF）下运行而设计的，尽管后来的变种也标准化了电气物理层。位（比特）是曼彻斯特编码，所以位传输是自同步的；电磁干扰（EMI）与 POF 无关。数据速率范围从 25 Mbit/s（MOST 25）到 150 Mbit/s（对于最新的 MOST 150 物理层）。

MOST 总线运行在一个逻辑的单向环形拓扑结构上，该拓扑最高可容纳 64 个控制单元，其中有一个专用的总线主控电子控制单元（ECU）（图 2-13）。任何发送的数据从一个节点主动地传递到下一个，直到它已绕环一次，并且再次到达初始发送的位置为止。

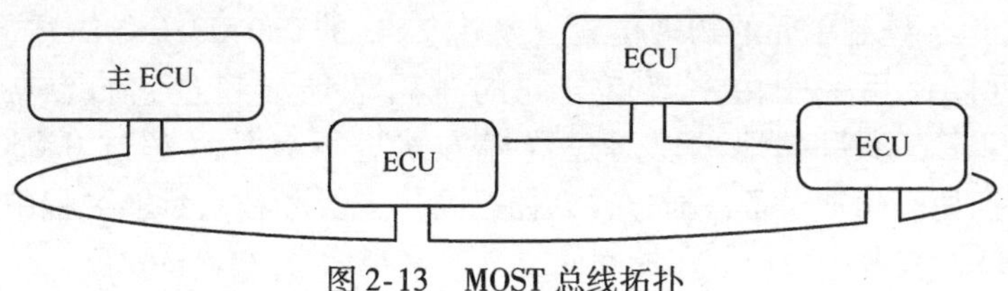

图2-13 MOST总线拓扑

数据传输发生在相等和固定大小的帧里（MOST 25：64 字节；或 MOST 150：384 字节）。MOST 的帧速率是静态的，按照标准推荐祯速率为 48kHz（例如 DVD 音频的采样频率），但是对于每一个总线来说，是完全可配置的。

帧被用来传输多个独立的连续比特流块，称为通道。为此，一个如图 2-14 所示的 TDMA 概念被采用了。

把每帧的一部分分配给数据流通道。总线上的任何电子控制单元可以预留每帧的一些字节来进行（一小块）比特流的传输（如视频流或音频流）。这保证了极好的吞吐量，没有抖动，以及完美的数据传输，这些 MOST 总线的所有关键设计目标的实现。

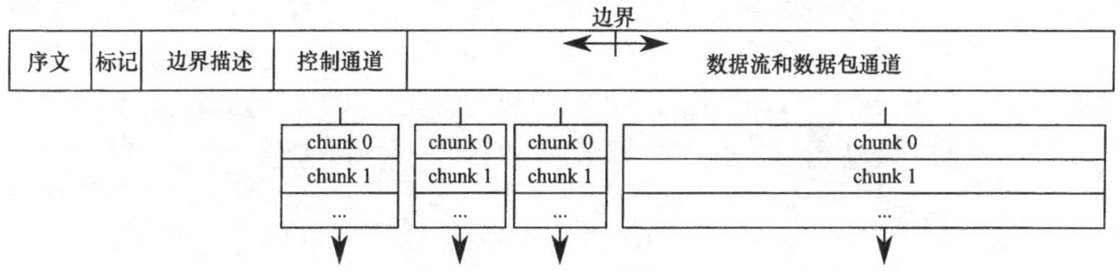

图2-14 MOST帧格式，包括一个帧头和控制信道，以及分组数据和数据流信道，每个信道传输每一帧数据流中的一小块

每一帧的一部分（如由包含在每一帧里的一个边界描述符所表示的）被分配给分组数据的传输。这个通道传输一块信息比特流，而这些信息则以随机存取的方式放在环上。每个信息以优先级作为前缀，它允许环上的电子控制单元决定是否通过这个未更改信息，或者在通过它之前用一个更高优先级的信息取代它。除了负载，每条信息还包含了源和目标地址字段、信息长度和一个校验和。任何失败传输的确认或重复则需要由上层来执行，其需要像 TCP/IP 这样的协议在一个 MOST 分组数据信道上运行（标准指定在 MOST 上使用以太网或者使用 MOST high，一个 TCP 的变化版）。

最终，该帧的一小部分（对于 MOST 150 为 4 个字节）被分配到一个控制通道，该通道在许多方面类似于分组数据通道，但是它只传输控制信息的比特流。信息传输通过使用应用信息服务（AMS）协议编码。它使用确认方式，所以失败的传输可以自动重试。每个控制信息是 32 字节长，可以被用于储存、发布和查询数据流通道的所有权，或者读取和写入寄存器以及电子控制单元的配置数据。

设备寻址使用16位地址，它分为四个不同的组：第一，一个地址可以对应在环上的一个电子控制单元的物理位置（从主ECU的0x0400开始，往上计数）。第二，寻址可以使用一个由主节点分配的逻辑地址（超过它自己的逻辑地址，0x0200）。第三，多目的地可以通过群播方式进行寻址（超过0x0300）。最后，MOST支持向所有附加设备传播，要么拥有高优先级和在它传输过程中阻塞控制通道（0x03c8），或者作为一个在控制通道上的常规信息（0x03ff）。

在一个更高的层级上，MOST中的寻址遵循一个面向对象的概念，它有利于售后市场的可扩展性：每个MOST设备包含一个或多个功能块（FBlocks），其中的一个或多个实例可能是可用的。每个实例提供可调用的方法并且可以通过MOST去写或读取的特性。

举例来说，切换到CD转换器（CDC）第一个CD播放器的第10个轨道（并且通过读回新值，获得确认该变化是成功的）则可以通过发送一个命令来完成。这个命令可以理解如下：CDC. CD. 1. Track SetGet（10）。功能块具有清晰的标识符（例如，MOST标准列表0x31是一个CD播放器的地址）。同样，可获得的特性和方法的ID也是众所周知的。对于一个特定的功能模块的实例标识符都保证是唯一的（MOST总线的主节点进行一个系统扫描，并在启动期间，重新分配重复的实例标识符）。如果这个设备的标识符不知道，MOST允许替代一个通配符设备ID（0xffff）给下列表格的请求：??? . CD. 1. Track. SetGet（10）。在任何情况下，发送的设备随后将被告知更改的属性（现在轨道属性的值为10）。当该属性改变时，其它设备也可能预定了接收通知。然后它们也会接收到新的属性值。

MOST中的错误检测和校正高度依赖于用于两个电子控制单元间通信的物理层，但大多是简单的，因为个体的连接是单向的，并且准确地连接两个设备。然而，MOST对于环断裂这一全局性错误的状况是敏感的。如果POF变得弯曲或者受到其它损毁，或者一个电子控制单元产生故障，整个MOST系统会停止运行。不是信息不能传输给接收端，就是回复不能送达发送端。虽然发生环断裂的情况是很容易被检测到的（从这些症状中），但仅仅通过MOST通常是不可能确定背后的原因和受影响的电子控制单元。尽管存在有对于这个问题的解决方法，但它们却具有供应商的依赖性和专有性。通常，一个额外的单线总线被用于环断裂诊断。

综上所述，这意味着MOST对于高速和低波动的通信确实是首选总线，而且，尽管以总线系统的低鲁棒性为代价，它很好地满足了多媒体和信息娱乐组件市场可拓展性的需求。

2.2.4 FlexRay

FlexRay是为了减轻早期总线系统的缺点而设计的，尤其是它们的低鲁棒性，而同时FlexRay还提供了确定的低延迟和高速传输。为此，它规定了许多可能的总线拓扑结构（图2-15）。FlexRay也明确规定控制器需要为电子控制单元提供一种直接调整帧速率或者帧偏移的方法，最突出的是支持跨多于一个以上的FlexRay

簇，或与一个不同的总线系统的时间同步。

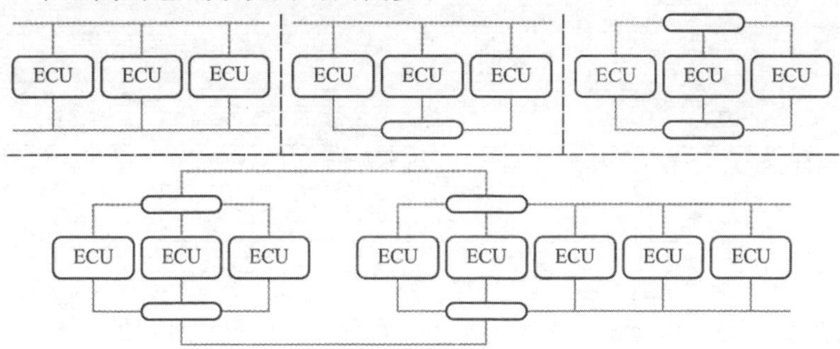

图2-15 FlexRay拓扑结构示例：无源总线型、混合型和主动星形网络拓扑结构，每个使用两个通道（上排）；和级联的两级星形与总线型混合结构（下排）

FlexRay的第一份规范，2.0版本，是在2004年由一个联盟出版发行的。该联盟是由汽车企业（宝马、戴姆勒-克莱斯勒、通用、大众），半导体制造商（飞思卡尔、飞利浦）和一个原始设备制造商（罗伯特·博世公司）组成。第一批依赖于FlexRay的汽车在2006年进入市场。FlexRay的使用局限于FlexRay联盟的成员（或者与联盟有一个长期合同的公司），该联盟发展到具有数百个成员和关联公司，一直到为了发展而采取了一种更加开放的方式并在2009年解体。如今，FlexRay被发展为一个国际标准化组织的标准系列（ISO 17458）。

在ISO 17458-2：2013中定义了FlexRay数据链接层。这点类似于MOST，它采用TDMA方案来进行信道访问，但是可以应用直到两个物理连接（通道A和B）。通道B可以用来发送相同的消息（作为冗余通信路径）或者发送不同的信息（增加有效的吞吐量）。

从概念上说，时间以增量递增，FlexRay将此增量称为宏拍（Macroticks），它只有几位长（例如，50），并且在一个FlexRay簇中的所有电子控制单元同步。时间被分为64个预配置长度的通信周期（达到16000宏拍），其中的每个又进一步地细分为时槽。信息ID（即帧ID）到通道的分配，以及时槽和周期的分配都是固定的，而且对每个节点来说都是已知的。因为有64个不同的周期，信息可以以远远低于每个周期一次的速度发送（这只能达到16ms长，通常地甚至更短，例如，5ms），并且仍然可以保证一个时槽。这也为不同的信息在剩余周期中的发送空出时间。FlexRay将这种每隔一个周期进行一条信息的发送（或通常情况下，每2^n个周期）称为多循环复用。时间调度表需要由工程师在网络设计阶段精心设计，特别是FlexRay中对于信息速率和电子控制单元中信息产生的速率间的紧密协调。

通过允许通信周期的时间表包含一个运用被称为柔性TDMA的动态分段，FlexRay进一步提供了一些交互的非确定性，以便更好地利用通道容量。这一概念如图2-16所示。

在静态分段里，每个时槽是等长的，并被确切地分配到一条信息。动态分段利用了一个被称为动态时槽的概念。在此，对于一个给定通道（通道A或通道B）

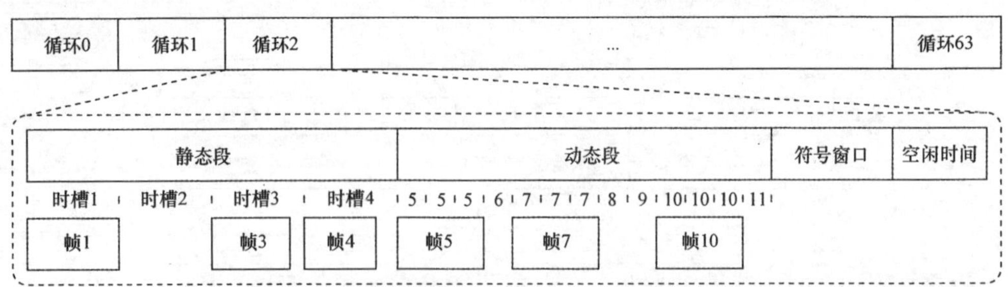

图 2-16 FlexRay 通信周期。每个周期再细分为一个静态分段，一个（可选的）动态分段和一个（可选的）符号窗口。每一个静态分段又进一步地分为大小相等的时槽，每一个动态分段也可再继续分为微时间槽

的时槽计数器（例如当下时槽数），只有在一条信息已经在通道上完成了传输，或者一个微时间槽在没有一个信息被发送的情况下已经过去了，它才会累计数量。这意味着信道 A 和信道 B 的时槽计数器可能以不同的速率递增。这也意味着较低优先级的信息（那些被分配了较高的时槽数）可能会任意推迟，或者当延迟到一个通信周期的动态分段结束之后，受到完全地抑制。通常，这些微时间槽被配置得比静态分段的时槽短很多。FlexRay 允许每个微时间槽最多达到 63 个宏拍，5 是一个更实际的值。而静态分段的时槽则可以配置到多达 2047 个宏拍。

每个通信周期可能也会为一个符号窗口分配空间，用于传输单一的符号。此时，仅有一个指定的媒体访问测试符号用于测试总线监护。

在物理层，FlexRay 的一个核心设计理念就是它的高度布线灵活性。在 ISO 17458－4：2013 中规定了电气物理层（尽管可供备选的专有物理层存在）。它规定使用一或两对非屏蔽双绞铜线来连接电子控制单元，每根线以 10 Mbit/s 的默认速率传输数据。通道可以使用一个被动的总线结构连接，也可以使用有一个主动式星形耦合器的星形结构连接，或者以这些结构的混合方式连接。星形耦合器可以嵌套两层。图 2-15 再次给出了一个这些样本总线拓扑结构的概述。

如同在常见的 CAN 物理层实施的一样，使用差分 NRZ 编码对每个线对上的位进行编码。由于没有采用位填充，所以信息长度仍然是确定的。相反，如图 2-17 所示，设计每一个传输、每个帧和每个单字节都有助于时钟同步。在一个通道上的信号电平持续保持高状态的延长期（11bit）被理解为该通道被闲置。

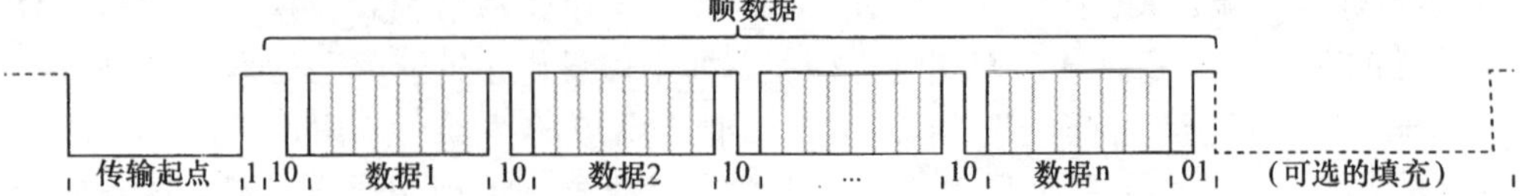

图 2-17 FlexRay 的物理层概念。图示是一个帧，它是由传输起始序列、帧起始序列、被字节开始序列分离的可变数量的数据字节、帧结束序列和可选的到下一个在动态段发送帧的完整通信宏拍间的填充（动态尾部序列）组成

图2-18展示了每个FlexRay帧的内容，它包括一个5字节的帧头、多达254字节的有效载荷和以一个基于完整帧头和有效载荷计算的3字节CRC。每个FlexRay帧头以5个单独的位开始，其中第一位是保留位，设为0。紧接着是一个载荷的前置位，它表明了是否载荷以额外的控制信息开始，该信息对于FlexRay来说是不透明的（对于静态分段的帧，假定它是具有固定长度的网络管理信息段；对于动态分段的帧，假定它是一个具有2字节长度的ID信息，其允许使用相同的帧ID发送任意信息类型）。一个空帧标识位用来去表示该帧中没有实际载荷，并且这个载荷字段中的内容应该被舍弃（这对于在静态分段发送的帧具有重要作用，其需要具有固定的长度）。同步帧标识位表明这个帧是可用于时钟同步的可靠帧，即它是由一个确定可靠的电子控制单元发送的。启动帧标识位在系统启动期间使用，我们将稍后讨论它。在这些5个单独位字段后，帧头包含了帧ID，它标识了帧被传输的时间槽。紧接着该字段的是一个半长度字段，这个字段（当乘以2的时候）表明这个信息包含了多少字节的载荷。再跟随其后的是帧头CRC字段，进行校验以保护包含同步帧和启动帧标识位、帧ID字段和载荷长度字段。帧头以周期计数字段结束，标识传输节点的总线周期计数器的当前值。

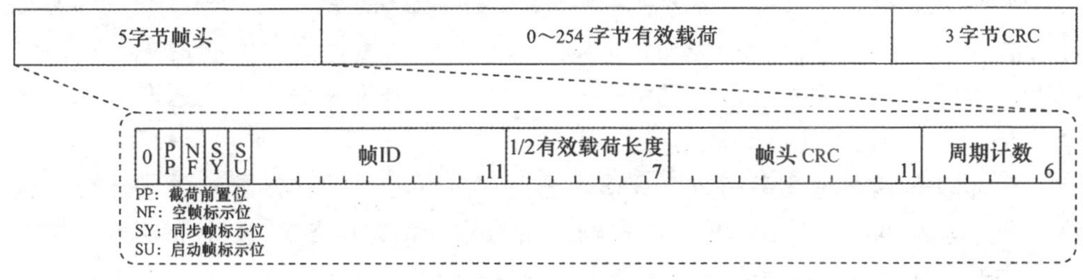

图2-18　FlexRay的帧格式，包括帧头、有效载荷和CRC

FlexRay的协议字段允许错误和错误控制器的细节检测，例如通过检查周期计数器的值、帧ID、帧头或帧CRC，或者完整的帧时序。因为任何帧冲突必须通过一个错误控制器而构成一次总线访问，FlexRay总线防护装置很容易确定这个电子控制单元的错误操作，迅速地切换到一个被动的监听状态以允许再次同步，或者直接禁用该电子控制单元。同时应该注意到故障信息不会被FlexRay尝试自动重复发送，因为这将破坏总线的机制。

由于其严格的时间同步要求，以及全局范围内同步的宏拍和时间槽计数，需要FlexRay网络上电初始化走精确定义的冷启动过程，如表2-2所示。

表2-2 FlexRay的冷启动过程：节点A、B和C被配置为冷启动节点，并尝试唤醒总线。节点A在通道上没有检测到唤醒模式（即一种专用于网络唤醒的高低电平，WUP），则它就传输一个。B节点检测到唤醒命令（WUP）并退出竞争总线；节点C发送一个唤醒信号WUP，检测到冲突，并退出竞争；节点A发送一个避免冲突信号（CAS），并开始总线操作，发送帧。在完成4个周期的宏拍同步之

后，节点 B 和 C 加入总线；再经历两个周期剩余所有节点都加入总线。

表 2-2　FlexRay 的冷启动过程

节点	冷启动节点	通道标志或通信周期										
A	Yes	WUP	WUP	CAS	0	1	2	3	4	5	6	7…
B	Yes	↯							4	5	6	7…
C	Yes	WUP↯							4	5	6	7…
D	No										6	7…
E	No										6	7…

- 在系统设计时，至少有 3 个节点被设计为冷启动节点。这些节点将对进行冷启动过程展开竞争。
- 在冷启动被尝试之前，需要先唤醒总线（即所有相关电子控制单元）。这通过发送一个特殊的唤醒命令（WUP）来实现，它可以由相关的通信控制器检测到。任意数目的节点可以同时试图传输一个唤醒命令（WUP）；唤醒命令被设计成可以检测到冲突。在冲突节点都退出竞争之后，将只有一个节点发送唤醒命令（WUP）。
- 唤醒总线之后（如果需要），这些节点将试图在总线上检测一个特殊的避免冲突信号（CAS），如果没有检测到，则发送一个该信号。负责传输避免冲突信号（CAS）的节点被认为是主冷启动节点（尽管由于未解决冲突，可能这时候不止一个节点会认为自己是主冷启动节点）。
- 成功传输避免冲突信号（CAS）之后，主冷启动节点将开始正常运行，从第一个通信周期（周期 0）开始传输帧（带有启动帧位设置）。4 个周期内，主冷启动节点将持续监测总线中潜在的避免冲突信号（CAS）（这表明另一个节点认为此时自己是主冷启动节点，触发本身运行终止）。
- 同时，在开始正常运行之前，任何其它冷启动节点将等待至少相同的 4 个周期，调整它的通信宏拍计时到已接收帧，然后也开始发送具有启动帧位集的帧。
- 其它所有节点等待分别从两个不同节点收到具有启动标识位置位的两帧之后开始正常运行。
- 然后总线和所有相关电子控制单元完全运行。

在传输层上，Autosar 协议栈中有一个修订的 ISO－TP 版本，称为 FlexRay 传输层（FrTp）（Autosar 2011），它使得 FlexRay 可以传输 ISO－TP 信息：虽然对于 CAN ISO－TP 允许传输在一个 CAN 消息 ID 中高层地址的一部分，地址现在只（和完全地）在传输协议标头中进行编码，传输协议标头现在带有多达 2 字节长的目标地址和源地址字段。它也需要解决缺乏低层应答（ACK）机制的问题（CAN 向接收器提供了一种方法，在发送器的帧里传输一个显性位）。此外，它引入了 4 种新的帧类型来处理更大量的数据和更短的数据块间所需要的间隔时间。

新帧和字段如图 2-19 所示：扩展版本的 ISO－TP 中单帧和首帧载荷长度字段

分别从0.5字节增长到1字节，和从1.5字节增长到4字节，以允许首帧公布多达4兆字节的数据。在3个方面对流控制帧进行了扩展。首先，流状态引入新代码以允许接收方请求发送方终止传输。第二，现在从0xf1到0xf9间隔时间的值可用于指定100~900μs的间隔时间（而不是字段通常意义上的数毫秒）。最后，流控制帧由额外的字段补充来形成一个应答帧，它可以标识一个传输是否成功（ACK=0）或者在最后一块帧中的后续帧（由它的序列号表示）是否没有成功被接收（ACK=1）。后续帧用一个相同的后续帧2来补充，它可以用于每隔一帧来简化重试传输的检测（允许在发送器最早的方便时间重试发送）。

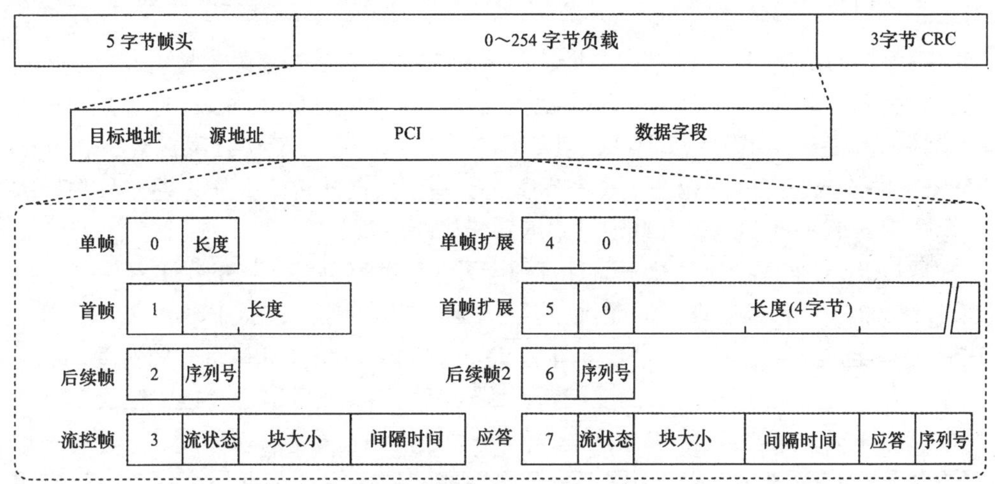

图2-19 FlexRay扩展的ISO－TP数据包格式

2.3 车载以太网

现代先进的驾驶辅助系统（ADAS）使用来自不同域的数据。与过去的应用不同，那里所有的应用被严格分离而且相互之间极少交换信息，在今天的应用中这些数据源经常来源于不同的域，而且需要在低延迟的情况下以较高速率交换数据，同时保持严格的同步要求，以减少或避免缓冲的需要。

这样的系统包括，例如，自适应巡航控制（ACC）系统，该系统需要整合来自多源的数据，以便能够实现它们的功能。它们需要常规的里程计、高清晰度视频、雷达，以及激光探测与测量（LIDAR）系统，即是激光扫描仪或称激光雷达。再更进一步，我们将在3.1.3小节中讨论协同式自适应巡航系统（CACC），它将需要额外地整合在严格的实时条件下通过无线方式获取的其它车辆的数据。这个概念被称为传感器数据融合。

由于不同领域通常使用不同的、领域特定的总线系统，只有当大量的资源静态分配给这样的系统时，才可以通过跨越域边界来保持严格的同步性和延迟要求。因此，车载网络向统一总线系统的迁移可能是有益的。

这被两种趋势进一步地加剧，即汽车的大规模定制和售后市场定制（Ziomek et al. 2013），尤其是再加上看到的最近出现的自带设备（BYOD）的趋势时，所有这一切使得很难再坚持经典的将车内网络分离为独立的域并有一个静态配置的状况了。一种解决这些问题的方法是引进以一个成熟的通用标准作为基础的车载网络，而不是另一个域特定的网络，这就是车载以太网。

2.3.1 背景

以太网的历史可以追溯到20世纪70年代初，在施乐帕洛阿尔托研究中心进行的，并由Bob Metcalfe和David Boggs发表的研究（Metcalfe & Boggs 1976）——这不是第一次提出局域网（LAN），但却是最成功的。他们最初方案已经提供一个3Mbit/s的传输速度，并允许256个节点共享一个共同的传输介质，即被称为以太的单个1km长的同轴电缆（或通过中继器连接的多条电缆）。

通过IEEE实现了标准化，而且直到今天，以太网许多不同的扩展和变体已经在IEEE802.3工作组实现了标准化。第一个标准化物理层是在IEEE标准802.3-1985中规定的，规定通过一个长度可达500m的同轴电缆以10Mbit/s的速度，发送一个具有典型的大约2V升压的曼彻斯特编码信号。节点可以通过接入缆线来实现与电缆的连接，那就是打开以太网电缆，短线连接到它的屏蔽层和缆芯。这种物理层被命名为10BASE5，或粗缆网。一个之后的物理层标准，也是第一个广泛应用的标准，10BASE2，则是专为较细的电缆设计的，并从一个单一物理电缆移植到在T形电缆连接器之间运行的多个电缆段（图2-20a），这已作为一种连接以太网电缆的方式，尽管它是以最大范围缩小到略低于200m为代价的。

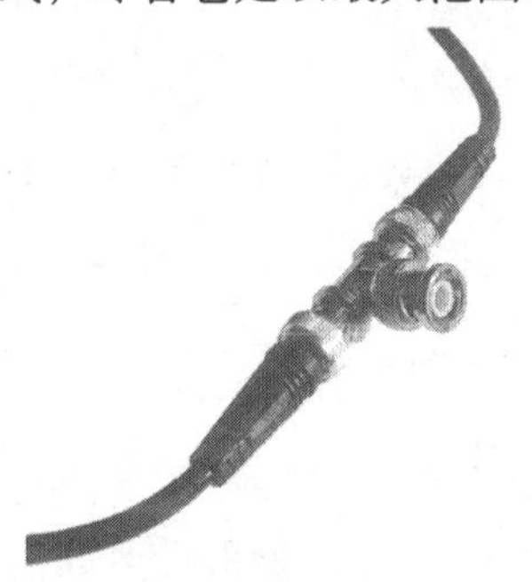

a) 拥有BNC连接器和T形接头(10BASE2以太网)的50-Ω同轴电缆

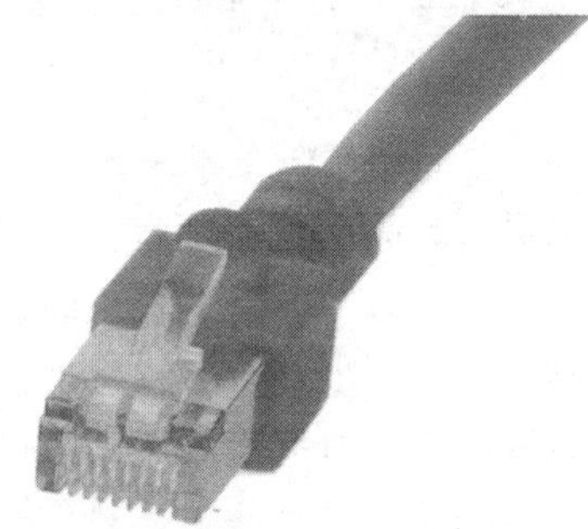

b) 拥有8P8C连接器(1000BASE-T 以太网)的5e类电缆

图2-20 10BASE2和1000BASE-T的电缆和连接器，两个广泛成功的以太网物理层

因为在这些物理层中介质只提供一个通道，而且在所有的节点间共享，所以所

有节点都必须依赖于一个拥有冲突检测方案的载波监听多址访问（CSMA/CD）。通道上一个载波的存在，向同一总线段的所有节点表明该通道现在处于繁忙状态。一帧的传输必须在本通道上一帧传输结束间隔 12 字节间隙之后开始（除了在允许的情况下由同一站突发传输）。对于至少前三分之二帧间隙内，信道被连续地检测，而且如果通道被检测到再次繁忙，则对于一个空闲通道的等待时间将重新启动。如果一个冲突被物理层检测到，它将发送一个堵塞信号，使在该总线段的所有节点意识到这一情况。遭受冲突的传输然后将根据二进制指数退出程序而重试。

IEEE 802.3 标准较新的版本定义了物理层，它提供了一个以上的通道，且网络拓扑上不再让多个节点共享总线网段，允许该网段由 CSMA/CD 的半双工传输转换到全双工传输。在写这本书的时候，最新的以太网标准，IEEE 标准 802.3 - 2012，包含了在 40km 光纤（100GBASE - ER4）上以 100Gbit/s 的速度传输的物理层。然而，所有物理层中最知名的物理层是现在非常普遍的 1000BASE - T 物理层。它采用四对双绞线，一般在第 5 类属电缆或更好的电缆中运行（图 2-20b），以 1Gbit/s 速率传输超过 100m。

图 2-21 展示了一个非常轻量级的以太网帧的组成：每一帧以一个 8B 的序文，和以 0 位和 1 位交替的起始帧定界符字段开始，其最后一对是两个 1 以使得帧容易同步，即使在更高层解码开始较晚的情况下。序文之后是两个 6 字节（48bit）包含目标和源媒体访问控制（MAC）地址的字段。这些可以选择性地跟着一个 4 字节长的 IEEE 802.1Q 标签，该标签包含有帧优先级信息，指明当出现拥塞时是否丢弃这个帧，及一个虚拟局域网（VLAN）标签。就在这个数据之前，一个 2 字节类型/长度字段包含着一个紧跟其后的载荷类型的指示（例如，0x86dd 的值表示 IPv6），或者 IEEE 802.2 逻辑链路控制（LLC）载荷的长度。在这两种情况中的任一种情况下，该字段之后是更高层的有效载荷。该标准规定了一个最小的有效载荷长度（使得 CSMA/CD 可以工作；42 字节为常见配置）和一个 1982 字节的最大有效载荷长度（在更高层协议封装之后，1500 字节则作为推荐的最大上层有效载荷大小）。该帧以一个 4 字节（32bit）帧检验序列结束，并且随后必须是一个至少 12 字节长的空闲期。

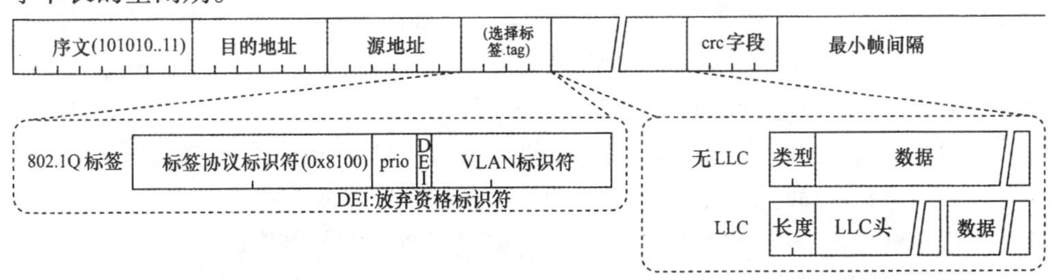

图 2-21 以太网帧格式；在类型/长度字段上的特定值指示了一个 IEEE 802.1Q 标签和/或 IEEE 802.2 逻辑链路控制（LLC）信息的存在

2.3.2 车载网络的适应性

显而易见，相比于所讨论的任何汽车总线系统，以太网是一个非常轻量级的协议，仅仅提供数据的错误检查和最大努力传输。因此，为了实现在2.1节中所列出的到目前为止我们在本章中讨论的许多要求，需要在以太网上运行更多其它协议来得到满足，例如，延迟和同步的要求。此外，没有一个经典物理层规范非常适合稳健而又轻便电缆的需求。

为了满足物理层的需求，一个成立于2011年底的名为OPEN（One－Pair Ether－Net的缩写）联盟特别兴趣组的特别兴趣小组，开始支持一个新的物理层技术。该特别兴趣小组最初是由宝马、高通、飞思卡尔、哈曼、现代和恩智浦组成，但到2014年初，迅速成长到包含了150个成员。这个物理层是基于一个单一的非屏蔽双绞线以100Mbit/s的速度以太网传输供电（符合IEEE 802.3at PoE标准）。该技术是由高通制造，以BroadR－Reach名称推向市场，且授权给联盟成员。与此同时，一个新的IEEE 802.3工作组，称为减少双绞线的千兆以太网（RTPGE）工作组，在2013年召开首次会议，并制定了一个新的物理层标准，以实现在一个不超过15m的汽车运用场景中利用单个双绞线达到1 Gbit/s的传输速度。

新的上层补充了这些新的以太网物理层，而且它对于满足车载网络的需求非常必要。对于这个问题有许多专有的解决方案，但至今只有少数获得进展（最值得注意的是SAE AS6802，时间触发以太网）。

IEEE 802.1时间敏感网络（TSN）工作组已经规定了一套全面的上层。该组起源于IEEE 802.3研究组，直到2012年11月，第一次转变为音频视频桥接技术（AVB）工作组。标准化过程是由Avnu联盟工业特殊利益团体推动的（如同Wi－Fi联盟推动IEEE 802.11标准化的方式）。

TSN操作围绕路径上动态资源预留的概念，通过所谓的流网络，结合严密的全局时间同步。它以假定需求的不同而定义了流的两个优先级：A类和B类，分别规定了在7个跳跃上2ms和50ms的延迟约束。此外，网络中依然允许尽力而为（best－effort）的传统传输。

时间同步、流预留和执行担保是由一个新的二层时间同步服务（IEEE 802.1AS）来实现的，并扩展到以太网帧标志的IEEE 802.1Q标准。在下文中，我们将更关注这些更高层的标准。

时间同步是通过IEEE 802.1AS规定的一个新的时间同步服务来实现的，这是基于IEEE 1588精确时间协议（PTP）的一个子集来同步所有参与节点的时钟（即时钟值和频率）。参与的节点为TSN能力的以太网桥（例如交换机）。

通过预配置节点优先权，节点可以竞争作为一个主时钟（Grandmaster Clock）的源。一个单节点被选来为该主时钟既提供一个全局时钟的绝对值，也作为一个时钟频率的参考。在主时钟源选择结束后，构造出一个生成树（根植于主时钟），顺着这棵生成树，定时信息将被同步。同步到主时钟的任何节点都可以依次作为在网络中更远的（根据路由跳数）节点的定时主控。模拟仿真显示可实现的同步精度可以保持在 1μs 之内（Lim et al. 2011）。

流预留是由 IEEE 802.1Qat 规定的一个新的流预留协议（SRP）实现的。为此，TSN 引进了在一个网络中谈话者和倾听者的概念。谈话者在网络中通告新的数据流，通过网络传播一个 SRP 流广告，并以最大数据包大小和数据包间隔等参数来定义它们的服务质量（QoS）优先级等级。这些信息还包括一个含有累积的最坏情况下的延迟字段。收到通告消息的所有中间节点，然后检查是否有足够的资源可用来满足此数据流的需求，如果有，暂时保留这些资源，更新最坏情况下的延迟，并转发 SRP 通告信息到下一跳跃。因此，接收 SRP 通告信息的倾听者可以确保有充足的资源（例如，可用输出带宽和缓冲空间）已经（暂时）被预留在网络中以保证服务质量，并且可以检查在最坏的情况下该数据流会引起多大的延迟。然后，它可以通过发送一个注册消息返回到发送者去接收该数据流，这使所有中间节点在这个数据流的持续期间继续保留所有需要的资源。如果多个倾听者对一个数据流有兴趣，这种方法也提供了数据包的重复数据删除：每个中间节点被告知当前确认的通过它运行的数据流，并单播（或多播）这些收到的帧的去处。

根据可以利用标记的数据流的扩展，流量整形是在发送方（即谈话者）和每个中间节点上共同进行的。主要的任务是根据它们的优先级转发帧，但在同一时间，避免较低优先级的饥饿（或尽力服务帧），并避免帧突发，从而避免使其难以执行对下游节点的策略约束和可能会对它们缓冲区的覆盖。在 IEEE 802.1Qav 中描述了一个简单的令牌桶式（Token – Bucket – Like）的流量整形器，并在常规基础上提出了改进（例如为了较低延迟或者更容易的整形器故障检测）。

对上述所描述的概念的进一步改进包括介质冗余（IEEE 802.1Qcb），即在多个并行路径上的传输，来提高应对链接中断的快速恢复能力（弹性），以及帧抢占（IEEE 802.1 Qbu）。后者使 TSN 能力的桥有选择地取消正在进行的低优先级帧的传输。

2.3.3 引入汽车

具备了新型总线技术可以带来的所有优势，但从 CAN/LIN 或其它总线技术全面而立即地转换到例如以太网是不可能的，因为这将基本意味着取消所有现有控制器（ECU）。

相反，汽车制造商愿意采取渐进的方式转换到以太网。这开始于将以太网用于外部访问汽车电子控制单元的诊断和固件程序刷新，这已经标准化为 ISO 13400 标准（DoIP，互联网协议的诊断通信的缩写）。下一步可以包括以太网作为另一个总线网络的附件被连接到汽车中央网关（例如，摄像机或多媒体组件的连接），再然后可以用一个以太网骨干网络去取代中央网关的基础架构。

对于替换现有的总线系统，以太网（具有车辆专用的物理层和更高层）被证明可分享大量 MOST 的用例，并且可以与 FlexRay 进行很好的交互操作，实现严格的时间同步。另一方面，CAN 和 LIN 可以填补一些以太网目前还无法和它们进行竞争（尤其是在成本方面）的非常具体的细分应用，因此一般认为 CAN 和 LIN 不太可能被很快取代。

2.4 无线车载网络

重达 30kg 的现代汽车的电缆束，其成本和重量都是很大的，而且即使许多现代总线系统使用冗余连接，链接中断总是受关注的问题。此外，电缆连接需要空间，这些空间必须从例如门、柱或在发动机和乘客舱之间的防火墙中被划分出来。与此相反，所有通过无线连接的电子控制单元需要的仅是连接通用的 12V 供电线路。也可以想象，无线连接的电子控制单元可以提高在装配（或加装）汽车时的灵活性。在过去，航空、航天领域（CCSDS 2010）也已经进行过类似的深入研究和考虑。

这已多次地催生了通过使用无线连接来减少广泛布线的部件的可能性研究工作，其研究范围从通用技术如蓝牙（Leen & Heffernan 2001）或者 IEEE 802.11g WiFi（Rahmani et al. 2009），到更专用的技术，如一个完整的 ZigBee 栈（Tsai et al. 2007）或简单的 IEEE 802.15.4（Matischek et al. 2011），直到更近的 60GHz 链接的使用（Nakamura & Kajiwara 2012）。然而，除了轮胎压力传感器（其中由于其本身的性质需要无线连接），在车载网联方面，无线技术还没有获得广泛的接受。

事实上，究其原因，尽管它们满足我们在 2.1 节中所讨论的大多数工业需求，但这样的系统通常不是基于小众的技术且价格昂贵，就是它们不能满足汽车网络在服务保证方面的要求。此外，正如当研究员劫持轮胎压力传感器和车之间通信时所证明的，专有的解决方案容易出现安全漏洞（Rouf et al. 2010）。如果这样的系统被连接到，例如，CAN 总线，汽车的安全性可能被进一步损害。这种攻击的影响被研究人员证明，例如，他们可以通过 CAN 总线（Koscher et al. 2010）来禁用一辆汽车的制动，并且进一步的攻击描绘了一幅更为暗淡的场景（Wright 2011）。

我们在 2.3.2 小节中讨论的时间敏感网络（TSN）系列标准，当其与我们在 4.2.1 小节所讨论的 IEEE 802.11 消费型无线网络相结合时，可能提供了一个问题的解决办法。因为这样的网络是基于成熟的技术，所以能够期待现有的安全机制可以很好地转化到该领域。与此同时，TSN 可以提供必要的服务质量（QoS）估量。即使目前对于常见的 IEEE 802.11 技术的支持受到限制，能够预期在 IEEE 802.11aa 范围内所做的扩展可与 TSN 的流预约方法之间进行很好的交互操作（Maraslis et al. 2012）。

第3章　车辆间通信

本章的主题是车辆间（以及车辆与可用基础设施之间）的通信。我们从本质上对车辆间通信（IVC）给出了基本的介绍，明确了在安全以及非安全应用领域中的关键概念。基于这一点，我们引导出所有相关的通信概念以及这些应用的解决方案，并且重要的是，明确了诸如最大延迟、最小传播范围或最小数据速率的要求。此外，我们对可能的通信模式提出了一个概述，例如，是否信息能够在没有任何可用设备的帮助下完成交换，或者，是否基础设施要素：路侧单元（RSUs）、停泊的车辆，甚至广泛部署的蜂窝网络能够被用于信息交换。

本章把车辆间的通信作为一个热点研究领域来介绍。主要目的是帮助读者熟悉该领域，以达到理解基本概念及其局限性的水平。我们将在下面的章节中更加详细地研究所有概述中的通信原理。

本章安排如下。

应用（3.1节）：在这一节中，我们从IVC典型的应用开始来介绍该领域。我们将展示这些应用的范围和性质变动区间很大，这会让公共和通用的车辆间通信协议的开发变得复杂。

要求和组件（3.2节）：从认识IVC的应用开始，我们得出有关IVC解决方案的要求和研究评估其有效性的指标。在第二部分，我们介绍了所有相关的通信实体以及可能的信息交换机制。

车辆间通信的概念（3.3节）：这一节可以说是本章的主要部分。我们广泛研究了所有已经被考虑用于IVC的通信原理和协议。这一概述解释了为什么研究了不同的协议，以及它们的主要优点和缺点是什么。

基本的限制（3.4节）：我们通过讨论IVC的基本限制来结束本章的内容。这首先涉及某些实现IVC的具体方式的固有制约，其次，是无线通信通常存在的，以及当它应用于车辆网联领域时特殊存在的更多根本性制约。

3.1　应用

在开始概述车辆间通信的必要条件之前，我们选择了一些完全依赖IVC的应用实例来进行研究。需要注意的是，在这一阶段，重点并不是详细研究通信原理，我们的目标是为一个更好的结构化方法来建立场景，以识别 IVC 的应用要求。我们决定以熟知的交通信息系统作为开始来选择应用，不仅分析安全关键性应用，例如交叉路口辅助系统，而且也分析娱乐解决方案，例如多媒体流和多人游戏。我们还概述了有关解决方案的更多细节，这对于理解应用的概念是必不可少的。这足以证明，为支持选定的应用，需要考虑多种不同的通信原理。

3.1.1 交通信息系统

至少对于我们中的许多人而言，在很多其它系统中，导航系统如 TomTom 和 Navigon 已经成为一种对提高我们的驾驶体验非常有帮助的设备，它们通常基于全球定位系统（GPS）的位置信息和一个本地安装的地图来运行。导航系统质量的差异不仅取决于地图信息的质量和所使用的路径算法，而且也主要取决于它们基于当前道路交通状况动态地更新路线的能力。这个信息必须收集和传输到我们的设备上。我们来谈谈所谓的交通信息系统（TIS）。

最后，交通信息系统（TIS）最可能是最著名的依赖于通信的应用。我们的导航系统在其最广泛的意义上利用车辆间通信，获取有关交通堵塞、拥挤、事故和许多其它事件的动态更新。这些信息可以从一个中心服务器来获取，这种情况适用于我们的 TomTom 或 Navigon 系统，而且也适用于我们中的那些使用他们的智能手机，以利用当前的谷歌地图信息导航的情况，在此仅列举一些实例。只要提供足够容量的下行链路，中心服务器和我们系统之间的通信链接可以因此具有非常不同的属性。我们将这种模式作为一个集中式 TIS 系统来进行讨论。

另一选择是在我们的汽车之间直接交换道路交通信息。如果我们问到中心服务器如何以及从何处获取它们的数据时，那么，对于这样一个分布式方法的需求就变得显而易见。即使许多事件仍然由路侧传感器或者交通监管单位，包括高速公路运营商，当然还有警察来报告，但事实证明，通过我们车辆自身才是获取相关道路交通信息和及时获取数据的最佳途径。使用与地图信息相关联的本地传感器数据，每辆车都知道它是否正停在一个交通堵塞中，或目前处在走走停停的交通中，或者毫无问题地以巡航速度驾驶前行。假设每辆车能将这一信息传达给上述的中央交通信息系统，这就已经可以提高信息质量。这一报告的信息称为浮动车数据（FCD）。当然，只要它们有一个共享的通信信道，车辆也可以在它们之间直接交换这些信息。根据所使用的通信技术，这可以大大提高交通信息系统的质量。我们将这一概念作为一种分布式或者自组织的 TIS 系统来进行讨论。

1. 集中式交通信息系统

集中式交通信息系统的基本构建模块如图 3-1 所示。可以看出，其主要组成部分是中央交通信息中心（TIC）。在这一点上，所有的交通数据都将被汇总和维护，以为了之后传输给参与的车辆。我们的目标是探索通信信道，因此我们将不会深入研究在交通信息系统中信息是如何处理的。有不少问题需要在此考虑，包括数据质量控制、充分的聚合与过滤，以及交叉验证——如果类似的数据能够从多个信息源获取的话。在网络方面，我们不得不区分两个截然不同的通信信道：上传新信息至交通信息系统以及下载或向车辆广播可用数据。

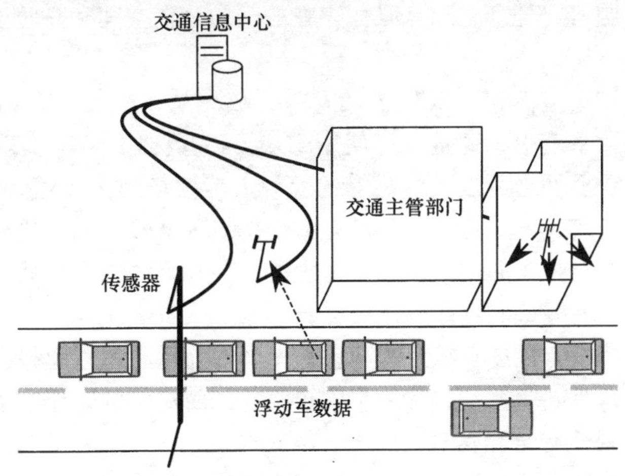

图 3-1　集中式交通信息系统的基本构建模块

（1）数据采集上行链路信道

对于上行链路，我们必须关注不同的数据源，以了解使用哪些信道以及它们的局限性是什么。如图 3-1 所示，我们必须区分不同的数据源。下面，我们将其总结为两个主要的类别。

- 基础设施——我们所有的高速公路都装有传感器，其中包括路侧传感器、桥梁收费器和视频摄像机等。在城市环境中，感应式传感器被额外地用来发现在交通信号灯前的车辆。所有这些传感器都有共同的特点，那就是帮助确定相应街道上的车辆密度。它们通常连接到一个维护中心。同时，警察不仅可以在街道上巡逻，还可以驾驶直升机巡航，以确定当前的道路交通拥堵水平。此外，汽车俱乐部，例如美国汽车协会（AAA）和德国汽车协会（ADAC），设立了非常精确和实时的数据源。无论何时被呼叫，它们都可以获取有关新的交通事故以及所导致的交通堵塞的信息。所有这些数据源的共同点是它们都提供通常是非实时性数据的粗颗粒度测量数据。
- 浮动车数据（FCD）——可选择的方法是把我们的汽车作为移动传感器。使用从超声波到雷达，甚至摄像头之类的本地传感器，车辆甚至可以自动评估状况。主要优点是每辆车可以完全判断周围的交通条件。假设我们把所有在路上的车辆转为传感器并收集所产生的传感数据，那么我们将会得到具有时间精确度高和非常细颗粒度的信息。FCD 不仅补充了基础设施产生的数据，而且理论上完全可以取代基础设施产生的数据。当然，关于如何实现隐私保护的上传和防止恶意攻击的问题仍然需要解决。

在研究这两类数据源时，我们最后得到了当前正在使用的两个非常不同的上行链接信道。所有的基础设施产生的数据，通过复杂的、在大多数情况下专有的网络协议来收集和聚合。这可能会导致不必要的延迟，甚至由于数据聚合而导致信息丢失。假设这些问题可以处理，那么唯一存在的问题是在空间和时间上的数据颗粒度问题。

对于上行链接通道而言，FCD 依赖开放协议。从车辆到 TIC 需要某种数据信道，在当前大多数系统中，这是通过使用 3G 或 4G 数据网络来实现的。而在大多数情况下，这些数据网络可以提供足够的容量上传信息到 TIC。我们后续将在 3.3 节中更详细地讨论其它方式，例如移动自组织网络（MANET）路径规划概念。

当然，需要相当强大的中央 TIC 来管理所有接收到的数据。然而，这不是我们讨论的内容，这个问题最有可能利用云计算的概念来解决。此外，我们讨论的不是仅有一个 TIC 支持所有在途车辆，实际上，不同的公司和运营商都会维护他们自己的系统，因此，这个问题就变成了一个同步问题，而这又可能导致不必要的延迟。

（2）数据传播下行链路信道

假设我们已经拥有了自己的 TIC（或多个交通信息中心），我们现在可以关注更具挑战性的问题，即如何把相关的信息下载到一个车辆上。

有许多非常不同的选择和技术可以用于下行链路信道上的数据传播。最容易想到的方式是简单地应用广播通道把所有的信息一次性发送给所有的车辆。这样的广播方式可以通过卫星下行链路、FM 调频广播或者数字音频广播（DAB），甚至是基于 3G/4G 网络来实现。

在这些技术中，对于所有当前部署的导航单元来说，调频广播和数字音频广播已经成为事实上的标准。我们将在 3.3.1 小节中更详细地讨论接入技术。用于这些传输的技术被称为交通信息频道（TMC）。TMC 控制广播到车辆的消息（二进制）编码。每条消息包含一个事件编码、位置信息、预期的事件持续时间以及其它细节。TMC 所面临的关键问题是下行链路信道很低的数据速率。我们谈论的是每秒数百比特的传输速度。显然，在下行链路上能够发送的事件数目是非常有限的。而且，TMC 的安全性也一直饱受争议。最后，Barisani 和 Daniele（2007）证明了，发送伪造的数据信息是多么容易。

TMC 的主要缺点是数据速率低，然而，另一个非常重要的因素也需要考虑，即哪些数据应该在什么时刻发送？鉴于广播频道的特性，在这一广播传输范围内的所有车辆（而且对电台而言，可以是很大的范围）都将收到相同的信息。是不可能去区分在一个确定位置所需要的信息与在其它地方所需要的信息。因此，典型的方法是遵循一个旋转木马模型。可用的交通信息被插入到一个转盘空间中，持续地广播给接收端。

每一轮，数据重复发送，这样就解决了两个技术难题。首先，由于传输本身是不可靠的，因此，重复的传输有助于提高传输的可靠性。其次，车辆可以在任何时间加入和离开这个网络（例如：车辆起动，暂时处于接收质量弱的区域，如隧道内等）。这个旋转木马模式进一步降低了下行链路信道的整体容量。总体而言，发送（接收）事件的粒度和传输（接收）事件的粒度在时间和空间上都是非常有限的。

这些问题可以通过使用蜂窝网络作为下行链路信道来解决。通过提供能够利用更快的 3G 下载通道的能力，同时也能为具体位置仅仅下载相关数据的可能，TMC 已经得到了扩展。我们将在 4.1 节中详细讨论这项技术。这一概念在众多的研究项目中已经得到了进一步的研究。仅举一例，合作汽车项目（CoCar）项目（见 4.1.5 小节）研究了 XML 编码信息的使用，这些来自于中央交通信息中心的信息是通过一个 3G UMTS 网络来传输的（*Glaser et al.* 2008）。事实证明，主要的瓶颈实际上是在所有接收到事件的中央处理过程。就通信信道而言，系统能够非常好地处理非安全关键的交通信息。

随着对于利用 WiFi 或者其用于车载网络的衍生技术 IEEE802.11p 进行直接的车对车（V2V）通信的即将到来的兴趣，研究社区也研究了将其用于支持集中式交通信息系统。我们将在 4.2 节中提出并讨论这些技术细节。WiFi 和 IEEE 802.11p 为多车辆之间或者车辆与可用基础设置，例如接入点（AP）或者 RSU 之间提供了高数据率的无线通信。

在自组织网络（MANET）经历了 20 多年的考验之后，使用自组网络协议连接到中央交通信息中心似乎是显而易见的。这也是车载自组织网络（VANET）的起源。MANET 路由是典型地基于网络拓扑而建立的，针对网络中任意节点间的单播路径。在移动网络中，这个拓扑结构可能只在短时间内是有效的，因此，为了建立和维护路径，不断的更新是非常必要的（3.3.3 小节）。简而言之，已经证明 MANET 算法只有在一个非常具体的配置下才能良好地工作，这包括协议参数以及具体的场景，即在通信范围内的车辆数量，它们的相对速度等。

Sommer *et al.*（2008）发表了一项研究报告，揭示了这个有趣的效应。在这里，假设一个集中式 TIC 连接到 RSU。通过建立一个自组织网络到最近的 RSU，车辆能够从 TIC 下载信息。通过这种方式，可以下载位置特定的数据。但是不幸的是，对于日益增长的车辆数以及在网络中 RSU 与车辆之间更长的连接距离，这种方法的可扩展性是非常有限的。Gupta 和 Kumar（2000）已预测到对于 MANET 这种可扩展性的限制，同时 Scheuermann 等人（2009）也描述了 VANET 的特征。

当然，这不是故事的终结。至少是在一个较小的背景下，即在有限的车辆数量之间，已经发现确认了自组织路由新的机会。我们将在第 5 章中详细讨论这个问题。

最后，应该提到一项在车辆网联研究团体中引起了广泛兴趣的技术：延迟中断容错网络（DTN）（Fall 2003）。正如讨论的那样，假设一个车辆网络有一个维护良好的拓扑结构是非常困难的。因此，当在直接通信范围以内出现了这样的观点，即把它理解为更像是能够不时交换信息的节点（Ott & Kutscher 2005）。如果管理成功，这样的延迟或中断容错网络将能够克服所有的可扩展性问题。一般的理念是遵循存储携带转发的概念，即，不立即发送到最终目的地（例如，如果这样的路径目前不存在），而是携带信息，直到确定了一个合适的转发器。我们将在 5.7 节中更详细地研究 DTN 方法。

2. 分布式或自组织式的交通信息系统

前面讨论的集中式交通信息系统与所谓的分布式或自组织式交通信息系统之间的主要不同是交通信息中心概念性地从一个中央服务器迁移到一个完全分布的数据存储。基本概念如图 3-2 所示。每一个参与的车辆持有一个本地知识库，知识库的内容非常类似于一个集中式交通信息中心所管理的内容。显然，根据定义，本地的知识是不完整的。如果有可能管理这样一个本地知识库使得所有车辆都有一个完整和同步的视图，它们将保持在本质上是一个复制的分散式交通信息数据库。

可以看出，我们最终又要面临两个相互独立的挑战：如何管理分布式数据和如何在车辆之间交换信息。然而为了建立有效的解决方案，这两个问题需要一起考虑。为了勾勒出解决这个问题的概念性方法，让我们来看看三个选择的解决方案。它们都有自己的优点和局限性。有趣的一点是对于 IVC 和数据管理都用了非常不同的方法。

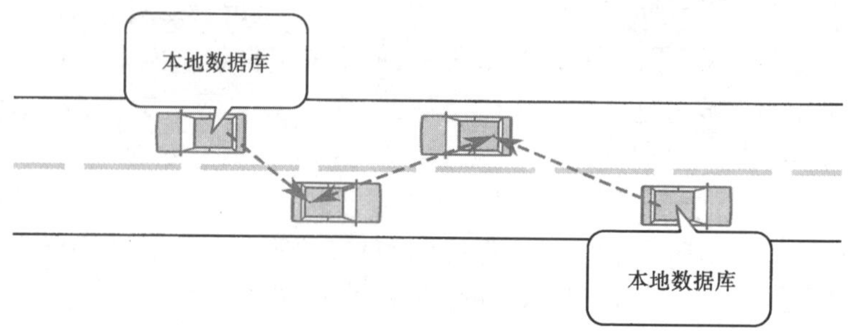

图 3-2　一个分布式交通信息系统（TIS）

（1）自组织式交通信息系统

对于一个完全分布式的 TIC 而言，一个自组织的交通信息系统（SOTIS）（Wischhof *et al.* 2003，2005）是最早的发展方向之一。它遵循一个非常简单但功能强大的设计：所有汽车都以一个带注释地图的形式，维护之前已介绍的本地知识库。这个知识库是周期性（最初的 SOTIS 的论文提到了大约 10Hz）广播给所有邻近车辆，反过来，将接收到的信息与已有的知识库条目进行整合。通过这种方式，每辆汽车最终得到了所有相关的信息。显然，这个过程是没有时间限制的。因此，并不能保证一辆汽车将及时或在所有时间里都能得到一些相关的交通信息。SOTIS 以一种聪明的方法来处理数据管理问题。为了理解详细情况，这将在 5.3.1 小节进一步地阐述，我们首先需要探讨 IVC 的方法。周期性的广播意味着随着每个单一的数据传输会是一个完整的知识库交换。因此，所有的信息都必须纳入一个单一的广播数据包，而根据使用的介质访问控制（MAC）协议，最大传输单元（MTU）限制在一个数量级约 1500B 左右。然而，当本地知识库变得很大时，这种限制仍然存在。SOTIS 依赖数据聚合来解决问题。聪明的方法是，数据以智能的方式来聚合：距离本地位置越远的存储事件，其聚合越激进。这导致了有关本地附近事件的精细粒度信息和有关超出一定距离边界事件的粗粒度信息。接下来的问题是周期性广播，这取决于当前的道路交通密度，周期性广播太快（在广播范围内有许多车辆）或太慢（假设一个非常低的密度），即，无线信道分别超载或未使用完可用容量。

（2）自适应交通信标

自适应交通信标（ATB）通过处理广播的区间来概念性地扩展 SOTIS（Sommer *et al.* 2010e，2011c）。在文献中，这种基于广播的协议常被称为信标协议，一个信标代表一个单独的广播传输（3.3.4 小节）。因此，SOTIS 也是一个信标协议。让我们回顾 SOTIS 的主要缺点（以及类似的静态信标概念在 3.3.4 小节中会详细讨论）。用于 IVC 的无线信道有一个有限的容量，固定的周期信标要么不能充分利用这个信道（这也许不是 TIS 应用的关键），或者要么完全超载这个信道，导致了严重的网络拥塞。自适应交通信标（ATB）专注于三个主要的问题，以此来完全解决这些问题。

- 协议可以多频繁地发送信标？
- 协议应该多频繁地发送信标？
- 哪些信息应该包括在一个单独的信标中？

自适应交通信标协议采用一个聪明的方法来回答前两个问题（我们将在 5.4.1 小节中再次回到这三个问题）。它使用了一个相当复杂的模型来分析两个参数：信道质量和信息优先级。信道质量描述了可用的（或剩余的）信道容量，即回答了能多频繁地发送信标的问题。如果信道过载，那么信标周期就会延长，导致每次发送较少的信标。相反，如果信道仍然未能充分利用，信标频率就会提高到一定的上限，注意通过产生太多复制的信息来过于频繁地重复播报是没有意义的。即使这个时候没有深入更多地细节，假设可以正确确定参数，很明显，这个概念允许在无线网络信道中细心地维护资源。第二个参数，信息优先级，用来描述将要发送的交通信息的重要性。同样，不涉及太多的内部结构，在给定的信息条件下，例如，离一个事件的距离、一个信息的年代或消息的类型（交通事故预警与泊车位信息），这一优先级可以估测。这有助于回答第二个问题，即应该多频繁地重复发送信标：答案是，越重要的信息应该越频繁的发送。

为了做到拥塞感知，除了使得信标方法更具有自适应性和仔细观察可用信道的容量外，自适应交通信标还利用了现有的基础设施。我们提到的基础设施是指沿着街道布置的现有的路侧单元（RSU），以及类似的接入点。这样的路侧单元可以连接到有线网络的主干，但也可以是由太阳能板驱动的独立设备，为车辆网络服务。ATB 允许在路侧单元上运行具有某些优化的几乎完全相同的协议。这个概念已经在文献中出现了一段时间，但是 ATB 首次集成了一个信标协议，它利用这些基础设施单元以一种完全分布的形式来运行，并且在达到准备好 IVC 的装置的一个特定最小的渗透率之前，协助解决初始部署的问题（6.3.1 小节）。

（3）对等（点对点）交通信息系统

到目前为止，介绍的分布式交通信息系统的概念都是基于直接的 V2V 通信方式，部分是由车辆对基础设施（V2I）通信支持的。最初使用的唯一的车辆间通信是基于 WiFi 或者 IEEE802.11 的无线通信，同时并没有使用一个特定的组织架构去进行车辆之间的数据分配。尽管无线通信信道使用得非常有效，也不能保证所有交通信息数据在路径规划中最终都可用。一个概念上来说完全不同的概念是利用较为结构化的数据管理。在大规模的分布式系统中，已经明确的是所谓的分布式哈希表（DHT）的使用是组织数据和访问数据的一种非常有效的方式。在对等系统的背景下，专家们已经研究了这个概念很长一段时间，以及研究它的直接应用，例如，在一个名为 MobTorrent 的系统中（Chen & Chan 2009），专门研究移动互联网的访问。我们将在 5.7.2 小节重新回到对这个基于对等的系统的讨论。

在这一点上，需要介绍另一个概念：点对点（或对等）道路交通信息系统（PeerTIS），尽管它在许多方面仍然有局限，但却为许多新概念开辟了道路（Rybicki *et al.* 2007，2009）。PeerTIS 探索了利用 DHT 系统的能力，以一个优化的方式来管理交通信息。在所有的分布式哈希表中，关键的挑战是构想出一个合适的哈希算法。PeerTIS 试图通过利用显然可用的地图信息来非常巧妙地解决这个问题。简而言之（详见 5.7.3 小节），PeerTIS 不过是使用了一个分而治之的方法。地图被分割成一块一块的，每一块由一个特定的车辆管理。这意味着这一相应的车辆储存了与该地图分块相关的所有交通信息。每当一辆车对某些信息感兴趣时，它可以查询负责地图特定部分的车辆。通信是利用蜂窝网络进行管理的，同时还可以利用短距离无线广播，例如 WiFi 或 IEEE 802.11p。如果不借助于一个中央数据库来映射车辆的标识（即它的网络地址）和相关联的地图信息，这似乎是非常低效的。因此，PeerTIS 整合所谓的 Fingers（指粒），即特定的地图分块的指针。基本上，每一辆车都保有指向所有负责与它的分块直接相连地图分块的车辆的指针。当遵循由导航单元计算出的路径时，车辆可以跟随路径一辆车一辆车地询问，而每辆车可以提供在路径上下一个负责车辆的地址。鉴于在 3G 或 4G 网络中具有的单播通信的属性，这种方法有很高的可扩展性和可靠性。然而，在非常拥挤的道路区域，过载的情况可能会发生：首先，在于该地区自身，因为许多汽车为了可能的路径重新规划而几乎会同时查询地图其它部分状况；其次，在于负责这一部分的车，因为对于这一特定的车辆可能会期待有大量的更新和查询。

3.1.2　交叉路口碰撞预警系统

我们讨论的 IVC 的第二个应用领域是交叉路口碰撞预警系统（ICWS）。这使我们进入一个新的应用领域，即至关安全的操作。深入道路交通安全领域，我们必须了解在交叉路口发生事故的原因。研究发现，驾驶性能是与事故相关最重要的因素之一（Evans 1991，Stutts *et al.* 1998）。根据 Evans（1991）的研究，驾驶性能是由驾驶人的感知和驾车技能来决定的，包括判断车辆速度的能力、以相应速度控制车辆的能力以及对危险做出反应的能力。

为了支持驾驶人的反应，以减少事故发生的可能性，已经开发了几个驾驶辅助系统。其中，我们可以区分不同类型的碰撞预警系统（CWS）。关键是使用广泛的传感器技术，如雷达、超声波或摄像机，来检测关键的障碍。例如，利用传感器的数据，CWS 确定自适应巡航控制（ACC）应用中的一个合适的安全距离，或换道辅助中的另一车道的超车距离。

一个非常具体的使用案例是 ICWS（Atev *et al.* 2004，Penny 1999）。它是用传感器信息以完全自动化的反应来提醒驾驶人，其它车辆正在接近交叉路口。例如，Chang *et al.*（2009）已经证明，使用基于音频警报的 ICWS 能够减少驾驶人的反应时间，因此能减少事故发生率。

IVC 被认为是在这一非常具有挑战性的环境中补充了其它传感器的信息。图 3-3描述了对于一个 ICWS 这个最关键的场景。可以看到，建筑物阻挡了对于来自于旁边道路前进中车辆的直接视觉接触。因此，在这个场景中，不能使用雷达或摄像系统。然而，无线通信可以用来弥补这一缺口。一般来说，这可以通过使用从 WiFi 到 4G 网络这些非常不同的技术来实现。

Chen *et al.*（2011a）研究了不同预警系统的影响，每个研究类型的结果都清楚

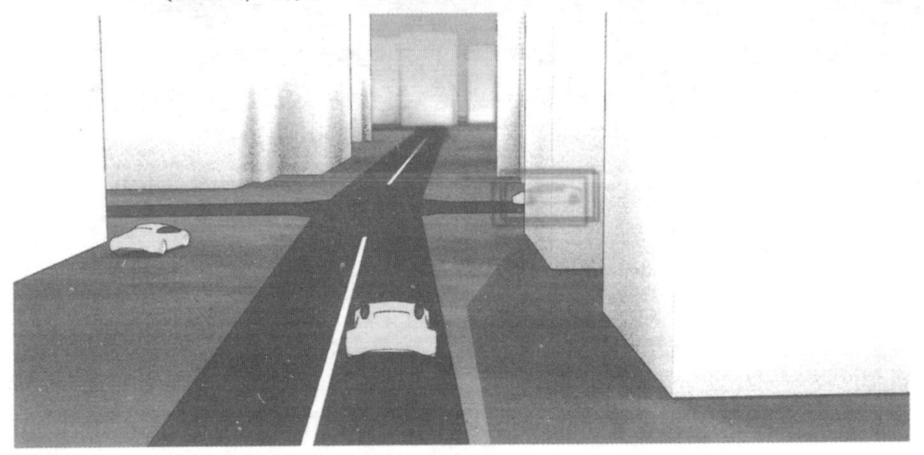

图 3-3　交叉路口碰撞预警系统（ICWS）

的表明，预警系统有实质性的安全优势。这些早期研究成果展示了 ICWS 的潜力，通常情况下，交叉路口发生的碰撞可以减少到 40% 到 50%。在网络的性能方面，已经有相当多的研究去考察 ICWS。例如，Le *et al.*（2009）对 IEEE 802. 11p 系统繁忙时间段的交叉路口安全进行了研究。Tang & Yip（2010）研究了假设 IEEE 802. 11p 的传输延误分别为正常条件下的 25ms 和较差通道条件下的 300ms 情况下的碰撞规避系统的适当时机。他们引入了避免碰撞时间度量指标，这个指标代表了从检测到一个潜在的碰撞到恰好勉强避免碰撞的时间，其关注于在这个时间间隔内的事件（什么时刻早和最迟提醒驾驶人，驾驶人的反应，以及不同的减速率）。

专注于估计、预测和/或减少交叉路口碰撞可能性的研究，为模拟车辆正在进入的交叉路口提供了各种方法。这项研究甚至包括了避免与自行车任意碰撞的风险评估。为此，建立了横向和纵向的运动以及车辆动力学的模型（Brannstrom *et al.* 2010）。由此，我们可以得出这样的结论：需要具体的安全指标，回答更多相关的问题，如，多少碰撞可以避免？可以显著地减少碰撞的影响吗？（Dressler *et al.* 2011a）

Joerer *et al.*（2014）通过研究碰撞的可能性和基于信标的 IVC 系统的潜力来处理这个问题。IVC 可以用于通告一辆车的存在，例如，定期使用信标消息。给定正在驶来的车辆当前的速度和车头的朝向，可以计算发生碰撞的概率。从本质上讲，通过研究正驶近一个交叉路口的一辆车和其它车辆所有可能的未来轨迹可以确定碰撞的可能性。这只是测量出轨迹的什么部分导致了一个碰撞。实际计算需要一些简化，以使其变得易于处理，但结果是很清楚的。我们将在 6. 3. 4 小节中更加详细地讨论这些问题。

问题是只有当其它车辆的新信息变得可用时，才可以计算新的碰撞概率值。这正是通过 IVC 可以接收到新信息的价值。因此，我们现在可以继续讨论上一节中介绍的固定周期信标和自适应解决方法。信息发送得越频繁（在我们的 ICWS 场景中，这就是说"越快地传播"），概率计算的准确性越高，如果一个碰撞似乎不可避免，则能够尽早通知驾驶人的可能性就越大。然而，无线通信信道的容量仍然是有限的，即我们不能像理论上的速度那样尽可能快地发送信息。Joerer et al.（2014）详细研究了这种应用，报告称具有 10Hz 或更快频率的固定周期信标可以保证可靠地预测汽车碰撞。

3. 1. 3 队列前进

被认为最具远见和最急需的一个应用是队列或协作自适应巡航控制（CACC）。队列前进可以在许多方面提升行驶体验。从商业的角度来看，最重要的是，它提供了改善道路交通流的潜力，以及减少轻型车辆和货车的燃油消耗（van Arem *et al.* 2006, Davila & Nombela 2012）。当然，这也伴随着排放量的减少。从驾驶人的角度来看，队列的主要论点是安全性能的改善。统计数据表明，对于现代汽车而言，出现机械或电子故障的可能性低于人为的错误的可能性，而人为错误是事故发生的主要原因，Davila 和 Nombela 2012）。就如 SARTRE 项目所展示的，作为一个附加效用，自动驾驶汽车可以允许驾驶人放松休息（Bergenhem *et al.* 2010）。

20 世纪 80 年代开始研究编队前进，例如在 PATH 项目中（Shladover 2006）。从研究的角度来看，队列前进是一个极大的挑战，因为它涉及多个研究领域，包括控制理论、通信、车辆动力学以及交通工程。队列前进研究团体最初关注车辆的自动控制相关联的问题，因为这样一个系统的设计不是一项简单的工作。这个概念如图 3-4 所示，展示了在队列前进实验中拍摄的一张照片，以及一个简单的操作，加入队列操作的原理。

a) 车队试验

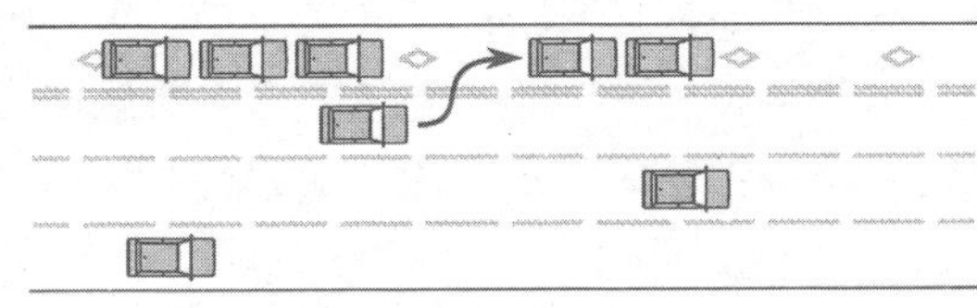

b) 加入队列操作

图 3-4　队列或协同自适应巡航控制

车辆网联支持一个控制器系统，其为了避免可能导致碰撞的不稳定性，需要有关队列中车辆频繁而及时的信息（Rajamani *et al.* 2000, Ploeg *et al.* 2011）。一般来说，假设一个队列前进系统需要大约 10Hz 的更新频率来确保车辆之间更短的距离。在由 Ploeg *et al.*（2011）提出的系统中，由控制器保持的距离必须依赖于速度，如 ACC 的情况。相比较一个仅用雷达的 ACC 需要 1.5s 来避免影响系统的稳定性，如果车辆网联用来向直接跟随的车辆传播速度信息，那么间隔时间可以减少到 0.5 ~ 0.7s。

然而，如果该控制器能够根据来自于前车车辆和队列头车的信息做出决定，可以证明该系统在恒定空间策略下是稳定的，即车辆间的距离不需要依赖速度。这意味着，可以选择车辆间的间隔（几乎）任意小，例如，就像由 PATH 和 SARTRE 项目的场地运行试验（FOT）所证实的那样，大约 5 ~ 7m 的间隔（Rajamani et al. 2000, Bergenhem et al. 2010）。

Segata *et al.*（2014）采用了这些想法，主要聚焦于通信协议的设计。特别地，他们假设每辆车都知道自己在队列中的位置，并以此决定如何和何时发送一个信标。因为需要从队列领头车辆和从就在其前面的那辆车两方面获得信息，因此，可以减少为后者通信的发射功率，以增加信道空间复用（空间利用率的提升）。领头的车辆可以使用高发射功率，以覆盖队列中所有的车辆。传播调度的概念是让头车先发送，然后其余的车辆以连锁的方式跟随。

3.1.4 交通灯信息与控制

让我们留在交叉路口这一领域，并专注于显著提高驾驶人安全的最为人熟知的基本要素之一：交通灯。交通灯有助于防止碰撞，这已是公认的事实，而红绿灯的优化控制仍然是它的一个研究领域。当我们不得不在一连串的红灯中停车时，这不仅让我们常常很烦恼，而且这也是非必要排放量的一个主要来源。将红绿灯与我们的汽车相互连接起来可能是改善这种状况的第一步。接下来，我们讨论三种方法，它们通过将红绿灯集成到车辆网络中使得道路交通流变得更有效。

1. Travolution

最先的基于大规模无线网络的方法之一是 2006 年的 Travolution 项目（Braun *et al.* 2009），该项目主要由奥迪在德国的英戈尔施塔特市（Ingolstadt）进行规划和部署。想法是为每一个红绿灯配备一个无线发射器，使其与驶近的车辆可以进行无线通信。从本质上说，每一个红绿灯不断地向在通信范围内的所有车辆广播其状态。此状态报告包括在交叉路口的红绿灯系统的描述，各个相应方向上各交通灯的颜色，以及有关何时下一个状态期待变化的信息。在车辆上的车载单元（OBU）可以处理接收到的信息，并且为驾驶人提供当交通信号灯显示绿色时到达交叉路口最佳速度的建议。在该项目的第二阶段，甚至还考虑了 ACC 的自动配置。

运行原理如图 3-5 所示。红绿灯应用无线通信（在这个项目范围内使用了 WiFi，但是计划使用 IEEE 802.11p 来代替这项技术）来传播它的状态信息。车辆的 OBU 可以准备一个最佳速度的建议。当然，速度会在一个适当的范围内，即在道路上允许的最低和最大限度之间，而遵循这个建议是驾驶人的义务。

图 3-5 红绿灯与驶入车辆之间的数据流

如果车辆在红灯处停止，那 OBU 就会通知驾驶人红灯阶段预计将持续多久。如果汽车不能够做到在下一个路口获得绿灯，那么，这个速度顾问将会显示尽可能快速和有效地到达红灯处的允许的速度限制。在这两种情况下，自动起动 – 停止系统可以使用来自红绿灯的信息，尽可能长时间关闭发动机。在 Travolution 项目期间获得的成果表明，在交通信号处减少等待时间可以大幅削减燃油消耗。

2. 自适应交通灯

到目前为止，我们已经考虑了一种从红绿灯到街道上车辆的单向通信信道。这已经是一个非常强大的方法。然而，假设红绿灯有一个返回信道将为更强大的应用提供方法，这种应用是基于影响红绿灯运行。

由于红绿灯控制是一个非常敏感的工作，所以必须非常小心地控制这个接入。

为了最终以红绿灯来提高道路交通安全，我们必须确保对未经授权的红绿灯操作是没有安全漏洞的。因此，目前仍在研究使用该返回通道的第一个应用（Noori 2013），主要关注于非常有限数量的具有访问控制接口的系统：应急车辆。这个想法很简单：假设红绿灯可以通过无线通信来控制，应急车辆，如消防车或救护车，可以发送特定的控制信息，如以所有方向都显示红灯的方式来配置交通灯。应急车辆随后可以安全通过所有交叉路口，而不必根据路口交通绿灯小心地通过了。

我们将在第 7 章讨论由此产生的安全问题。假设所有的安全问题都得到了解决，最终我们可以考虑甚至更加有力的应用。我们可以使红绿灯变成自适应(Gradinescu *et al.* 2007)。这实际上不是一个新的想法。目前，很多红绿灯都已经使用在街上的传感器来了解汽车的存在或交通流的密度。这些信息然后被集成到红绿灯的切换周期中。现在，假设我们可使用 IVC，我们可以通知红绿灯不仅是我们想通过交叉路口，而且还有在某一方向上车辆预期的数目。再进一步说，我们甚至可以提前通知红绿灯我们的完整目标路径。当然，这也带来了需要解决的隐私问题(7.1.4 小节)。

遗留的问题是，对于这个应用而言，一个好的通信信道是什么？这没有明确的答案。从红绿灯到车辆的通信通道最可能是广播频道。这可以很容易地通过 WiFi 或 IEEE 802.11p 来提供。另一方面，也可以使用蜂窝广播信道，但这会引发很多问题，例如移动网络运营商（MNO）之间的信息共享。对于返回通道，答案显然更复杂。相同的广播频道似乎是一个明显的选择。但不幸的是，在这种情况下，安全问题是不容易解决的。此外，为了通知其它车辆有关的切换决策，红绿灯必须拥有一个骨干网络连接。

3. 虚拟红绿灯

如果继续朝着实现智能红绿灯的目标前进，我们将在逻辑上最终使用由道路上车辆云来管理和控制的虚拟红绿灯取代所有的物理红绿灯。Ferreira *et al.*（2010）详细研究了这一概念。所导出的方法被称为虚拟交通信号灯（VTL）或自组织式交通信号灯。

这个概念如图 3-6 所示。以集群的形式对接近交叉路口的所有车辆进行管理。该集群通过一个 VTL 的领头车来进行协调。对于该集群中的所有其它车辆而言，这个领头车则便成为（虚拟）红绿灯。基本上，这个领头车在内部操作一个正常的信号灯切换算法。显然，这必须与其它接近同一路口的车辆进行协调。结果显示，采用 VTL 方法，无论是上下班的行程时间还是碳排放量都可以明显地减少(Ferreira & d'Orey 2012)。其主要优点是，现在所有的交叉路口都由一个（虚拟）红绿灯来自动控制。这也降低了部署和维护实体红绿灯的成本。当然，没有配备这样一个交通灯的汽车还是很难整合的。

Ferreira *et al.*（2010）所描述的概念没有深入说明集群是如何建立的，或信息在车辆之间是如何传播的。相反，它更侧重于一般适用性。随后的研究探讨了当依

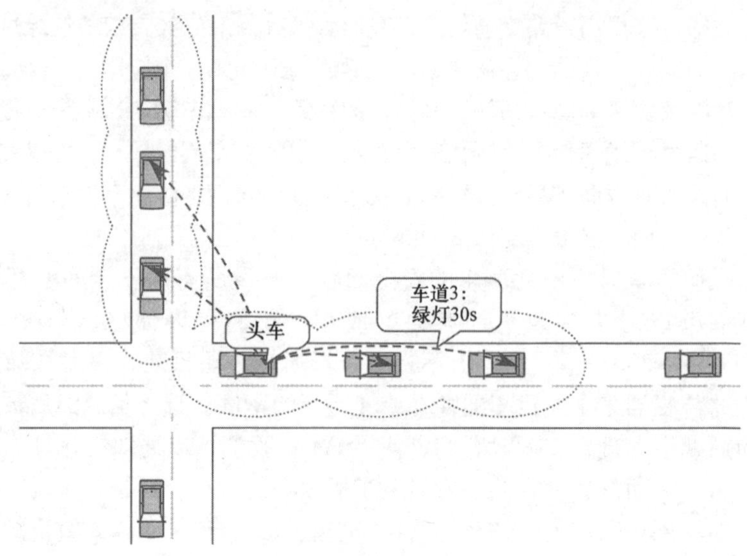

图 3-6　虚拟交通信号灯（VTL）的概念：所有接近交叉路口的车辆都是以 VTL 领头车辆协调的集群的形式而加以管理。这个领头车成为一个虚拟的红绿灯

赖基于 IEEE 802.11p 的无线通信时，该方法的可行性（Neudecker *et al.* 2012）。研究表明，至少对于 10 Hz 的信标频率而言，及时接收所需要控制信息的可能性非常高，由此产生了合理的交叉路口减速率。

最关键的问题是集群管理。这可以通过使用在分布式系统中提出的算法来实现，它适用于基于广播的系统的非常不可靠这种特性。下面的算法是由 Sommer *et al.*（2014b）提出的［该算法基于 Vasudevan *et al.*（2004）］。

- 如果一辆汽车看到选举的需求，那么这辆汽车就会广播一条公告信息。此消息包含它目前的距离和一个选举号码。该车最初假设它是最接近这个交叉路口的，存储了自己的距离和 ID 号。此外，一个超时（timeout）值定义了发起人等待回复的时间。
- 超时之后，发起人通过到交叉路口距离最短的优势确定哪个节点（即哪一辆车）赢得选举，并且打破平局确定节点标识（ID）和通知该节点。获胜的车辆对其它车辆发出一个“领头车”的广播。这条消息包含了新领头车的 ID，并且也通知其它汽车选举已经结束。
- 如果一辆汽车接到公告，并且目前没有参加任何选举，该车将从事新的选举，回答自己的距离。
- 如果一辆车接到通知，同时一个选举正在进行，它由选举号和在平局的时候由车辆 ID 确定了其拥有更高的优先级，那么这辆汽车将参加这次选举。否则该节点忽略这个消息。

以这样的方法，领头车选举的问题就可以解决了。然而，对于潜在的一个选举失败的情况（导致没有头车或多个头车），必须要有应对措施。

3.1.5　娱乐应用

受益于车辆间的通信的第三种应用是娱乐。如今我们经历一个看似移动娱乐应用无限增长的时期，几乎所有人都专注于移动设备，如智能手机或平板电脑。许多这些应用依赖于两个访问多媒体内容的选项：下载和流。这两种方法都有其优点。下载使得内容在网络连接不稳定或不可获得的情况下仍然可供使用。流减少了整体网络的利用（节省下载成本和移动系统的能量），但需要一个恒定的网络质量。这可以进一步扩展到实时的网络互动，如视频会议或多人游戏。在这一节中，我们将研究使得这种应用适用于车辆环境的概念。

1. 内容下载和多媒体流

从外部网络上，如互联网，下载信息到车辆的需求是显而易见的。在某种意义上，这正是我们在 TIS 背景下已经研究的内容。在本节中，我们专注于具体信息和更大数据文件的下载。在没有任何额外技术开发的情况下，这可以利用 3G 或 4G 网络来实现。该技术是现成的（并且，许多顶级的汽车已经配备了必要的通信技术），但在可扩展性方面有明显的限制。

按照 Malandrino *et al.*（2011）所描述的思想，我们设想一个由车辆和路侧基础设施如 AP 或 RSU 组成的网络，其中车辆动态地连接到其它车辆以进行信息交互。车辆通过 AP 从互联网下载内容。每辆车可能对不同的内容感兴趣。对下载而言，如果可用的话，车辆可以利用与一个 AP 的直接连接，或者通过其它车辆的协助来实现，就像这个下载者和这个 AP 之间进行接力。

我们可以区分以下三种数据传输模式（Malandrino *et al.* 2011）。

直接传输——如果下载者在 AP 的直接通信范围内，可以假定车辆能够直接访问互联网。这是类似于典型的使用手机或笔记本电脑通过 WiFi AP 的互联网访问形式。

连接转发——如果 AP 不在直接通信范围内，但可以通过多个中继跳跃可以建立一条路径，我们可以使用 MANET 路由概念来下载内容。当然，在下载过程中路径必须是稳定的。

存储 - 携带 - 转发——剩下的选择是使用 DTN 概念下载。这个思想是，无论什么时候当他们在一个 AP 的通信范围内，车辆都可以下载（流行）内容。当与其它车辆相遇时，他们可以随之成为下载内容的提供者。

在本节中我们将重点放前两种方法上。图 3-7 中描述了这两种方法。在右侧，当与一个 AP 有直接通信链接时，车辆进行下载。在左侧，一辆车作为一个传输的中继。

Malandrino*et al.*（2011）试图优化这样一个内容下载系统，以便最大限度地提高总吞吐量。特别是，他们使用关于 AP 位置的信息和估计的潜在中继节点的行为去改善整体的内容下载时间。为了能有足够的数据速率，AP 的数量要求非常大。

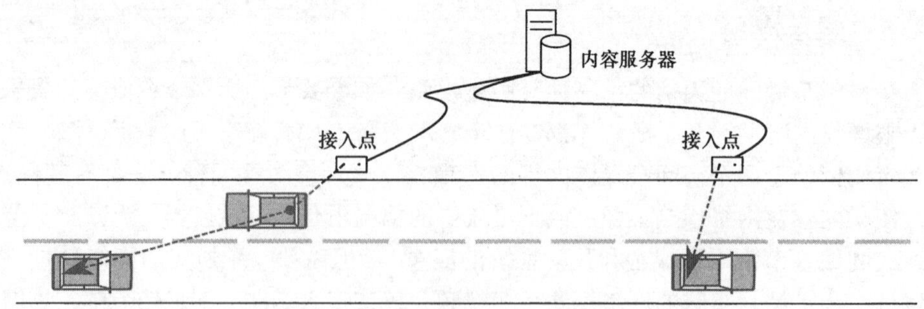

图 3-7　车辆网联中的内容下载

这个问题可以通过动态引入额外的网络基础设施来解决。最好的办法是利用停泊的汽车作为信息中继（Malandrino *et al.* 2012，Liu *et al.* 2012）。研究表明，大约 70% 的停泊汽车是停在街道上的，即与路过的车辆有直接的通信联系（Morency & Trepanier 2008）。平均上，一个停车事件的持续时间大约为 7h。这项研究进一步表明，停泊的车辆广泛分布在整个城市，这意味着，一个停泊的节点位于一辆移动的车辆的传输范围以内的概率是很高的。其它研究学者指出，平均而言，一辆车每天停泊 23h（Litman 2006）。

根据目前的研究，内容下载的应用似乎依赖于使用 WiFi 或 IEEE 802.11p 的 V2V 通信。可是，对于连续不间断的传输通信而言，通过链接到互联网的通信将最有可能不稳定。然而，这确实是视频流所需要的。在开始时，多媒体流被认为是车载网络最有趣的应用之一，而且许多方法已经被提出。它们的范围从新的架构（Guo *et al.* 2005）到跨层的路径选择策略（Asefi *et al.* 2010），甚至到非常有趣的网络编码的概念（Park *et al.* 2006）。

经过在这个方向上几年的研究，车辆网联界承认了在 VANET 上的多媒体流不仅仅是具有挑战性的，而且在大多数情况下是不可能工作的。一个保留下来的方法是提取网络技术的经验并专注于对等的概念（Zhou *et al.* 2011，Chu & Huang 2007）。依据这些想法，多个不同的网络技术可以用来以一种互补的方式支持不间断的多媒体流。

2. 多人游戏

假设在车载网络中自组织网络功能有着无处不在的可用性，这项技术将不仅能够赋予效率或促成至关安全的应用，而且能支持已经讨论过的多媒体流的设想。再进一步，甚至可以通过相同的网络基础设施支持多人游戏（Tonguz & Boban 2010，Palazzi *et al.* 2007）。

Tonguz & Boban（2010）更详细地研究了这个想法。他们区分了两种不同类型的游戏：互联网多人游戏和移动多人游戏。首先，互联网多人游戏仍然是行业的主要焦点，因为其玩家基数明显大于移动多人游戏玩家基数。此外，对于一个中央服务器，这些互联网多人游戏可以利用非常高的数据速率。移动网络中数据传输速率（我们在这里讨论的是 3G 或 4G 网络）也在增长，但尚未达到一个固定的互联网连接的传输速率。

在移动多人游戏设计中主要方向是为小设备创建游戏（例如移动电话），为了实现游戏的目标，这就需要玩家的运动。这种方法没有能产生出高度流行的移动多人游戏。Tonguz & Boban（2010）展望一个完全崭新的基于车辆间通信的多人游戏时代，在位置感知的情况下，这为玩家提供了一种利用固有的流动性特点的混合现实的多人游戏的机会，这些功能在互联网多人游戏中是不可能实现的。在这个领域中，与移动多人游戏相反，能源不是最关键的资源，在移动游戏中其受到有限的电池寿命的困扰。因此，所需的混合现实游戏引擎要有足够的计算资源来展现一种高品质的游戏体验。车辆（即游戏中的伙伴）间通信所需要的信息将是玩家的背景信息。由于位置意识是必要的，而且玩家只能参加与车辆现有位置相关的那一部分游戏，通过应用所有可用的 IVC 技术，这似乎是可行的。

3.2　要求和组件

在上一节中，我们研究了一系列的应用，这些应用可以从车辆间通信（IVC）中获益。我们甚至简要地涉及了通信技术，它对于一个或多个应用是合适的选择。在这一节中，我们想要更全面地探索和描述应用需求。我们通过展现应用和通信技术的分类开始，讨论通信原理，并推导出基于应用的 IVC 协议的要求。

3.2.1　应用需求

回顾上一节讨论的应用，我们可以划分几个应用类别。在文献中，人们可以找到稍微不同的分类，有的文献分为三类，有的文献甚至分为更多类别。例如，Willke *et al.*（2009）提供了一个对 IVC 协议和应用的很好的概述，并且依赖于三个主要的分类。

在本书中，我们将坚持图 3-8 中所描述的分类，即定义两个主要的应用分类：安全性应用和非安全性应用。当然，所选定的应用有可能同时归为这两类，即表现出重叠的需求和要求。接下来，我们更加详细地研究这两大类应用，主要涉及已经在 3.1 节中讨论过的那些应用。随后在 3.2.2 小节中总结了我们的讨论，这个总结主要关注典型的网络指标。

1. 非安全性应用

第一个领域，也是激励早期车辆网络研究的领域，是由被称为非安全性的应用组成的。正如名称所说的，该类别涵盖了所有这些应用，它们即使明确地提升了驾驶过程，但也没有设立任何安全或至关生命的要求。也就是说，如果应用的要求可以通过网络来实现，那么我们就可以更有效地驾驶，或者有更好的驾驶体验，但网络连接的丢失并不是关键。如图 3-8 所示，非安全性应用可以进一步分为驾驶效率相关的类别，即所有类型的交通信息系统（TIS）和那些与提高驾驶人舒适性相关的应用类别。

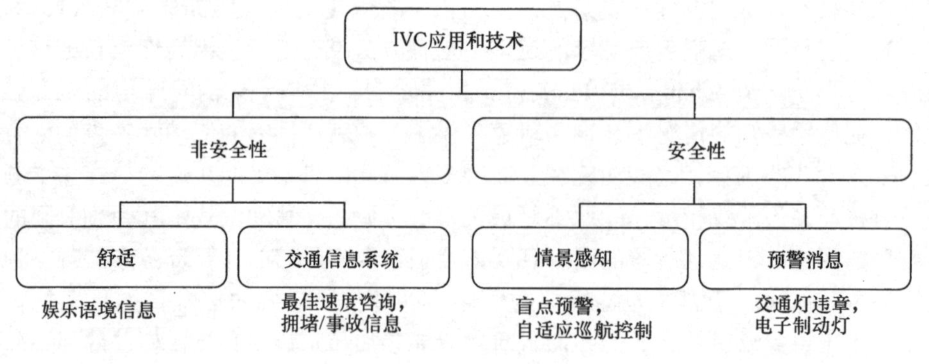

图 3-8　IVC 的应用和技术分类

（1）交通信息系统

我们已经相当详细地讨论了交通信息系统的应用领域。这是第一个应用领域，并且仍然是最广泛讨论的应用之一。关于拥堵和交通堵塞的信息显然可以帮助减少单个车辆的行驶时间。

TIS 系统需要沿着选定的路线不断更新道路交通状况。车辆可能不仅充当信息接收者，也作为信息源，产生与车辆目前位置相关的交通信息，即所谓的浮动车数据（FCD）。因此，两个方向的通信都需要考虑。

根据所使用的通信原理（我们稍后会在 3.2.4 小节中讨论它），组织下行链路可以像上行链路那样有效。上行链路中，在一个持续数分钟的周期内仅产生几个事件，并需要直接或通过某些通信基础设施（如 TIC）与其它车辆进行通信。在下行链路中，只有与车辆的计划路线有关的事件才对这个车辆具有兴趣。如果这个可以在网络中过滤，那么在一个持续数分钟的周期内也就仅有几个事件需要下载了。然而，如果没有这样的过滤，由于整个网络中有大量的事件，下行链路则可能成为一个瓶颈。需要讨论的另一个方面是所需要的交通信息数据的颗粒度。目前的系统像 TMC 没有考虑这方面的要求，但试着尽可能精细地提供事件信息。无论使用什么信道，鉴于下行链接信道的限制，它在容量方面将被限制，即每一时间单位发送事件的数量都有一个上限。因此，即使假设数据通道将对所考虑的车辆完全可用，我们不得不接受更高的延迟（增加时间单位）或较低的颗粒度（减少事件的数目）。然而，这些相互矛盾的指标是可以被第二个维度约束，即空间。通常，有关微阻塞的细粒度信息仅对本地附近区域和沿着这个车辆的计划路径具有兴趣。另一方面，聚合的信息对于规划更长的路径是绝对充足的，这些信息描述了远处主要的和更关键的交通堵塞。融合的技术有助于提供这些功能。

属于 TIS 广泛领域的另一个应用场景是车辆与红绿灯之间的通信。为了优化街道上的交通流，不仅关于拥挤和交通堵塞的信息，而且还有关于安装的交通灯的存在以及最重要的它的转换周期信息都是必要的。前面提到的 Travolution 项目研究了所谓的绿灯最佳速度咨询的适用性（GLOSA）。这里，交通灯通知即将到来的车辆关于目前红绿灯的状态，即交通灯的颜色以及切换时间，即交通灯什么时候将切换到下一个颜色。从这样的信息中，为了使即将到来的车辆能够不停车而直接通过，车辆的车载单元（OBU）可以计算出它的最佳速度。所需的通信信道从交通灯到驶来的车辆是单向的，但信息需要比一般的交通信息数据传输速度快，即以秒级的速度传输。

这个概念可以扩展到后续交叉路口交通灯的协调信息传递，以帮助创建一个“绿波”。随着涉及的交通信号灯数量的增加，信息处理和转发的复杂度呈指数级增加。此外，如果没有交通灯之间的直接通信，移动中的车辆也可以作为中继器。这也使得通信信道更加复杂，并增添了车辆网络上的负载。

当启用了“车辆和交通灯”之间的双向通信，则可以实现文献中称为自适应交通灯的下一代交通灯控制。甚至如今的交通灯也可以通过利用道路上的传感器来调节它们的转换周期。通常，使用感应传感器来确定车辆的存在，因此，更偏向于选择车道或方向。假设车辆不仅可以将它们的存在而且也可以将它们的预定路径通知给交通信号灯，交通灯可以采取更智能的决策，来帮助优化更大范围的道路交通流。为了这个目的，从车辆到交通灯的通信通道是必要的。再者，秒级的时间颗粒度是必需的，但上行链路（所有车辆）比下行链路（一个或多个交通灯）有多得多的来源。

总之，对于交通信息系统而言，应用需求从为检测粗粒度的拥堵或交通堵塞而每分钟几个事件的传输（或者仍然在一个分钟级的时段内，却是海量的事件数量，要求精细颗粒度的信息），到为交通灯控制或者绿灯最佳速度咨询（GLOSA）的应用而每秒钟几个事件的传输。车辆作为交通源及接受者参与其中，但还包括基础设施的元素，如交通灯，为了改进单车的行程时间以及改善整个交通流量而产生并且也接收数据。表 3-1 总结了应用需求。

（2）舒适性应用

舒适性应用包括所有的娱乐和环境信息系统，有助于提高驾驶体验，但不会直接影响路线选择。

表 3-1　应用需求：交通信息系统（TIS）

指标	范围
数据量	几十个字节到数十万字节
延时	几秒到几分钟
吞吐量	中等的
方向	面向下行，限制上行
范围	全局（交通信息系统）到本地（交通灯）

大部分这些应用的基础是通常从互联网上或云端下载的内容，近年来这已经变得非常流行。内容可以是当车内的某些乘客浏览互联网、阅读电子邮件时下载的任何数据，或者在驾驶过程中要播放的音频或视频文件。

关于内容下载，我们讨论的是下载单个数据段或块，或者甚至是整个文件。当我们考虑全高清视频时，每个分段部分大小的范围可以从几个字节到数十亿字节。当然，为了方便，这样数据段的下载应尽可能的快，但是从本质上讲，用户并不能期望好于尽力而为通信的质量。

考虑多媒体流（在线播放）时，情况就会变得稍微不同了。在这种情况下，音频或视频数据下载是为了立刻播放。如在互联网上类似的应用，缓冲和缓存技术可用于缓解通信延迟和时间中断。需要的数据速率范围从音频的每秒数百千比特到视频流的每秒数兆比特。

如果要下载或在线播放的内容取决于车辆的当前位置的话（例如，基于位置的修改，或甚至增强现实应用），为了持续地通知服务器或云端系统关于这个车辆的位置，宽带下行链接需要由一个窄带上行链接来补充。在这种情况下，缓冲和缓存变得更加复杂，因为要下载或在线播放的内容很大程度上取决于当前位置，并且很快就会过时。然而，这似乎是合理的，其它车辆在驾驶过程中可能会对相同的内容感兴趣，所以在附近的这些车辆中共享这些信息成为了一个选项。

最具互动性的形式是游戏，更精确地说，是多人游戏。游戏成为高速互联网接入的杀手级应用之一。这是由于它们的互动性特质。不仅音频或视频数据需要下载——在许多情况下，这可以完美地预加载和缓存——而且用户行为也需要交换，并要具有非常低的延迟以防止游戏滞后。因此，只有几个字节的控制数据需要在参与用户之间进行交换，但需要在几百毫秒以内。这些数字对于单人互动游戏和多人游戏同样成立。在后者游戏类型中的挑战是，一个潜在的非常多的玩家将在同一时间互动，同时，所有的控制信息可能已经构成了大量的将以非常低的延迟进行交换的数据。

总结我们的讨论，可以看到在吞吐量和通信延迟的要求上有巨大差异。一般情况下，对内容的下载没有硬性延迟要求。然而，在线播放，甚至多人游戏则提出了更具挑战性的要求。游戏控制信息必须要在几百毫秒内完成传递。对于内容下载，尽力而为的服务是足够的，但需要有一个高吞吐量的下行链路。考虑到游戏应用，通信的合作伙伴可以是车辆和一个集中式的实体，例如通常的互联网服务器或云服务器，也可以是在一个附近区域内行驶的多个车辆。表 3-2 从应用的角度列出了典型的需求。

2. 安全性应用

第二个应用领域涵盖了所有安全相关的应用。这些应用构成了监察机构支持和促进车辆网络部署的关键动机。在这个领域中的应用需求是更加严格的。图 3-8 列出了两类安全应用，即情景感知应用和预警消息。

表 3-2　应用需求：舒适性应用

指标	范围
数据量	几十个字节（控制）到数兆字节（流）
延时	几百毫秒到几秒
吞吐量	中到高
方向	面向下行，上行受限
范围	互联网/云到车辆或本地（博弈）

（1）情景感知

使车辆相互意识到对方，即收集有关其它车辆的位置信息，这是汽车领域中许多最新技术进展的一部分。相比本地的传感器（如雷达或摄像头），IVC 被认为能够提供更加强大的功能。简单的第一个应用是盲点预警。假设其它车辆的位置、速度和车头朝向可以通过 IVC 获得，这个信息甚至可以在通过视觉控制的方法无法确定这些车辆位置的情况下帮助驾驶人识别盲点。为了完成这项工作，必须定期以大约每秒几次来更新这些项目的信息。如果车辆是在比较缓慢地运动，例如处于一个走走停停的状态，它完全可以通知所有的临近车辆。然而，在高速公路上以巡航速度进行驾驶，可能会影响超过 100m 远的车辆。所有这些车辆必须接收到每一个状态的信息。

使用这些情景感知信息，我们可以开发大量的应用，从简单的仅仅信息呈现方案到（半）自动的反应。一个例子就是很知名的 ACC。目前，这样的系统运用的是雷达测距方法。车辆间通信可以通过改进 ACC 来计入甚至那些快速换道的车辆。合乎逻辑的下一步是协作式自适应巡航控制（CACC），它建立并控制了所谓的道路列车或队列。为了安全地支持加速、减速到完全停止，以及队列的其它行为，这样的队列需要通过其中一辆车来进行管理，例如领头的车辆。谈及到这样的管理和控制操作，一个车辆的状态（位置、速度、车头朝向、加速度）必须定期地在互相跟随的车辆间以及与那些在边道上的车辆进行交换。此外，车队的领头车必须能够给所有跟随的车辆发送控制信息。这样的控制数据需要定期以及在具体的关键操作时发送。根据在队列应用中的控制理论，车队中的车辆必须能够在小于 100ms 的间隔内交换上述消息。如果数据传输的可靠性存在问题，那么该间隔将会进一步缩短。

介于情景感知和交通信息分类之间是虚拟交通灯的使用。例如 VTL 的算法总是提供一个后备的解决方案，即它们不构成硬性的安全关键应用。尽管如此，虚拟交通灯的协调也依赖于所涉及车辆间的实时通信，并具有高度可靠性的要求。

因此，我们可以将情景感知领域中的应用需求总结如下。车辆当前的状态需要以定期的方式以一定的速率传播到所有临近的车辆上，该速率应不低于几百毫秒一次。根据目前的速度和状况，车辆的附近可以被定义为所有直接相邻的车辆，但也包括几百米内的所有车辆，这意味着一个潜在大量的车辆将不得不接受这种情景感知消息。在信息传输的可靠性方面，其需求显然高于所有非安全性应用通信。表

3-3 总结了所讨论的情景感知应用的需求。

表 3-3 应用需求：情景感知

指标	范围
数据量	几十个字节到数千字节
延时	零点几秒
吞吐量	低
方向	面向所有邻近车辆
范围	本地邻近（几百米范围内）

（2）预警消息

基于车辆间通信应用的最后一类是预警消息。这是最至关安全的应用类别，因为这些消息通常会直接触发驾驶人或者甚至（半）自动措施的反应。所谓的“电子制动灯”可能已经通过媒体为人所熟知了。借助于 IVC，正在制动的车辆将这一操作通知所有跟随的车辆。因此，只有当制动反应开始时，才传播消息，但是必须最多在几十毫秒内被接收。

该应用中最具挑战性的变化是自动紧急制动。例如，这可能由一辆刚刚涉及事故的车引起，关于这起事故的通知需要甚至比制动信息更快地传播给跟随的车辆。在这种情况下，只有自动化的反应才是可能的，因为人类的反应时间可能太慢了，以至于不能阻止碰撞到涉及事故的车辆。

交通灯违章是这一领域的另一个应用。所谓的交叉路口碰撞预警系统（ICWS）期望将对于那些路口很难通过的情况或者车辆拒绝让道的情况有所帮助。根据车辆的速度，相比较紧急制动的情况，通知的时间可以宽松些，即使（特别是在这种情况下）建筑物遮挡了直接的视线，不仅跟随的车辆而且也包括所有驶近路口的车辆都需要有关交叉路口操作的提示。

总结应用需求，我们注意到本地通信和小容量但严格的实时要求，以支持这个至关安全的应用领域。可接受的通信延迟远低于 100ms，并且信息可能是非常有针对性的，例如，所有的跟随车辆或所有接近一个特定交叉路口的车辆。表 3-4 总结了这些发现。

表 3-4 应用需求：预警消息

指标	范围
数据量	少于 1 千字节
延时	数十毫秒
吞吐量	低
方向	面向所有跟随车辆/接近交叉路口的车辆
范围	本地邻近（少于一百米）

3.2.2 评估IVC方案的指标

在前一节中，我们根据信息传播范围、单位时间数据量和硬性延迟要求而确定了应用需求的巨大差异。现在，我们将这个讨论更多地聚焦于典型的网络指标。除了前面的论证，我们还引进了新的指标，对车载网络来说，这些新的指标是唯一的，同时，为了以一个整体的方式来评价IVC的概念，我们需要对这些新的指标进行评估。下面我们将逐步深入所有这些指标，并且概括一下两个主要应用类别的需求。

1. 数据速率和容量

首先和对许多情况来说，最明显和最重要的指标是吞吐量，非常有必要区分特定应用所需的数据速率和需要传输的整体数据容量之间的不同。对于非安全性和安全性的应用，数据速率和容量都是截然不同的。

一般情况下，所有安全相关的应用都依赖于每条信息的小数据容量。然而，假定需要处理街道上车辆密度很高的情况，这就可能转化为相当高的数据速率。做一个简单的粗略计算，我们可以预期在主要高速公路上几百辆汽车靠近一辆特定的汽车行驶。如果每一辆车都要每秒发送几次情景感知消息，那么网络需要每秒处理成千上万条消息，这可能已经转化成巨大的数据速率。例如，如果一个消息的大小大约是1000~10 000bit，这将导致1~10Mbit/s的数据速率。

考虑非安全性的应用，例如视频流或一般的内容下载，需要发送消息的容量明显更大。这也适用于数据传输速率，对于流媒体应用，数据传输速率必须是非常稳定的，而且，为了支持视频，传输速率也要求非常高。对于内容下载，高数据速率是首选，但标准的尽力而为的通信也是可以接受的。因此，我们谈论的数据容量大小范围是从几个字节到数兆比特，数据率可以达到每秒几兆字节。

2. 传播范围

另一个标准是需要的传播范围或所产生的信息的传播。通过以米为单位的地理上的距离或以转发跳跃为单位的网络中的距离，传播范围可以用来描述消息发送者和接收者之间的距离。

这一讨论可以通过争论接受者的数量来补充。一些应用需要一个到特定接收器的简单单播连接，而另一些则依赖于广播、多播或在具体的地理区域覆盖式的传播。在这里，我们遵循网络技术中这些术语的经典描述。广播是指单个信息到达在通信范围内所有的节点，即所有节点能够接收到相同的无线传输。多播描述的是从单个发送方到一组对该消息感兴趣的接收方的通信。这可以通过多播组（以及在相当广泛的地理区域内潜在的接收器）或通过所有节点共享某些特性（可能在一个较小的地理区域）的方式来描述。最后，覆盖式的传播意味着在网络中向所有节点的传输。这可以（并且通常必须是）限制在一个地域或拓扑区域内（这就是所谓的geocast，我们将本书的后面讨论它）。

在安全性应用领域中，传播范围或所需要的传播是相当小的。附近相邻的车辆发送的消息才是有意义和值得关注的，这意味着跟随某辆车的所有车辆（也可能是在它前头的车辆），或接近一个路口的所有车辆等。通信可能会采用广播或者覆盖式传播的方法。图3-9示意了对于选定的至关安全的警告消息的传播范围。

在非安全性应用领域中，存在着广泛的、不同的应用需求。内容下载或多媒体流依赖于在一个潜在的大的地理距离上的单播连接，然而，多人游戏则可能需要向那些乘载有参与游戏的乘客的车辆进行组播或多播。交通信息系统是值得特别关注的，因为这样的应用可以以完全不同的方式进行设计（正如3.1.1小节中讨论的那样）。集中式交通信息系统对上行链路将使用单播，同时在下行链路中对车辆使用多播。相反，分布式交通信息系统必须通知一个特定区域内的所有系统，或者甚至整个网络中的所有参与车辆，所观察到的交通拥堵和堵塞。在大范围内专用的泛洪式传播技术将成为基础，它可以通过网络中的信息散布的情况进行最好的度量。

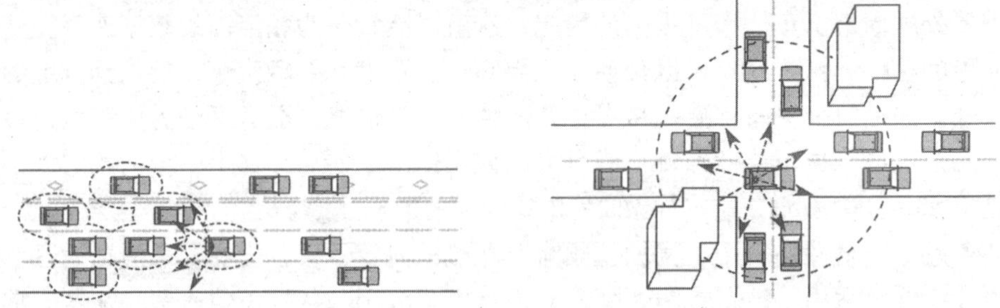

图3-9　安全应用的传播范围：在高速公路上向后（左图）或在交叉路口的一个安全范围内向所有方向（右图）传播

3. 延迟和可靠性

对于一些应用而言，时延最可能是最关键的指标。因为，如果消息丢失，延迟不能测量，所以我们讨论的这个指标直接关系到可靠性，它描述了成功传输的可能性。当在计算机网络上看一个文本时，通常在网络服务或协议的服务质量（QoS）的背景下来讨论延迟和延迟的变化。我们在这本书中不使用这个术语，即使至少有一个具有QoS的经典定义的高要求的应用：多媒体流。

我们从安全关键性系统开始，逐步深入到车辆网联应用的分类中。在这个领域中，最关键的指标是信息传输延迟。正如前面所讨论的，要求范围从几十毫秒到几百毫秒。同时，为实现非常短的分组间到达时间，高可靠性是必要的，特别是对警告消息。与此密切相关的是通道上的冲突数量，这会大大影响可靠性。在态势感知应用领域，假设存在足够高的消息率，可以接受较弱的可靠性要求。在这种情况下，可以使用较新的消息来弥补先前发布的丢失。

非安全性应用不对延迟和可靠性强加高要求。因为使用了尽力而为通信设计，这样的应用对于高延迟和数据包丢失通常是非常稳健的。唯一的例外是上述提到的多媒体流类。这里，绝对延迟不是那么关键，但延迟的变化却是很关键的。根据使用的编码算法，可以允许前向纠错或者甚至完全容忍单个数据包的丢失；在可靠性方面的要求也相对较弱了。

4. 应用的具体指标

当评估具体的车载网络应用时，上面讨论的网络指标可能无法展现所使用的协议功能的全貌。然而，从网络的角度看，这些指标甚至可以在运行系统时使用，它给运行时间协议调整提供了反馈。让我们来讨论两个应用特定指标的例子，这些指标主要用于协议和应用性能评价（见6.3.4小节）。

（1）车辆碰撞概率

对于安全相关的应用，人们可以对网络措施感兴趣，但必须证明作为一个指标衡量的安全性是有提升的，例如这可以由车辆碰撞概率来代表。这是一个ICWS的案例。这里，假设利用IVC将可能处于碰撞事故路径上的其它车辆的情况告知正驶向一个交叉路口的车辆。如果系统表现良好，可以避免许多碰撞。这个指标可以用来比较不同的ICW的方法以及所使用的网络协议。

（2）行驶时间和二氧化碳排放量

纵观交通信息系统，整体性能不是通过计算机网络指标来衡量的，而是通过驾驶人体验的改进来衡量的。可是，不幸的是这没有看起来那样简单。对于一个驾驶人来说，整个行程时间则是最重要的。因此，根据这一指标进行的改进是一个巨大的卖点。从更宏观的角度看待这一问题，微观层面上的改进，即对于个体驾驶人而言，可能不会有解决我们道路拥堵问题的结果。相反，需要考虑的是整个交通流。在这个层面上，一个部分显示改进的指标是二氧化碳的排放。如果交通顺畅，燃油的消耗和二氧化碳的排放就会减少，即使为了补偿道路网络中通行能力的瓶颈，个别车辆可能不得不放慢速度。

3.2.3　通信实体

在探讨IVC应用的过程中，我们多次提到所谓的车对车（V2V）通信，即是指IVC作为一种在车道上行驶车辆之间的信息交互方式。对于大多数所讨论的应用，这就是总体的目标，即使特定的通信协议可能不得不依赖于额外的组件。这些通信原理将在3.2.4小节进行讨论。

车载网络中涉及的另一个实体是可以使用的云系统的互联网服务器，例如，它可以作为一个中心TIC或者一个可从其下载内容的通用存储器。这通常也被称为车辆到基础设施（V2I）的通信。

除了行驶的车辆和互联网，还有几个通信实体可能包含在车载网络的应用中。图3-10描绘了这些实体中的一部分。我们下面将简要介绍部分最重要的实体。

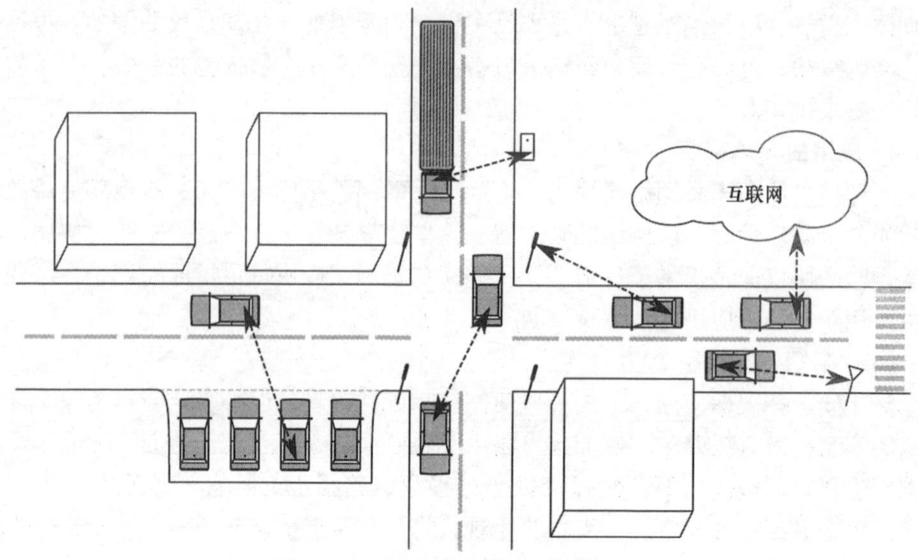

图 3-10　一个车载网络中的通信实体

1. 路侧单元（RSU）

RSU 被引入到车辆网联领域中来搭建车辆之间的通信桥梁，以及提供对其它网络和互联网的访问接入（Lochert *et al.* 2008；Salvo *et al.* 2012）。这个概念借鉴于在 WiFi 世界中应用非常成功的概念。这里，访问接入点（AD）连接移动节点，如笔记本电脑或智能手机，到有线互联网。早在 2005 年，WiFi 接入点的通信就已经被验证为有效了（Ott & Kutscher 2005）。

路侧单元（RSU）可以结合几乎任何无线通信技术来使用，以访问连接到它们的骨干网。需要回答的最明显的问题是有关路侧单元部署和运营成本的收益（Zheng *et al.* 2010）。

假定这样的路侧单元被连接到一个骨干网络并获得外部能量。然而，也是所谓固定支持单元的概念（SSU）（Lochert *et al.* 2008；Sommer *et al.* 2010e；Ahn *et al.* 2012）。固定支持单元可以像其它车辆一样参与车载网络，但却是部署在没有骨干网络连接的固定位置。这样就减少了部署和运营成本。例如，附加的太阳能电池板可以为固定支持单元提供能源。同样的，对于一些协议而言，已经证明固定支持单元可以大幅度地改善行驶车辆之间的通信。

蜂窝网络以类似的方式工作。作为完全地以基础设施为导向，把基站布置在 3G/4G 网络中的蜂窝结构中，以提供优化的网络覆盖。移动电话和拥有嵌入式终端系统的车辆可以连接到这些基站，反过来，这些基站为车辆提供与核心网络的链接，并最终连接互联网。在蜂窝网络中的基站也可以用于向当前连接的节点广播信息。

基础设施要素如 RSU 或固定支持单元 SSU，具有不可忽视的运营成本。这种成本对于蜂窝网络如 UMTS 和 LTE 甚至更高，但是，至少在早期市场引进阶段，它们的部署已经完全可以支持车载网络了。特别是在早期阶段，如果不只是建立网络连接，基础设施将会是主要的。只有给定一些最低限度的渗透率，V2V 连接才是可行的。这里渗透率取决于应用，可以是10% ~90%。

2. 停泊的车辆

如果预先部署的基础设施（还）不可用，必须找到替代品。研究发现，已安装了车辆通信技术的停泊车辆，可能是一个很好的选择。

一项在加拿大的蒙特利尔地区进行的停车行为的详细研究，提供了有趣的见解（Morency & Trepanier 2008）：在2003年，来自于61000件日常停车事件，69.2%的车辆停泊在街道上，仅27.1%的车辆停在露天停车场。3.7%的小部分的车辆停在室内停车设施中。一个停车事件的平均持续时间大约为7h。这项研究进一步表明，停泊的汽车广泛地分布于整个城市中，这意味着一辆停泊的车辆位于一辆移动汽车的传输范围内的可能性是非常高的。其它的研究发现，平均而言，一辆汽车一天停泊23h（Litman 2006）。

此外，停泊的车辆在交通流量很低的时候，可能是可用的，即在通信范围内没有其它行驶的车辆，把它们自己当作中继器的可能性将会很高——即使渗透率已经很高了。因此，我们的结论是，可以证明在车载网络中使用停泊的车辆作为中继器对于支持信息交换是非常有帮助的——在任何给定的时间，大多数的车辆都是停泊的；而且其中大部分都是停泊在街道上的。这个概念已经被成功用于协同感知应用（Eckhoff *et al.* 2011c；Sommer *et al.* 2014a）和分布式内容下载（Liu *et al.* 2011；Malandrino *et al.* 2012）。

3. 交通灯和交通标志

当谈到路侧单元时，可以想到不安装那些设备作为独立的单元，而是将路侧单元与可用的道路网络基础设施例如交通灯进行整合。交通灯的优点是，它们坐落的位置对于所有接入的街道拥有非常良好的视线，因此，对所有可能驶近的车辆也拥有非常良好的视线。

除了给予正在驶近的车辆与交通灯之间通信合适的位置之外，对上述的GLOSA应用而言，车辆也关注交通灯的周期。我们还讨论了将车辆作为传感器识别和传播交通流特性到交通灯的可能性，并使得交通灯切换周期能够自适应变化。因此，交通信号灯将有可能成为车辆网联应用的一个基本组成部分（Gradinescu et al. 2007；Tubaishat *et al.* 2007）。

同样的，我们尝试延伸这个概念到甚至装备有重要的交通标志的情景，在第一步中智能交通标志很可能已经在主要高速公路上了。交通信号可以直接与过往车辆通信，传播显示的信息或甚至通过OBU处理更多相关的信息。

4. 第三方

车联网中第三方参与者通常通过互联网或云服务提供相关信息。然而，这种通信链路不可能在所有时间都可用，更多的本地通信也可以提供额外的能力。因此，甚至在车辆网联的早期也期待着第三方信息源的加入。最明显的例子是关于可用停泊车位的信息。这些信息可以通过所有参与车辆以一个完全分布的方式进行管理和收集（Caliskan *et al.* 2006）或由本地公司作为服务来提供。

一般而言，后者是一个基于位置服务的例子（Klimin *et al.* 2004；Lee *et al.* 2010c）。我们可以考虑许多新颖的应用来提供的信息，这些信息是根据通过车辆的本地位置而精心准备的。信息的范围从停车场信息，如去医院或警察局方向的紧急信息，直到来自本地商店的特定广告。

5. 其它参与者

关于所有非安全性应用，我们已经可以总结有关参与到车辆网联中的实体的讨论。然而，纵观安全领域，我们至今仍然丢失了一些实体，同样的，在车辆网联的广泛领域中我们也丢失了一些。不但在道路上行驶的汽车，而且行人、骑车人和其它参与者也会使用我们的街道。为车辆做的安全相关的应用的设计可以起到作用（也可以解决高速公路上的问题），但是，如果其它道路使用者没有被包括在这个范围内的话，就可能会导致不安全的状况。

因此，在最近的工作中，行人和骑自行车的人也已经被当作车辆网联中的参与者而加入进来（Sugimoto *et al.* 2008；Riaz *et al.* 2006）。这就产生了关于通信技术的问题。车辆是能源自主的——这甚至适用于电动汽车，与其它系统相比，无线通信设备几乎是不需要能量的。然而，对于行人和骑自行车的人而言，这种情况略有不同。连续的通信可能是无法实现的。

进一步沿着车辆网络中附加实体的思路考虑，我们将最终到达一个点，即车载网络将消失在一类更为广泛的网络中。这就是通常所指的物联网（IoT）（Atzori *et al.* 2010）。在本书的范围内，我们仅仅讨论车载网络，但也会部分地考虑所列实体中的部分，例如路侧单元、停泊的车辆和交通灯。

3.2.4 通信原理

我们对于依靠车辆间通信的应用以及它们的通信质量、传播范围和所涉及的通信实体的要求等，都有了一个很好的了解，我们现在将花费一些时间看一下主要的通信原理。在某些方面，车载网络可以看作是一个（特别的）类型的移动点对点（或自组织）网络（MANET），MANET 是以笔记本电脑和智能手机为主导。它们分享许多通信的概念：多个通信实体之间的相互作用可以实现点对点或自组织（*ad hoc*），例如，使用如 WiFi 这样的技术。另外，通过蜂窝网络可能实现基于基础设施的访问。一个主要的区别是，点对点和基于基础设施的互动之间的差异在车辆网联中不是那么简单，我们将在下文中展现。

在有线网络中传播数据的两种传统方式是数据的单播和网络广播传播，即数据传播到一个准确定位的单独实体上，或数据分别地传播到网络中所有参与节点上。纵观 IVC 的应用，然而，已经很明显的，这些传播的本体变得最为奇特。车辆网联的典型应用要求数据的传播不是针对一个点，而是针对一系列的参与者，并且这些参与者不是通过一个地址来确定的，而是由模糊参数来确定的，如它们的近似位置。相反，设计一个要求数据项传播给所有参与者（即所有车辆）的应用，将产生一个不能形成规模的系统（见3.4.3小节）。

在目前的讨论中，我们的目标是仅概括出在一个非常高的水平上的通信原理，而关注于具体方法和协议的详细的讨论将见3.3节。

1. 点对点（或自组织）的通信

通信范围内临近车辆之间的直接通信可以应用不同的技术。早期的方法都是基于WiFi，即IEEE 802.11a/b/g/n。这在概念上一直是相当成功的，尽管WiFi对高移动性是很敏感的。这不仅涉及短的连接时间（WiFi依赖于耗时的关联过程），而且也涉及车辆潜在的高速度。多路径的影响使得无线信号难以解码，并且信号衰减也很难补偿。

因此，制定了一个新的协议标准，即是基于IEEE 802.11a PHY、IEEE 802.11e MAC（介质访问控制）的扩展，并在IEEE 802.11p中引入的新的扩展。这些新协议的设计已经考虑了所有这些限制，它们通常简称为IEEE 802.11p（或者，通俗地说，新的以它运行的频带而命名的DSRC标准）。它更加稳健，并且允许在没有任何关联过程下发送和接收消息。我们将在第4章中详细讨论基于WiFi和IEEE 802.11p的接入。

例如IEEE 802.11p的技术提供了仅在通信范围内的那些车辆之间的直接通信。对于讨论的许多应用而言，这肯定是不足的。信息需要扩散到更大的区域。点对点的通信可以通过中继的方式来扩展，即利用相邻的车辆作为辅助，将消息转发给预定的接收车辆。

多跳点对点通信的概念如图3-11所示。在这个图中，车辆应用多跳转发一条消息给所有可能感兴趣的车辆，而不需要额外的基础设施或辅助设施。

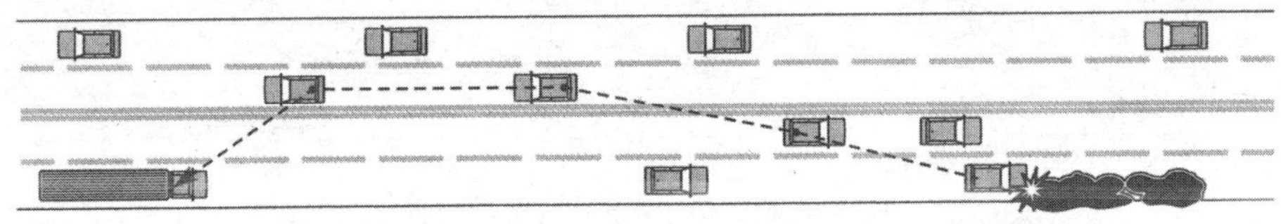

图3-11　邻近车辆的自组织通信：多跳中继有助于传播信息

有许多用于组织这个转发的选择。在发送消息之前，可以建立一个网络拓扑结构，即建立一个网络和使用路径算法来确定到目的地合适的路径。这需要一些不可忽略的拓扑维护的开销。另一个选择是通过网络来大规模散布信息。常见的设计模式只使用本地（一步跳跃）广播来传送数据和把实际传播内容的任务通过网络转移到应用层，借用应用层广播的名字来称呼这一类传播策略。由于数据包丢失和变换网络连接需要不断重复这些广播，这种方法也被称为信标：重复非定向数据广播。当然，信标可以而且应该更加智能化，例如利用地理位置。

2. 基于基础设施的通信

只要最小的车辆密度是可用的，那么点对点的通信就是可能的，即如果能发现足够的转发器。这将会是在非常密集道路交通状况下的例子，如果只有少数的汽车在街道上行驶或这一新技术的渗透率仍然是很低的，那么这很可能是有问题的。此外，外部网络资源也必须包括在网络中，正如前面讨论的那样。

因此，可以部署网络基础设施来提供连接，以及把车载网络连接到外部网络上。关于如何设计基于基础设施的车载网络，有两个选择。如在 WiFi 网络中的，可以安装接入点来提供网络访问。这可以通过直接使用 WiFi 或部署 IEEE 802.11p 的访问站点来实现。在后一种情况中，通常把这些称为路侧单元。特别是沿着主要高速公路或是在城市环境中，要考虑这样的装置。然而，考虑相关的成本，仍然不确定在大范围上这是否可行。

第二个选择是依靠使用蜂窝网络。这样的网络几乎在任何地方都是可用的，提供几乎无处不在的访问，并且如果使用 3G 和 4G 网络，如 UMTS 或 LTE，同时拥有高数据速率。在几个项目中已经对所使用的蜂窝网络进行了评估。对于许多车辆网联应用，使用蜂窝网络似乎是显而易见的，但是是否能支持低延迟的安全相关的应用？以及这些网络的规模是否会随着越来越多的参与车辆数目的增加而更好？这些都是未知的。

图 3-12 显示了针对 IVC 使用蜂窝网络概念性的方法。车辆被连接到本地附近的基站，该基站连接到骨干网络。额外的路径或转发技术是没有必要的。

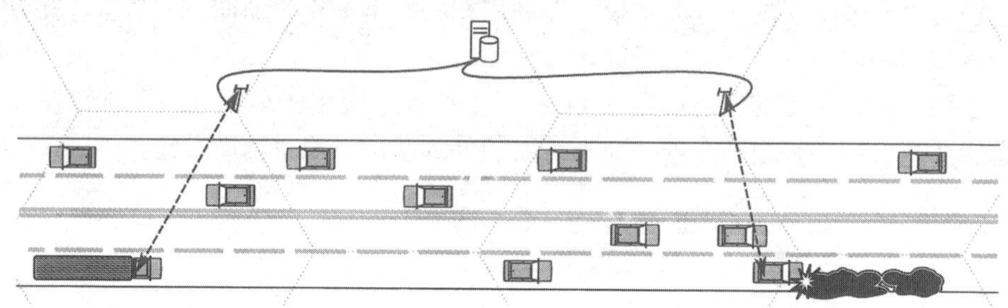

图 3-12　基于基础设施的通信，以使用蜂窝网络为例

3. 混合方法

点对点的网络和基于基础设施的访问都有它们的优点和局限性。因此，点对点和基于基础设施的通信可以也必须结合在一起，以克服车辆网联中所有的挑战。一般情况下，仅仅在一个本地的地理区域内，点对点的通信才是有用的。我们将在本书中随后详细地讨论这个问题。基于基础设施的网络有助于连接长距离或提供直接的互联网接入。另一方面，当消息经由主干网络甚至互联网发送时，经历的延迟将自然地会高很多。

因此，这就出现了结合这两种通信类型的想法。为更详细地研究 IVC 协议，我们选择的许多例子都利用了这两个概念，或者至少允许其中一个整合其它类型的通信，以提高整体协议的性能。当我们在后续的部分中讨论 IVC 的概念时，这种趋势将变得更清晰。

3.3　车辆间通信的概念

该部分的重点是介绍车辆间通信（IVC）的概念，这些概念已经被考虑用于车辆网联的应用。我们的目的是提供一个主要以历史上的里程碑为基础的概述，而不是一个具体概念的深度讨论。我们将分别在第 4 章和第 5 章，再回来针对介质访问和信息传播所选定的方法进行讨论。

图 3-13 给出了一个现实中考虑的基于 IVC 系统应用的不同概念的概述。一般而言，我们可以把 IVC 概念分为集成式的或基于基础设施的分散式的（即纯粹 V2V），以及混合的解决方案。

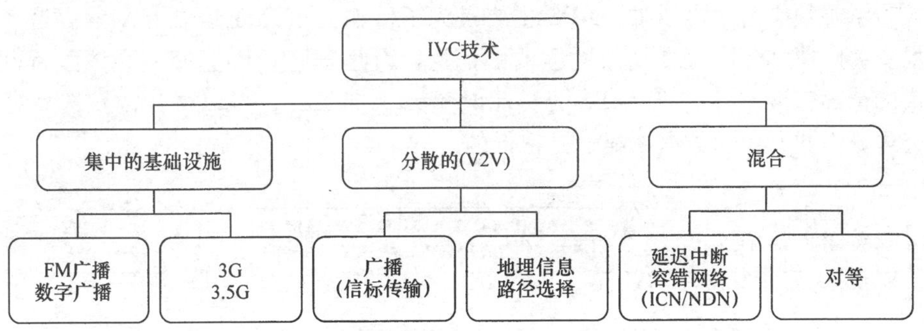

图 3-13　考虑现实应用的车辆间通信技术的分类

接下来，我们会跟随历史的进程，慢慢回顾这些方法，即首先查看已经使用过一段时间的方案，然后研究更具远见的想法。这包括目前使用的 FM 调频广播频道，3G 或 4G 网络在传播交通信息和其它数据上的应用，自组织路由，地理位置路由，以及基于广播的方法。

3.3.1　调频广播和数字音频广播

第一个面向完全可操作的车辆网联应用的方法是使用调频广播（FM radio），而现在是使用数字音频广播（DAB）来向所有参与的车辆发送交通信息。在这种情况下，参与意味着车辆必须拥有一个装置，能够调到相应的无线电频道，以接收和解码消息。这样的系统已经存在而且以交通信息通道（TMC）的名义使用了 10 年。在模拟调频广播的传输中，TMC 建立了从无线电广播站到使用数字频道的车辆的一个简单的单向广播频道。我们在这里讨论交通信息通道。

后来，一个称为传输协议专家组（TPEG）协议的更加灵活（和更复杂）的方法的使用替代了TMC。这个方法是开发用于DAB收音机，它提供了适合于更细粒度的TIS信息的更高的数据速率。它的结构和消息格式将在68页进行更详细的分析。

经卫星传播的交通信息系统数据的直接数字广播也是可行的，然而尚未实现。

1. 无线电数据系统（RDS）/交通信息频道（TMC）

交通信息频道（TMC）这一术语不仅在调频广播的信息传输协议中使用，还在连接交通信息集中管理与这一广播频道的整个TIS系统中使用。TMC的主要结构已在图3-1中进行了介绍。这里，我们不再专注于信息来源，而仅仅讨论广播协议。

经由调频广播的数字数据传输是利用无线电数据系统（RDS）来实现的，它使用一个专用的调频广播通道，如图3-14（ISO 2003a）所示。该传输在57 kHz的载波上使用一个简单的二进制相位移动键控（BPSK）调制，来将数据通道分成单声道和/或立体声音频。它提供了1.2kbit/s的数据速率。

除了调频广播频道以外，RDS主要是为了传输元信息而建立起来的。这通常包括有关广播电台或正在播放的歌曲的信息。因此，TMC不能使用无线下行链路信道的全部容量。特别的，RDS分类标识符8A，即TMC，可以每分钟发送大约10条公告。由此产生的数据率显然是很低的。

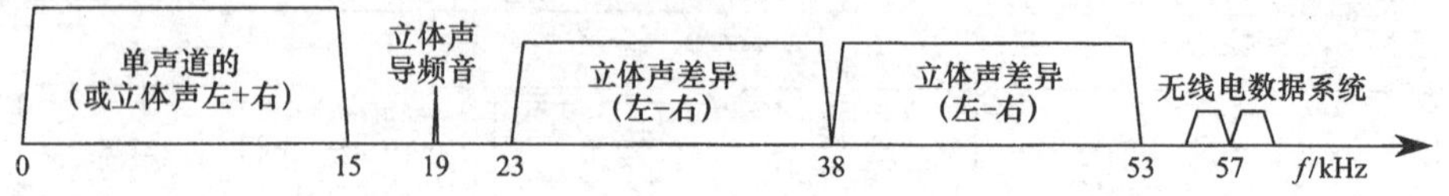

图3-14 模拟FM广播中为数字传输的RDS频道的位置

消息是以传送带的形式编写的。只要每条TMC信息是有效的，就会被重复广播。重复时间，即更新频率，是待传输消息数量和还可以接受的延迟的一个函数，其中消息的数量即为交通信息系统消息的颗粒度。最糟糕的延误是收听到TMC频道的时间和消息传输时间之间的延迟。因为信息至少每几分钟就需要进行重复，而信道容量又限制为每分钟10条的消息，因此，很少有消息可以通过TMC发送。

编码协议（ISO 2003b）和事件信息编码（ISO 2003c）在各自标准文件中有具体的描述。承载一条TMC消息的无线电数据系统块消息格式如图3-15所示。每条消息有104bit的长度，基本上包含了4个26bit的模块，其中每个模块由10bit的检验字来防止错误。包含的信息如下：

- PI是程序识别码，用于识别无线电基站。
- 一组用于RDS消息类型编码的代码（这里，0x8a，即传输协议专家组协议）。
- B_0编码RDS的版本号。

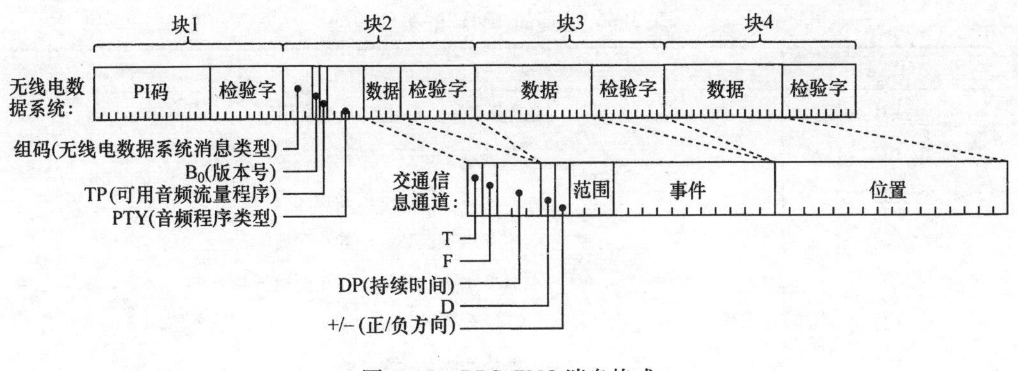

图 3-15　RDS/TMC 消息格式

- TP 和 PTY 产生有关音频节目的信息；它们是所有 RDS 消息最后的共有区域。
- 具体的传输协议专家组协议（TPEG）以 T、F 和 D 三个字符标志开始，它们识别该分组在序列中是第一组还是后续到达的分组。
- F 区别单组和多组消息。
- DP 代表了持续时间和持久性，同时包含交通事件时间跨度的信息。
- D 是需要重新进行路径选择的标志。
- +/-区别道路事件的方向（即这个位置的前方或后方）。
- 范围表示目前事件的范围。
- 范围包含一个 11bit 的事件码，这在本地事件码表上是可以查到的。
- 位置指一个位置码，从安装在终端系统中的位置表数据库中也可以查到的。

显然，所有位置和事件代码需要安装在终端设备中。表 3-5 和表 3-6 分别列出了位置和事件代码的选择示例（注意，位置代码的意义依赖于加载的是哪一国家的代码表，例如，德国代码表使用位置代码 1 表示德国，而意大利的代码表使用相

表 3-5　选择的 TMC 位置编码

国家和表	代码	描述
58：1（德国 1）	1	国家：德国
	2	国家：法国
	264	区域：巴伐利亚
	12579	高速公路枢纽：伊尔申贝格
25：1（意大利 1）	1	洲：欧洲
	2	国家：意大利
	68	区域：皮埃蒙特
	2046	高速公路枢纽：巴多内基亚

表 3-6 选择的 TMC 的事件编码

代码	描述
101	服务水平：静止交通（通用）
102	服务水平：1km 的静止交通
103	服务水平：2km 的静止交通
104	服务水平：4km 的静止交通
105	服务水平：6km 的静止交通
106	服务水平：10km 的静止交通
107	期望的服务水平：静止交通
211	事件：汽车抛锚
212	事件：货车抛锚
393	事件：汽车抛锚，危险
394	事件：货车抛锚，危险
1478	安全警报：恐怖事件

同的位置代码表示欧洲）。交通信息频道不提供任何（真正的）安全措施。已经证明，发送虚假信息可以欺骗这个系统。

例如，TMC 已通过 Navteq 进行扩展，以提供区域性的增值服务。由此产生的系统财务上是由解码器许可费用支撑的。主要的区别是数据采集和处理现在已经完全实现自动化。这是部署的第一个利用 FCD 的系统。对于事件预测，专家系统和神经网络用于预测到事件的早期预警。该系统仅限于主要道路，允许使用蜂窝网络上传和下载数据。

2. 传输协议专家组（TPEG）

传输协议专家组（TPEG）协议是计划用来取代基于无线电数据系统 TMC，并最终于 2000 年 4 月发布（TPEG 2006a）。它是为了与 DAB 一起使用而设计的，主要目标是开发一个可以使用更快的通信媒介的通信协议。同时，相比在 TMC 中可编码非常有限的信息的情况，TPEG 的设计则非常关注于扩展性。

TPEG 的设计目标可以概括如下：

- 提供了一个单向的、面向字节的流，用于从一个基于基础设施的 TIC 到参与用户的下行链接通道。
- 遵循模块化的概念，使其可以很容易地扩展以满足某些未来 TIS 的即将到来的需求。
- 编码遵循一个分级的方法，以实现未来扩展的兼容性。
- 使用集成安全的方法来检测恶意或虚假的信息。

图 3-16 概括了 TPEG 的架构。可以看出，TIS 的信息可以通过传感器自动生成，可以从外部数据库中导入，或者也可以手动集成。信息传播最初是计划使用

DAB，但后来经过扩展，可以使用任意通信渠道。在车内，OBU 可以使用接收到的数据去自动地进行路径重新规划的计算或者向驾驶人提供信息。

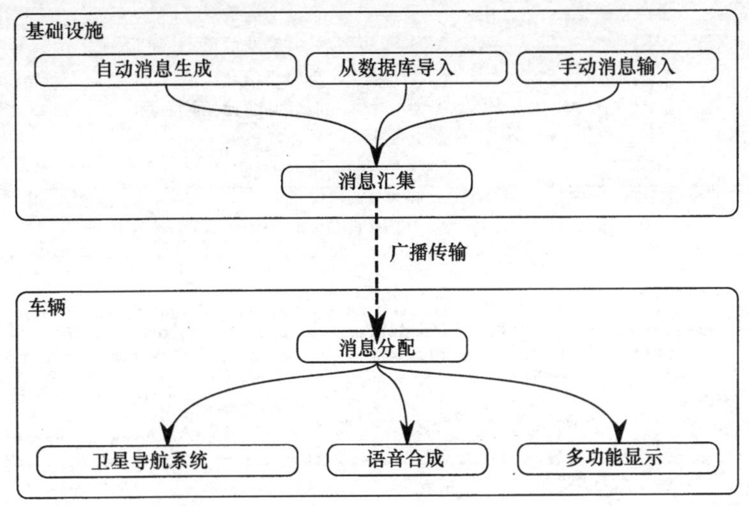

图 3-16　TPEG 的架构

图 3-17 概述了 TPEG 消息格式（TPEG 2006b）。TPEG 交通流被分为几部分，每部分包含一个特定服务的数据。交通流中服务数据的汇总以服务信息标头的形式提供。在我们的例子中，标头表示了两项服务，其中第二个将有更详细的介绍。遵循分层的概念，每一个服务部分又被分为几个部分。第一部分描述服务（在这个例子中，它是来自于英国广播公司的旅游信息），并提供所包含的数据部分的信息。RTM 和 PTI 分别代表道路交通信息和公共交通信息。

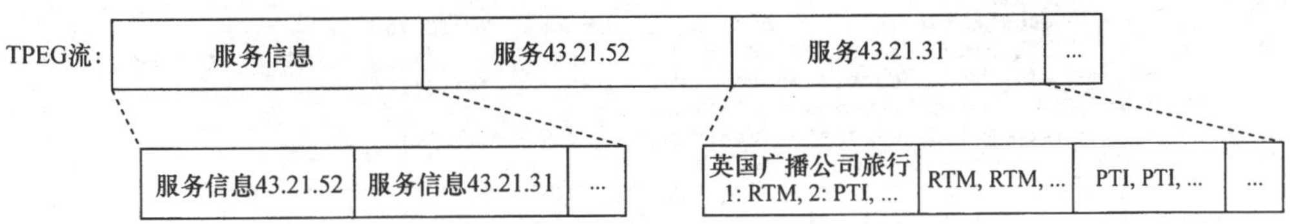

图 3-17　TPEG 的消息格式

因此，TPEG 在概念上非常接近 TMC，但却灵活许多。虽然给出了扩展性，但是却不可能有一个完整的查找表去汇总根据 TPEG 应用定义的所有信息类型。TPEG 已经指定了几种类型，并且在表 3-7 中列出了选定的示例。

一种非数字音频广播的传播技术的变型，即互联网，是以 XML（TPEG 2006c）编码 TPEG 消息。清单 3-1 中列出了一个 XML 编码的 TPEG 消息样本。这个例子取自英国广播公司的交通服务。它包含公布两个交通障碍的单一道路交通信息。

表 3-7　部分的 TPEG 的信息类型

代码	描述
RTM	道路交通消息
PTI	公共交通信息
PKI	停车信息
CTT	拥堵和旅行时间
TEC	交通事件
WEA	面向出行者的天气信息

清单 3-1　一个 TPEG 消息实例（BBC 交通服务）

```
<tpeg_message>
  <originator country="UK" originator_name="BBC Travel News"/>
  <summary xml:lang="en">M1 Bedfordshire - Broken down lorry southbound between J11, Dunstable and J10, Luton Airport, queueing traffic.</summary>

  <road_traffic_message message_id="2259387" message_generation_time="2008-03-05T07:22:46+0" version_number="5" start_time="2008-03-05T06:55:49+0" stop_time="2008-03-05T08:22:46+0" severity_factor="&rtm31_4;">

    <obstructions number_of="1">
      <vehicles number_of="1">
        <vehicle_info vehicle_type="&rtm1_3;"/>
        <vehicle_problem vehicle_problem="&rtm3_8;"/>
      </vehicles>
    </obstructions>

    <network_performance>
      <performance network_performance="&rtm34_2;"/>
    </network_performance>

    <network_conditions>
      <position position="&rtm10_1;"/>
      <restriction restriction ="&rtm49_255;"/>
    </network_conditions>

    <location_container language="&loc41_30;">
      <location_coordinates location_type="&loc1_3;">
        <WGS84 latitude="51.893453" longitude="-0.469775" />
        <location_descriptor descriptor_type="&loc3_7;" descriptor="M1;"/>
        <location_descriptor descriptor_type="&loc3_24;" descriptor="Bedfordshire"/>
        <location_descriptor descriptor_type="&loc3_10;" descriptor="Dunstable"/>
        <location_descriptor descriptor_type="&loc3_32;" descriptor="M1; 11"/>
        <location_descriptor descriptor_type="&loc3_8;" descriptor="A505;"/>

        <WGS84 latitude="51.853818" longitude="-0.42358" />
        <location_descriptor descriptor_type="&loc3_7;" descriptor="M1;"/>
        <location_descriptor descriptor_type="&loc3_24;" descriptor="Bedfordshire"/>
        <location_descriptor descriptor_type="&loc3_10;" descriptor="Luton Airport"/>
        <location_descriptor descriptor_type="&loc3_32;" descriptor="M1; 10"/>
        <location_descriptor descriptor_type="&loc3_8;" descriptor="M1;"/>
        <direction direction_type="&loc2_7;"/>
      </location_coordinates>
    </location_container>

  </road_traffic_message>
</tpeg_message>
```

相比 TMC，在 TPEG 中的地理参考可以准确很多。该标准支持一种地理参考的混合方法。通过使用基于 WGS 84 定义的精确的地理坐标系，位置信息可以以一种极细粒度的形式提供。另外，交叉路口位置（ILOC）的描述可用于以一个标准化、缩写文本的形式表示在一个期望点上交叉街道的名称，甚至可以使用人们可读的纯文本，然而，这对于一个导航单元自动处理却是非常困难的。最后，它也支持位置表代码（参见 TMC）。

3.3.2　蜂窝网络

所有蜂窝网络的思想是把世界划分成蜂窝，每个蜂窝都是由一个基站提供服务。例如，利用所使用载体的空间多样性，这种形式可以允许在频分多址（FDMA）协议中频繁复用。图 3-18 概述了这个概念。一辆通过这个网络的车辆将连接到相应的本地基站。因此，需要在蜂窝的边界进行交接。

网络基础设施的设计依赖于蜂窝网络的生成。图 3-19 概述了 UMTS 网络的层次结构，即第三代蜂窝网络。终端系统（在这种情况下，命名为 UE）总是连接到一个特定的蜂窝。蜂窝，即天线，是由一个所谓的 NodeB 来进行管理的，它是 UMTS 蜂窝的基站。多个 NodeB 连接到一个无线网络控制器（RNC），最终将这些蜂窝连接到基于 IP 的核心网络。

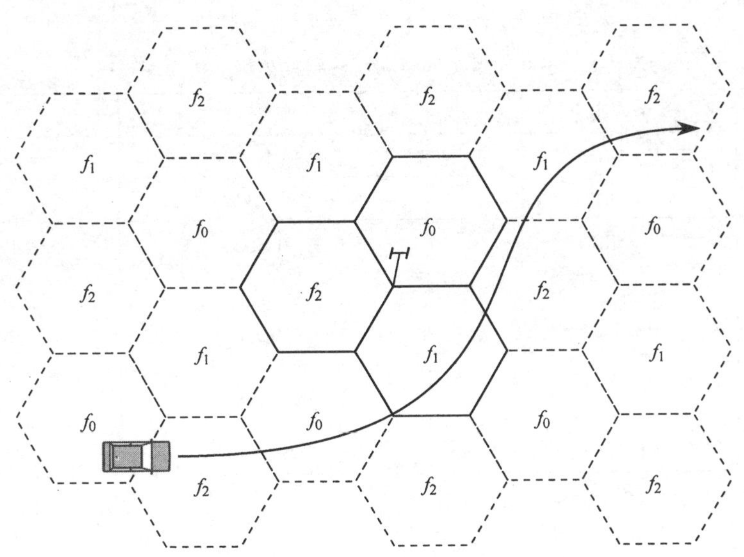

图 3-18　蜂窝网络的结构：f_i 表示使用的载波频率，由于空间多样性它可以在不相邻的蜂窝中重复使用

这个时候，对于车辆网联中信息的传播，我们仅仅简要介绍使用蜂窝网络的可行性。具体技术将在 4.1 节中进行更详细的讨论。第二代（2G）到第四代（4G）

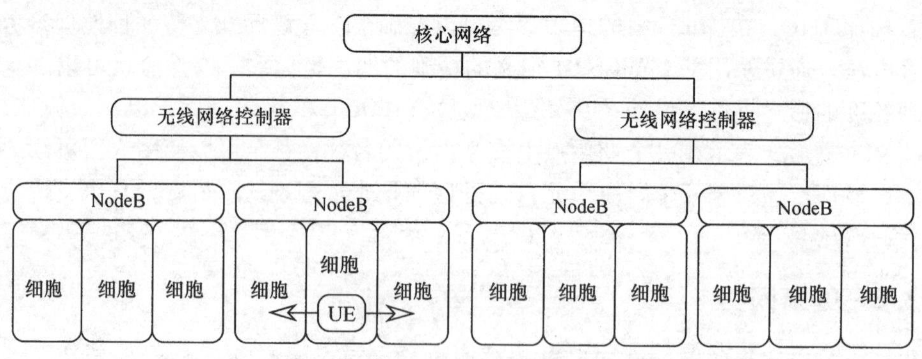

图 3-19 UMTS 网络的分层结构

蜂窝网络中数据传输的完整介绍不在本书的讨论范围内。可以查阅文献中一些非常好的入门教程（Dahlruan *et al.* 2008, 2011）。

表 3-8 提供了一个不同代蜂窝网络和所使用协议的概述。我们正在迈向 5G 网络，5G 网络目前正在研究中，以确定合适的技术和协议。从 2G 到 4G，协议的演变相当显著。第四代的 LTE 先进网络不再提供专用的语音通道。相反，该网络已经融合了电路交换网络，同时使用专门的线路来提供分组传输，以实现纯分组交换网络。声音现在作为一个附带功能使用，例如，IP 语音（VoIP）。

表 3-8 不同代蜂窝网络和所支持的高峰数据速率概述

代	协议	下行	上行
2G	GSM①	9.6kbit/s	9.6kbit/s
2.5G	GPRS②	9.6～50kbit/s	9.6～50kbit/s
3G	EDGE③ UMTS④	384kbit/s 384～2000kbit/s	384kbit/s 384～2000kbit/s
3.9G	HSDPA/HSUPA⑤ HSPA+⑥ LTE⑦	10Mbit/s 100Mbit/s 300Mbit/s	5Mbit/s 23Mbit/s 75Mbit/s
4G	LTE Advanced	1Gbit/s	1Gbit/s

① 全球移动通信系统（GSM）。
② 通用分组无线业务（GPRS）。
③ 面向 GSM 发展的增强数据速率（EDGE）。
④ 通用移动通信系统（UMTS）。
⑤ 高速下行链路分组接入（HSDPA）/高速上行链路分组接入（HSUPA）。
⑥ 高速分组接入（HSPA）。
⑦ 长期发展（LTE）。

此外，支持的数据速率已大幅增加。如表 3-8 所示，早期 2G 网络只支持

9. 6kbit/s 的数据速率。相比之下，4G 网络支持的峰值数据速率高达 1 Gbit/s。由于所使用的信道在所有参与者之间是共享的，所以，列举的数据速率是峰值，且并不是在所有的时间对所有参与的节点都能维持这样的水平。所支持的端至端的延迟大大地依赖于核心网络的能力，这一延迟不被视为所使用协议的固有参数。

在一些项目中，已经对车辆网联应用中 3G 和 4G 网络的使用进行了研究。好消息是车辆的速度不再是一个限制因素。290km/h 的场地运行测试（FOTs）已经显示，只有在突然制动之后信号出现下降。在这些情况下，切换预测失效。存在的问题包括延迟和容量保证。

从这些场地运行测试来看，我们了解到 UMTS 和 LTE，即第三代和第四代蜂窝网络，一般都可以支持通常的车辆网联应用。主要的限制是可用容量，即对于时间敏感的或交通密集的应用只能支持低的车辆密度。这种情况可以通过在更小的蜂窝格中额外的投资来改善，例如沿着高速公路的部署。

从其它的实验中（例如，4. 1. 5 小节所描述的 CoCar 项目），我们对 UMTS 和 LTE 网络的延迟性已经有了一些初步的了解（Sommer *et al.* 2010d；Valerio *et al.* 2008）。结果是，由服务供应商的核心网络提供的直接 V2V 通信不能够支持安全关键性应用所需的延迟。在高负载情况下，延迟可能会累计达到几秒。然而，已经为 UMTS（ETSI 2012b）定义了一种技术，而且它也同样适用于 LTE：分别为多媒体广播/多播服务（MBMS）和演进的多媒体广播/多播服务（eMBMS）。MBMS/eMBMS 实施了蜂窝多点广播。最初的想法是使用该技术建立集成式的服务，正如一个交通信息系统，需要把数据传输到所有参与节点上。这种蜂窝广播已经在 CoCar 中被重复使用，以开展本地反射器来发送信息，这些来自于一辆车的信息通过反射器而传送到本地蜂窝中的所有其它车辆，即所有邻近车辆。以这种方式，可以支持大约 100ms 的延迟，因此也可以支持安全关键型的应用。

当涉及多个移动运营商（MNO）时，存在的最关键的问题之一是通信路径。通常，当一个用户正在使用 MNO A 的网络时，而另一个用户则正在使用 B 的网络，在这样情景下的通信本质上都是通过互联网实现的。这意味着用户可能会遇到不可预测的长时间的延迟，而且数据速率也会不同。这个问题已经被发现，目前的趋势是使用共享的物理基础设施和移动虚拟网络运营商（MVNO）来帮助解决这个问题。

尽管如此，对于早期的应用而言，即使渗透率仍然很低，蜂窝网络也是最适合的。好的例子包括所有类型的信息下载，以及甚至分布式交通信息系统的应用。我们将在 5. 7. 3 小节中讨论点对点的交通信息系统（PeerTIS）的概念（Rybicki *et al.* 2009）。

3. 3. 3　自组织路由

根据我们的车辆网联方法的历史概述，许多车辆间通信早期的概念试图将开发的协议应用于移动点对点或自组织网络（MANET）。车载自组织网络（VANET）这一术语也就是在这样的背景下提出来的。我们将在5.1节中详细研究MANET路由协议及其在VANET中的应用。接下来，我们将仅仅讨论主要的概念，专注于其总体思路。

1. 移动自组织网络

对MANET网络中的数据传播已经研究了近20年的时间（Basagni *et al.* 2004），最突出的研究问题是在动态建立的网络拓扑结构中进行路径选择。比有线网络中多得多的是，MANET不得不应对动态节点的拓扑结构，它允许节点在任何时间加入和离开这个网络。Abolhasan *et al.*（2004）提出了一个很好但略显陈旧的MANET路由概述。

图3-20概述了自组织路由的主要思想。考虑节点均匀地分布在地理区域上。由于在所有节点之间直接的无线通信是不现实的，多跳路由被用来在任意节点之间交换信息。在图3-20中，节点之间的线描述了可能的通信连接。如果一个节点想发送一条消息到一个任意的其它节点，那么至少需要知道两个节点之间的网络拓扑结构。在给出的例子中，节点A发送一条消息给节点J。备选的路径也被标示出来了。

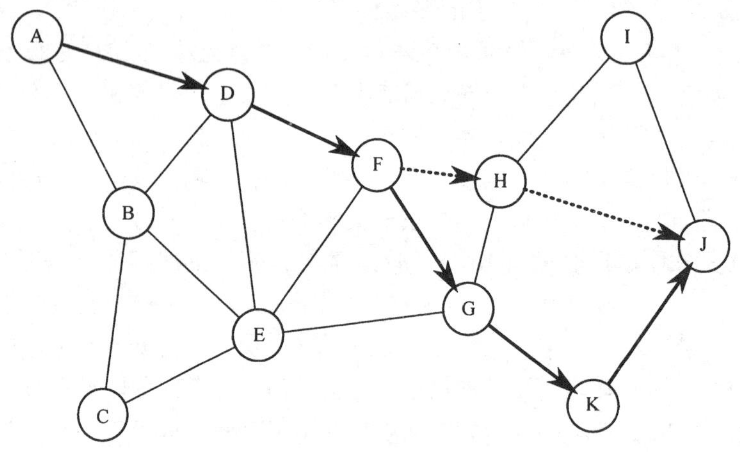

图3-20 MANET路由方法：节点随机分布的典型网络拓扑结构

不同的自组织路由的概念已经提出，它们可以是基于在发送消息前持续保持网络拓扑结构（这是已知的主动式路由），或者是基于仅仅当一条消息将要被发送时（按需路由）才发现网络拓扑结构。许多早期的MANET路由方法融合成了几个协议，互联网工程任务组（IETF）已经对这些协议进行了标准化。特别的是，*IETF MANET*（移动自组织网络）工作组专注于通用的点对点路由协议。基于此，新的*IETF ROLL*（低功耗和有损网络的路径选择）工作组研究了在能源是重要资源的情况下的 MANET 路由。这一模式转变是由 Watteyne *et al.*（2011）详细制定的。在车载网络中，能源不被认为是一个主要问题。即使考虑到电动汽车，无线通信所消耗的能量与其它能源消耗相比是微不足道的。

然而，在 MANET 中最关键的问题是节点的移动性。虽然移动自组织网络的名称暗示这个问题已经得到了适当的处理，但是实际上并没有解决这一问题。确实，几乎所有的 MANET 路由协议可以处理小的节点移动性，但如果网络拓扑变化太快或太频繁，这一路由协议就会失效。我们将简短地讨论协议和流动性问题。

2. 车辆自组织网络

一般来说，车辆自组织网络与移动自组织网络是非常相似的（Hartenstein & Laberteaux 2008；Li & Wang 2007，Lee *et al.* 2010a）。信息需要在一个网络的节点之间传输，而这个网络是由地理区域内移动节点动态地创建的。这种相似性激发了多样而深入的研究，许多早期的工作甚至建议，相同组的算法也可以再次用于车辆点对点网络。然而，结果是在通用的 MANET 和典型的 VANET 之间，存在一些明显的差异。

图 3-21 显示了最初被认为是 VANET 的一个典型例子。道路上的车辆构成了一个动态自组织的网络，以在参与的车辆之间交换信息。除了车辆以外，还标示了路侧单元，它们可以把 VANET 连接到一些主干网络或互联网上。显然，这些车辆都是在街道上，并且不能占据街道之间的空间。这就改变了在 MANET 路由协议开发后面的主要假设之一。再者，我们突出节点 A 和节点 J 之间的通信路径。作为一种替代方法，我们展示了一条经过路侧单元通路。与 MANET 的情况相反，通信链路受到道路拓扑结构的约束。

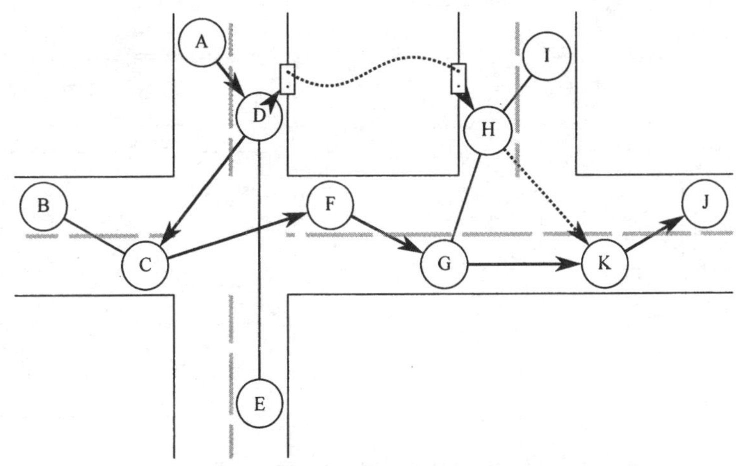

图 3-21　VANET 中的路由选择：网络拓扑结构受到道路网的严格限制

在我们利用 MANET 概念建立 VANET 的讨论中，需要提及另外三个因素。第一，总是假设在 MANET 中节点密度为常数。即使协议必须处理不同的节点密度，也不需要处理快速变化。第二，移动性更具可预测性。第三，在车载网络中连接性更加动态，相比在其它点对点网络中的情况，这点在城市环境中最为突出。这主要是由于建筑物和其它障碍阻碍了无线通信而引起的网络连接的快速变化。

其中，Viriyasitavat *et al.*（2009）已经讨论过在城市场景中连接性的效应。接下来我们将检验 MANET 路径协议的适用性，参考一个调查 DYMO 路由在车载网络中使用的研究（Sommer & Dressler 2007；Sommer *et al.* 2008）。结果清晰地表明，由于网络拓扑结构的高动态性，通用自组织路由将会在可能的网络条件和车辆环境中失效。

3. 自组织路由协议

自组织路由协议的领域已经变得庞大，并且部分地混乱了。在过去的 20 年中，人们不仅开发出来大量的协议，并且在广泛的不同应用场景中，对这些协议进行了优化（Basagni *et al.* 2004）。我们将在 5.1 节中更详细地研究选定的协议。这里，我们的目标是对于自组织路由协议得到一个大体的了解，包括它们不同的概念，及在 VANET 中的适用性。

自组织路径协议的一般分类如图 3-22 所示（Basagru *et al.* 2004；Dressler 2007）。我们可以区别路径协议的两个主要类别：基于拓扑信息的类型（最常见的 k 跳邻近节点）和基于利用额外节点可用信息的类型。Lee *et al.*（2010a）给出了有关用于 VANET 的自组织路由解决方案的一个很好的概述。

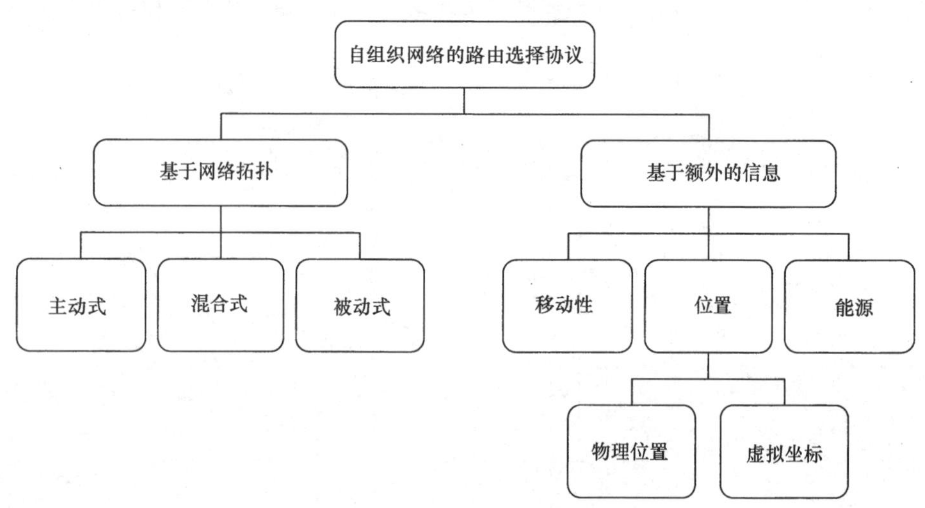

图 3-22　自组织路由协议的分类

（1）基于路由更新的网络拓扑结构

基于拓扑的路由概念的理念是，提前或按需求确定网络拓扑结构。因此，我们分别称这些子类为主动式和反应式路由。这些概念，也包括混合类型，构成了大部分通用 MANET 路由方法的基础。著名的例子包括主动式路径选择协议——目的地序列距离矢量（DSDV），优化的连接状态路由协议（OLSR），以及反应式协议——动态源路由（DSR），点对点按需距离矢量（AODV），按需动态移动自组织（DYMO）（Basagni *et al.* 2004；Dressler 2007）。我们将在 5.1 节中详细研究这些例子。所有主动式路由协议的一般理念是，在发送任何数据包之前，确定网络拓扑结构。因此，只要一个节点系统启动，它就启动了它的路由协议实例，并开始与相邻节点交换路由协议消息。正如互联网上使用的，这是同一个概念。根据拓扑结构中的动力学等级和节点之间信息交换的频率，仅仅更新网络拓扑结构，网络就可能很忙。相反，只要没有数据交换发生，反应式路径协议就保持沉默。如果一个数据包即将被发送，路由协议实例便开始寻找一个合适的到达目标节点的路径。通常，这涉及泛洪，一种所谓的通过整个网络直至目标节点的路由请求，即发现到达目标节点的一条路径。因此，只要没有必须发送的信息，由路由协议造成的过载并不重要。路径发现本身的代价可能相对高昂（就路由协议开销而言）。

几乎所有这些协议已经在车载网络范围内进行了试验。由此产生了几个改进版本。然而，正如 Sommer *et al.*（2008）所报告的，即使最新的协议，例如 DYMO，也无法处理车载网络的动态性，并且不能随着高度变化的节点密度的需要而扩展伸缩。

（2）基于具体位置资源的路由

在另一方面，已经对路由概念进行了研究，这些概念是基于其它非常具体的特点和资源。我们可以将它们分为几个子类别。首先，由于节点的高移动性是所有经典 MANET 路由解决方案的一个弱点，所以，人们已经开发了一些方法，明确地利用高节点移动性根据存储转发原则而转发消息。最著名的例子之一是最后相遇路由（LER）（SarafijanovicDjukic & Grossglauser 2004，Grossglauser & Vetterli 2006）。根据参与节点的移动模式，这种方法可能相当成功。不幸的是，还没有公开发表的文献谈到在典型的车辆网联场景中 LER 的应用。其次，能源可以被用作需要优化的关键资源。在无线传感器网络（WSN）的背景下对其已经进行了研究，但是与 VANET 并不相关。第三，地理坐标可能会取代传统的地址或基于 ID 的路由选择（Mauve *et al.* 2001）。这在 VANET 的情景中是非常有帮助的。我们稍后将在本节中探讨地理路由的概念。

4. 限制因素

不深入细节，在车载网络中应用 MANET 路由选择最重要的限制因素是移动性。关于这一个问题，已发表了多篇研究论文。特别是，人们已经研究了车辆典型的移动模式，并依据它们对于路由协议的影响进行了分析（Camp *et al.* 2002，Bai & Helmy，2004）。

由于行驶在路网上的车辆遵循非常具体的模式，部分地由路网本身而预先定义，部分地则是由影响驾驶人行为的更多的社会行为规则来定义，这些模式将大大地影响所产生的网络拓扑结构，进而影响点对点路径概念的实用性（Sommer & Dressler 2008）。这方面的认识甚至已经导致了具体路径选择方法的发展，这些方法意识到了参与车辆的移动模式（Hung *et al.* 2008）。

可扩展性是所有 MANET 解决方案中的一个问题，其中包括自组织路由协议。这是无线网络有限容量所导致的结果。由 Gupta & Kumar（2000）完成的开创性的工作直接导致了后续的研究，例如 Hong *et al.*（2002）的研究，为了得到实际解决方案，他更详细地研究了这一理论的上限。Scheuermann *et al.*（2009）研究了 VANET 中信息传播的扩展性。使用他们的模型（详见 3.4.3 小节），可以确定在多跳车载网络中颗粒度与消息传播距离的扩展性标准。当然，车辆密度和使用的聚合技术随着信息传输范围和传输量的变化而变化，但是上限只会轻微变化。

最后，许多车辆网联应用要求延迟有界操作。这个考虑不仅涉及严格的安全关键性操作，还涉及固定时间间隔内需要完成的任何实时传输。这个问题已经得到了一定程度的研究，文献中给出了选定的解决方案（Skordylis & Trigoni 2008，Chigan & 11 2007）。一般而言，保证确定的性能指标是不可能的，例如在 MANET 或 VANET 中，多跳传输的最大延迟。

如果可以增加容量，那么讨论的许多限制因素可以得到缓解。事实上，这确实是可以实现的。有两种方式来实现这一目标。首先，增加 IEEE 802.11 无线通信的容量是可以通过协同编码转播来实现（Loyola *et al.* 2008）的。此外，通过增加额外的频谱多通道操作也可以是个选择。通信信道选择成为了一个研究课题，它本身已经在 MANET 中得到了解决（Kyasanur & Vaidya 2005，Bahl *et al.* 2004）。第一个方法也试图通过提供多通道的访问权限来增加空间多样性，去改善 VANET 操作（Klingler *et al.* 2013）。

3.3.4 广播

由于点对点路由在许多甚至是大部分的车辆间通信场景中是不可行的，于是，对依赖节点间无线通信的基本运行的替代方法进行了研究。从本质上讲，每一个在两个相邻节点之间的单播在技术上是一个广播，可以被通信范围内的所有节点窃听。因此，简单的想法是只利用广播通信，并在需要时考虑重新广播信息。在极端情况下，如果超过几个节点参与，这导致了网络范围的洪泛——明显的网络信息负荷超载。当然，一些应用层的智能技术可以用来在某些区域限制广播。

在车载网络范围内，广播的概念被称为信标。接下来，我们将研究信标的一般概念，以及更复杂的自适应信标方法背后的理念。

1. 专用短程通信

在研究广播技术之前，我们需要在通信协议栈的较低层次上做一些研究，特别是讨论介质访问技术。广播是建立在短程无线电通信基础上的，我们在 WiFi 协议套件中详细了解短程无线通信。特别的是，基于广义多载波访问（CSMA）的媒介接入定义为WiFi。我们将在4.2节详细研究WiFi和车辆网联相关变种的所有细节。

（1）使用WiFi

事实上，上述大部分VANET路由方法都建立在WiFi的基础上。IEEE802.11协议提供所需的所有功能，不仅允许基于基础设施的网络，即使用一个AP，而且允许任意WiFi设备之间的点对点通信。对车辆网联而言，WiFi（IEEE 802.11a/b/g）的可用性已经在多个项目和实验中得到了研究。更详细的研究之一是关注于所谓的"互联网驱动"（Ott & Kutscher 2005）。在此背景下，作者进行了大量实验，驾驶一辆配备接入点的汽车以不同的速度沿着一条街道行驶。主要结果是通信确实是可实现的，但是关联程序的执行，即由某个接入点或其它节点提供的到基本服务集（BSS）的初始连接（见4.2.1小节）花费了太多时间。即使以点对点的模式进行操作，为了交换消息，也需要执行这种关联程序。除此之外，还有其它的关于在车辆环境中使用WiFi的问题，包括可靠性问题、多路径影响的相关问题以及和速度相关的信号衰减。

在明确了限制WiFi可用性的根本原因之后，一些新的协议变型版本已经开发出来。实际上，这引起了在车辆网联领域中对于不同介质访问方法的相当大量的研究。最终，对于更合适方法的寻找引出了车辆间通信（IVC）协议栈的定义，该协议已经部分地由电气和电子工程师协会（IEEE）、欧洲电信标准协会（ETSI）和美国汽车工程师协会（SAE）共同进行了标准化。

（2）IEEE 802.11p和IEEE 1609WAVE

在几个标准中都有WAVE协议栈的定义。图3-23描绘了一个概述。IEEE802.11p通常是用来描述较低协议层，而WAVE则包含了完整的协议栈。在IEEE 1609的套件中，对WAVE进行了定义（IEEE 2006, Uzcategui & AcostaMarum 2009）。从网络的角度来看，IEEE 1609.3（IEEE 2010a）和IEEE 1609.4（IEEE

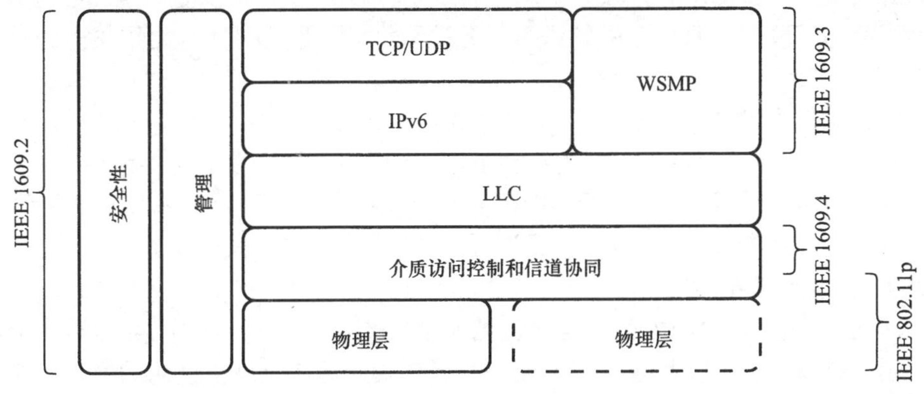

图3-23 IEEE 1609WAVE协议结构

2011）是最重要的，它们分别描述了网络服务和信道管理。还包括 IEEE 1609.2（IEEE 2013）中的安全服务，我们将在第 7 章安全和隐私的范围中进行讨论。

WAVE 协议栈的基础是 IEEE 802.11p（IEEE 2010b）。IEEE 802.11p 定义了物理层和较低的介质访问控制层。

物理层（PHY）几乎等同于 IEEE 802.11a。IEEE 802.11p 也在 5GHz 的频带下使用正交频分多路技术（OFDM）。相比于 IEEE 802.11a，IEEE 802.11p 确保减少符号间的干扰，由此来降低多路径效应的影响。这可以通过加倍所有定时参数和将信道带宽从 IEEE 802.11a 使用的 20MHz 降低到 10MHz 来实现。这样，所需的传输可靠性也能在车辆速度超过 200km/h 时得到保证。然而，这也带来了吞吐量的减少（从 6 ~ 54Mbit/s 减少到 3 ~ 27Mbit/s）。给定一个最大 800mW 的传输功率，IEEE 802.11p 的通信范围可达 1000m。

MAC（介质访问控制）层伴随着对 IEEE802.11 的扩展而发展，包括随机化的 MAC 地址、服务质量支持以及新的点对点模式。为了消除相当长时间的初始关联过程，一个新的外部背景服务集（OCB）模式在传输的数据包中定义了通配基本服务集（BSS）标识符的使用。

一个高 QoS 的获得是通过将 IEEE 802.11e 增强的分布式信道访问（EDCA）机制整合到 WAVE 协议的定义中而实现的。EDCA 是作为 IEEE 802.11 分布式协调功能（DCF）的一个替代而发展出来的，其主要动机是对高和低优先级的数据流提供支持。首先并且最重要的是，EDCA 通过修改第一帧的间距来允许对无线信道更早的访问，即支持高优先级消息具有更短的帧与帧间的间距；第二是竞争窗口（CW），即为高优先级数据包减小 CW。这通过把信息分成了四个访问类别之一来管理（AC：AC0 - AC3）。我们将在 4.2.1 小节中详细研究 EDCA 的机制。

（3）WAVE 信道管理

WAVE 标准通常也定义了信道和信道访问。随着高度地期望车辆网联能够提供道路安全解决方案并帮助防止碰撞以及最重要的死亡事故的发生，世界各地负责监管的机构都试图为 IVC 分配频谱。这促成了美国、欧洲和日本无线频谱的成功分配。

美国联邦通信委员会（FCC）和电子通信委员会（ECC）已经分别为美国和欧洲分配了 7 个和 5 个 10MHz 的频道专门用于车辆间通信。为了这些活动，WAVE 在 5.9 GHz 频段使用了一个专用的频率范围，这是专门为 V2V 和 V2I 通信保留的。即使这是被严格管制的，但却不涉及许可证费用。在日本，只分配了一个单独的在 700MHz 波段的频道。

不同的通道已经被预先定义了不同的作用。最重要的是，我们可以区分单个控制信道（CCH）和多服务信道（SCH），这是车辆间通信应用会使用的通道。控制信道用于管理和使用广播的安全信息。特别的是，所谓的 WAVE 服务通知（WSA）在控制信道中将用于通知在某一个 SCH 中跟随 WAVE 的短消息（WSM）传输。单一的无线电系统明显地必须在通道之间转换，定期地调整到公共的控制信道，然后根据它们对具体消息中的兴趣而调整到某一服务信道。通过使用全球定位系统作为参考时钟来进行时隙同步。由此产生的性能已在几个工作中得到了研究（Wang *et al.* 2008，Eckhoff *et al.* 2012）。

该操作具有简单的优点，并允许单一的无线电系统进行工作。当然也存在缺点，它明显导致了额外的延迟。让我们假定以下情况：在控制信道周期接近结束时，创建了一个需要通过服务信道发送的紧急消息。它最早可被通知的时间在下一个控制信道中，然后，如果得到允许，这一紧急消息可以在接下来的 SCH 中被发送。该标准为 CCH 和 SCH 定义了 50ms 的时隙间隔；因此，直到消息被发送，在不考虑 CSMA 导致的不确定性的情况下，将会有至少 100ms 的延迟。

如果使用多无线电系统，就可以解决这一问题。在这种情况下，一个收音机可以持续地调到 CCH，那么几乎可以即刻发出安全警告消息。其它的消息则仍然必须按照计划在下一个时隙段，而且最重要的是，在一个特定的 SCH 中发送。这构成了一个复杂的调度问题，它需要以一个完全分布式的方式来解决（Klingler *et al.* 2013）。

2. 信标

在前面谈到的 SOTIS 想法的范围内，首先引入了信标的概念（Wischhof *et al.* 2003，2005）。SOTIS（自组织交通信息系统）是第一个完全分散式的 TIS。它的想法是，所有参与的车辆都定期地向它们的邻近车辆广播它们的局部信息库。反过来，这些车辆又将接受的信息合并到它们的局部信息库里，并开始广播由此产生的信息扩展集。其结果就是一种建立在广播上的存储携带转发的方法，即作为一个基本的构建模块的信标。

图 3-24 说明了，通过这种方式，知识是如何逐渐地在参与车辆之间进行传播的，即使网络偶尔断开。即使是孤立的集群车辆也将会不经常地接收到传输的信标，例如由行驶在对面车道上的车辆发出。利用积累的它们局部知识库的内容，汽车将能够进行道路交通分析或警告用户即将到来的风险。

每辆车拥有一个包含当前已知交通问题信息的本地信息表。在每次通信中，这个表作为一个整体被传输给相邻的车辆。首先，这意味着该表必须符合单一广播数据包的有效载荷。SOTIS 建议采用数据聚合去处理表的尺寸。聚合是根据到事件的距离来实施的。依照经验法则，用更加激进的方式聚合距离较远的事件，即只有来自于远方位置的主要交通拥堵的细节将被保存，但每一项关于本地微观拥堵的细粒度数据都会被保留。

但是让我们更详细地讨论这个通信的各个方面（Wischhof *et al.* 2005）。该方法是周期性地向所有相邻车辆广播消息。

周期性已被指定在大约 1 ~ 10Hz 的区域。现在，我们必须考虑两种极端情况。

- 1Hz：在这个频率，低密度环境下的车辆可能会在无法接收到一个信标的情

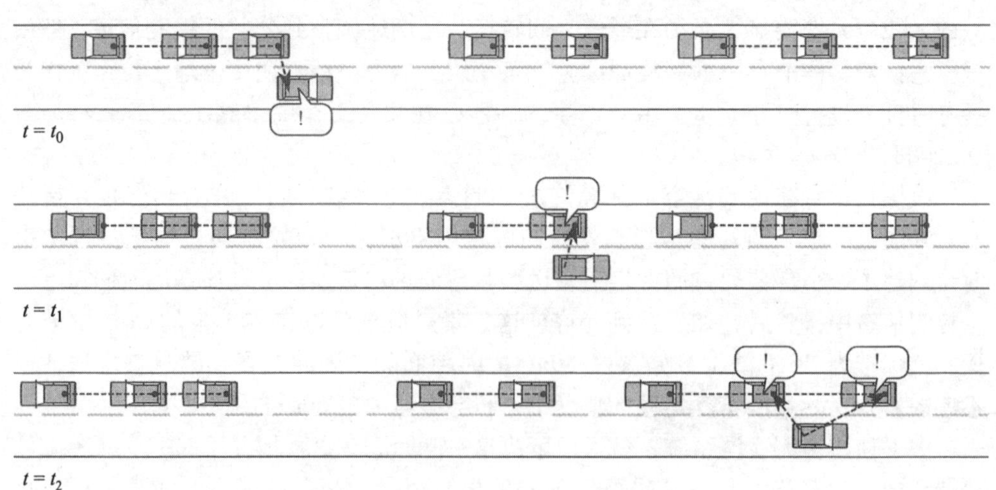

图 3-24 如在 SOTIS 架构中所设想的通过信标进行消息传播

况下通过彼此的通信范围。在早期部署阶段，仅具有低的渗透时，这将是特别重要的。

- 10Hz：假设更高的信标频率，我们必须注意如发生在主要高速公路上的相当密集的情景（在繁忙时间 5～10 车道）。在这样一个情况下，我们会很容易地在通信范围内遇到 1000 多辆车。10Hz 频率的广播将使无线信道完全超载。

信标的概念已经被标准化机构，例如欧盟的 ETSI 和美国的汽车工程师学会（SAE），分别纳入到车辆间通信早期的标准化工作中。由此产生的协议称为协同感知信息（CAM）（ETSI 2010a）和基本安全信息（BSM）（SAE 2011），它们都是基于 IEEE 802.11p 标准。CAM 和 BSM 的想法是在 1～10Hz 频率范围内周期性广播所谓的意识消息。这个频率范围后来扩展到 1～40Hz。该协议需要配置一个固定的信标频率，即没有根据现状动态地调节频率的可用机制。显然，同样的限制也适用于稀疏和密集的情况。关于 CAM 消息的更多细节可以在 5.3.2 小节中找到。

这个简单的广播已经被拓展到两跳广播甚至多跳广播的解决方案（Korkmaz *et al.* 2006；Amoroso *et al.* 2011）。其主要思想是，在保持尽可能低的信道使用率的同时，扩展通信范围。我们将在 5.3 节中详细研究部分选择的静态信标方法。

在讨论具有适应性信标传输间隔这样更新的概念之前，我们必须简要提及在使用基于广播通信的无线网络中最关键的一个问题，即广播风暴问题（Ni *et al.* 1999）。即使使用低信标频率，所有接收到消息的节点的再次广播可能会立刻引起它们邻近车辆的重复广播。可以很容易想象到，这可能很快就导致大量信息在无线通信信道中，用尽了所有可用的资源。我们将在 3.4.2 小节中详细研究这一问题。

3. 自适应信标传输

由于静态信标传输方法明显地存在几个缺点，车辆网联研究界专注于使得信标具有情景感知。这产生了一系列自适应信标协议的方案，旨在分别缓解在稀疏情况下未能传达到所有车辆和在密集情况下超载无线通道的问题。所有这些方法的共同理念是在时间域内使信标传输实现自适应，即改变信标传输间隔，或在空间上通过改变无线电发射功率来实现空间多样性。

（1）自适应交通信标

最早的方案之一是自适应交通信标（ATB）协议（Sommer *et al.* 2010b，2011c）（参见5.4.1小节所有的协议细节）。ATB的主要目的是通过尽可能频繁地发送信标来交换知识库信息，但同时要保持一个无拥塞的无线信道。通过利用两种不同的指标，信道质量 C 和信息效用 P，去计算传播消息的信标间隔 I，ATB实现了这样的目标。

图3-25描述了ATB概念性架构。该系统是为使用单跳广播直接进行V2V通信而设计的。然而，ATB还允许整合基础设施元素，如RSU，以克服低密度或低普及率问题。通过适应信道质量和信息效用，ATB保持了信道畅通，并给予更高优先级的消息或其它协议通信的机会。

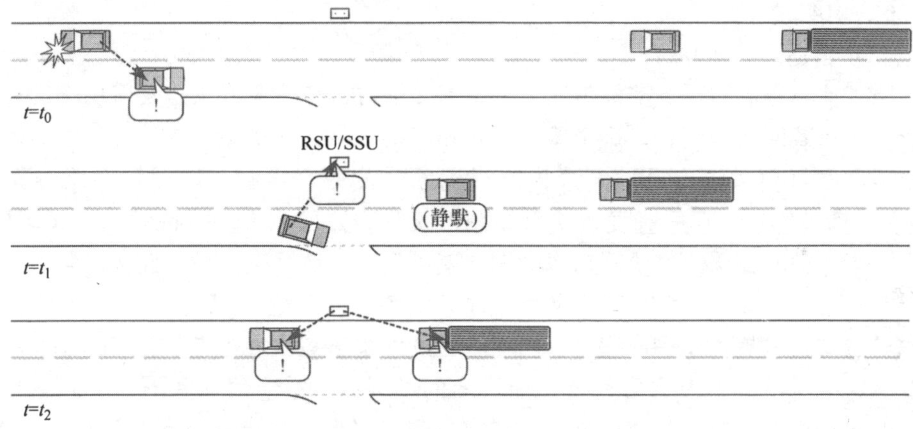

图3-25　ATB的概念架构

接下来，我们简要介绍ATB用来评估信道质量和信息效用的不同指标。通过考虑一个特定的度量，无论是信道质量还是信息效用，并计算它对于一个固定的最大值的相对值，推导出每一个指标。

信道质量 C 通过三个指标进行估计，这三个指标分别代表网络条件的过去、现在和未来。回顾过去，ATB统计信道上碰撞的数量，其实际上估算了无线信道过载的程度。当前信道质量可以通过估计近期收到的消息的信噪比（SNR）来进行估计。如果附近的汽车非常接近，那么这个指标使其更倾向于短距离传输，这样的传输可能会更具相关性，并拥有更高的成功概率。这点是与公布在Tonguz *et al.*（2010）研究中的发现相一致的。最后，下一个时间间隔信道上的负载可以通过查看附近车辆的数目来估计。由于信道质量指标 C 反过来取决于附近车辆所选择 I 的值，ATB 表现出一种自组织系统的性能（Dressler 2007）：在宏观尺度上，参与 VANET 的车辆将独自到达信标间隔，使它们能够根据自己以及其它节点的需求同等地使用共享信道。

信息效用 P 来自于两个指标。首先，一个节点对应于一个车辆离开一个事件的距离，这是信息效用最直接的表示。其次，它对应消息的时期，从而使更新信息的传播得更快。

ATB 调整 I，使其因为最高的信息效用和最好的信道质量而达到最小；在所有其它情况下，大大地减少信道的使用，允许其它应用不间断地使用通道：

$$I = I_{\min} + (I_{\max} - I_{\min}) \times [w_I C^2 + (1 - w_I) P^2] \quad (3.1)$$

参数 w_I 的相对影响可以配置，例如，为了对不同的 MAC 协议进行 ATB 校正。Sommer *et al.*（2010b）指出，$w_I = 0.75$ 这一经验值在大多数情况下都非常有效。

假定 ATB 协议对所有参与节点都是公平的。而这并没有得到协议设计的保证。后来 ATB 经过扩展，可以支持所有节点可用信道容量的公平分配（Schwartz *et al.* 2012b, 2014）。

（2）自适应传输功率

除了信标传输间隔，信标传输中一个主要的可选自适应方法是发射功率的动态调整。在车载网络领域内，这个概念是由 Artimy *et al.*（2005）推广的，他们提出调整节点发射功率作为局部测量道路交通密度的一个函数，以保持网络连接不“浪费”通道容量。自适应发射功率控制的统计方法已由 EgeaLopez *et al.*（2013）研究出来，他们证明仅仅使用功率管理，就可以成功地解决一般的拥塞控制。

TorrentMorenoet *al.*（2006）使用发射功率控制尽量减少数据包冲突，同时保持参与节点信道容量的公平分配。他们的方法，即车载网络分布式公平功率调整（DFPAV），是为了与其它应用合作而设计的，例如自适应信标间隔，以完全分布式的方式分配发射功率，使得自由的信道容量可以保留给事件驱动的消息。为此，他们定义了一个由信标引起的最大允许信道负载的阈值（称为 MBL），并努力保持信标传输的负载低于该阈值。更正式地，他们确定了对车辆的功率分配，以使它们传输功率的最小值能够最大化，同时信标所造成的信道负载保持在定义的阈值以下。为了获得它们附近节点位置的信息，节点以周期性信标的形式搭载其相邻节点的 n 跳信息（n 足够大，以收集关于在该节点的最大传输范围内所有节点的信息）。所收集的所有潜在相邻节点的位置信息稍后被每个节点用以本地预测邻近节点选择的传输功率可能会如何影响信道负载，以及这个节点自己应当充分利用什么传输功率。这或许表明，DFPAV 算法能够为事件驱动的消息保留信道容量，甚至是在高移动性和高密度的网络中预留信道容量，成功地用一个接收事件驱动信息的较高的概率去交换替代接收信标的低概率。

Kloiberet *al.*（2012）研究了一个有趣的传输功率的调度方法。结果显示，使用随机传输功率大幅度地减少了无线信道上的负载，而且与完美的预定设置的方法相比，还对平均传输延迟影响较小。这一思想为先进信标传输系统开辟了新的可能性。然而，正如 Tielert *et al.*（2013）展示的那样，平均延迟并不能反映安全关键性应用算法的质量。

（3）分散式拥塞控制

自适应信标的理念——它的优势已经在几个项目中得到了肯定（Schmidt *et al.* 2010）——最终在导致协同感知协议的标准化过程中被 ETSI 选用。由此产生的框架被称为分散式拥塞控制（DCC）（ETSI 2011）。DCC 是一个不同概念的相当复杂的汇编，在最好的情况中它们互相补充。其中两个概念与我们的讨论有关：传输速率控制（TRC）和发射功率控制（TPC）。

TRC 是基于非常成功的自适应信标传输方法（Sommer *et al.* 2011c；Schmidt *et al.* 2010；Schwartz *et al.* 2014）。由于 TRC 控制信标的速率，所以它基本上控制了无线信道的负载。TRC 使用的主要指标是所谓的信道的忙碌率 b_r。这个指标可以通过每个节点单独地来度量，它通过监听信道和累计信道占用的时间来衡量，即其它节点在这些时间间隙中传输。信标传输频率随后使用一个简单的状态机来设定，如果超过了 b_r 的某一个阈值，该状态机在最低频率之间切换（最大间隔 I_{max}）。第二阈值用来区分最大频率（最小间隔 I_{min}）和一些中间值：

$$I_{min} \overset{\text{信道拥挤}}{<} I \overset{\text{信道空闲}}{<} I_{max} \tag{3.2}$$

另一方面，通过配置每个传输的传输功率 TPC 专注于获取空间分集。最初，这被认为是信标在非常拥挤的环境中也可以用于协同感知的主要方法。TRC 和 TPC 也可以结合使用。然而，发射功率控制并没有最初期望的那么成功（Tielert *et al.* 2013）。主要的缺陷是，为了将数据传输到特定目的地，功率控制可能会很快需要重新发送一条消息。例如，考虑两辆正在接近一个十字路口的车辆。如果一个建筑挡住了这两辆车之间的视线，那么使用最高传输功率就可能建立一个连接，但如果减少了功率的传输，这种尝试就很有可能会失败。额外的再次传输需要花费时间，并将很难实现所需要的实时行为。

然而，传输功率控制技术对特定的应用具有很大意义。例如对多个自动控制车辆组成的队列的控制和管理，即所谓的道路列车（Segata et al. 2012；Segata 2013）。这里，可以很好地将一辆车与其后车或前车之间的通信控制在其传输范围内。

（4）动态信标

由于已经被标准化，TRC 最棘手的方面是它对于网络拓扑结构快速变化的反应很慢，为此研究了更多的反应式协议。那么问题就是，即使有一个固定的速度上限，网络拓扑结构是否快速变化，如果是，那么又为何在我们的街道上快速变化。

图 3-26 概述了拓扑结构急速变化的一个情景。一辆车正在次要街道上朝着主

要道路行驶。一开始，它（实际上）没有相邻车辆，可以以最高速率发送信标。当进入交叉路口时，车辆自然进入到有数百辆其它车辆的通信范围内。因此，在这个新的位置，当前选定的信标传输速率将造成无线信道过载。

动态信标传输（DynB）解决了这个问题，它同样依赖于无线信道的忙碌率（或占用率）b_r，但使用了一种更为活跃的方法来计算适当的信标传输间隔。从本质上讲，使用当前的占用率和估计的相邻车辆的数量作为关键参数去调节信标间隔，DynB 试图始终保持所需的忙碌率 $b_{desired}$。

在选定方法的讨论中，我们仅仅触及了自适应信标传输概念的一些内在方面。我们将在 5.4 节中深入研究这些思想。

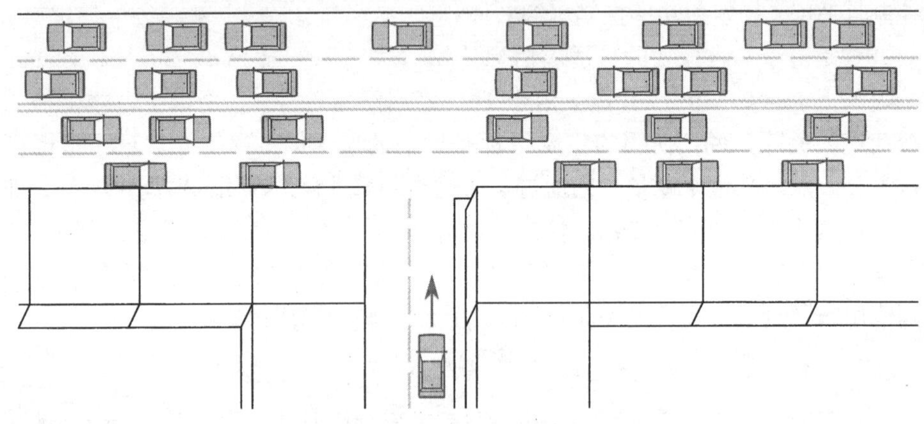

图 3-26　快速拓扑结构变化的一个实例

4. 基础设施的支持

只有当配备 IVC 通信设备的车辆实现一定的普及率时，所有讨论的信标传输解决方案才会提供期望的性能。当然，这也适用于自组织路由的概念。但是，多大的普及率可以被认为是绝对的最小要求？对于交通信息应用如 SOTIS 而言，大约低至 10% 的普及率已被证明是足够的。对于其它的解决方案，最低需求则要高得多。

如果额外的基础设施可用，并且如果协议可以充分地利用这些基础设施，那么就可以大大缓解初始的部署问题。在我们的讨论中，我们已经提出路侧单元（RSU）的概念。RSU 可以布置在主要高速公路沿线或在城市环境中具体位置放置。通常，这些位置是交叉路口，这是因为 RSU 可以与所有相交街道上车辆保持良好的视线交流。在这些位置，RSU 甚至可以与交通信号灯合并，以整合到车辆网联中。

RSU 的最佳定位和布局本身就是一个具有挑战性的问题（Lochert *et al.* 2008；Aslam *et al.* 2012；Barrachina *et al.* 2012）。它们的布局基本上是由所涉及的成本决定的（即 RSU 越少越好），但还必须考虑到所实现的性能提升。这个提升与 RSU 的数量不是成线性相关的，因为一些位置是更相关的或者能提供更好的无线覆盖。

因此，覆盖范围通常被用来作为优化准则（Salvo *et al.* 2012）。

RSU 通常被认为是连接到某些主干网络的。实际上，这种连接是部署过程中主要的成本因素。因此，没有主干网连接的轻量化系统将成为首选。在文献中，这样的系统被称为静态辅助单元（SSU）（Lochert *et al.* 2008；Sommer *et al.* 2011c）。

最后，当仅考虑配备无线通信设备的车辆时，我们可能会减少对完全自组织和动态方法的基础设施支持。正如之前讨论的，在关键位置如交叉路口上停泊的车辆可以用来消除差距和提供中继功能（Eckhoff *et al.* 2011c；Sommer *et al.* 2014a；Liu *et al.* 2011；Malandrino *et al.* 2012）。

5. 存储携带转发的整合

如果没有可用的基础设施，同时普及率仍然在较低的水平，那么就可以使用延迟/中断容错网络（DTN）的概念（Fall 2003）。这个概念的思想是明确地假设网络中节点之间会有通信间隙，并依靠存储携带转发技术来向特定目的地发送消息。最关键的一点在于，当设计 DTN 方法时，如何假定节点处于移动状态。大多数 DTN 的概念已被用于人体运动的研究（Hui *et al.* 2005）。与此相比，车辆的运动是更容易预测的，特别是考虑给定的道路网络拓扑结构。

对于高速公路上的通信，最著名的方法之一是分布式车载广播（DVCAST）（Tonguz *et al.* 2010）。因为在这种情况下可以轻易地预测车辆的运动，只需要简单地区分在同一方向行驶的车辆和在相反方向行驶的车辆。DVCAST 的思想如图 3-27 所示。如果网络是连接的，即配备具有 IVC 技术车辆的密度足够高，DVCAST 采用了已经提到的基于广播的通信技术（参见图 3-27a）。然而，如果通信的间隙可以被检测到，那么 DVCAST 转换为存储携带转发运行模式。现在，消息不再通过使用多跳广播来进行传播，但行驶在相反方向上的车辆则作为信息运送者（参见图 3-27b）。剩下的问题是决定在每一个时间阶段上使用哪一种操作方式。

本质上说，DVCAST 通过周期性问候消息来管理本地拓扑结构的更新。这些问候包括结合了当前车辆航向的准确的 GPS 信息。尽管这些消息在 DVCAST 中被称为问候消息，我们能够依靠之前讨论过的 CAM 或 BSM 消息可以很容易地推断，它们已经包含了所需的信息。

所有参与车辆包含三个邻居表：

- 所有行驶在同一方向的车辆，行驶在前面。
- 同方向的所有车辆，行驶在后面。
- 对面车道上的所有车辆。

现在，要发送的消息包含源位置和感兴趣的预期目标区域（ROI）。使用图 3-28所描述的算法，DVCAST 在两种运行模式之间转换广播抑制，即信标传输和存储携带转发模式，这取决于邻居表是否包含了指定方向上条目。我们将在 5.7.1 小节中详细讨论 DVCAST。

相比较高速公路，在城市环境中，流动性受到较少的限制。因此，更智能的预

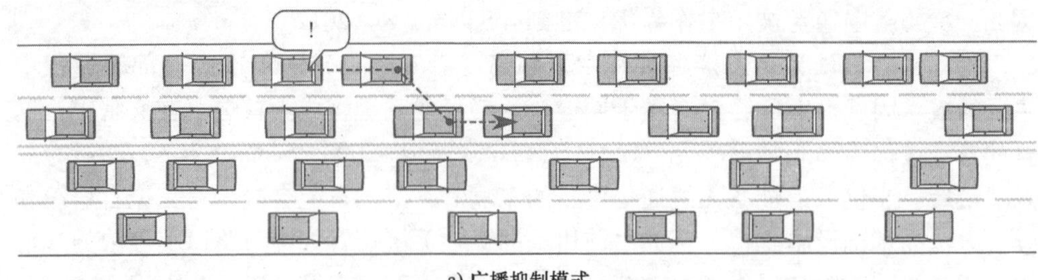

a) 广播抑制模式

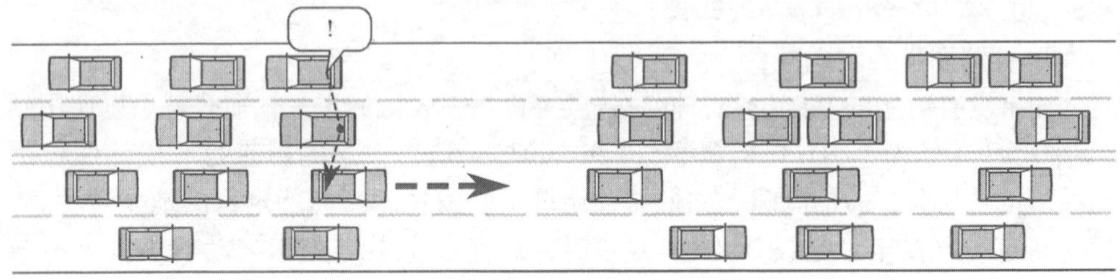

b) 存储转发模式

图 3-27　DVCAST 的运行模式

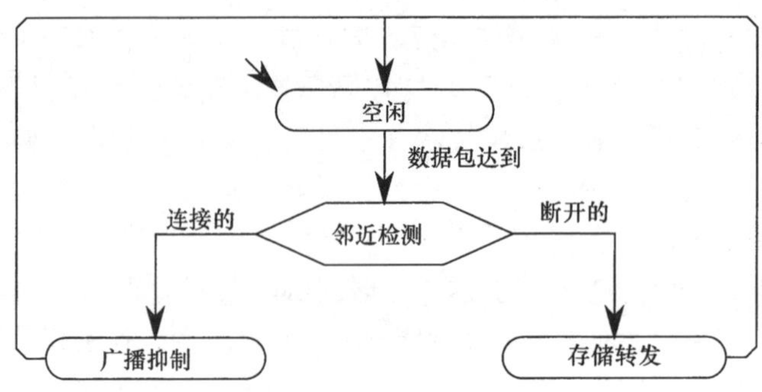

图 3-28　DVCAST 的概念性工作流程

测是有必要的。一个例子是城市车载广播（UVCAST）算法，该算法是明确地考虑到了这些因素而设计的（Viriyasitavat *et al.* 2010）。

3.3.5　地理路由

正如我们已经讨论的，使用 MANET 协议的基于身份或地址的路由不适合 VANET。车辆可以依赖于另一种地址信息类型，即地理坐标，而不是使用类似于 IP 地址的信息类型。在 MANET 背景下，我们的研究团队对地理路由（或者 geouting）进行了研究。根据应用，这种方法有一定的明显优势，唯一的关键点是：准确的地理位置信息的可用性。然而，在车辆领域，卫星导航系统是能够提供准确位置的一个基本工具，以至于可以假定这种信息具有非常高的精度。因此，在车载网络中基于位置的路由确实是一个非常有前景的选择（Mauve *et al.* 2001）。我们将在 5.2.1 小节和 5.5 节中分别详细地讨论地理路由和地理广播的不同方法。

1. 贪婪路由

地理路由的概念很简单：使用一个地理位置作为目标地址，在每个转发步骤中，路由不是根据路由表的条目，而是在邻域信息的基础上执行的。这种领域数据用来识别在地理距离上最接近目的地的节点。这种方法被称为贪婪转发。

图 3-29 概述了地理路由的基本操作。只要可能，就会使用贪婪转发以利用尽可能少的跳跃到达目的地（图 3-29a）。然而，贪婪转发对所谓的“死胡同（dead-end）”问题非常敏感。在某些时刻，在正确的方向上可能没有进一步的节点去实现向目的地前进。克服这些情况最简单的办法是将转发技术改变为所谓的“右手规则”（图 3-29b），它通常被用来走出未知的迷宫。一个检测到无法继续前行而到达目的地的节点中继回传数据包，但使用在那个方向上最右边的节点回传。这个过程将持续直到涉及的节点中有一个能够再次切换到贪婪转发。

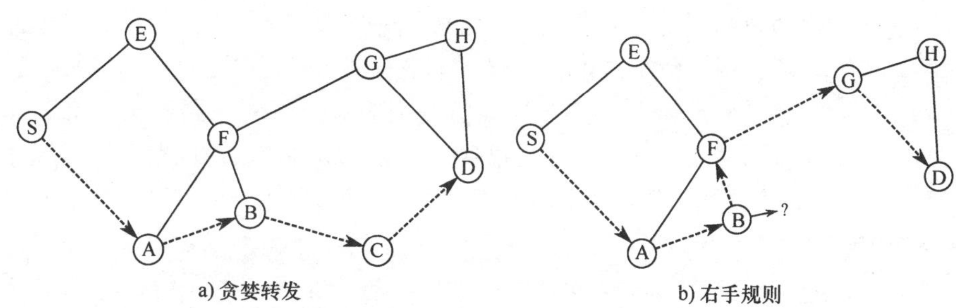

图 3-29　地理信息路由的基本操作

实施地理路由的最早的方法之一是贪婪周边无状态路由（GPSR）（Karp & Kung 2000）。它尽可能长时间地使用贪婪转发。如果无法取得进展，它会切换到“面”路径选择，这类似于右手规则，但是却比它更有效。一个面指的是平面最大可能区域，该区域不能被任何底层图的边界切割。它可以是外部或内部的。在面的路径选择时，每个数据包都使用右手规则围绕着面发送的。这种方法需要一个平面图，该平面图需要提前使用拓扑控制技术建立。

地理路由已被许多方法使用和扩展。Kim *et al.*（2005）已经对实际问题进行了深入的讨论。

2. 虚拟坐标

在许多方法中已经对死胡同的问题以及为了解决这个问题面对路由可能的低效

进行了研究。大多数解决方案的主要思想是一个分级的解决方案，该方案通过在覆盖范围上实施某种坐标转换，可以进一步扩展到完全转换成虚拟坐标（Flury *et al.* 2009；Tsai *et al.* 2009）。这种转换以相当大的拓扑管理成本完全克服了死胡同问题。

并非从地理坐标开始并执行一个集中坐标变换，虚拟坐标解决方案不再基于地理位置。最初的基于虚拟坐标的协议之一是没有位置信息的地理路由（GRWLI）（Rao *et al.* 2003）。代替使用真实的节点位置，它构造了一个 n 维的虚拟坐标系统，该系统是基于发现周边的节点和它们的位置，然后使用一个松弛算法来寻找所有节点的虚拟位置。然而，来自于一个大的 n 的多维的缺点是，虚拟坐标系的形成需要很长一段时间才能收敛（Liu & AbuGhazaleb 2006）。

类似于视觉环路由（VRR）和虚拟坐标协议（VCP）的路由协议是更有效的，并且它提供的另一个好处是一个集成的 DHT（分布式哈希表）。DHT 已经长时间地在基于互联网的点对点（P2P）协议被以一个完全分布式的方式用于内容的维护、更新和下载。如果它与一个（基于虚拟坐标的）路由协议相结合，这个系统不仅提供路由功能，而且提供存储和检索任意信息的能力。

VRR（Caesar *et al.* 2006）是一个受覆盖 DHT 启发的路由协议。它使用一个唯一的、位置独立的密钥来识别节点。为了增加标识符，VRR 组织节点形成一个虚拟环。为了路由的目的，每个节点保持一组虚拟邻居节点的基数 r，在虚拟环上它们的节点标识符最接近。每个节点也维持一个带有节点标识符的物理邻居集，它可以直接与这些邻居交流。VRR 使用的转发算法很简单。VRR 从路由表中挑选拥有最接近终点标识符的节点，把消息转发给那个节点。这种协议的问题是，虚拟环中相邻的节点在真实网络中可以相距很远。因此，转发到最近的节点可能导致一段非常长的路径。

而不同的是，VCP（Awad *et al.* 2008，2011）整合了底层的路由和覆盖的 DHT 管理。这是通过将所有节点放置在一条虚拟带上来完成的，它与网络拓扑密切相关。作为一个副作用，这个虚拟带也可用于将数据项与节点关联起来。一个哈希函数被用于在预定的范围［S，E］内创建值，并且网络中的每个节点维护整个范围的一部分。路由机制依赖于两个概念。首先，虚拟带可以作为一条到达网络中每个目的地的路径。此外，本地可用的邻近的信息也可以用于前往目的地的贪婪路由。该原理在图 3-30 中进行概述。在我们的例子中，带有虚拟标识符 0.25 的节点 C 发送一条消息给具有虚拟标识符 0.78 的节点 L。使用贪婪方法进行转发。由于虚拟标识符已经以智能的方式创建，该协议保证了无死胡同路径的转发。我们将在 5.2.2 小节中详细讨论 VCP 协议。

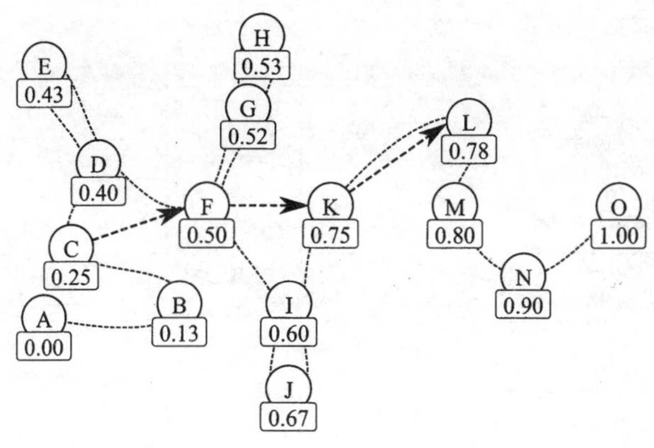

图 3-30　使用 VCP 坐标的贪婪转发

3. 地理信息辅助转发

即使地理的路由或使用虚拟坐标不是一个选项，所谓的地理信息辅助转发是可用的。在这种情况下，地理坐标不是被用来作为主要的指标进行路由决策，而是用来优化信息转发。

在车辆网联领域中一个熟知的例子是拓扑辅助地理信息机会路由（TO－GO）（Lee *et al.* 2009，2010b）（我们在 5.5 节中详细讨论这种方法）。这里的想法是，如果需要的话，以使车辆能够路由数据包“转过拐角”。

特别是在城市环境中，视线通信通常被大的建筑群所阻碍。但是，使用正好安置在交叉路口处的中继节点的路由将会把消息成功地传输给所有涉及的车辆。然而，消息绝不能进一步转发给下个交叉路口的要求将会限制进程。因此，预测一个被转发到一个交汇点的消息是否必须“转弯”或继续沿道路直线向前将是有价值的。TO－GO 通过保持两跳邻近信息实现了这个想法。

就像在 CAM 方法中一样，节点周期性发送问候信标。除了感知信息之外，每个信标包含一个节点的邻居节点的数量，一个由布隆滤波器汇总了的邻居的 ID（Bloom 1970），以及道路上最远的邻居的 ID。以这种方式，所有的节点了解到了所有双跳间的邻里节点。

使用 TO－GO 的消息转发如图 3-31 所示。取决于来自节点 S 的消息是否应该走向节点 C 或节点 D，TO－GO 选择其中一个行为。如果消息应达到节点 C，TO－GO 转发消息不超过节点 B，以利用其在交汇处的位置——而不是贪婪转发消息到节点 E。如果这个消息是定向到节点 D，那么完全相反的情况会发生。这里，可以选择在交叉路口处不“停止”地贪婪转发消息给节点 E。

地理信息辅助转发同样已经被标准化。由此产生的方法已被命名为 GeoNetworking（ETSI 2010b）。从本质上讲，它的工作方式类似于地理路由，但同时还增加了广播抑制技术（3.4.2 小节）。我们将在 5.5 节中更详细讨论所选择的地理信息辅助路由的概念。

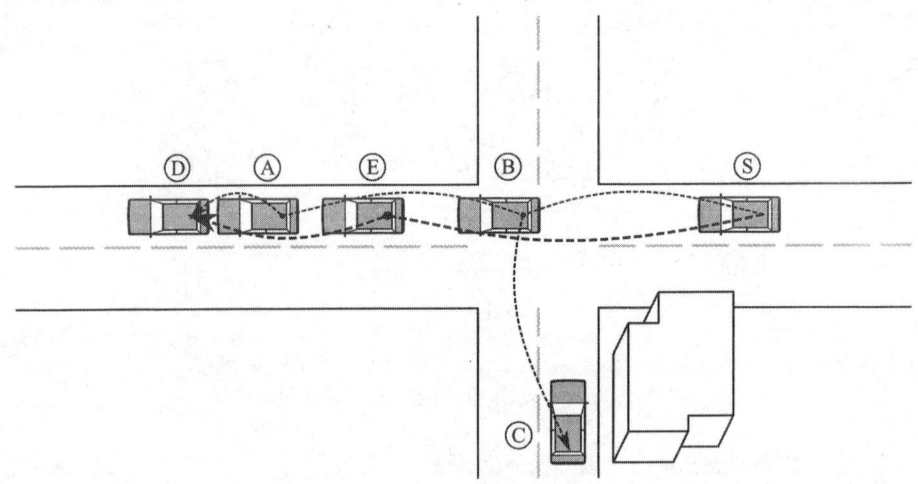

图 3-31 使用 TO – GO 的地理信息辅助转发

3.4 基本的限制

在介绍了车辆网联应用和 IVC 协议之后，我们也必须讨论 IVC 的限制和扩展性。正如我们已经看到的，对于截然不同的 IVC 方法，每一个方法都有自己的限制条件。我们还要简要讨论商业模式。这仍然是最不清楚但也是最重要的问题之一。

无论什么技术将最终被大规模地使用和部署，直至到达某个最小的普及率，总会存一个在初始启动的问题。此外，由于每个技术都有其自身的优点和缺点，因此需要使用多元技术互补的概念。

在这一节中，我们讨论 IVC 的基本可扩展性问题，我们也概述如何使用异构网络方法来克服提到的一些问题。同时，我们还将讨论广播风暴问题，以及如何减轻广播风暴和 VANET 的基本可扩展性限制问题。

3.4.1 迈向异构网络

在本章的开始，我们讨论了车辆网联应用的需求（3.2.1 小节）。在这一点上，我们需要回顾一下这方面已讨论的内容，以及给出的将车辆网联应用区分为安全性和非安全性（图 3-8）。特别的是，根据我们对于实现 IVC 的不同概念和技术的了解，我们能够研究出这些技术中的哪一个可能最适用于哪一类应用。

我们扩展了我们以前的图示，将候选的通信技术也展示在了图 3-32 中。3G 或 4G 网络将主要地帮助实现娱乐应用，如多媒体流。点对点的网络不提供所需的可

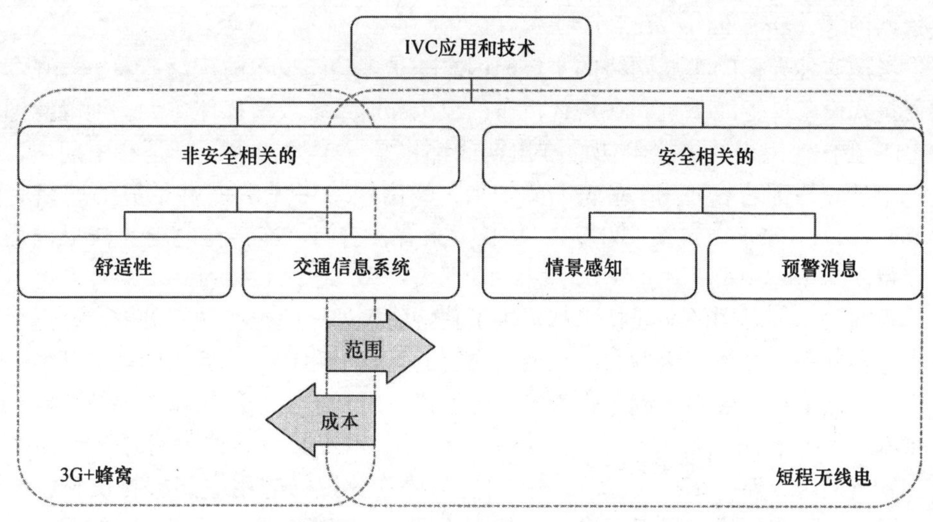

图 3-32　包括可选技术的 IVC 应用分类

靠度和要求的数据率。另一方面，目前需要在最多 50 ~ 100ms 的范围内实时发送的警告信息，此刻，可以仅使用短程无线广播来支持。最大的问题是有关 3G 或 4G 网络和短程无线电广播自身的限制。

让我们讨论两个最具争议性的性能：成本和范围。成本是那些偏向于短距离无线广播方案的人们提出的观点。由于目前还没有明确关于如何实现真正大范围交通信息系统甚至是安全性应用的 3G 或 4G 解决方案的商业模式，所以，常假设只有像 IEEE802.11p 标准这样的解决方案将会在市场上拥有机会。另一方面，MNO（移动网络运营商们）有进入这个新市场的强烈的动机。3G 和 4G 网络的频率已经是非常昂贵，而来自于车载网络的新的收益被认为是实现盈亏平衡的一种方式。目前，针对完全分布式交通信息系统应用的大量工作已经在 PeerTIS 背景下完成，这些应用是基于蜂窝网络并结合 IEEE 802.11p 实现邻居检测（Rybicki *et al.* 2009）（见 5.7.3 小节）。

另一方面，对于点对点网络方案而言，其最大的限制因素是范围。超过几公里的距离仅仅使用自组织方案连接是不可能的。基础设施要素，如 RSU，扩展了这一范围，但却造成了另外的成本问题。因此，就算已经存在，也还不清楚其中哪一种技术将能够代替其它技术。

车载网络未来的趋势是从专注于单一技术转向可以利用多种不同的技术设计系统，由此创造出了异构车载网络（Tung *et al.* 2013）。然而，当深入地研究文献，可以发现这些方法的基本假设、概念，甚至目标都是非常模糊的。为了通过明确基础，找出存在方法的共性和差异，并指明未来研究的方向，来努力推进这一研究领域的进步，在 Schloss Dagstuhl 的国际专家研讨会的背景下成立了一个工作组来解决这些问题（Dressler *et al.* 2014）。

考虑这种异构的车载网络的主要原因之一是多功能技术的广泛普及——在今天的便携式设备如智能手机和在现代汽车的卫星导航系统或多媒体单元。而蜂窝网络如 LTE 在任何短程通信技术初始推出期间都将是一个大帮手，可是在中期内，没有一个大幅的部署密度和/或成本的增加，蜂窝网络将无法提供足够的网络容量（Vinel 2012；Rakouth *et al.* 2012）。从长远来看，它们可能甚至完全无法提供足够的容量。

目前每一个可用的无线技术都提供了独特的好处，但也有独特的缺点，这个事实进一步推动了异构车辆网联。在增值内容的下载中和在一个真正的集成环境的创建中，在这里将不会限于汽车作为唯一的道路使用者，主张使用 WiFi 的原因在于：WiFi 确实将自行车和行人整合到网络中。此外，由于其设计的物理层、专用的信道和紧密的区域性，IEEE 802. 11p 在安全与协作意识的应用中能够提供独特的优势，因为它们有严格的延迟要求。在频谱的另一端，蜂窝技术可以广泛应用，并用于在任意距离上传输大量的数据。至于不利因素，当多播或本地广播是一个强烈的需求时，它们可能会面临更多的障碍。的确，即使在目前的 4G 网络中，特定的组播支持的缺乏，再加上 MNO 之间通信的问题，是一个关键限制（Sommer *et al.* 2010d）。

Casetti*et al.*（2013）在异构车辆网联中确定了两个基本的、相反的趋势，具体可以分类如下。

- 推广一个广义网络协议栈，远离底层抽象，使得应用与所采用的技术分离，目标是提供数据漂移服务，或者对上层而言一个总是最佳连接的体验。
- 遵循一个两全其美的方法，对应用公开底层信息和控制，以使得它们可以为特殊的任务有选择性地使用最佳适配技术。

3. 4. 2　广播风暴问题

我们现在希望更密切地关注使用基于广播的通信的无线网络中最关键问题之一——广播风暴问题（Ni *et al.* 1999）。以实现数据多跳转发为目标的再广播数据（无论是定向的还是无向的，即使用泛洪）总是导致无法明确哪个节点应当作为转发者的问题。一般情况下，如果没有额外的可用信息，这个问题无法解决的。

图 3-33 概述了这个问题。在我们的例子中，最右边的车辆创建一条新消息，这条消息要被传递给在本地邻域内所有其它节点，即一个 *n* 跳广播是可实现的。在这个例子中，没有额外的信息可用。因此，如果这个消息尚未过期（通常，一个信息存活值，即 time to live，被用来计算跳数），则每个接收该消息的节点还必须再次广播。如图 3-33 所示，首先，一辆车转播消息，该消息被另外 6 个车辆依次接收，而所有这些车辆又再次转播。请注意，这种转播将几乎同时地发生在所有 6 辆车上，由此导致了在无线网络中严重的拥堵状况。如果有更多的节点，该频道将会

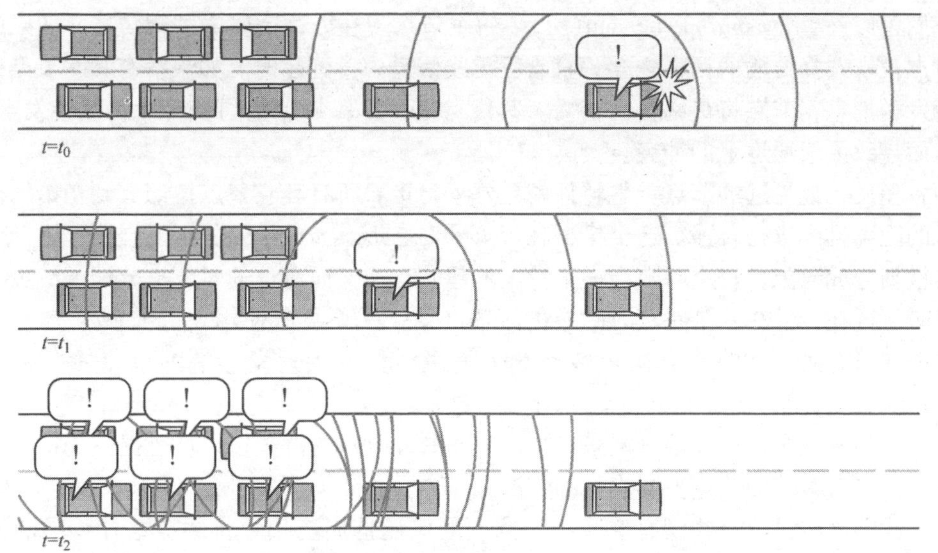

图 3-33　对于基于信标的信息交换的广播风暴问题

完全超载（Tonguz *et al.* 2006）。

为了克服这个问题，已经提出了几种广播抑制技术。这包括轻量级的解决方案，例如概率泛洪、邻近信息的维护和拓扑信息的管理。当然，所有这些想法都有其局限性，即不是没有推理的盲目猜测，就是上述示例的控制开销。

接下来，我们讨论广播抑制技术，该技术首先是由 Wisitpongphan *et al.* (2007b) 引入的。在 VANET 中，地理位置信息或信号强度信息可以在不增加额外成本的情况下进行利用。所涉及车辆之间的距离可以在 $0\leqslant\rho_{ij}\leqslant1$ 范围内进行估计。

对于基于全球定位系统（GPS）的方法，距离 D_{ij} 可以直接计算，然后对于近似的传输范围 R 进行标定：

$$\rho_{ij}=\begin{cases}0 & D_{ij}<0\\ D_{ij}/R & 0\leqslant D_{ij}<R\\ 1 & \text{其它}\end{cases}\tag{3.3}$$

另外，先前接收消息的接收信号强度（RSS）测量值也可以使用。当然，这只能提供一个粗略的估计：

$$\rho_{ij}=\begin{cases}0 & \mathrm{RSS}_x\geqslant\mathrm{RSS}_{\max}\\ (\mathrm{RSS}_{\max}-\mathrm{RSS}_x)/(\mathrm{RSS}_{\max}-\mathrm{RSS}_{\min}) & \mathrm{RSS}_{\min}\leqslant\mathrm{RSS}_x<\mathrm{RSS}_{\max}\\ 1 & \text{其它}\end{cases}\tag{3.4}$$

从这个距离指标，可以得出不同的广播抑制机制。最简单方法之一是所谓的加权持久性。其想法是利用一个变量 ρ_{ij} 做出一个关于是否转播的概率决策。现在，我们必须确保来自于消息广播源的距离越远，则转播的概率越高。在这种情况下，

我们可以设置 $p=\min(p_{ij})=\min(\rho_{ij})$。每个节点现在以这个概率进行转播。如果该节点没有选择传输的话，它会一直收听无线信道一直到超时。如果没有其它节点重新发送消息，节点将最终自己转播。其优点是简单，缺点是同步转播仍然会发生，从而导致无线通道上的冲突。

相反，让最远的节点首先转播就更好了，接着所有其它节点按照其到初始发射机的距离排序进行转播。这个模型在 *slotted I - persistence* 方法中实现。在这里，距离被划分成时隙，每个时隙与一个特定的超时有关，而最远的时隙被分配了最短的超时。现在，仅在一个特定时隙中的车辆（这个关系再次使用 ρ_{ij} 来计算）被允许转播。只有当更远的节点尚未转播这个消息时，更接近发送端的节点才会稍后发送。

这两种技术也可以结合起来，从而实现划分时隙的持久性。这也提供了将所有分配给同一时隙的节点去同步化的方法。

我们已经讨论一些没有提及根本问题的广播抑制应用。自适应信标传输的概念，例如 ATB、DCC 和 DYNB，本质上提供广播抑制，算法如 DVCAST 明确地实行了划分时隙持久性方法。

3.4.3　VANET 的扩展性

车辆网联方法的可扩展性是最关键的限制之一。在过去的十年中，对于了解这一基本特征已经取得了实质性进展。作为第一步，无线网络中基本能力的限制是由 Gupta & Kumar（2000）确定的。在他们里程碑式的论文中，作者首次确定了点对点网络中单播通信容量的上限。他们发现了一个固定的上限，它不能够通过使用其它路由或传播策略来减少。后来，他们的结果被推广到广播和多播通信中。

参考移动点对点网络领域中后续研究，Grossglauser & Tse（2002）表明，理论上，如果考虑节点的移动性，那么无线网络的容量将增加。与固定无线网络的初始结果相比，这是一个重大的变化。也展示了如何在高移动性的网络中利用移动性去实现有效的数据传输（Grossglauser & Vetterli 2006）。不幸的是，这种方法不是对任意的移动模型都有效的。

然而，对于 VANET 中的信息传播而言，还不完全清楚是否可以假设相同的上限。审视 VANET 的可扩展性的最重要的工作之一是由 Scheuermann *et al.*（2009）发表的。作者聚焦在一个车辆网联环境中的传播范围，然后评估其容量上限。

如图 3-34 所示，在任何（任意）边界上传输的信息数量是需要限定的。因此，为了系统的可扩展性，进入或退出一个半径为 d 的圆的总数据速率必须是指数级地减少。在他们的论文中，Scheuermann *et al.*（2009）确定了具体的上限，如图 3-34 所示。不深入研究所有细节，结果为设计可扩展传播协议指出了一般的选项：

- 对任何信息的最大传播范围 d 进行了定义。
- 更新频率随着距离的增加而减少。

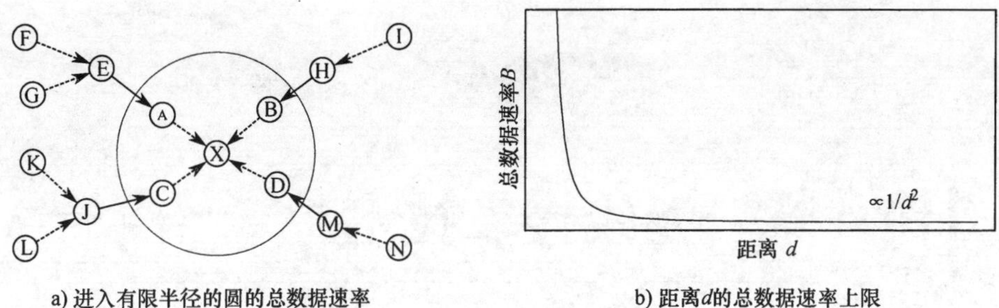

a) 进入有限半径的圆的总数据速率　　b) 距离d的总数据速率上限

图 3-34　车载网络中信息传播的可扩展性

- 信息随着距离的增加而汇总。

第4章 无线接入技术

无线接入技术，比如WiFi、IEEE802.11P和LTE，构成了通信栈的基础，这些技术的选择会极大地影响应用程序的性能。因此，本章将无线接入技术作为主题。

一般情况下，无线接入技术可以分为两类：基于蜂窝网络的接入技术和基于短程无线电的接入技术。传统上，这两种接入技术的概念大不相同。蜂窝网络依靠中央协调的方式操作，而短程无线电则采用完全分布式的操作。蜂窝网络使用许可频段，而短程无线电必须使用非许可频段。但这些差异已经不再那么严格。蜂窝网络正在缓慢朝着（一些）分布式控制的方向发展，而短程无线电技术，特别是用于车辆间通信（IVC）的，正在从基础设施的支持和中央服务中获益。另外，用于IVC的短程无线电技术现在可以使用分配好的专用频段。而新的趋势是进一步混合许可和未许可频段成为一个频段使得主要用户具有访问这个频段的绝对优先权，但也允许它的空白频段被其它非主要用户占用。

本章将详细介绍两类中代表性的无线接入技术的概念和基本原理，并将重点放在它们在车载网络中的应用。

本章内容安排如下。

- 蜂窝网络（4.1节）：从第三代移动通信合作计划（3GPP）系列中的蜂窝网络的发展开始：从GSM、UMTS到LTE，从未来技术的角度来探讨它们。蜂窝网络的两部分都纳入考虑，即空中接口（空口）和无线接入网络（RAN），以及核心网络。
- 短程无线电技术（4.2节）：沿着IEEE 802.11无线局域网（WLAN）的演进历程以及它的许多扩展来讨论经典的短程无线电技术。本节将特别详细地讨论一个扩展协议：IEEE 802.11P，一个用于车载网络的扩展无线局域网（WLAN）。最后，讨论为了在WLAN上提供一个完整的车辆间通信（IVC）协议套件所做的努力。
- 空白频段和认知无线电（4.3节）：在本章的最后一节，看一看使用空白频段（空格）作为无线接入的新型物理媒介技术，以及它用于IVC的优缺点。

4.1 蜂窝网络

从20世纪90年代开始，GSM网络开始取代第一代固定电话网络，到大约有

6 800 000 000份合约，也就是在 2013 年全球每人有 0.96 个（ITU 2013），蜂窝网络已经成为一个几乎无所不在的技术。这使得蜂窝网络成为一个值得在车辆网络范围内使用的技术。

三个主要的标准化机构管理蜂窝技术标准。它们是 3GPP（第三代移动通信合作计划），3GPP2（第三代移动通信合作计划 2），以及一定程度上的 IEEE（电气与电子工程师协会）。本节将重点介绍 3GPP 系列标准及其发展，也就是 GSM、UMTS 和 LTE。竞争的标准由 3GPP2（称为 CDMAone、CDMA2000 和 UMB，超移动宽带 ultra mobile broadband，但因为更加支持 LTE 技术，它现在停止了）和 IEEE（特别是 mobile WiMAX，全球互通微波接入 worldwide interoperability for microwave access ）定义。

然而，其核心概念始终相同：对于一片由基站网络覆盖的大面积区域，该区域中的每一部分，即一个蜂窝，都由基站提供服务。一部手机（或任何授权的终端设备，如汽车）连接到服务于它所在的蜂窝的基站，当它在蜂窝边界移动时，总是会切换到最合适的基站。

这些网络是在不断发展的。这可以从 3GPP 对标准的连续编号上看出[1]。传统上，GSM 被称为第二代（2G）网络，因为它接替了模拟蜂窝系统，而 UMTS 则被称为 3G 网络。由于市场的压力，后来的像第四代（4G）网络的区分意义已经不大了，并已通过像 3G +、3.5G 和真 4G 的类似术语进一步模糊。后面的章节将不按照这些术语，而是按照 GSM，通过 UMTS 到 LTE 的历史演进来展开讨论。有关这个话题的一个很好的教程式介绍可以在参考文献（Dahlman 等，2008 年，2011 年）中得到。

在谈到蜂窝网络发展时，尽管一种技术的选择会影响到另外一种技术，人们总是会考虑这两个部分。首先，考虑在移动电话和基站之间的空中接口上使用的技术。与此紧密相连的即是 RAN（无线接入网络），通过它来协调传输，分配频道、编码、调制，并实际发送数据等工作得到分配。与之不同的是第二部分，即核心网络，它提供全球服务（如授权、认证、计费和漫游）以及万物互联和连接到固定电话网或因特网。

在讨论无线电接入技术时，将提到双工方案和多址方案。双工指如何在上行和下行通信中共享可用资源。在频分双工（FDD）中，使用两个不同的频率：一个用于上行链路（到基站），一个用于下行链路（到移动电话）。在时分双工（TDD）中，使用相同频率，但在上行和下行之间交替。多址方案进一步将细分的资源投入到独立频道中，例如，用于服务多个用户。它们可以沿着三个互补的坐标轴进行分类，如图 4-1 所示即是一个系统可以使用其中的一个、两个或所有三个轴。

时分多址（TDMA）可能是最直截了当的方案。该方案中网络在不同的时间服务于不同的频道。这与大部分人如何组织有多个参与者的讨论十分类似，可以通过使参与者们轮流交谈来达到目的。时间通常细分成大小相等的时间槽（时隙），然后将其分配给不同的用户。该方案具有很强的抗频移能力，可以承受任意功率的

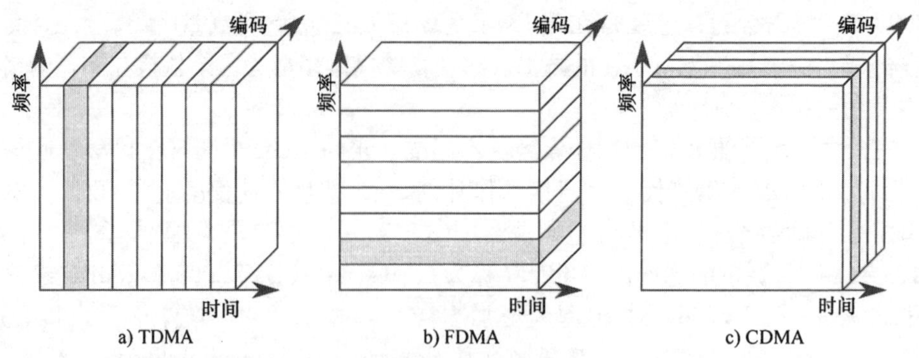

图 4-1　TDMA 、FDMA 和 CDMA 的正交示意图

电平。然而，一些时间开销会用于保持所有设备之间紧密的时间同步，并确保在一个时隙里延迟发送的信号（例如，经多路径反射而到达）不会干扰随后的时隙。

频分多址（FDMA）的实现也很简单。方案中不同的频道使用不同的子载波，即在所分配的频谱内使用不同的频带。这完全消除了时间同步的需要，但对发射器的硬件提出了很强的要求，以确保（尽管不完善和有较高的通信速度）信息的发送只能在一个小的频率波段进行，或者必须引入未使用的防护频段去进一步分离所使用的频段。

OFDMA（正交频分多址访问）是一种先进的改进型，可以结合频分多址（FDMA）与正交频分复用（OFDM），来减轻以下问题：与其在非重叠的频率上分配各个子载波时使用空着的防护带分开的频段，不如对重叠的频段也进行分配，但分配时使所有的子载波彼此正交，因此不会产生干涉。这样可更好地利用频谱，它直接提高了频谱效率，即每秒和每赫兹带宽能够传输的数据量。此外，OFDM 技术允许使用发射器的宏分集，即如果多个基站需要发送相同的数据，它们可以选择子载波的一个无干扰集合并且所有的广播在同一个频率发送，从而形成所谓的单频网络（SFN）。的确，从多个基站接收这样数据的移动电话就可以受益于分集增益。OFDMA 的缺点是其高的峰均功率比（PAPR），也就是说，它在用于传输数据的能量方面造成了浪费。

码分多址（CDMA）是目前涉及最多的方案。它结合了许多 TDMA 和 FDMA 的优点，例如对时间和频率偏移的鲁棒性。事实上，它实际上使得瑞克接收机能够利用以不同时延到达的多路径信号。如读者将在下文看到的那样，它的主要缺点在于 CDMA 规定：尽管发送装置从距离基站不同的距离发送，所有信号到达接收机时应具有大致相同的功率水平。因此，需要进行闭环功率控制，即一个专用频道被用来不断地反馈信息给参与设备，指示它们的传输功率应该提升或降低多少。

图4-2 和图4-3 简要说明 CDMA 的概念：每个频道被分配一个正交扩频码，乘以每个数据位后发送，信号随后在空中传输。需要注意的是，叠加了所有发送信号的信号具有多个不同功率电平，需要被保留下来用于扩展工作。每个接收机基本上执行相同的过

程，通过分配给它的扩频码乘以所接收到的混合信号并与位的持续时间信号求和。在这个理想的例子中，这样可以让每个接收器完全恢复原始数据的一部分。

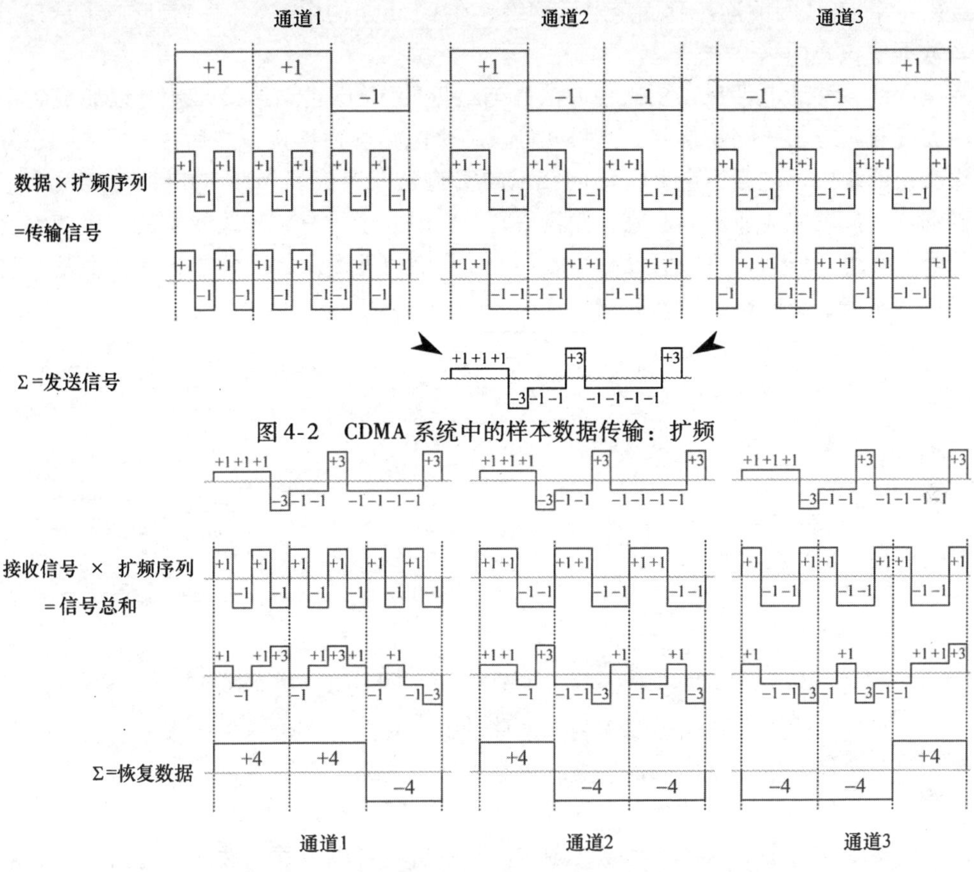

图 4-2　CDMA 系统中的样本数据传输：扩频

图 4-3　CDMA 系统中的样本数据恢复：解扩频

有了这些基本知识，现在可以仔细看看这三种类型的蜂窝网络，各代表一个发展阶段：GSM、UMTS 和 LTE。

4.1.1　GSM

GSM 提出于 20 世纪 80 年代早期，由欧洲邮政电信管理机构大会（Conférence Européenne des Postes et Télécom munications，CEPT）的一个被简称为 GSM 的工作组提出。在 1992 年，其商用开发系统在 7 个欧洲国家正式推出；到 1995 年中期，共有 86 个国家运营 GSM 网络；而在 1995 年末，推出了第一个美国 GSM 商业服务。

如今已经变成著名的全球移动通信系统（GSM）的主要新颖性在于能实现移动电话之间的无线通信，以及移动电话与固定电话之间的通信。为了实现这一点，同时保持低廉的投资成本，GSM 重新使用有线技术，通过增加移动用户的功能来增强现有的固定电话交换中心的功能（过去主要负责建立每个呼叫者和被叫方之间的电路）来创建移动交换中心（MSC）。这些移动交换中心可以彼此连接，并且经由一个 MSC 网关连接到固定电话网络。在 GSM 架构中，它们一起形成了承载语音数据的核心网络。

因此，移动电话只需要一种方法去与最近的 MSC 建立连接，就可以完成到主叫方或被叫方的线路。最初，这确实涉及一个电路交换连接，之后技术发展到在分组交换网络中建立虚拟电路，访问技术的实施允许连接到 MSC 的电话分成两个不同部分，如图 4-4 所示。基站控制器（BSC）服务于所有较高级的功能，诸如频道分配，并且在任何一个或者几百个基站收发信台（BTS）之间建立连接，而基站收发信台实现了空中接口的实际物理层。

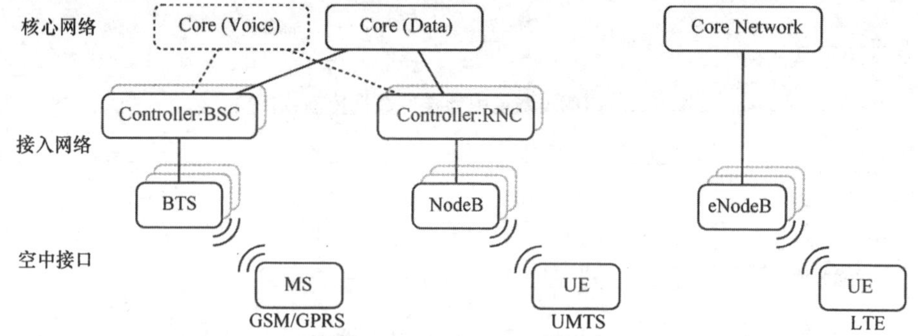

图 4-4 简化的 GSM / GPRS、UMTS、LTE 架构，三代蜂窝网络的讨论

移动电话的来电呼叫需要网络知道移动电话目前在哪个基站的服务区。一种办法是只要位置发生变化，手机就立即更新到核心网络。然而，这将在网络中产生大量的流量。另一种极端的方法是不跟踪移动设备的位置，而是每当一个呼叫到达时，在整个网络中广播寻呼消息，则被呼叫手机就可以应答。然而，这也将产生无法接收的负载。因此 GSM 标准是这两种方法之间的妥协：将网络粗略分为几个 MSC 服务的区域。只有当它们的当前位置区域变化，或者已经超过了预先设定的时间间隔时，移动设备才向核心网络更新。仅在需要时通过对位置区域中所有的蜂窝广播寻呼消息来执行移动设备的精确定位。

在物理层上，GSM 采用 FDD，即对上行链路和下行链路采用不同的频率，以及 FDMA 和 TDMA 来提供多个频道。对于流行的 GSM－900 标准，每个方向有 124 个频带，每一个频带有 100kHz 的带宽，它们被用于 900MHz 频段，每个频带又被细分为 8 个时隙，总共得到 992 个频道。

最初，数据只能由声音调制解调器通过 GSM 来传输。后来，通过引入 CSD（电路交换数据）技术，移动电话可以经由 MSC 预留的线路以 9.6kbit/s 在一个信道上直接传送数据［或者使用 HSCSD（高速电路交换数据的缩写）。通过使用具有更有效编码的多个信道从而得到更高的速度］。这意味着，不论是否被使用，任何数据连接都将占用所配的一个线路的资源。

1997 年，这一情况发生了改变，通过使用 GPRS 标准（通用分组无线业务）(Cai&Goodman 1997)，允许面向分组的数据传输在空中接口上灵活地分配频道。核心网络无须建立线路。相反，在核心网络中的这种数据传输直接通过路由选择到核心网络中的一个新指定 GPRS 服务支持节点（SGSN），并更进一步，到一个 GPRS 网关支持节点（GGSN），它可以将数据传输到互联网（或现行任何其它在运行的基于分组的网络）。如图 4-4 所示，这些网络节点与用于语音通信的旧节点并行操作。类似于有电话呼入时对手机进行区域定位（和位置更新），以方便传呼手机的概念，GPRS 也引入了在传呼手机进行传入数据连接时进行 SGSN 服务区域路由选择（和路由区域更新）这一并行的概念。

随后，GPRS 通过 EDGE（增强型数据速率 GSM 演进技术）得到进一步增强，最突出的是，通过允许有更有效的编码，以提供 100kbit/s 的典型数据速率和低于 500ms 的典型往返时间（Negreira et al. 2007）。

然而，GSM 作为骨干构架用于一对多的数据传输仍然是不可行的，因为其缺乏组播数据传播能力，即导致为了这样的传输多个通道同时建立和撤销，使得对 100 辆汽车的数据传播通常的延误在 3000ms 范围（ETSI 2012a）。

4.1.2　UMTS

尽管 GSM 网络成长快速，并日益提供越来越多的短时的数据连接，人们认识到即使迅速推出更灵活的调度和更有效的编码，仍然不能够更长久地支持日益增长的移动数据连接的资源需求。为了满足这些需求，一个在接入网络中使用不同技术的名为 UMTS（通用移动电信系统）的新系统被开发出来，但如图 4-4 所示，它共享与 GSM 同样的核心网络。该系统的第一个商业应用于 2001 年开始，使用一组新的频率并联已有的 GSM 网络。

在空中接口上，UMTS 现在使用纯粹的 CDMA 技术，同时服务整个频带上的所有用户。它可以为双工上行链路和下行链路使用静态的 FDD 或灵活的 TDD。综合起来，所得的物理层被分别称为 W - CDMA 或 TD - CDMA。面向用户的无线接入网络被稍微调整，以使其更加符合分组交换数据传输，但仍然未修改其基本结构。这意味着在核心网络中的数据传输仍然会产生高昂费用，并且在寻呼与建立频道方面建立与其它移动设备的数据会话将十分昂贵。该系统的典型速度有可能达到 384kbit/s。

UMTS 的后续扩展包括 HSDPA（高速下行链路分组接入），将调度决策从无线网络控制器（RNC）移动到基站（称为节点 B）以减少延迟，并且还允许有更有效的编码，以及下行链路多个逻辑频道的数据传输。同样作为上行链路的互补延伸，HSUPA（高速上行链路分组接入）允许在上行链路中也有更加有效的编码。这些扩展使得数据传输速度被提高到 7.2Mbit/s。

如前所述，利用 CDMA 总是需要移动设备密切控制传输功率。这在 UMTS 中是通过执行闭环功率控制来实现的。只要为移动设备建立一个专用频道（DCH），移动设备和基础设施之间的功率控制信息就可以不断交流。由于保持一个频道的建立需要的持续成本，少量的数据被允许当上行时在共享随机接入信道（RACH）和下行时在共享前向接入信道（FACH）上进行发送。由于在 RACH 上发送信息所要求的功率等级不能被移动设备所知，故采用一种称为功率渐变的方法来传输：移动设备将首先尝试用尽可能小的功率等级发送信息，然后不断增加的功率等级重复传输，直到它接收到一个由基站发来的确认信息。然后，它可以发送一个小数据块，在保证（一个短时间内）信号可以达到适当功率等级的条件下，这个发送是安全的。在 RACH 传输数据既耗时又耗能，并具有干扰任何其它试图使用 RACH 进行数据传输或者建立 DCH 的移动设备的可能。这要求移动网络运营商（MNQ）权衡强制移动设备使用的 RACH 与保持 DCH 通道建立的成本。

这通常通过一个简单的超时机制实现：当获取一个 DCH 频道后，移动设备可以利用这个信道，直到已经没有数据被传送，例如 2s。此后，移动设备在网络中依然是可以连接的，可以通过共享 FACH 频道接收数据（导致单向延迟 150ms）——但是无线网络控制器（RNC）在这种状态下能处理的设备数量有限。之后，例如 30s 内移动设备没有传输信息，那么会被强制进入休眠状态，如果要发送新的数据，那么唤醒它需要 500ms。这使得需要进行不定时发生的时间敏感信息交换的车载网络应用不可行。

一个进一步的扩展被提出以支持数据的广播或组播传输，它被形象地称为 MBMS（多媒体广播/多播服务）扩展。借助于在核心网络中新的专用控制节点的帮助，无线接入网络将能够接收组播传输，并通过一个共同共享的信道将它们发送到连接的设备。由于数据的组播传输是大多数车载网络应用的核心要求，因此，MBMS 可以使蜂窝网络成为一个广泛发布信息的可行平台，不用为传播同一条信息而建立数以百万计的单播连接。不幸的是，因为核心网和无线接入网改造的高投资成本和消费者的低需求，MBMS 扩展并没有在 UMTS 网络中得到广泛的应用。

4.1.3 LTE

LTE（长期演进技术）代表新一代的蜂窝网络，它在 2009 年投入商用。它是基于重新设计的空中接口、重新设计的无线接入网络和重新设计的核心网络。在 LTE 中所有网络组件的基本技术为 IP。如图 4-4 所示，虽然它可以与现有的蜂窝网络并行操作，但却没有（也不能）使用大部分现有的基础设施，而是需要单独的网络部件，这不像 UMTS 那样可以同时使用（和依赖）现有基础设施进行语音呼叫。这样的缺点使得没有简单的方式来向移动电话提供语音服务，因此需要必要的技术，如 LTE 语音那样封装流量并发送到新核心网络的组件，或者像移动装置上的 IP 语音（VoIP）应用，或者简单地提供诸如 GSM 或 UMTS 的传统备用网络，设备可进行连接以用于执行语音呼叫。

不同于一个复杂的可将多个组件和功能分割在不同物理设备的无线接入网络(RAN)，LTE将所有的无线电接入部分集成到一个单一的实体，称为eNodeB，它可以直接与其它eNodeB以及（新）核心网络连接。这种方法的主要好处在于具有更少的跨越不同部件的信号，因此具有更快的往返时间和更短的建立连接的延迟时间。

就如核心网和无线接入网一样，LTE的空中接口也进行了升级。在基本水平上，LTE离开了减少无线电信道质量和交通模式的波动这个早期标准的目标，而是试图适应和利用这些波动。为了这一点，目前主要使用的是FDMA和TDMA。对于FDMA，在下行链路方向使用了OFDMA，因为OFDMA所具有的高PAPR（高峰均功率比）可以毫无问题地用于基站——这些基站具有几乎无限的能源储备。在上行链路方向上，因为OFDMA的高PAPR，所以采用了被称为SC-FDMA（单载波频分多址）的一个更合适的变化版本。LTE空中接口可以灵活使用多种不同的带宽和频率，它支持的带宽可以窄到1.4 MHz和宽到20 MHz，以及频率可以低到700 MHz（目前的情况）和高到2.7 GHz。使用的频带可以在上行链路和下行链路中以FDD或TDD的方式进行划分。尽管在极低的性能下，这仍然可以支持100km大小的区域，而且移动设备（对于某些频段）可以以500km/h的速度移动。尽管移动设备通常使用不超过两个天线，它也能支持高达64-QAM的数据调制，并将高达4×4的空间复用（即MIMO）用作下行链路的标准，由此产生了一个300Mbit/s的下载速率的理论峰值和5ms的延迟（假设最好情况下的信道条件和无负载的20 MHz的宽带，以及一个4×4的MIMO移动设备）。

每毫秒内，下行链路调度和调制/编码的决策直接在eNodeB中确定，这是依据来往于每个连接移动设备的信道特性以及服务质量（QoS）方面的考虑而决定的。用于调度的可用频带被分成0.5ms的时隙。12个副载波和6或7个时隙的组合被称为一个资源块（RB），并构成一个调度单元。根据可用的频带，可用于调度的频带最高可达到100个RB（对于20MHz）。每个方向和用户分配给一个或多个RB，并且用于传输长度为10ms的帧，它又被进一步细分为10个子帧。每个子帧携带有一个传输块，其反过来又承载了有效载荷数据。这意味着即使是在一个5MHz的范围内，可以管理高达200个活跃的数据连接。

高级LTE进一步引入新的功能，例如允许在上行链路上MIMO（多输入多输出）引入波束成形技术；允许多个20MHz频段捆绑在一起（如果可用），以及标准化私有小型基站。其中有些功能会反馈到UMTS（体现在HSPA的改进中）。

最后，对于许多潜在车辆网联应用的效益而言，LTE引入增强型多媒体广播/多播服务（eMBMS）：eMBMS（有时也被称为LTE广播）也可以利用一个新的多播体广播单频网络（MBSFN）信道，在多个区域内使用相同频率广播相同的数据，而这可以通过增加循环前缀长度来实现。这使得MBSFN提供了一种近似于完美覆盖的体验而且移动设备可以从分集增益中获益。eMBMS的频谱效率可以达到0.5bit/(s·Hz)，同时仍保持几乎99%覆盖率（ETSI 2012A）。此外，与UMTS不同，这种eMBMS的商业服务正在加快推广中，而它的第一个服务是在2014年年初推出的。

最近增加的 LTE 之一是 LTE Direct，这是一个全新的概念，它引入了（集中协调的）设备对设备的数据传输和服务搜索的可能性。在这里，设备可以为它的部分资源申请自己的 eNodeB 用于发送服务搜索信标。同样的，如果启动一个直接的设备到设备的数据传输，这些设备也可以为这种资源申请所需的一个 eNodeB 直达信道。这个信道随后可像任何其它的 LTE 信道一样使用，不同的是该数据在抵达目的地前不再需要进行中继。

4.1.4 未来发展

回顾蜂窝网络从 GSM 到 LTE 的发展，有一个清楚的趋势：更复杂的调制和编码方案以及使用诸如 MIMO 和波束成形的新技术提高了吞吐量。越来越多的频段被用作专用频道，以满足有些不能被其它更好的技术覆盖的带宽需求。目前的建议是寻找超过 28 GHz 的毫米波（mmW）技术，这样将有高达 1 GHz 的可用带宽。

另外，从在 GSM 和 UMTS 中普遍的严格分层结构到自治 LTE 基站的近乎网状拓扑结构，网络已经变得越来越灵活，可以适应新的用途，而且它们的结构也越来越简化以减少延迟。许多预测表明这些趋势将持续下去，研究人员正在考虑使得多跳网络和机器对机器的通信成为蜂窝网络的一类用例。

欧盟 FP7 研究计划 METTS（2020 年信息社会的移动和无线通信方式）正在寻找解决下一代蜂窝网络的挑战。它的目标是一个系统的概念，即当未来的蜂窝网络有多于两个数量级的设备接入时，将能够处理预期的高于三个数量级的数据量，同时进一步提高吞吐量和减少延迟时间。值得注意的是该项目合作伙伴的组成：除了主要供应商、移动网络运营商和许多学术合作伙伴以外，汽车行业也已经加入了这个项目。

4.1.5 蜂窝网络在 IVC 中的使用

现在许多车辆网联研究项目都在一定程度上基于对蜂窝网络的使用。2006 年，CoCar（Cooperative Cars）项目启动了这些研究开发工作。来自各个行业（供应商、移动网络运营商、汽车厂商）的研究人员与大学和研究单位的合作伙伴一起，研究一个完全依赖于蜂窝网络系统的技术和商业的可行性。当时选择的技术是 UMTS。

应用案例的范围从一般的交通信息服务到时间敏感的移动危险预警服务。汽车将生成交通状况报告或者察觉到的对于其它车辆的危险报告，并通过自定义协议（分别称为 TPDP 和 FTAP）传输给 CoCar 服务商，它会负责这些信息的再分配。

设想 CoCar 服务由网络中三个不同的逻辑实体提供：CoCar 反射器被用于接收到的消息向原始区域的低延迟回放，并传递消息到中央 CoCar 整合器上。这个实体可以整合并核查来自汽车和外部渠道的报告，然后通过 CoCar Geocast 管理器来设置传输协议专家组（TPEG）公告的长期传播（参见 3.3.1 小节）。无论是在因特网的服务器上还是连接到 GGSN 上，这些逻辑实体被设计成可以独立于它们所在的位置进行操作，就像运行在核心网络节点上的服务，或者（对于 CoCar 反射器来说）如 RAN 中的软件扩展。

Sommer 等（2010D）成功证明了这样一个系统的一般可行性，但不得不得出这样的结论：虽然对于IVC技术市场引入的场景，一个基于UMTS的系统可能是很理想的，但是，缺乏MBMS的系统的表现并没有显示出全面推广服务的良好前景。不过，假设MBMS是可用的，这个系统将可能是交通信息系统（TIS）的一个可行的基础。

图4-5显示的是以图形方式表达的结果：所显示的是一条消息在被发送和被道路上其它车辆接收之间的时间延迟的经验累积密度函数（eCDFs）。两个不同的服务等级已经被配置用于TPEG公告的广泛传播：每30s或每60s重复消息（标记为双间隔）。图4-5a表示由CoCar反射器通过立即组播方式向原发送蜂窝传回所接收到的消息的延迟时间。假定所有的汽车都是由相同的MNO提供服务，它突出了良好的参数化的系统能够将高达95%的车辆延迟时间降低到125ms之内。图4-5b展示了相同的指标，但却是对于在其它单元中通过组播公告所收到的消息（即，通过CoCar聚合器和CoCarGeocast管理器）。

这里，延迟是以秒为量级的。虽然这些延迟肯定高于安全信息的任何合理限度，但是这个系统还是能够胜任于如TIS这样的应用。

在2009年，一个迅速跟进的项目，CoCarX（拓展的CoCar项目）在两个方向上扩展了研究工作。首先，刚刚推出的期望可以包括eMBMS技术的LTE被选为基础技术。第二，设想蜂窝网络得到IEEE 802.11p短程无线电技术的支持（见4.2.2小节），由此形成了一个成分混杂的车载网络。

首先通过IEEE 802.11p交换消息，在本地汇集它们，然后才通过LTE发送它们，这个系统能够更好地应付高负载。一个ETSI报告详细描述了结果（2012a）：以2Hz的频率发送汇集的40条协同感知信息（CAM）可以最多服务于140辆汽车（假设处于城市良好的信道条件）或100辆汽车（在偏远区域）。可是，仅将少到20辆汽车的发送速率增大到10Hz时，在需要合作感知信息的情况下，即使是在城市良好信号覆盖的条件下，也会将延迟提高到500ms之上。然而，对于危险预警，倘若网络可以提供足够的容量使所有的车辆保持连接，该系统证明还是可行的。此外，如果假定eMBMS可以一个足够的密度备置来部署，下行链路的资源使用量被认为是微不足道的，而上行链路延迟则是限制因素。考虑行驶在偏远地区情况下，每个蜂窝至多到190辆汽车（在以10Hz信标时）或1200辆汽车（在以1Hz信标时），则预计用于CAM上行链路数据传输的延迟时间低于35ms，而通过eMBMS组播传输这些CAM，预计只会增加一点开销。

类似的结果也在2013年sim^{TD}（见6.1.2小节）现场操作测试（FOT）时得到。虽然sim^{TD}并非主要用于研究移动通信，它的大规模现场试验包括互联网一些连通性指标的数据记录。在执行sim^{TD}现场测试时，通过蜂窝网络，在80%到超过90%互联网服务可用的情况下车辆登录，并且在80%的测量情况下延迟低于200ms（sim^{TD} 2013）。

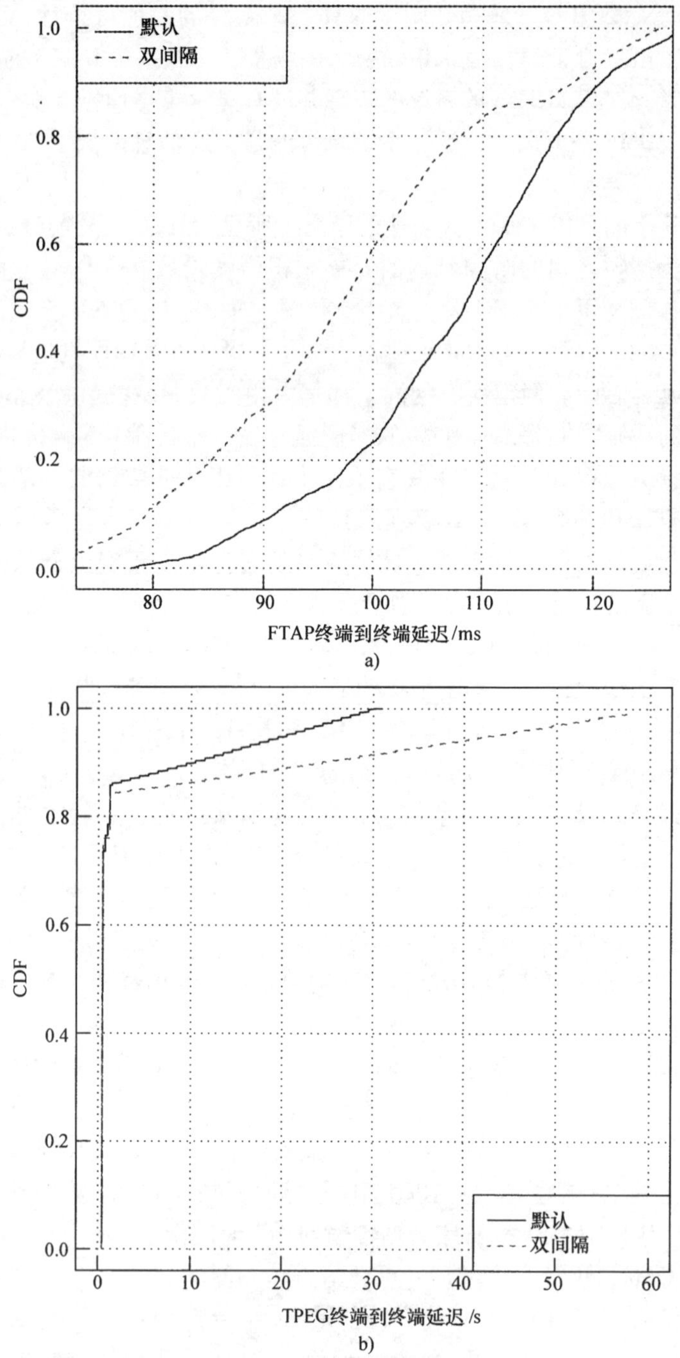

图 4-5　CoCar 系统内消息的往返延迟时间，
汽车在相同的单元 a）和汽车在其它的单元 b）之间的区别

CoCar 和 CoCarX 工程众多项目的成功旨在将基于现代蜂窝网络的 IVC 技术（部分地）整合成完整的系统。以 Converge（通信网络的车辆道路的全球扩展）项目为例，现在正在寻求提供一个多运营商、多技术的数据和内容交换的参考架构。

4.2　短程无线电技术

各种各样的短程无线电技术可用于 IVC，并且在过去大量的工作已经研究了蓝牙和 Zigbee 的使用，以及毫米波（mmW）或光链路技术。然而，在 IVC 范围内一直占据主导地位的短程无线电研究首先是基于 WiFi 的方法，然后或者是基于一个被称为 IEEE802. 11p 技术的方法、新的 DSRC 标准，或者（非常通俗的说）车用 WiFi。

在详细介绍 IEEE802. l1p 和更高层次的标准之前，先简要地回顾其根源：经典的无线局域网（WLAN）标准。

4.2.1　无线局域网（WLAN）

无线局域网（WLAN）是由 IEEE802. 11 工作组命名的。这个工作组成立于 1990 年 9 月，目的是为了创建一个与其它 IEEE802 局域网标准相兼容的无线局域网络的标准化方法，例如获得广泛成功的几年前以 IEEE802. 3 命名的以太网标准（参见 2. 3 节）。

第一个标准，IEEE802. 11 – 1997 发布于 1997 年，并已进行了多处修改（如 IEEE802. 11n 标准），其中许多修改后来被集成到更新的标准版本中（例如，IEEE802. 11 – 2007）。

最初的 IEEE 802. 11 为物理层定义了多个选项，其中之一利用红外光，其它使用 ISM 频带（工业科学医疗无线电频段），无论是直接序列扩频（DSSS）还是跳频，都被证明难以以一个兼容的方式去实现。IEEE 802. 11a 和 IEEE 802. 11b 是首个指定新的物理层以及明确实施细则的修正标准。IEEE 802. 11a 指定 OFDM 在 U – NII频段（未经许可的国家信息基础频段）中的一个上运行，即在 5. 2 ~ 5. 8GHz 范围内；20MHz 带宽用于 52 个子载波，其中 4 个作为导频子载波。根据所期望的鲁棒性与所需的速度，任何 BPSK、QPSK、16 – QAM 和 64 – QAM 调制都可以使用，编码率从 1/2 到 3/4，导致原始数据速率从 6Mbit/s 到 54 Mbit/s。IEEE 802. 11b 指定扩展原有的 DSSS 技术，在 ISM 频段里一个 22MHz 信道上使用 CCK 调制，实现了 11Mbit/s 的原始数据速率。已经获得了商业认可的最新物理层修订标准是 IEEE802. 11n 和 IEEE802. 11ac；它们指定的 OFDM 频道带宽高达 160MHz，调制高达 256 – QAM，编码速率高达 5/6，使用 MIMO 和波束成形技术，并能实现每个空间流高达 866. 7Mbit/s 的数据速率（即，对于 8 个空间流可以达到理论最大值的 7 Gbit/s），并且能提供更高性能的物理层标准也已经制定出来。

WLAN 商业成功的部分原因是由于 Wi - Fi 联盟，一个成立于 1999 年，为推动 IEEE 802.11b 和通过提供测试和认证来确保设备互操作性的制造商和相关产业协会（当时称为无线以太网兼容性联盟）。许多 Wi - Fi 联盟的认证直接对应于 IEEE 标准，如物理层标准在修订出台的 IEEE 802.11 a/b/g/n 中出现，安全特征在修订的 IEEE 802.11i（命名为 Wi - Fi protected Access 2，WPA2）中介绍，而 QoS 扩展则在 IEEE 802.11e（重新命名为无线多媒体扩展）中引入。其它认证参考 IEEE 802.11 的新用途，如允许移动设备作为一个接入点（AP），带有自动密钥配置的直接连接（称为 Wi - Fi Direct）。其它的认证再次尝试引入全新的功能，如 Wi - Fi 保护设置，这是为了让用户更加方便地进行密钥分配。Wi - Fi 认证的基于 IEEE 802.11 的无线接入技术通常被简称为 WiFi。

在介质访问控制（MAC）层上，WLAN 使用具有碰撞规避的载波监听多址访问（CSMA/CA），这叫做 WLAN 分布式协调功能（DCF）。当它不发送时，每个设备（称为一个站）必须连续监视信道以确定它是否空闲。这个过程被称为空闲信道评估（CCA）。只有当信道在一个帧间间隔（IFS）的持续时间里已经空闲的情况下，设备才可以发送信息，IFS 是以时隙的整数倍来衡量的（例如，13μs 长，这取决于物理层和信道带宽）。IFS 的不同长度可以支持实现不同的访问优先级。为了解决并不是所有站可以看到彼此的问题（通常被称为隐藏终端问题），MAC 层还指定了一个准备发送（RTS）查询帧和一个清除发送（CTS）响应，两者都是最高优先级发送的（利用 SIFS，短帧间间隔），即使它们可能无法收到原来的发射站点的信息，一个繁忙的信道上的接收站点都会被通知。SIFS 也用于发送 MAC 层的 ACK 帧，其被用于确认正确接收的单播传输。

如果某个站要发送一个帧，但还不能发送时（因为该信道处于繁忙或者几乎处于繁忙状态，或者相应的 IFS 还没有过去），它会将这个帧存入队列并触发退避程序，如图 4-6 所示，以避免一旦信道空闲时立即同步接入。它从预先配置的时间间隔（竞争窗口）提取一个随机退避时间然后等待。然后在信道空闲的时段里退避时间间隔逐步递减。如果信道变得繁忙，退避时间被冻结，直到至少有一个 IFS 再次得以空闲。当退避时间达到零时，这个帧可以被发送。如果发送尝试失败，则竞争窗口增加（可能多次），直到发送尝试成功，而此时竞争窗口被复位。退避程序也会在一个站已完成发送后调用，给其它的站使用该信道的机会。

2005 年 WLAN 的扩展版本，称为 EDCA（增强型分布式信道接入），它和 IEEE 802.11e 标准一起，进一步改进了信道接入程序，将 QoS 机制提供给了更高层。帧被分为四个不同的访问类别（ACS），每一个对应于一组不同的信道接入参数，其中最重要的是最小和最大竞争窗口尺寸（因此平均来说，较高优先级的帧重试得更快一些）以及 IFS 长度（因此更高优先级的帧可以在其它帧之前访问信道）。这就引入了四个新的 IFS 的长度，称为 AIFS（仲裁帧间间隔的缩写）。如图 4-7 所示，每个 AC 中的帧存储在单独的队列里，每个 AC 一个，并都有着自己的

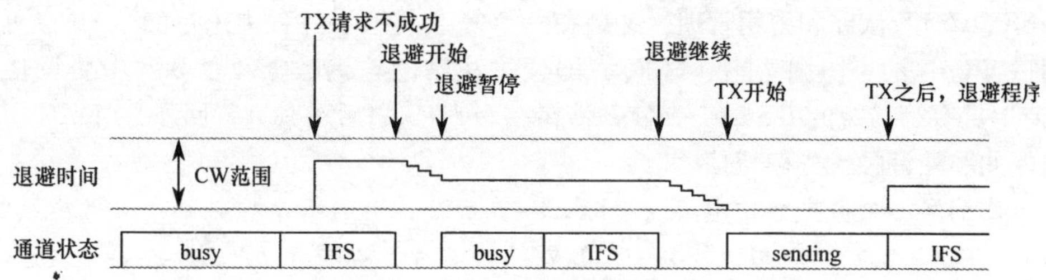

图 4-6　IEEE802.11 退避程序的示意图：MAC 层接收请求去发送一个帧，但该信道还没有空闲足够长的时间，导致使其退避。它从它的 CW 中选择了一个随机的退避定时器值并且在信道空闲时进行倒计时。当该退避定时器达到零时，它发送该帧，然后进入一个发送后退避状态

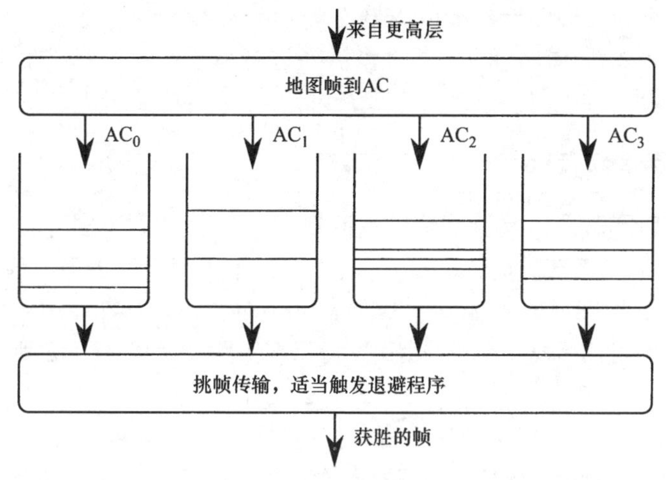

图 4-7　EDCA 队列管理的示意图

退避定时器。这就出现了两个或两个以上队列的退避计时器同一时间达到零的可能，这将被视为一个低优先级队列的冲突。队列也与传输机会（TXOP）的限制值相关联，这个值预示了它们的传输可能占用信道的最长连续时间。

在最高层，IEEE 802.11 的一个核心概念是基本服务集（BSS），它是一组具有同步的参数可进行相互通信的设备。每个帧包括了一个 BSS 标识符，以便不在目标 BSS 中的所有站（偶然情况下，使用相同的信道参数）可以丢弃该帧。在基础设施模式或者自组织模式下，任何站可能永远只是一个 BSS 的一员。

在基础设施模式里，BSS 的一个或多个成员都是接入点（AP），通过它们，站可以将数据发送到（和接收数据从）有线网络的主机或通过其它的 AP 到其它的站上。为了使数据转发正常工作，一个站可能只与一个 AP 相连。除了依靠最简单的安全方案的网络，即采用众所周知的密钥直接加密所有的帧，AP 的第二个作用是

IEEE 802.1X 认证和密钥管理，这是在一个复杂的握手过程中进行的。AP 也可以通过 WLAN 的点协调功能（PCF），即通过从站的轮询数据，在 BSS 中协调传输(使用具有第二短的 IFS 的一个帧，站在一个 SIPS 之后对其进行回复)。MAC 层将确保此类轮询帧优先获得信道。

作为另一个选择，站也可以是以 ad - hoc 模式形成一个独立基本服务集（IB-SS)。在这里，每个站可以作为一个新站的验证者。数据可以直接从站到站发送。

IEEE802.11 无线局域网早就在智能交通系统（ITS）的框架中使用了。第一次测试活动可以追溯到大约 2005 年。Ott 和 Kutscher（2005）研究了他们所称的“drive - thru Internet”，主要的目的是研究车辆速度对于连接到一个 AP 去交换数据的能力的影响。

不过正如读者将在下文看到的那样，没有进一步修改的 IEEE 802.11 无线局域网对 ITS 没什么用。类似于标准以太网在物理层和更高层的修改以适应车内通信(见 2.3 节)，无线局域网（WLAN）也需要进行修改。这些修改是 IEEE 802.11p 修订标准的主题，我们将接下来对它展开讨论。

4.2.2 IEEE 802.11p

通常，IEEE 802.11p 的起源可以追溯到 1997 年，当时美国智能交通协会（IT-SA）上书美国联邦通信委员会（FCC），要求在 5.9 GHz 范围内申请 75 MHz 的专用带宽（Uzcátegui&Acosta - Marum 2009)。现有的技术，如那些用于自动收费的技术，只有很少的可用带宽，不能支持现代 ITS 应用，并且它们还必须与其它应用共享这个频谱。

在 1999 年，FCC 裁定同意这一请求，并保留要求的频段为 ITS 应用专属使用，后来还指定其划分为七个 10MHz 频道（即频道 772，174，…，184)，并具有合并 FCC 的规定编号为 90.377 和 95.1511 的两个信道的选项（信道 176/174 和 182/180 成为 20MHz 的信道)。信道 178 被命名为控制信道（CCH)，这是指它将是所有站的默认信道。对于信道 172 和 184 的访问则保留给政府用于有关生命和财产的安全方面的应用。所有其它信道保持免费为公众使用，只要能够遵守使用这些频率的联邦通信委员会的规定。FCC 的规则后来被其它国家参照沿用，同样为 ITS 应用预留了专用频谱。例如，在 2008 年电子通信委员会（ECC）和欧盟委员会规定成员国预留 3 个 10MHz 信道（信道 176、178 和 180）用于安全相关的信息通信（决议 2008/671/ EC)，以及 ECC 建议两个信道（频道 172 和 174）被保留用于非安全相关的通信。图 4-8 给出了信道分配的概要。

在 1999 年 FCC 分配预留频谱后，国会要求美国交通运输部（US DOT）制定一个标准来有效地使用这种专用频段，称为专用短程通信（DSRC）频段。许多现有的技术是可以在 DSRC 频段上运行的候选技术（过去的许多技术已经被称为新的 DSRC 标准)。美国联邦公路管理局（FHWA）因此特许美国材料与试验协会

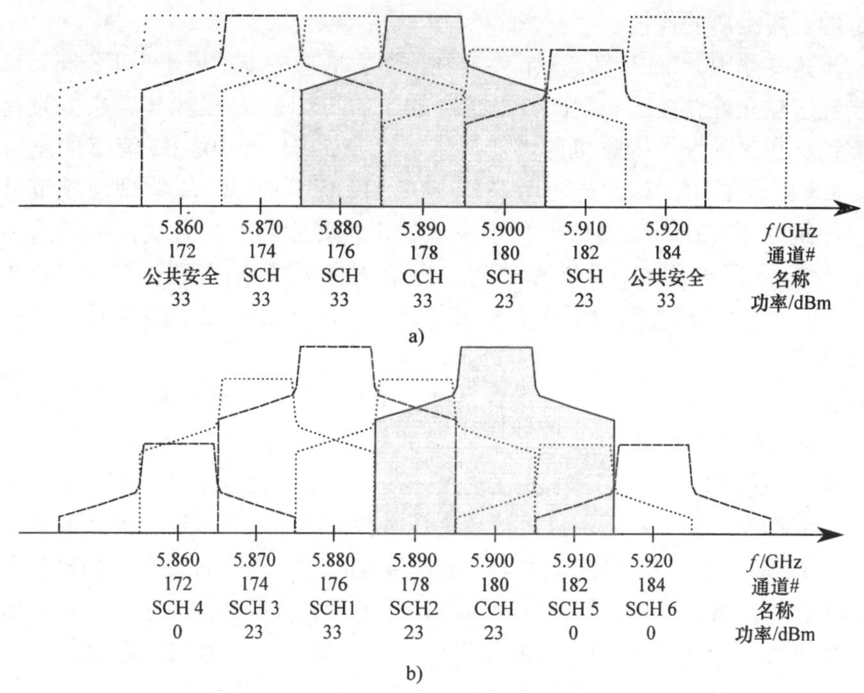

图4-8 美国a）和欧洲b）划分的频率和最大发送功率，分别按照FCC决议90.377和ETSI EN 302 663。注意：图中频谱没有按照比例显示

（ASTM）调研可行的技术。在2002年，ASTM发表了第一篇标准规范（ASTM e2213），它在广泛研究、试验和可行性论证的基础上，推荐一种基于改进的IEEE 802.11a OFDM物理层的ITS技术。在这个标准基本上改变了物理层设计的同时，它还格外用心地使得IEEE802.11a的硬件设计简单化。由于ASTM担心新标准作为一个独立附加的IEEE 802.11和IEEE 802.11a标准将难以实现和维护，它要求IEEE 802.11设立一个负责最终的修正案草案的研究组。这个研究小组成立于2004年，并制定了于2010年发布的IEEE 802.11p标准修订。他们的修订标准随后集成到IEEE 802.11的2012版本中。

在继续学习IEEE 802.11p的技术细节之前，反思为什么早期的未经修改的IEEE 802.11无线局域网不适合ITS是有益的。无线局域网的一个核心问题是，大部分的MAC操作是针对具有AP的站或在相对静态的BSS中的其它站的长期关联而设置的。同步、认证和关联是非常耗费时间的，任何使用WiFi无线连接到互联网的人都可以体会到这一点。此外，一个站，按照定义，在同一时间只能在一个BSS中，这使得这些过程即使在普通的移动网络中也很频繁，这在车载网络中是完全不可行的。最后，在（相对地）良好的信道条件下，所有现有的物理层都是面向稳定的、短距离的连接。

由于这些原因，IEEE 802.11p 主要在两个方面进一步扩展了 IEEE 802.11。首先，物理层被允许在美国和欧洲分配给它的 5.9GHz ITS 波段操作，它并且指定了监管类别、功率等级、接收机的性能要求，以及 5MHz 和 10MHz 信道的发射频谱掩码。ITS 预计在 10MHz 频道使用 IEEE 802.11a 标准的 OFDM 物理层规范进行通信，但却是以在 IEEE 802.11j 标准中引入的半主频变化模式方式进行。这种模式加倍了所有标识时间和 CCA 的时间，将最大数据率减少到一半（3Mbit/s 到 27Mbit/s）。再加上标志间的干扰大幅减少，使传输相对于如多路径延迟具有更强的鲁棒性。

作为第二个扩展，通过引入具有站操作 ITS 波段开关的全新操作模式，IEEE 802.11p 彻底改变了 MAC 层。这种操作模式被称为 OCB（一个基本服务集之外）模式（有时也被称为 WAVE 模式），它允许站可以不作为 BSS 的一部分减少车载网络特有功能操作。因而站不用再运行有关身份验证或关联的程序，因为它从来没有加入一个 BSS。此外，站期望通过使用预先商定的（即众所周知的）物理层参数来发送和接收帧，或使用更高层的信令认可这样的参数，例如，为了一个特定的服务应该切换到哪一个信道。MAC 层的保密措施没有使用，因为如果需要的话，可以依靠上层来提供此功能。程序将已发送的所有帧的 BSS 标识符设置为一个通配符值，允许所有附近的站处理这个帧。通过定位它们到特殊的群组的目标 MAC 地址（通过一组最重要的位识别），这样的帧也可以被发送给一组站，这不仅实现了在 MAC 层上支持广播，而且也支持组播。

IEEE 802.11p 较小的扩展包括用于 OCB 模式下站的稍长的 AIFS（仲裁帧间间隔）值，用于交换管理信息的供应商特定帧，测量信道上接收信号强度（RSS）的标准化方法，以及时间广告帧，它允许站在 BSS 管理的时间同步功能（TSF）缺少的情况下为更高层的功能提供建立一个共同的时间基准方法。

总之，这些扩展使得 IEEE 802.11pWLAN 成为一个非常适合于车载网络要求的通信技术。这已经被最近几年进行的众多场地运行试验（FOT）结果所证明，这将在 6.1.2 小节中讨论。下面，我们将看一下利用 IEEE 802.11 去实现智能交通系统（ITS）的更高一层的协议。

4.2.3 高层协议

许多国家的监管机构和标准化机构都致力于使用无线局域网（WLAN）作为提供 ITS 的基本通信技术。不同的关注点在于可用的信道数量。

如前所述，FCC 和 ECC 在 5.9 GHz 频带分别为 ITS 分配了 7 个和高达 5 个专用的信道，而日本则只在 700 MHz 频段分配了一个信道。

根据可用的信道数（单或多信道操作）和授权的收发器数量（单频或多频操作），可以认为有三种不同的系统：单频单信道、单频多信道和多频多信道。在日本、美国和欧洲，有三种不同的标准。日本系列标准规定只有 700MHz 的单个频道是可用的。美国系列标准规定，有多个频道可供使用，但汽车只能使用一个。最后，欧洲的系列标准构成了一个经典的多频多通道系统。

图 4-9 对这些系列标准给出了高度的概述。图中可看到两种协议栈在多信道上操作时更多的细节：第一，美国的系列标准，称为 IEEE WAVE；第二，欧洲的系列标准，称为 ETSI ITS。

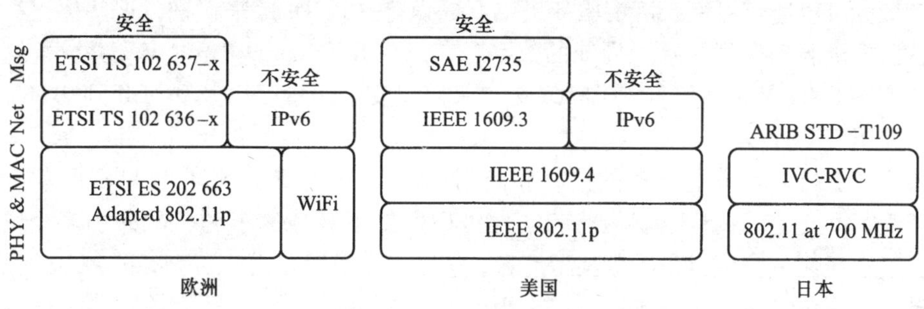

图 4-9　欧洲、美国、日本定义的 IVC 协议栈

1. IEEE 1609：车辆环境中的无线接入（WAVE）

IEEE 802. 11p 是作为一个完整的美国 ITS 协议栈的底层而开发的，称为 WAVE（车辆环境中的无线接入）。这个堆栈在设计时假设车辆可能配备的是单个无线电频道，但它应该能够在 DSRC 频段与所有多达七个 10 MHz 的频道通信，不仅仅在 CCH 下支持通信，也应在任何其它被称为服务频道（SCH）的频道下支持通信。

尽管它们可能会使用不同频道上的服务，为了能够接触到所有的车辆，需要引入的功能是指导 IEEE 802. 11 物理层在指定的时间间隔内切换所有的站到 CCH。WAVE 执行以下默认原则（如果不被更高层否决的话）。默认情况下，车辆将在每个协调世界时间（UTC）秒的第一个 50ms 调到 CCH，然后在下一个 50ms 自由调整到任何频道，之后循环重复。在切换频道时，MAC 层必须负责对每个信道设置适当的 EDCA 参数。这个功能在 WAVE 中是通过在 IEEE 802. 11 上的一个附加的 MAC 层来实现的，其被称为 WAVE MAC。这允许 WAVE 不仅依靠诸如通过全球定位系统（GPS）接收到的数据，同时也使用时间广告帧实现精确的时间同步。考虑到同步误差，每 50ms 间隔的前 4ms 作为一个保护间隔，并预留下来不使用。这个 MAC 层被标准化为 IEEE 1609. 4 标准，这个标准的第一个版本在 2006 发布。后来又在 IEEE Std 1609. 4 –2010 中进行了修订。

除了频道间切换，WAVE MAC 还负责将来自更高层的数据包路由到合适的 EDCA 队列，以及根据当前活跃的信道去管理 EDCA 队列。为此，WAVE MAC 层必须为不同的频道保持独立的 EDCA 队列，或者在切换频道前清除 EDCA 队列，使数据包绝不会在错误信道上发送。此外，当数据包列队在一个与当前活跃信道不同的信道时，它必须确保这个数据包在物理层调整到这个信道时不被立即发送，否则，所有具有排队帧的车辆将尝试在同一时间访问这个信道。作为一个简单的补救办法，标准要求为在下个频道切换时将发送的第一个数据包启动退避程序。由于许多 ACS 的竞争窗口（CW）是相当小的，因此这仍然会导致大量同步碰撞（Eckhoff et al 等 . 2012）。这样的情况可通过使上层知晓当前的频道状况而得到更好的补救，即设计使得它们只有当合适的频道活跃时对数据包进行排队。

服务可以通过可变长度的服务提供商标识符（PSIDs）来识别，这些标识符是确认所提供服务类型的众所周知的数字。它们在 IEEE 1609. 12 中定义并分配，例如，PSID 0x0c 是紧急警告，0x8802 是交叉路口安全提示，以及 0xbfa0 到 0xbfdf 为私人使用。

为了支持多频道上服务的提供和使用，IEEE 1609. 3 定义了 WAVE 服务广告（WSA），可以在 CCH 上广播通知其它由 SCHS 提供服务的车辆。WSA 由多个块组成，其中任何一块可以是服务类型信息、信道信息或者路由广告，如图 4-10 所示。服务信息块包含诸如所提供服务的 PSID、优先级和信道索引等字段。这个信道索引参考了 WSA 的信道信息块，包含有信道数和数据速率字段；它也可能包含该服务的 EDCA 参数。最后，一个路由广告块可以用来表明本站提供 IPv6 网络的连接。WSA 的传播（通过一个服务的提供商）和处理（通过一个服务的潜在用户）是通过协议栈的另一个组成部分自主管理的，在 IEEE 1609. 3 中也定义为 WAVE 管理实体（WME）。这个标准还建议 WME 作为一个协调点，例如，测量信道负载以实现更好的信道分配。

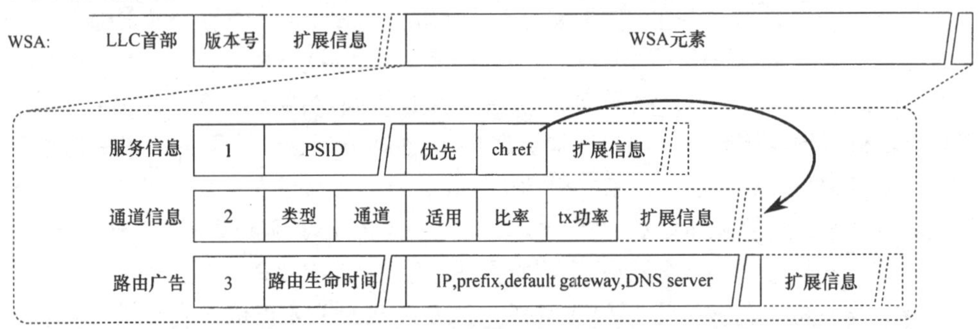

图 4-10　WSA 数据包格式。可选的扩展信息块发送额外的信息，如位置（用于广告），EDCA 参数（用于频道信息），或者 secondary DNS 服务器（用于路由广告）

WAVE 站支持传统的 IPv6 数据包传输以及使用新的轻量级 WSMP（WAVE 短消息协议）的消息传递，这也在 IEEE 1609. 3 中进行了定义。它支持为每个 WAVE 短消息（WSM）设置单独的传输参数，如失效时间、通道数、数据速率或发射功率。其中，WSM 包括如图 4-11 所示的以下核心字段：除了一个 PSID 之外，还有类型字段（表明诸如发送的消息是一个普通的 WSM，还是一个携带有关于本地频道切换决定的增强信息，即被称为带有安全补充信息的 WAVE 短消息 WSM - S）、长度字段和实际的数据。每个 WSM 也可以有选择地包括所用的传输参数。

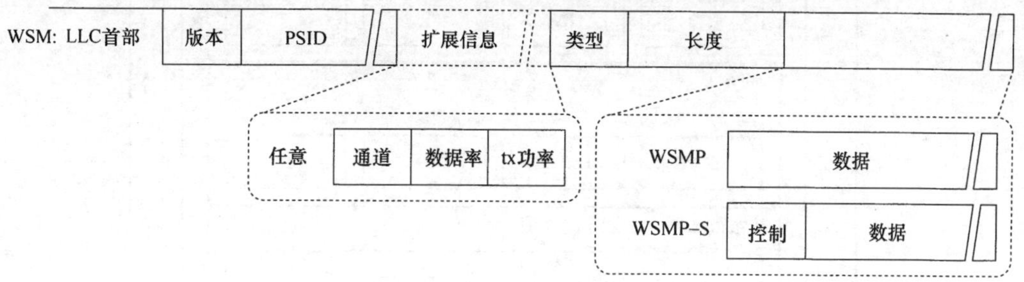

图 4-11　WSM 数据包格式

为 WAVE 堆栈定义的最后的中心服务是处理安全问题，它们定义在 IEEE 1609.2 中。这些服务提供证书管理（CME，证书管理实体），管理信息诸如发送安全数据所需要的密钥（PSSME，服务供应商安全管理实体），并实际上为如签名、加密、解密或验证数据，以及特别地 WAVE 服务广告（WSA）提供了必要的服务基础。有关信息的隐私（特别是位置隐私）和可信性的考虑目前超出了这个标准的范围。

使用这一 WAVE 栈的应用已经由 ISO、SAE 和 IEEE 1609 工作组进行了进一步的标准定义。由 SAE J2735 定义的两个应用例子分别是基本安全信息（BSMS）和信号相位与定时（SPAT）信息。一个由 IEEE 1609.11 定义的应用案例是电子支付。

2. ETSI ITS

在欧洲，欧洲电信标准协会（ETSI）为 IVC 制定了不同的高层协议栈标准。就像 IEEE 1609 WAVE 标准，它基于 IEEE 802.11 无线局域网并且大量地利用在 IEEE 802.11p 中引入的扩展（因为适应 ECC 法规，所以在标准中被称为 ETSI ITS – G5技术）。然而，该 ETSI 方法的基本概念是不同的，如图 4-12 所示。

不同于利用多通道来试图处理单个收发系统，ETSI ITS 要求想要交换安全信息的车辆必须配备一个 ETSI ITS G5（即 IEEE 802.11 p）收发器，它在所有的调谐中始终保持调到控制频道（称为 G5CC）。额外的服务信道（称为 G5SC）可以通过附加的 IEEE 802.11p 收发器来自由使用。同样，车辆可以使用通过常规 WiFi 或蜂窝技术提供的额外服务。ETSI ITS 从信道接入技术抽象提炼，即：使用各种安装的收发器的 MAC 层和物理层，引入了接入层的概念。因为 ETSI ITS 在发展中非常致力于 IEEE 802.11p 的应用，所以本章下面将只关心这个技术，并作为同义词来使用 ETSI ITS – G5 和 ETSI ITS。

跨层服务，如选择一个接入技术和在理想时间更改假名（见第 7 章），是由垂直管理和安全层分别提供的，它对协议栈的所有层都是可用的。

紧接着应用层下面的是设备层（ETSI 2013a），它为各级 ETSI ITS 堆栈提供公

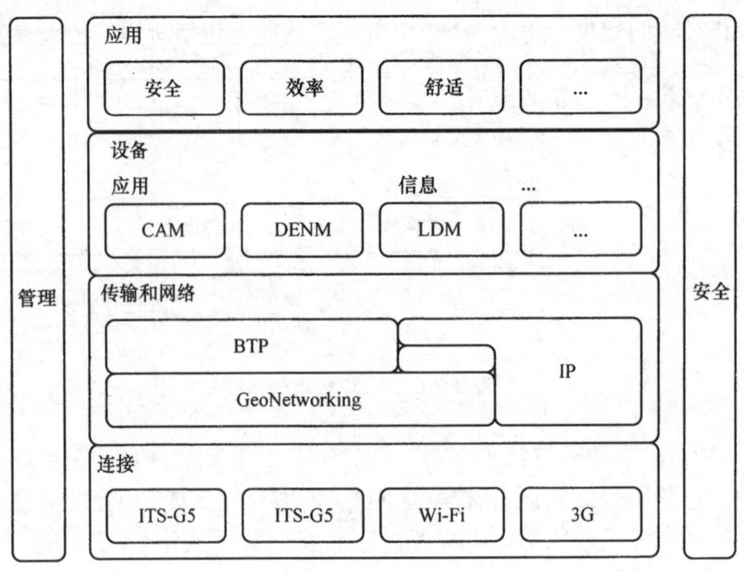

图 4-12 FTSI ITS 协议栈摘录

共的支持功能（细分为应用支持、信息支持和通信支持）。这样的示例功能涉及发送和接收被称为协同感知信息（CAMS）和分散式环境通知信息（DENMS）的通用消息，或者应用中使用的更加具体的消息，如 SPAT 和道路拓扑（TOPO）消息。此外，设备层还负责服务公告消息（SAM）的交换，其相对于 IEEE WAVE WSMS。另一个重要部分是本地动态地图（LDM），一个存储有关局部邻域信息的数据库。

一个网络和传输层位于接入层和设备层之间，它不仅通过 IP 服务提供标准的 TCP / UDP 协议，而且通过 GeoNetworking 服务提供 ITS - G5 基本传输协议（BTP）。GeoNetworking 利用接入层把多跳数据分发到那些完全根据其地理位置而确定的节点。这迎合了最常见的安全协议使用情况：与寻址消息到命名的节点不同，它们需要被发送到那些仅根据它们到发送者的距离、目前的道路或类似的属性而确定的节点。还应当指出的是，作为一种 BTP 协议的替代，存在一个非常轻量级的协议（既不能确保可靠、不重复传输也不按序投递），它仅用于在 16bit BTP 地址的基础上将信息发送到合适的上层。借助一个适配层 GeoNetworking 服务也可以用于其它应用，例如那些使用 IPv6 的应用。

GeoNetworking 服务很大地依赖于通过周期性发送信标来维持的邻域表。每个车辆的位置表存储诸如邻居的地址和它们的类型（如车辆或者路边站）信息，以及所需的地理信息，如位置、速度和加速度。GeoNetworking 层使用这些信息来提供服务，这些将在 5.5.1 小节有详细说明。

4.3 空白频段和认知无线电

频谱是一种稀缺资源。在ISM频带之外（其中最常见的是2.45GHz和5.8GHz）访问频谱受到严格管制。自从个人移动通信问世以来，频谱变得越来越稀缺，越来越贵。举一个例子，2008年美国联邦通信委员会在700MHz范围内的频谱销售时，拍卖73号，62MHz频谱的中标金额共190亿美元。

自20世纪90年代末以来，粗略的固定分配用户频谱的普遍做法被发现是非常浪费的。与其它国家的监管机构一样，在2002年，美国联邦通信委员会进行了有关频谱管理可行性改进的调查。它的主要发现是：在长时间和/或在大的地理区域内有许多频谱部分是未被使用的（FCC 2002）。这些未使用的频谱部分，如图4-13所示，被称为空白频段（或空格）。因此，FCC明确建议将频谱共享的政策引入到法规中：频谱应该被授权给主用户，但是，如果（和仅仅如果）该频道未被使用，其它用户应该被允许使用该频段去传输。

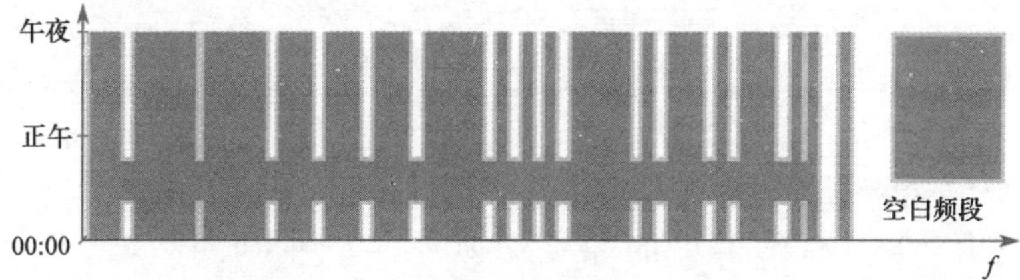

图4-13 无线电频谱空白频段的一个例证：虽然频谱被完全分配了，却经常是不被使用。在频率和随时变化的使用（黑色）之间的保护频带留下了很大一部分未被充分利用的频谱

在世界范围内，监管机构目前正在重新考虑如何管理可用的频谱（Nekovee等，2012）。除了同时在时间和空间上（当前的分配往往是全国范围的，通常持续几十年）而且排他性地（例如仅给一个MNO）静态地分配频谱，监管机构正在考虑允许频谱共享甚至转租。这将意味着主要用户可以与非主要用户自由地协商价格和使用的程度。

4.3.1 认知无线电

频谱共享可以通过一个能够动态频谱接入（DSA）的设备（即一个可以灵活使用不同部分频谱的设备）来实现。这种设备通常被称为认知无线电。

这个术语最早出现在1999年，用于能主动推理学习并根据它们的环境安排计划的智能发射器（Mitola&Maguire 1999）。这个名字的灵感来自认知周期，一个行之有效的有着悠久的传统的认识反馈模型（Neisser 1976）。图4-14展示了一个现代化的适应于认知无线电的模型。

为了提前计划，认知无线电需要了解它的用户和它的网络要求，以及它自己的能力。因此认知无线电技术预计将从机器学习领域（例如，强化学习或基于案例的推理）实现学习和推理算法。此外，为了充分适应无线电环境，一个完全可重构的发射器，如软件定义无线电（SDR），必须在一个认知无线电环境中使用。

认知无线电的术语也更为松散地适用于任何能适应其环境的收音机。运行在一个狭窄的频率范围内，并根据非常简单固定的规则去利用空白频段来设计这样的收音机目前并不困难。

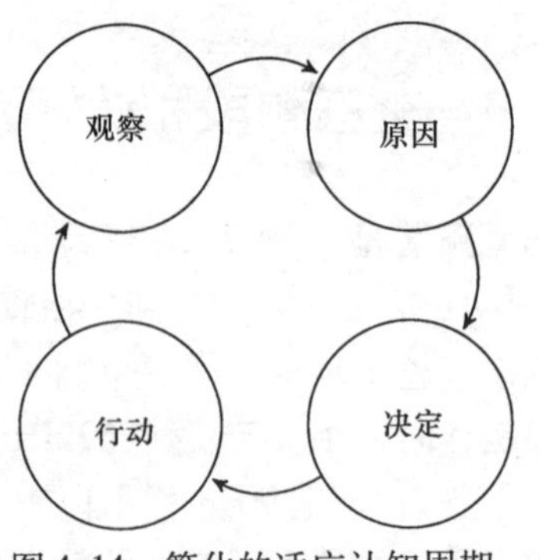

图 4-14　简化的适应认知周期，认知无线电的基本概念

此外，如何准确地检测哪些频率构成空白频段仍然是一个活跃的研究领域。最直接的方法是频谱感知，即通过每个设备自主监测一段频率来发现空白频段。

在最简单的情况下，一个设备将单独依赖于能量检测进行频谱感知。虽然这可以说是最直接的方法，但它需要依赖一个非常强的信号。然而，在隐藏节点存在的情况下，信号可以很容易地下降到远低于热噪声的水平，致使主要用户发送的信号无法被检测到。因此，更先进的能够探究主要用户发送信号的已知特点的技术已经被开发出来。一些例子如降低复杂度、匹配滤波器（即将该信号与已知的模板相关联）、循环平稳特征检测（即研究信号周期性或相应的统计特性），或自相关检测（这是利用带循环前缀的 OFDM 信号）。此外，在协同感知领域已经取得了相当大的进展，可以通过多个设备交换频谱感知信息。

频谱感知可以通过间接的方法进一步得到支持或削减。有的方法要求在主要用户的位置进行可以很容易检测到的射频（RF）信标（简单发射机发送一个正弦波）的操作。作为一种替代方法，这些位置也可以通过一个地理位置数据库的形式直接提供给非主要用户。该数据库还可以包含进一步的信息，如最大功率水平或时间依赖性的信息，这就是为什么这种方法对于主要用户来说是最安全的。

4.3.2　TV 空白频段

灵活运用空白频段正在慢慢为市场所接受。一个例子是 TV 空白频段（TVWS）。传统上，模拟 TV 广播频谱规划需要为低效接收器做出补偿，这样才能够在高信噪比（SNR）环境下解码高功率信号。这需要广播机构运行一个多频网络：为了避免干扰，不同位置的服务需要使用不同频率，以及必须引入大的保护频带。

今天，随着数字电视广播工作引入先进了很多的接收器，这样的频谱分配方式将浪费大量的频谱。在世界各国广播电视从 2006 年到 2024 年的数字化转换中，频谱被（或将要被）大量合并，而留下大量的空白频段。

在美国，未经许可使用 TVWS 最初受到严格的限制，要求所有设备连续监测主要用户，但自 2008 年以来，已被 FCC 允许。自 2010 年以来已经允许单独使用地理位置数据库，而且2012年开始第一个商用系统已经部署。日本紧随其后，在欧洲，ECC目前正在作类似的审议。

除了许多新引进的技术和标准，如IEEE 802.22无线区域网络（WRAN）标准，现有标准也正在或已经进行物理层的修改。一个例子是IEEE 802.15工作组4m，其任务是对IEEE 802.15.4物理层进行修订。IEEE 802.11 WLAN最近也有了一个工作在TVWS的物理层的扩展。它是基于具有6MHz、7MHz或8MHz频道宽度的常规OFDM，这些频道宽度可以选择性地允许两相邻频道进行分组，以及两组非相邻频道进一步分组。物理层的IEEE 802.11af标准修订于2013年。一个基于IEEE802.11af网络的基站将能够请求可用频道列表和从其它站点连接到地理位置数据库（通常是一个访问点）的频道计划。使用多个可用信道中的哪一个和如何获得可用频道列表及它们的时间表，这两个问题都在这个标准的范围之外了。

4.3.3 空白频段在IVC中的应用

在车辆网联中，利用认知无线电技术来开发TVWS也拥有令人期待的应用前景。TVWS频率比结合IEEE WAVE和ETSI ITS－G5（在MHz而不是GHz范围内）的专用频率低得多，因此TVWS会具有更好的传播条件。这点在城市环境中表现得尤为突出，城市中建筑物是限制IEEE802.11p传播范围的主要因素，但TVWS信号可在更大范围内被接收。在没有或只有很少的专用频段可以供IVC使用的国家，如日本，使用空白频段也特别有前途。

图4-15示意了使用空白频段进行IVC的原则：如果车辆（非主要用户）在它们检测到活跃的主要用户而准备切换频率时，甚至在授权的频谱上可以实现几乎不间断的服务。然而，认知车载网络，如这种已被命名的网络（Di Felice等.2012），必须应对特殊的挑战。

首先最重要的是，快速的设备运动增加了另一个维度的调度问题。这不仅需要更频繁的测量，同时也需要协同传感器预测前面路径上的频谱占用情况。

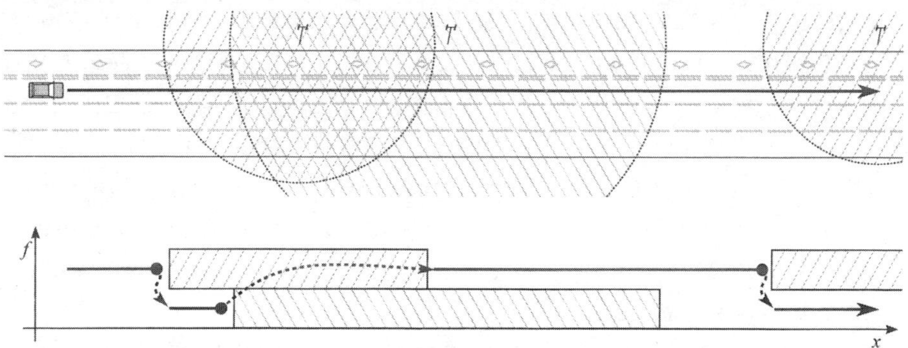

图4-15 在IVC中动态使用空白频段示意图：只在某些地区、某些时候授权的主要用户使用频谱。由此产生的空白频段可以供非主要用户在它们准备频率之间切换时使用

其次，快速变化的邻域集使得高效的协同感知复杂化，而且它通过增加附加的识别信息来交换数据也与隐私约束产生直接冲突（将在第7章讨论）。

第三，多普勒扩频与短接触时间使得频谱检测进一步复杂化。

最后，信道检测需要静默时间，以便能够检测到主要用户，而这与安全考虑直接冲突。

从积极性方面来看，车辆的流动性也使得每个独立的设备能够在多个位置随着时间的推移来执行频谱感知，减少了诸如阴影效应的影响。在极端情况下，认知无线电也可以直接反馈到路径规划，以增加可用的频谱，进一步扩大认知无线电规划决策解决方案的空间。

Chen 等人对于用 TVWS 通信在 DSRC 频段上补充或替代通信方案的可行性分析评估（2011b）给出了满意的成果：基于在马萨诸塞州的 I－90 州际公路的测量，作者报告说，在每秒多达 60 个消息的情况下，95% 的频道接入的平均延迟低于 13ms（尽管有明显例外的平均延迟，在波士顿附近有时达到 160ms）。

在早期的都市圈试验产生了同样的结果（Altintas 等. 2014）。在这里，假定灾难情况下，当公共移动网络不再可用时，车辆被成功地用于远程消息摆渡。

Lim 等（2014）开展了一个仿真工作，研究在一个完全自组织系统中模拟除了 DSRC 频段使用 TVWB 进行 IVC 紧急信息传播的益处。为此，他们假定每辆车配有两个收音机：一个调谐到 DSRC 通道，一个自由收听多达 30 个的 TVWS 频道中的任意一个。

他们的理由是：信息在 TVWS 频道下可能会比在 DSRC 频道下传输得更远，所以任何一个可用的 TVWS 频道都至少应该更适用于紧急消息的初始传输。然而，一个 TVWS 通道可能并不总是可用的，以及选择的 TVWS 通道可能对一些车辆堵塞了。因此他们提出了在可能的情况下更积极地通过不同的 TVWS 频道重新传输的方案。此外，他们建议应该通过 DSRC 频道大量扩散简短的通知信号，使得车辆能够通过 DSRC 频道选择性地请求重复 TVWS 传输。

他们建议在 DSRC 频段使用 IEEE 802. 11p 标准传输和在 TVWS 频段使用 5MHz 频道的 IEEE 802. 11 标准传输。发射机和接收机的交会方案遵循一个简单的扫描方法：接收器连续扫描所有可用的通道，在检测到一个参考频率时停止扫描。发射机可以选择任何可用的 TVWS 频道（理想情况下的最佳频道，例如这可以是一个在大多数服务区可用的并具有最低背景信号等级的频道）。该参考频率的信号持续时间（这里指重复传输的 IEEE 802. 11 前导码）只需要与接收机扫描所有频道并让它们会合的时间相同。作者估计这最多需要 2. 205ms（参考硬件和测量情况）。发射机然后就可发送紧急信息。

图4-16 展示了他们在高速公路场景和曼哈顿场景下的模拟结果。Lim 等（2014）将其与一个更直接的使用分簇来协调传输的策略相比较，表明在高速公路场景中可以提高 17%，在曼哈顿情况下可以提高 56%。甚至更有趣的是，他们还

把他们提出的方案与直接使用在 DSRC 频段操作的两个 IEEE 802.11p 广播方案相比较。表明在高速公路的情况下可以提高 64%，在曼哈顿网格的情况下可以达到提高 86%。这凸显了 TVWS 用于 IVC 通信的潜力。

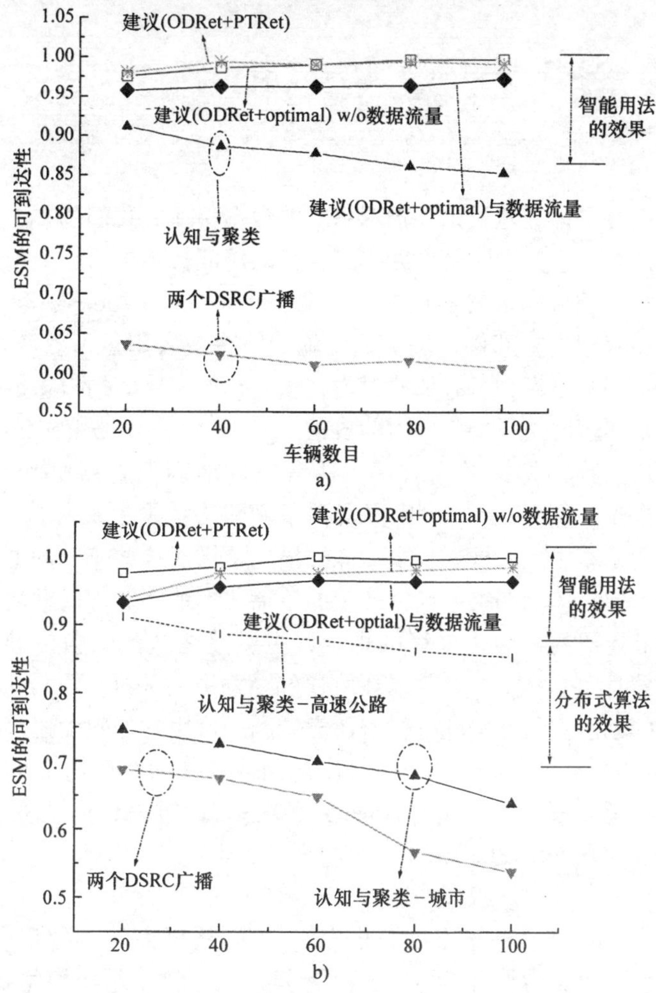

图 4-16　在 a）高速公路和 b）曼哈顿公路网两种场景下除了 DSRC 频段以外使用电视空白频段（TVWS）的优点。这里显示的是不同设置下接收紧急安全消息的概率（“ESM”）：使用两个 DSRC 频段（“two DSRC radio”），使用一个 DSRC 频段和一个由簇头管理的 TVWS 频段（“带有分簇的认知”），以及使用完全自组织的带有 DSRC 错误恢复（“建议”）的 TVWS 方法（“建议”）。[2014] 经 IEEE 许可转载，Lim 等（2014）更正

译者注 1：　唯一的例外是在 2000 年，当时的版本方案改为从 99 版继续发行版本 4。

译者注 2：　这里的短程指的是几百米，最多几公里的距离，而相比于蜂窝网络，它的范围有几十公里，最多高达 100km。

第5章 信息传递

本章主要内容是详细地讨论车辆网络中的数据传播。我们基本上聚焦于网络层和应用程序层协议，它们通常是作为其在各自的访问技术中的一个单独的协议来讨论和开发的。其关键目标是要实现在任意两个车辆之间，从一辆车到附近所有车辆，从一辆车到基础设施部件，从基础设施到一个或者附近所有车辆间的信息交换，以及实现从一个车辆到所有那些对内容感兴趣的实体间的信息传播。

我们先从在车辆网络早期就提出的自组织（ad - hoc）路由协议开始。在认识到其局限性之后，我们探索其它方法，从考虑用地理位置路由和地理位置播报（Geocast）作为通信基元开始，然后探索在车辆网络范围中最有希望的领域之一：信标或单跳传播。基于这个框架，本章详细描述了构成这些车辆间通信（IVC）方法的基础原则，即在车辆网络中经常使用的单播、本地广播、任意播和多播通信原理。当然，我们还研究标准化进程的现状，主要关注欧洲电信标准协会（ETSI）关于协同感知信息（CAM）、分散式环境通知信息（DENM）以及 ETSI 地理位置路由通信协议的创意。除此之外，我们还尝试利用可用的基础设施，比如路侧单元（RSU）或停放的车辆等来提供主干网络的访问或者帮助在车辆之间传递信息。本章的最后总结讨论了延迟、中断容错网络（DTN）的方法，以及基于互联网的点对点（或对等）网络概念的应用。

本章是按照如下结构组织起来的。

• 自组织（ad - hoc）路由（5.1 节）：我们从研究经典的移动自组织网络（MANET）路由算法开始，为了能理解更为复杂的车辆自组织网络（VANET）路由，有关自组织路由的一些基本知识是必要的。在本节中，我们还讨论了从移动自组织网络（MANET）到车辆自组织网络（VANET）的适用性，以及车辆安全应用中固有的移动性模式和延迟约束所带来的特殊的挑战。

• 地理位置路由（5.2 节）：本节我们将研究基于地址的自组织网络路由的一种概念上的替代解决方案：地理位置路由。不同于依靠如 IP 地址的静态标识符，地理坐标被用于贪婪路由，即选择地理上离终点最近的下一跳传送者。这些地理地址也可以用来以分布式哈希表（DHT）的形式进行数据管理。我们也将看到地理位置路由面临一个主要问题，即路由空隙或死胡同。基于虚拟坐标的路由解决方案可以通过给所有节点分配虚拟坐标的方式来解决这个问题。

• 信标（5.3节）：信标或单跳广播已经成为在车联网络中数据传播的首选技术。本节中我们将介绍简单静态信标的解决方案，它是在自组织交通信息系统（SOTIS）领域被引入，并随后被ESTI标准化为协同感知信息（CAM）。

• 自适应信标（5.4节）：介绍完信标之后，本节我们将研究基于信标的信息传播的最新方法。最关键的挑战就是分布式拥塞控制。我们研究自适应信标的一个初步探索，即自适应交通信标（ATB），这种方法后来也促进了欧洲电信标准协会分布式拥塞控制（DCC）的发展。除了可以及时调度信标之外，分布式拥塞控制还考虑了适当的自适应传输能量调整。此外，我们还试图寻找方法去进一步突破限制，以便于能够处理车载网络中高度的动态化问题。

• 地理多播（Geocasting）——基于地理位置的数据/信息传播（5.5节）：本节中我们将研究Geocasting技术，它是一个广播和贪婪转发的结合。首先关注欧洲电信标准协会（ETSI）的地理位置网联方案（GeoNetworking），我们研究扩展CAM机制的可能性，以将其用于如在分散式环境通知信息（DENM）协议中所实现的有针对性的安全信息。我们还将更进一步地研究拓扑辅助的地理信息机会路由（TO-GO）的概念，它使我们可以根据路网拓扑来选择转发节点。

• 基础设施的支持（5.6节）：在本节中我们评估利用现有的基础设施来支持实现车车间通信的可能性。这些可以是沿着街道而布置的路边设施（RSU）或者是布置在交叉路口的补充交通信号灯的装置。这些路侧单元可以用来提供对一个主干网络的访问，例如对因特网的访问，或者用来实现车辆之间的信息交互。如果没有可用的路侧单元，停放的车辆也可以承担这个角色，甚至即使停在那里也可以继续参与到车辆网联中来。

• 延迟/中断容错网络（DTN）和点对点（或对等）网络（5.7节）：在这最后一节中，我们探讨来自于延迟/中断容错网络和点对点网络领域中的一些概念的运用。存储-携带-转发原理可以帮助把不相关联的车辆组或车辆集群相互连接起来。在学习过延迟/中断容错网络的原理之后，我们探讨分析类比特流（BitTorrent）的信息下载在车载网络中的应用。对于这个方法，延迟/中断容错网络和点对点网络的概念需要结合起来才能实现性能结果的优化。最后，我们通过一个点对点的交通信息系统（PeerTIS）的研究完成了本章的讨论，这是一种完全分散式的交通信息系统，它可以充分利用所有的车辆作为信息储存单元去收集并提供道路交通信息给系统中的所有参与者。

5.1 自组织（ad-hoc）路由

MANET路由在无线网络领域中已经有了很长的历史（Abolhasanet al. 2004）。后来主要在互联网工程任务组（IETF）标准中，它所发展的许多概念甚至已经被标准化了。

在3.3.3小节中，我们简要介绍了ad-hoc路由的概念，它是一个早期用于车载网络中信息传播的可选方法。根据所提供的分类，现在我们来更加详细地研究基于拓扑协议领域的内容。

图5-1继续在3.3.3小节中对一般分类的讨论，但是聚焦于那些基于网络拓扑信息的路由解决方案。在这里，路由信息更新（最常见的是k-hop邻居）是所有路由决策的基础。正如我们所看到的，这个领域可以分为三组解决方案。

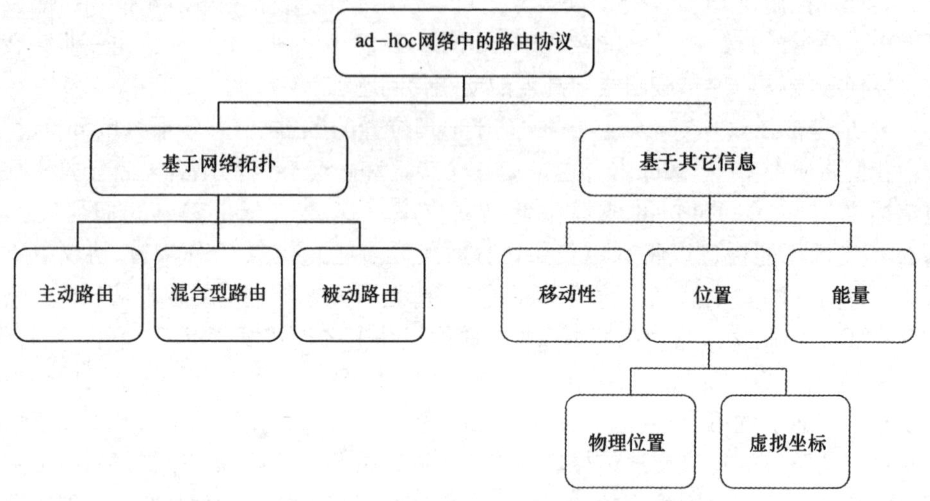

图5-1 ad-hoc路由协议中基于网络拓扑的路由协议的分类

- 主动路由指的是经典的互联网路由协议。拓扑的信息都是在网络数据传输之前收集完成的。这种协议的优点在于只要数据传输准备就绪，对应路径下的信息就可以立即获取。它的缺点就是路由协议需要不断地更新拓扑，甚至在没有计划传输的情况下也是如此，这尤其在如车载网络这样的动态环境中特别困难。
- 被动路由解决方案就可以在没有数据传输的情况下阻止拓扑持续更新。因此，当目前拓扑信息不需要的时候，网络就会尽量避免维护更新，而当一个数据包计划传输的时候拓扑管理则会重新开始。
- 混合型解决方案则是努力将二者的优点都结合起来。最直接的方法就是遵循一个分层的概念，比如在低级别的节点集群中使用被动路由而在不同集群之间使用主动路由。

在本节中，我们将详细探讨所选定的实例。如果想要了解更多的信息，我们建议读者去参阅一些有关ad-hoc和传感器网络的优秀的教课书籍（Dressler 2007; Karl & Willig 2005）。

5.1.1 主动路由协议

主动路由协议的关键概念是可以在任何时候给所有可能的目的地提供主动路

由。这和互联网路由的概念是一致的，即不论拓扑何时改变，一旦节点加入或者离开网络，路由表就会建立起来。为了能检测到这些变化，就必须时刻保有一个持续的拓扑维护。这个通常是通过网络中邻近节点间 hello 信息的周期性交流或有线网络中的链路监控的方式来实现。

MANET 路由中主动路由的最早的方法之一就是目的节点序列距离矢量（DS-DV）协议（Perkins & Bhagwat 1994）。DSDV 协议是一种典型的基于贝尔曼 - 福特（Bellman - Ford）算法的表驱动型协议，它还经常应用于路由信息协议（RIP），是应用于互联网中局域网的早期的路由协议（Hedrick 1998）之一，随后因为在移动 ad - hoc 网络中的一些特殊需要而不断改进提高形成标准算法。

贝尔曼 - 福特（Bellman - Ford）算法的主要思想是定期地向邻近节点发送完整的路由表更新。接收节点会检查自身的路由表来确定是否已找到了到达特定位置更好的路径。我们通常把跃点的个数作为衡量距离的关键参数。因此这个算法也被称为距离矢量路由。如果本地路由表更新完成，该节点会自动传送更新后的路由表。这个过程会一直持续到检测不到进一步的变化为止，也就是说这个路由协议收敛于一个稳定状态的时候。

这个协议的所有变型的关键特征就是收敛时间。如果成本变化的话，这可能会成为问题——其最关键的问题之一就是所谓的无穷计算问题，它是基于这样的特性，即：那些不再可用的路由可能会被错误的路由临时替代，直到协议再次收敛稳定。我们不需要深入挖掘距离矢量路由的深层微观行为。如果想要了解更多的信息，我们推荐读者去查阅一些公认标准的计算机网络的参考书（Tanenbaum & Wetherall 2011）。

目的节点序列距离矢量（DSDV）协议遵循这样的方案，但是，为了防止拓扑变化而引起太昂贵的更新，因此引入了增量路由更新。这种方式有效地减少了趋于稳定的过程中传输信息的数量，但是并没有减少必要的更新信息的数量。

图 5-2 描绘了一种（增量）更新的传播过程。节点Ⓕ发现一个新的邻居（节点Ⓑ）并把这一信息增添到它自身的路由表中。根据这样的规则，当路由表发生改变时，这一信息将会立即分发给所有的邻近节点。然后信息更新就会通过网络逐步地传播出去，即每个节点都会在它自身的路由表中接收到指向节点Ⓑ的最新的入口信息。如果其中任何一个节点接收到了这一信息的副本，它将会检查一下是否需要更新路由信息，例如，如果新的传播路径信息在路径长度方面是更优的，那么就进行一次更新。

关于路由表的一个简略实例也在图 5-2 中表现出来。路由表列出了网络中所有的已知节点，即完整的拓扑信息。它还包括了最后的序号信息。这个信息可用于防止出现路由循环的问题。每一个接收到某一终点信息的节点首先就会判断接收到的信息跟原来路由表中存储的信息相比是否是最新的。此外，DSDV 协议还进一步建议在更新一些不稳定的路由时作一些延时以防止出现波动的情况。

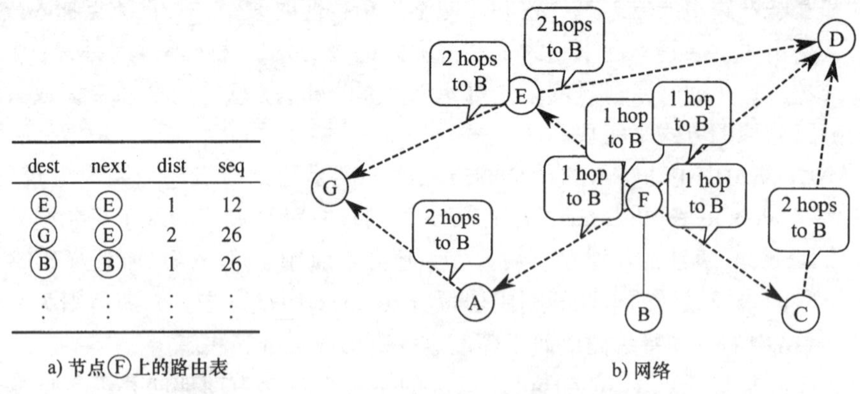

dest	next	dist	seq
Ⓔ	Ⓔ	1	12
Ⓖ	Ⓔ	2	26
Ⓑ	Ⓑ	1	26
⋮	⋮	⋮	⋮

a) 节点Ⓕ上的路由表

b) 网络

图 5-2　DSDV 协议中的距离矢量路由原理。
示例关注路由信息到节点Ⓑ，它是逐步分布到整个网络的

主动路由协议在车辆网络路由中的应用显然并不简单。最关键的普遍问题是主动路由协议需要时刻跟踪频繁的拓扑变化。然而，车辆网络中拓扑的变化非常快，这些变化会生成大量的更新信息，在一些极端情况下，这甚至可能会阻止网络中其它通信。下一小节就让我们讨论另一种选择，即被动路由。

5.1.2　被动路由协议

被动路由协议（也被称为按需路由）的开发主要是要避免很昂贵的周期性路由交换，因为这会消耗相当量的可用网络资源。这种协议的主要想法就是仅当数据包已经准备好传输的时候才会搜寻去特定节点的路径。如果能实现下列假设中的任何一个，这样就能够使得网络中的控制通信量大大减少：

- 信息不频繁地或以短脉冲串的多个数据包的形式进行发送。
- 信息只发送到一小部分可能的终端节点中去。

所以，被动路由协议的总体想法是只有当需要的时候才会去确定一条合适的到指定终端节点的路径。因此，在为了设定路由信息而引入一个额外的延时的同时，路由协议的耗费将被会减少到最小。

在数据包转发期间（至少对于发送到这一终端节点的第一个数据包）是不存在路由信息的，或者更确切地说，开始的时候根本没有任何有关下一跳的可用信息。通常的方法是发送数据包（或者一种特殊的路由发现消息）到网络中的所有节点，也就是让这个消息散布整个网络。这个散布的过程允许所有参与的节点（尤其是在这一网络中的所有节点）去寻找到一条通往源节点的路径。在某种情况下，这个散布的消息到达终端节点，反过来它也会发回一条消息给该源节点以作为对接收到的消息的应答。这个响应可以在刚刚寻找到的最短路径上进行发送，并且也用于源节点到终端节点之间最佳路径的逆向学习。

自从早期MANET以来，许多不同类型的被动路由协议相继面世。最让人们熟知的例子包括动态源路由协议（DSR）、ad-hoc按需距离矢量（AODV）和按需动态MANET（DYMO）（Basagni et al. 2004；Dressler 2007）。我们把这些协议作为整个按需路由领域中的代表进行案例研究。我们还会特别地研究AODV协议，包括许多扩展，以及DYMO协议在车辆自组织网络（VANET）中的适用性。

1. 动态源路由

动态源路由（DSR）（Johnson & Maltz 1996；Johnson et al. 2001）是最早提出的被动自组织网路由协议之一，并最终由IETF进行了标准化（Johnson et al. 2007）。与大多数典型路由协议不同，DSR协议并不保有和维护路由表，而是主要依靠源路由，即在每一个传送的数据包中直接提供路由信息。因此，数据包本身在其数据头里描述它想要遵循的网络中的路径。源节点独自负责在网络中建立并保持一条线路以生成这一数据头信息。它的优点是在全局范围内都不需要拓扑维护，尽管这是以数据包的增大为代价而实现的（对于较长距离的网络路径这是很可观的）。

对于路由发现过程而言，DSR协议使用的是所谓的路由请求（RREQ）消息。这些路由请求消息充溢着整个网络，以寻找一条从源节点到终端节点的路径。所有的路由信息都存储在路由请求消息中，也就是说每一个转发路由请求消息的节点会把它自身的地址添加到已经建立好的路径上去。为了能够检测到循环和重复，所有的节点都需要缓存路由请求消息一段时间。在某一时刻，这个探索数据包到达终端节点，而反过来它会返回一个响应。这个路由响应（RREP）消息是通过存储在接收到的路由请求消息里的路由信息以相反的顺序进行单点传送的。

整个路由发现过程如图5-3所示。在这个例子里，从节点Ⓐ开始这个发现过程（步骤一），由它发送一个路由请求信息到所有邻近节点（在无线网络中，当然这是一个单一的广播消息）。每一个接收到消息的节点会在把自身地址添加到存储在数据头中的当前路径信息之后转播路由请求信息（步骤二）。如果最终这一路由请求消息到达终端节点Ⓓ，那么一条路由响应消息（RREP）将会以最短路径发送回节点Ⓐ，以通知源节点已经发现的路径信息（步骤三）。

为了发现和修复失败的连接，我们需要进行路由维护。如果一个连接中断，即如果一个节点不能通过源路由转发消息，将会生成一个路由错误消息（RERR）并发送回源节点。接下来将会通过创建并散布另一条路由请求信息来重新启动路由的构建。

为了优化协议性能，许多不同的概念已经被提出。路由缓存可以用于存储有关网络中节点的信息，并在路径已知的情况下，利用这个信息代表终端节点对所接收到的路由请求进行回复，这个也可以有效减少由于频繁充溢的路由请求造成的通信成本。为了减少潜在的响应风暴（即许多节点可能都发现了通往终端节点的路径），退避技术必须实施。

不良影响主要是那些陈旧的路由可能也会被传送，因为那些旧路由必须要通过

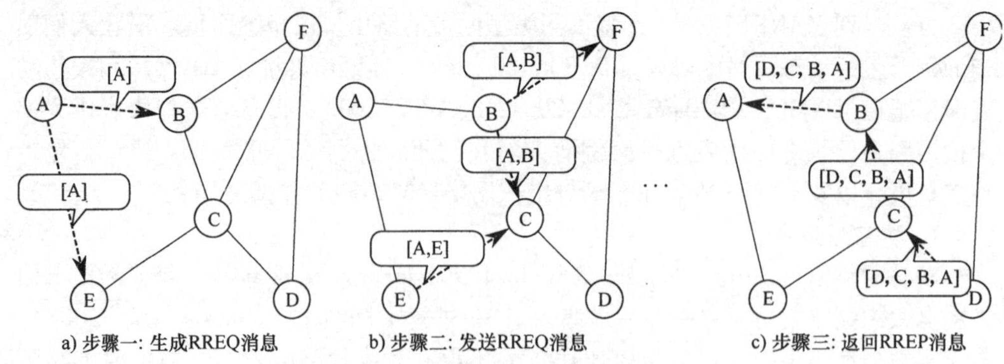

图 5-3　DSR 协议里路由发现过程

另一个路由请求的方式才能实现更新。对于快速拓扑变化这个影响变得非常严重。在高移动性的场景下，路由缓存的质量将会显著降低。动态源路由（DSR）协议并没有内置机制解决内部中断连接的修复。在路由请求上捎带数据消息可以在一定程度上帮助克服这个问题，然而可用的有效载荷大小却是非常有限的。

2. ad－hoc 按需距离矢量

人们最为熟知的被动路由协议就是 ad－hoc 按需距离矢量（AODV）协议（Perkins & Royer 1999，Perkins et al. 2003）。AODV 协议根据距离矢量的概念把表驱动路由和被动路经探索结合起来。多年来，这种协议已经被扩展，用于支持服务质量（QoS）和多路径路由。为了能够对用于 MANET 范围内的被动路由有个基本理解，在这里我们只关注其原始的版本。

路径寻找程序与动态源路径选择（DSR）很相似。路径会一直以散布路由请求信息的方式来寻找直到发现终端节点为止。反过来，它也会回复一个路由响应消息来建立路径。然而和把所有路由信息存储在探寻数据包里不同的是，所有节点都和在目的节点序列距离矢量（DSDV）方法中的一样保有路由表。对于每一条接收到的路由发现消息（路由请求或路由响应），节点会检查自身的路由表，并且如果需要的话，更新关于指向源节点或终端节点的各自相应的信息。

路由表的入口跟移除过期路由信息的超时时间相关联。然而入口会随着每一次数据包转发而不断刷新；因此超时时间将会延迟，直到路径中断或者数据包不再传输为止。序列号被用来确定路由的新鲜度以及处理那些旧的路由。

AODV 的路由建立过程如图 5-4 所示。如图中例子所示，节点Ⓐ寻找通往节点Ⓓ的路径。它首先散布一个路由请求信息去寻找终端节点（步骤一）。在寻找的过程中，所有的中间节点都会相应地更新它们的路由表，即指向节点Ⓐ的路由入口会被更新或者创建。当节点Ⓓ最终接收到了路由请求时，它会以最短路径单点传送的方式回复一个路由响应消息（步骤二）。这是能够实现的，因为所有的节点都有指向节点Ⓐ的路由表入口。当路由响应消息传回源节点时，所有参与的节点都会添加或者更新指向终端节点的路由表入口。一旦源节点接收了这个路由响应，它就可以开始转发数据包去终端节点。

最终生成的路由表如图5-4c总结所示。从图中可以看出，网络中所有节点都有指向源节点的入口，使得整个网络都充溢着路由请求消息。然而只有那些在最短路径上的节点才有节点Ⓓ的入口，因为路由响应信息是单点传送到源节点上的。

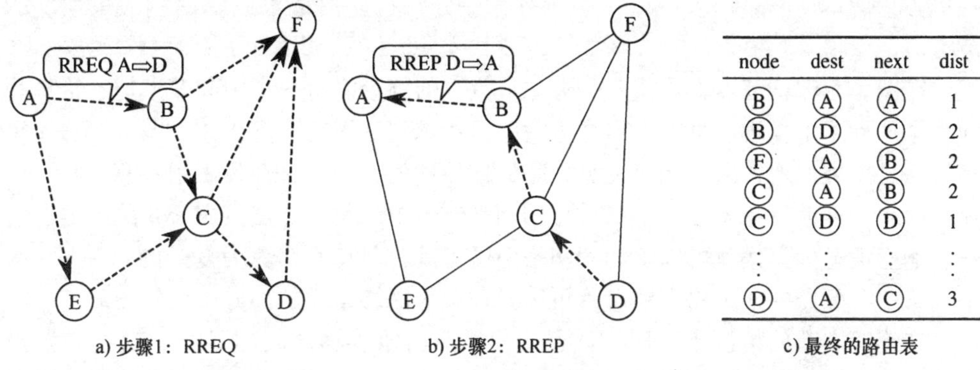

node	dest	next	dist
Ⓑ	Ⓐ	Ⓐ	1
Ⓑ	Ⓓ	Ⓒ	2
Ⓕ	Ⓐ	Ⓑ	2
Ⓒ	Ⓐ	Ⓑ	2
Ⓒ	Ⓓ	Ⓓ	1
⋮	⋮	⋮	⋮
Ⓓ	Ⓐ	Ⓒ	3

c) 最终的路由表

图5-4　AODV的路由发现过程

如果一个中间节点接收到已经处理过的路由请求信息，它会丢弃掉这个路由请求信息并停止充溢过程。为了减少充溢路由请求而产生的耗费，AODV使用扩环式搜索策略来创建路由。为了只影响一部分网络，将会依据不断增加的存活时间（TTL）值去发送路由请求。此外，如果自身路由表中已经存在通往终端节点的路径，那么将鼓励中间节点代表终端节点对路由请求进行响应。

在数据通信期间，如果消息不能转发到下跳节点，即检测到一个连接失败，这个信息将会以路由错误信息的形式通报给源节点。当接收到路由错误信息以后，源节点会重新启动路由发现程序。

在经典ad-hoc网络中，ad-hoc按需距离矢量（AODV）即使在移动性受限的网络中也能有很好的表现，甚至在没有数据包需要转发的情况下，可以通过发布连接中断报告主动提供的路由错误信息提高协议的性能。注意：Hello消息可被用来更新邻近节点信息，这在标准中也被称为信标，但是它与车联网络中的信标协议没有关系。因为所有中间节点都保有一个本地路由表，所以，它们可以立即利用这一信息，既实现了数据传递，也同时减少了因路由请求的散布而造成的耗费。在节点具有高移动性的情况下，网络成本将会大幅度地增加，这是由于连接会频繁地中断，因而路由发现程序需要重新启动。

3. 按需动态MANET

为了克服AODV协议的一些限制，并且相对于移动性有着更稳健的表现，按需动态移动自组织网（DYMO）协议应运而生了，其最初的版本于2005年发布。在第26版（Perkins et al. 2013）发布之后，它作为AODV v2还在继续发展。

DYMO协议旨在拥有比 AODV 更简单的设计，这样有助于减少参与节点的系统需求并简化协议的实现。

最重要的是，DYMO 引入了如图 5-5 所示的路径累积的概念。在路径发现过程中，路由请求和路由响应的消息会因为加入所有的中间节点而增强。这点与在 DSR 中应用的源路由原理类似。每个处理路由发现消息的节点都可以利用这一信息更新它们本地的路由表，以指向所有那些分别在路由请求或路由响应里列出的节点。

在图 5-5 中，节点Ⓐ寻找一个通往节点Ⓓ的路径。每一个中间节点把它自身的地址添加到路由发现消息上，这样最后路由请求消息里就会列出Ⓐ－Ⓑ－Ⓒ的完整路径信息。类似地，路由响应消息也是这样处理的，最终会在列表中将Ⓓ－Ⓒ－Ⓑ显示出来，这就意味着在这个简单化的网联例子中的每个节点只需一个路由请求信息和响应信息的交换就可以了解到网络中所有其它节点。在更为复杂的 ad－hoc 网络场景中，只需要几个路由消息就可以发现这个网络重要的部分。

在连接中断的情况下，DYMO 也会使用路由错误消息（RERR）。这些错误报告信息将会被传播给所有邻近节点，然后通过多路通信转发给所有可能使用相同路由信息的节点。和 AODV 协议相比，DYMO 主要受益于可以被动地了解中间节点的拓扑信息。在大多数情况下，这样可以显著地减少协议开销所造成的网络负载。

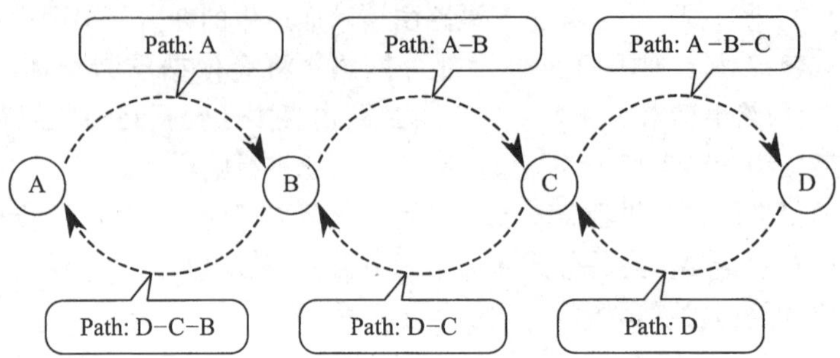

图 5-5　DYMO 的路由发现过程

5.1.3　车载自组织网络（VANET）中的应用

车载自组织网络（VANET）中 ad－hoc 路由的使用已经有很长的一段时间了。Chennikara－Varghese 曾在 2006 年发表了关于车载网络中最初的路由方法的一个非常好的调查。

我们以车载自组织网络中 DYMO 的应用为例来开始讨论 ad－hoc 路由协议的适用性。DYMO 协议可以给任意车辆之间以及移动自组织网与互联网的连接提供所有形式的通信，这使得对移动节点和静态基础设施之间的通信连接的评估特别具有吸引力。

正如我们看到的，至少可以说很难把 ad - hoc 路由应用到车载网络领域中去。另外还有两个问题需要解决，其中之一就是要让 MANET 算法能够适用于车载自组织网络。

• 移动模式与 MANET 路由算法开发中经常考虑的随机路径点或者同类模型有很大的不同。一般来说，移动性对于大多数已建立的 ad - hoc 路由协议而言都是一个很关键的问题。

• 当我们考虑 ad - hoc 路由在车载网联中所有可能应用的时候，就需要考虑解决时延约束路由。不仅仅安全应用需求有界时延，对于那些多媒体的流媒体应用，同样也需要一定的服务质量的约束。

因此，我们还要研究一些相关问题和提出的解决方案。考虑到在这个领域方向有众多的方法和大量的出版物，我们的研究讨论肯定不能涵盖所有可能的方向，但是希望在一个更高的层次上来概述这些概念。

1. 利用 DYMO 实现道路交通信息交互

正如 Sommer & Dressler（2007）所指出的，在车载自组织网络场景中的一辆车子可能已经与在主要高速公路上或者郊区环境路边的路侧单元之一建立好了这样的连接。很显然，如果可以在不依靠蜂窝网络提供的昂贵的专用信道的情况下，就可以利用互联网中几乎所有存在的资源，这种车载自组织网和互联网的结合对于道路使用者将是非常有吸引力的。

我们聚焦于从一个对使用 DYMO 的 ad - hoc 通信的可行性、性能以及局限性进行评估工作中选出的研究成果（Sommer et cit/. 2008）。特别关注能够提供道路交通和网络利用真实的场景。这主要是借助于车辆网络仿真（Veins）模拟器模拟了多种这样的场景来实现的，Veins 模拟器综合了两款熟知的分别用于网络仿真和道路交通微观仿真的仿真工具（Sommer et al. 2011b）。

这个研究的主要目的就是了解在变化的环境状况（车辆密度）和不同应用逻辑层次（集中型或完全分散型）的情况下 DYMO 路由协议的表现。

（1）评估场景

为了了解在车辆环境中 DYMO 协议的表现，我们研究了如图 5-6 所示的两种评估场景。其共同的背景就是实现了一个交通信息系统，它可以借助于车辆间通信的方式通知其它车辆一些意外停止的情况。尤其是那些已经停下来的车辆，即速度为零的车，将开始传递这一信息给其它车辆以提醒他们避开这条路段。当这个最始发起的车辆又恢复起动之后，它就会通知其它车辆这条路又可以恢复通行了。

具体的场景配置如下所述：

• 分散式交通信息系统（图 5-6a 所示）：在这里，交通信息是以事件警告信息散布的方法进行传播的，这是通过车载自组织网中超过 5 次或 25 次的跃点（取决于所选择的车辆密度）来实现的（通过一个存活时间配置）。接收到信息的车辆会进一步跟发起信息的车辆联系，去查询这个信息是否仍然是相关的。如果这个被

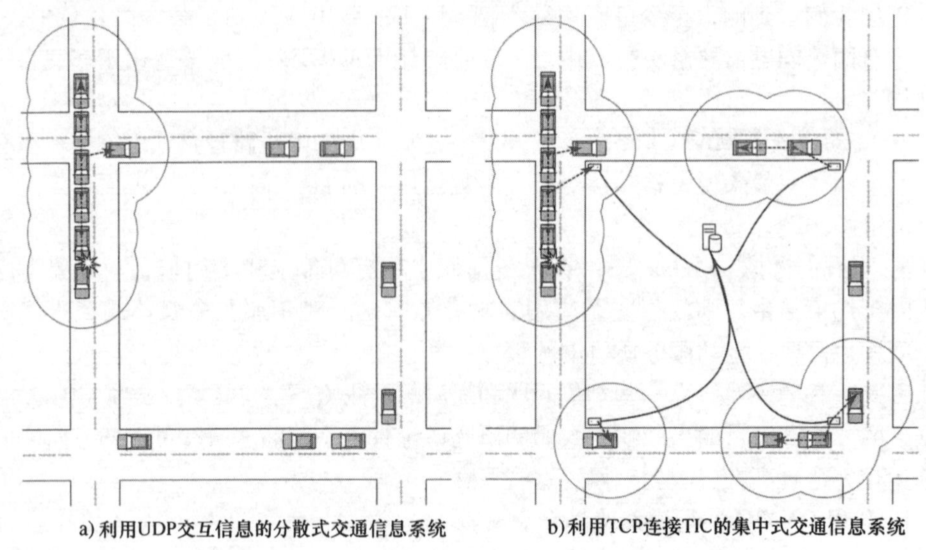

图 5-6 研究 DYMO 协议在车载自组织网中应用的场景

确认，它会在自己的数据库里将这个路段标记为堵塞状态并在道路网络中重新制定路线以躲避这个路段。

- 集中型交通信息系统 TIS（图 5-6b 所示）：在这个场景中，建立了一个到中央交通信息中心 TIC 的传输控制协议（TCP）连接。这个连接主要是由那些摆放在交叉路口的路侧单元提供的。车辆要时刻保持与中心服务器的 TCP 连接，该服务器是用来发布和撤回事件信息。根据车辆密度的不同，我们采用了两种不同的更新间隔。TCP 连接用于获取和车辆路经相关的交通信息的完整列表。

对于道路网络，我们采用了一个简单的曼哈顿网格（Manhattan grid）并研究了两种不同的设置。第一种，对于低密度场景，建立一个 5 × 5 小网格就可以让车从左上角开到右下角。第二种，一个较高密度场景，则需要覆盖一个更大的 16 × 16 道路区域。

交通障碍主要是让带头车辆停车 60s 或 240s，具体时间要根据场景而定。因为每条道路给每个驾车方向只提供一条单行道，所以节点相互之间不能超越。因此，需要通过车车间通信的方式找到一条绕过堵塞道路的路线，否则就会被堵在路上。

表 5-1 中列出的数值用于设定道路交通微观仿真车辆的参数，以建立有着不专心的驾驶人的密集市中心交通模型。对于所有的通信，一个完整的 IP 网络协议栈被模拟仿真，而无线模块被配置为类似 IEEE 802.11b 网卡，其传输速度为 11 Mbit/s 并禁用 RTS/CTS。对于节点间 ad – hoc 路由，则采用了 Sommer & Dressler（2007）实施的 DYMO。

（2）仿真结果

我们专注于从这个研究所获得的成果中的部分，进一步的信息可以在 Sommer et al.（2008）的文献中找到。特别地，我们看一个与车辆间无线通信无关的度量标准：有效平均速度。本质上来说，它反映了导出的每辆车行驶的时间，因此也就反映了所建设的交通信息系统的效率。

表 5-1 道路交通微观仿真参数表

参数	值
最大行驶速度	14m/s
最大行驶加速度	2.6m/s^2
最大期望减速度	4.5m/s^2
假定车辆长度	3m
驾驶人的误差 σ（“懒散”）	0.5

最终的仿真结果如图 5-7 所示。两幅图都以箱线图的形式分别从六种不同配置上展现了车辆行驶速度。基本情况是空闲和空白状态，分别代表着没有交通障碍和没有交通信息系统的交通行为两种情况。UDP 配置方面主要区别在使用的 TTL 不同，而两个 TCP 配置方面的主要区别在于使用的超时时间的不同。

我们首先可以观察到畅通交通情况下车辆明显要比那些短时间拥堵交通情况下的车辆速度快。与此同时，两种场景下仿真车辆间的速度分布也是和预期的一样几乎均匀。

然而，最重要的是，根据仿真比例的不同，在帮助车辆躲避这些人为制造的事件的时候，不同的车辆间通信场景也有着不同的表现。在忽略一些细节的情况下，我们可以得到结论，DYMO 似乎可以在车辆间传递交通信息系统数据，但是它的表现很大程度上取决于车辆所处的场景。概括地说：ad - hoc 路由协议中只有少数配置对于车辆间消息传递是有帮助的。

让我们来详细地看一下结果。在小规模场景中，如图 5-7a 所示，为 TCP 通信所设置的 180s 的轮询间隔已经证明太长了，难以显著地影响道路交通运行状况，而一个 60s 的轮询间隔就已经产生了明显的改善。这样的表现对于 UDP 通信场景甚至会更好，在这种场景中，如果 TTL 减少到五跳，将近四分之一的车辆将不会再因为这个模拟事件而增加行驶时间。

然而，在大规模场景中，如图 5-7b 所示，结果却几乎是相反的。用户数据报协议（UDP）通信对于道路交通表现几乎没有什么改善，相反地，两种 TCP 配置却都有着非常好的表现。当使用一个短的轮询时间时，几乎所有车辆到达其目的地甚至比在没有车辆间通信的畅通交通状况下的速度还要快，这主要归功于大量的车辆会在十字路口转向之前自动地选择好的替换路径，从而减小了交通密度并有效避免了交通拥堵。

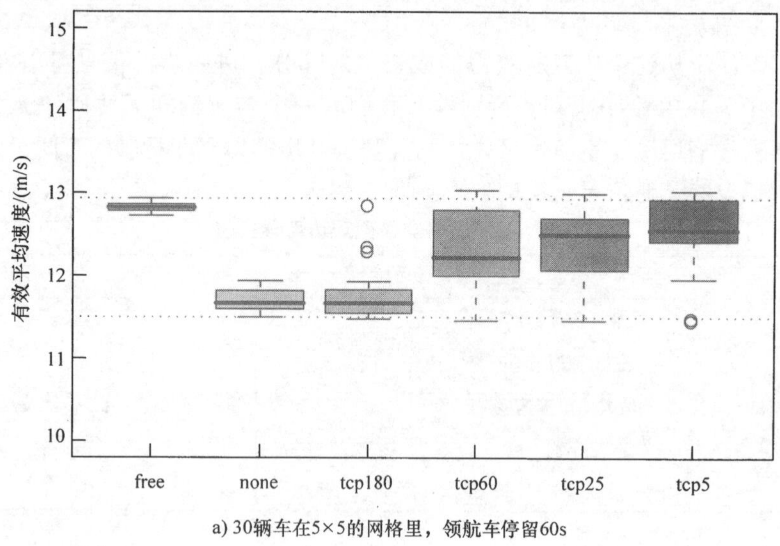

a) 30辆车在5×5的网格里，领航车停留60s

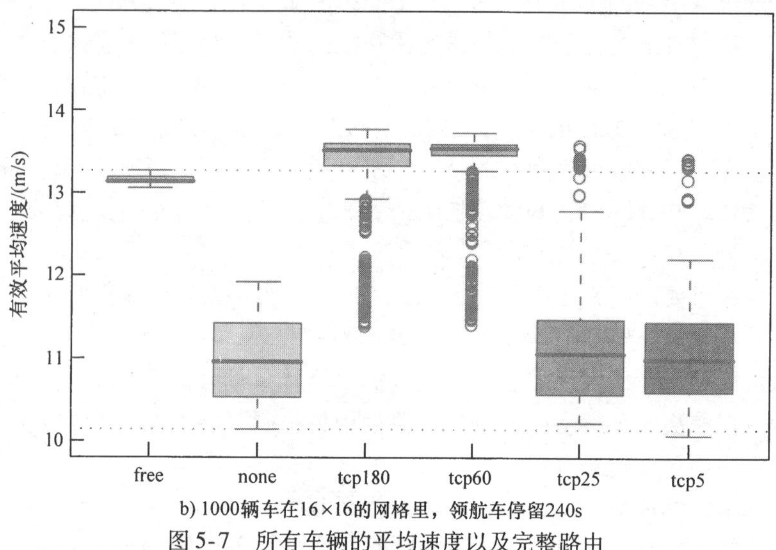

b) 1000辆车在16×16的网格里，领航车停留240s

图 5-7　所有车辆的平均速度以及完整路由

2. 移动模式

一般来说，对于所有 MANET 路由算法而言最关键的问题就是移动性。根据具体移动模式的不同，ad - hoc 路由协议很快会变得过度被动，即把大部分可用的通信资源都消耗在拓扑维护和路由路径的发现上。这是独立于路由协议的特定功能。不管是主动还是被动路由协议最终都会出现这种结局。

根据这个作为一个路由协议基础的特定概念，必须要能够兼容一定的移动模式或者程度的流动性（如：节点在场景中移动的速度）。对于一般的 ad - hoc 网络而言，这点已经被详细地研究过了（Camp et al. 2002，Bai & Helmy 2004）。存在的一个广泛共识是哪怕是对于一些中型规模的网络，高移动性总是会引发路由问题。

然而，一种路由模式的基础性变化完全改变了这种状况。在 MANET 领域的一篇开创性论文中，Grossglauser & Tse (2002) 发现了高节点移动性的更加积极的意义：移动性有助于增加 ad - hoc 无线网络的容量。更早期的时候，Gupta & Kumar (2000) 已经确定了一般容量界限。如果把节点移动性作为一个辅助功能，那么这些界限是可以移动的。

这个概念后来在最后相遇路由（LER）协议的发展中被再次利用(Grossglauser & Vetterli 2006)。LER 协议明确地依靠（高度的）节点移动性来完成节点间联系信息的收集工作。这种时空信息非常有助于将数据包路由到特定的终端节点。特别地，LER 协议还会迫不及待转发这些消息给那些最近与这一终端联系过的节点（或者一个曾经遇到过这个终端的节点）。通过充分利用这个联系信息和储存 - 携带 - 转发的通信原则，当节点在一个确定的地理区域内频繁而均匀地移动的情况下，LER 协议远胜过其它任何一种 MANET 路由协议。

这个协议还从来没有成功地应用于车载自组织网络（VANET），这主要是因为移动模式是完全不同的。关于车联网络中的移动性，车辆的移动性不仅仅受到道路网络拓扑的限制，而且还会受限于交通规则、其它车辆，甚至是行人。因此，随意路径模型的特点就不适合应用在这种场合中。早在 2008 年，我们研究了一种移动模式，它被应用于基于仿真的车辆网络中数据传播的性能评估（Sommer & Dressler 2008)。实际上，想要研究车辆的移动性需要以一种微观的方式，即需要把每一个车辆和道路网络，其它车辆以及相应的交通规则之间的所有相互作用都考虑进来。我们将会在第 6 章中详细地探讨这部分内容。

这个方面的研究也引起了移动模式感知路由概念的发展。例如移动模式路由(Hung et al. 2008）和在稀疏的车载网络中路由的理念（Wisitpongphan et al. 2007a)。尤其是后面第二个例子解决了车载网络中 ad - hoc 路由最普遍的问题中的一个：网络经常会连接中断。作者们研究了网络重新恢复的平均时间，即把节点重新连接到网络的时间，作为一个基本标准。依据到达间隔时间的概率分布特征以及基于经验数据的高速公路上车辆间间距，他们研发了第一个利用车载网络移动特性的路由协议。然而，只有一些特定场景才能使用这个协议。到目前为止，没有一款普遍的 ad - hoc 路由协议可以运作在车载网络的所有场景中。

3. 时延约束路由

要讨论的第二个问题是时延约束路由。长时间以来，QoS 感知路由已经成为 MANET 领域内一个主要研究课题。然而，为了确保一定的通信延时的上界，应该怎样处理那些特定情况或场景其实并不清楚。

在 MANET 中，最常见的解决方法集中在已经讨论过的 AODV 路由协议的扩展，即使考虑了它的主要弱点和局限，它也已然成为移动 ad - hoc 网络领域内约定俗成的一套标准。在我们这本书里不会去详细探讨这些局限性，而将主要关注其中两种协议扩展。

按需 ad - hoc QoS 路由（AQOR）是利用端到端延时作为路由度量标准的（Xue & Ganz 2003），这主要是基于一个资源预留路由和信令技术。除了端对端延时之外，它还能支持保留要求的数据速率。AQOR 已经被开发去支持日益增长的运用 MANET 于诸如音频和视频的多媒体应用的需求，为了能够提供一个适当水平的服务，这需要一定的 QoS 的支持。AQOR 背后的想法是去估测出一个异步无线环境中的可用带宽和端对端的延时。根据这个估值，就可以选择合适的路径。

自适应分布式 QoS 路由（ADQR）则更进一步，甚至可以支持多种不相交路径（Hwang & Varshney 2003）。其主要思想是利用一个路由发现算法来寻找连接时间更长的多种不相交路径。利用这个信息，网络资源预留可以和数据分布结合起来。一个路由维护算法用来去主动地监测网络拓扑的变化，因此它可以给资源管理协议提供所有的相关信息。ADQR 还提供了一个快速重新路由算法，它可以有效减少数据流和 QoS 的中断。

这两种路由概念在 VANET 中的适用性是有限的，这主要还是由于高得多而且非常特定的移动模式。Skordylis & Trigoni（2008）已经研究过至少需要一部分基础设施支持的车联网络的情况，例如沿路的路侧单元（RSU）或者无线访问节点（AP）的使用。这项研究工作产生了两种方法：延迟有界贪婪转发（D - Greedy）和延迟有界最小成本转发（D - MinCost）。总体目标就是在最小化无线传输数量的同时有界延时地将最初由一个车辆发出的消息传送到一个无线访问节点。D - MinCost 方法需要全局交通状况的信息（这可以由统计数据提供），而 D - Greedy 则不需要这样的信息。

D - Greedy 方法会不断计算每条消息的可用延时预算和距离最近的无线访问节点的距离。它假定剩余的延时预算会沿着到无线访问节点最短路径上的所有道路边缘均匀分布。基于这样的假设，每个道路边缘都会分配一个与其自身长度成比例的延时预算。同时算法还进一步假定每一辆车都会定期发送一个包含其位置、速度、朝向等信息的信标。基于计算好的延时预算以及接收到的信息，这个车辆可以在两种模式之间转换：贪婪转发到其它将较早到达无线访问节点的车辆，或者它自身携带消息朝无线访问节点不断靠近。当然，除了速度信息以外，现在这个算法还不能结合利用所有的道路交通信息，而速度信息目前是通过信标的方式来进行测量和接收的。D - MinCost 方法把这个交通统计数据结合到延时预算的计算中，可以提高每个道路边缘的估计延时预算的准确性。

当进入到视频数据流应用阶段，最近又要开始重新考虑在车联网络背景下 QoS 的局限性问题（Wisitpongphan & Bai 2013，Park et al. 2006，Asefi et al. 2010）。随着一些新兴的应用的出现，例如视频流，它可以帮助跟随的车辆即使穿过一辆大货车也能“看见”前面的情况，以提高超车动作的安全性，这就使得无线传输过程中的延迟和抖动成为了关键参数。然而，集成 QoS 特性的 ad - hoc 路由还没有大规模地在 MANET 或 VANET 中实现过。

5.2 地理位置路由

地理位置路由是MANET领域中另一种路由方法，在车联网络数据传播领域内它也被认为是一个非常有前途的可选方法（Mauveet al. 2001）。图5-8再次回访了在3.3.3小节中讨论过的一般分类，但是这里更关注基于一些特定资源的路由——在我们的例子中，即是节点的位置。

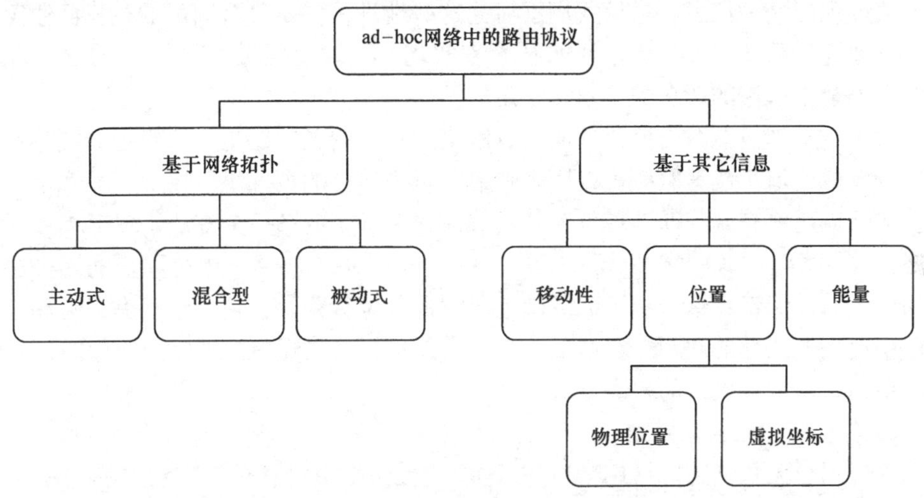

图5-8 ad-hoc路由一般分类中的地理路由

地理位置路由在概念上非常简单，它主要就是基于朝向一个确定位置（物理的或虚拟的）的消息贪婪转发。贪婪转发是指以尽可能多地向目标前进的原则来选择一个下跳节点。使用纯地理坐标则意味着根据地理距离来选择一个距离终端节点最近的节点。

另一种方法则是依赖于虚拟坐标，它可以被看作为地理坐标的替代，但却有着对于贪婪路由更好的特性。地理坐标和虚拟坐标两者在DHT中也都是关键。以一个DHT的形式把路由和信息管理结合起来甚至为许多应用提供了更多的功能去在移动网络中储存和获取信息。DHT还在点对点网络中被开发用于以一种在互联网中完全分散式的方式去存储信息（以复制的形式）。如今，这样的概念也已经融入到ad-hoc和车载网络中去了。

本节中，我们就将介绍在移动ad-hoc网络领域中已经讨论过的地理位置路由。在我们的讨论框架中，可以看出贪婪路由并不像看上去那么简单。因此，在第二部分中我们将研究在虚拟坐标环境下贪婪转发的情况。这一领域仍然是一个非常活跃的研究领域，目的是寻找到解决方案，它既能够利用虚拟坐标良好性能于贪婪转发，同时也还能保持有用的地理协调去确定终点的位置。本节的结尾我们将综述在车载网络领域内已经被引入的 Geocasting 概念（基于地理位置的数据/信息传播）。

5.2.1 地理位置路由

我们已经看到，在 ad – hoc 路由的情景中，为了能够走向最终的目的地，使用了路由表去获得关于一个数据包应该转发到哪一跃点的信息。这些路由表需要非常明确地构建起来。另一种选择就是从这些通信节点的实体布局中，即它们的地理位置，去推理出这一信息。这里我们不讨论这些地理位置是怎么确定的；我们假定利用如全球定位系统（GPS）这样的技术来实现。同时也假设 GPS 坐标的粒度和精度对在本节中讨论的所有的技术都是足够的。

大多数地理位置路由协议都还没有解决的一个明显问题是如何确定终端节点所在的位置或区域。位置服务可以用来映射节点到节点的位置。

实际应用中有效帮助地理位置路由解决这个问题的第一个方法是贪婪周边无状态路由（GPSR）（Karp & Kung 2000）。在 Kim et al.（2005）中可以找到更多这方面的信息。我们将在这个例子的基础上研究地理位置路由，它已经解决了地理位置路由中很多概念性的问题。在本书 5.2.2 小节中，讨论到虚拟坐标的使用时，我们还简要列举了更多先进的解决方法。

1. 贪婪周边无状态路由

贪婪周边无状态路由（GPSR）是地理位置路由中最著名的方法之一（Karp & Kung 2000）。正如之前已经提过的，它的主要思想就是在每一次转发跳跃中都能够尽可能多地趋近目的地。这个概念就被称为贪婪路由。另种方法就是任何一步进展都选择最近的节点，以使得传感器网络中的传输能量最小，或者利用方向性路由概念来选择角度上距离终端节点最近的下一个跳跃节点。

GPSR 中贪婪转发的概念如图 5-9 所示。在我们的例子中，节点Ⓐ打算传送一条消息给终端节点Ⓖ。由于总是选择距离终端最近的邻近节点作为下一跳跃节点，所以节点Ⓐ先转发给节点Ⓒ再转发给节点Ⓓ。从图中可以看出，三个节点（Ⓑ、Ⓒ、Ⓔ）在节点Ⓓ的通信范围内，它要选择一个合适的节点进行转发。很明显，节点Ⓔ是距离终端节点Ⓖ最近的节点，所以它将被选择，然后它将继续直接把消息传送给终端节点Ⓖ。

然而，这种简单的策略可能会导致数据包被发送到一个死胡同（或路由无效）的情况。图 5-10 描述了这样一种情景。这里，节点Ⓐ贪婪地把消息转发给节点Ⓑ，然后再发送给节点Ⓓ。但是在这个位置上却不可能继续前进到达终端节点了。想要走出这样的死胡同的基本思想就是利用“右手法则”，就像在迷宫里一样（只要用连接或未连接来代替路径和墙壁）。沿着一些虚构的墙，也许可以使得图中描绘的例子走出死胡同并进入一个能继续贪婪路由到达终端节点Ⓖ的情景。然而，这个程序在一些内墙中并不工作，在这种情况下，就形成了一个路由循环。

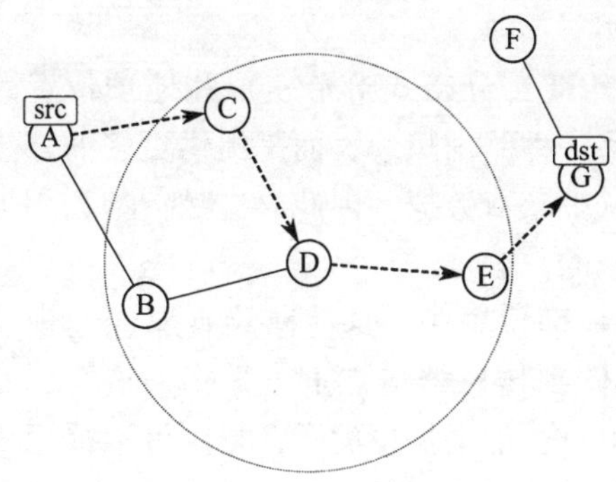

图 5-9　用于 GPSR 中的贪婪路由概念

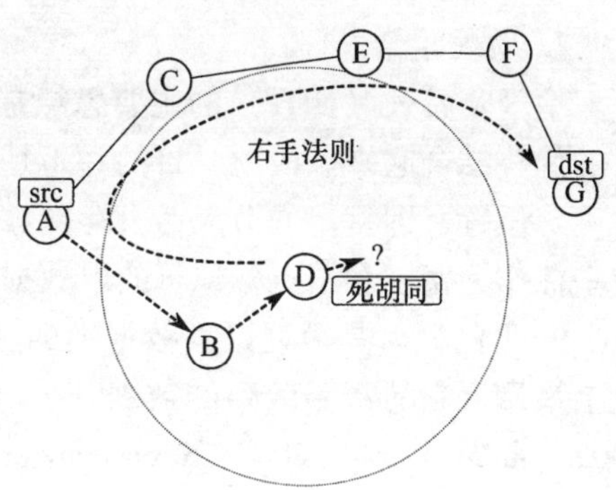

图 5-10　贪婪路由失败（路由失效或死胡同）时使用的恢复技术

GPSR 还支持一种叫做“面路由”的机制。当贪婪路由已经没有办法到达终端节点的时候，协议将会转换成面路由。在这里，一个面描述的是在一个不被这个图形的任何边框切割的平面上最大可能到达的区域。面路由使用右手法则来围绕这个面发送数据包。进入平面路由模式的位置和终端节点的位置通常一起用来作为决定何时放弃平面路由的重要参考，即转换回贪婪路由。

具体原理如图 5-11 所示。贪婪路由策略会让节点Ⓐ先转发这个信息给节点Ⓒ再发送给节点Ⓓ，这时就会出现路由无效或死胡同。利用平面信息，就可以使用右手法则通过由节点Ⓒ、Ⓓ、Ⓔ组成的内表面。从节点Ⓔ开始，平面路由结束，接下来再由贪婪路由来完成到终端节点Ⓖ的信息传送。

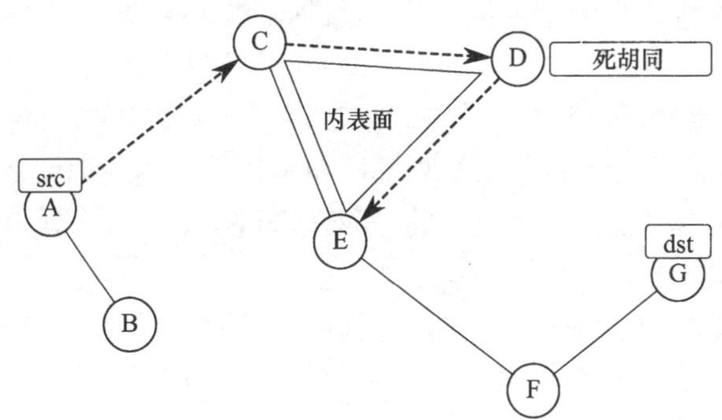

图 5-11　为消除路由无效，GPSR 中使用的平面路由

面信息都是基于一个平面图建立起来的，而拓扑控制技术可以被用来确定这个平面图。然而，这也会导致最终的协议对节点移动性相当敏感。如果节点的移动性是意料之中，那么必须要在从死胡同中快速恢复和由于持续拓扑控制引起的开销之间做出妥协。

2. 地理哈希表

地理哈希表（GHT）的主要思想是要把DHT（分布式哈希表）和地理位置路由的优势结合起来。因此，目的并不是提供另一种路由概念，而是提供更多的方法去确定位置，即特定的节点，去存储数据和从中获取数据。因此，这是一种利用地理坐标作为密钥和节点标识符的以数据为中心的方法。

GHT的概念是散列识别数据项的密钥到地理位置中，这使得只有那些地理位置上最靠近它的密钥散列的数据项才会被存储到传感器节点上（Ratnasamy et at. 2002，Shenker et al. 2003，Ratnasamy et al. 2003）。如果需要的话，复制可以被用来去提高系统在节点失败的情况下的可靠性或者去补偿节点移动性。与典型的基于互联网的DHT相似，GHT本质上给利用任何（地理位置的）底层路由协议于相关节点之间的数据传播提供了一个覆盖。根据Ratnasamy et al.（2003）中的讨论，我们假定GPSR将提供这些底层地理路由功能。

特别地，GHT使用GPSR的面（或边界）模式来为每个数据项识别主节点。哈希算法再次提供了散列一个数据项的密钥到一个地理位置的方法，这意味着这个主节点应被放置在距离这个位置最近的地方。为了复制的目的，围绕在终端节点坐标附近的面，而且按照定义它也包含了主节点，会被用来确定复制的潜在位置。GPSR可以准确地提供这一信息。

Ratnasamy et al.（2003）提出了一种边界－更新（perimeter－refresh）协议，它可以在网络拓扑变化的时候完成密钥值对的复制以及在合适的主节点上它们一致的位置。这种协议在主边界上每一个节点都储存了一个包含每一条数据项的副本。这可以通过在包含主节点的平面附近发送数据项来轻松地实现，如图5-12所示。利用更新数据包可以发现节点失效和更新的数据，它是由主节点生成并同样发送到界定的平面附近。在图5-12中，节点Ⓐ生成的一个数据项被通过GPSR贪婪路由发送到主节点Ⓓ，一个距离这个数据项的哈希密钥实际的地理位置最近的节点。节点Ⓓ又依次沿着包含节点Ⓒ和节点Ⓔ的平面发送这个数据项，使得这两个节点都存储了该数据项的副本。

GHT支持的第二种方法称为结构化复制。和边界－更新协议相对比，结构化复制可以在（地理上）甚至更远的位置上提供多层次的复制。此外，它还可以用于网络中的负载平衡。

特别地，结构化复制采用了一个密钥空间的层次结构分解。这个概念如图5-13所示。原始的密钥仍然散列在与距离最近的节点相关的特定位置上，它保有原版拷贝。对于层级深度d，将会计算这个原始拷贝的4^d-1个图像，而新增加的项目将会存储在最近的图像节点中。查询过程将会指向所有的图像节点，从原始拷贝开始，继续转向所有的复制。图5-13展示了一个$d=2$的分解以及各自的1级和2级复制部分。

为了更好地理解在实际中使用GHT的可行性，我们还需要一些附加说明。除

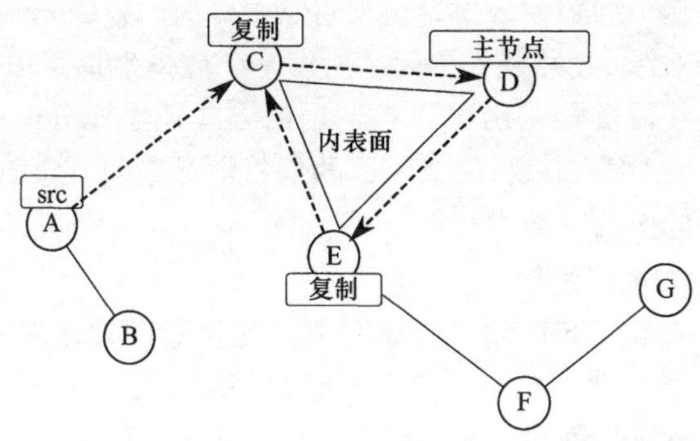

图5-12 使用边界更新协议的GHT所提供的数据存储和复制

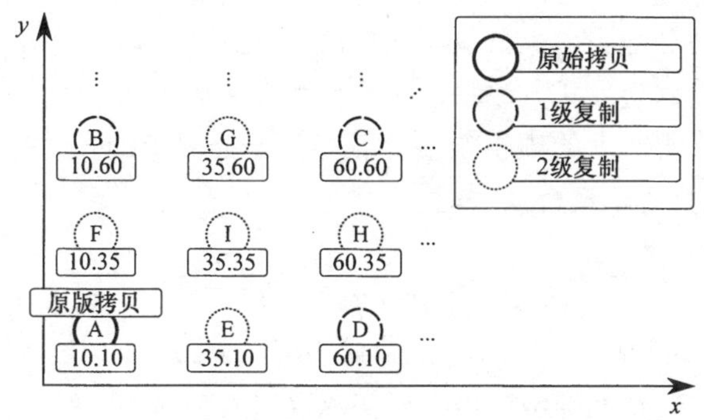

图5-13 利用地理区域内结构化复制的GHT所提供的数据存储和复制

了节点的位置信息以外，假设这是可以通过GPS或者类似定位技术来获取的，我们还必须要事先知道部署区域的地理维度，这个就需要合理地标定哈希算法，这也通常是它在车载网络应用中最困难的部分。假定整个城市或者甚至一个更大的区域，这可能会导致一个主节点会恰好在这个区域的对面，因此在向它们的主节点复本传送数据项的过程中造成大量的能量消耗。

第二个问题和现实环境中的无线电通信有关。首先，节点可能会位于最大的传输范围上，这会导致节点自发性的连接（De Couto et al. 2003，Kim et al. 2005）。另外，在车辆环境中的节点一般都不会是均匀分布的，这也是GHT开发过程中一个关键的假设。如果这个假设不成立，可以预期，将会有显著的性能下降。考虑用虚拟坐标来代替地理坐标就是为了克服这个问题。在下一节中，我们将会相比较于这种基于虚拟坐标技术来讨论GHT的性能表现。

5.2.2 基于虚拟坐标路由

正如我们已经看到的，利用地理坐标于贪婪路由是很有诱惑的，然而，路由无效的问题却经常带来很大的麻烦。因此，人们已经研究在不损失贪婪路由性能的情况下是否能够解决这个问题，最后，这使得这个路由的方法完全分布式或者自组织（Dressler 2007）。这个研究路线就引起了所谓基于虚拟坐标路由技术的发展。共同的想法就是以一种使得贪婪路由可以被使用的方式把坐标分配给节点（在某些情况下，仅限于在大的 DHT 中搜寻）。下面我们将学习这个概念和详细地研究一个选择的例子：虚拟坐标协议（VCP）。

1. 从地理坐标到虚拟坐标

实现这个目标的最初的概念之一就是无位置信息的地理路由（GRWLI）（Rao et al. 2003）。与依靠地理坐标不同的是，这种协议通过一种在直角坐标空间中嵌入节点的迭代松弛算法来创建一种合成坐标。因此，这种方法可以应用在获取不到 GPS 坐标以及其它的自定位技术（Eckert et al. 2011）会消耗太多时间和资源的场景中。开始坐标的构建是通过识别那些周界节点并把它们投射到一个假想的圆上，其中两个节点会被分配为信标节点，然后所有其它的节点会通过一种基于信标节点所测量的跳跃点数的启发式方法来确定它们相对于周界的位置。松弛算法主要是用来指定生成的网络中节点的虚拟位置。正是由于周界上的投射，著名的 DHT 算法才能与 GRWLI 结合起来进行使用。

（1）坐标变换

诸如 GPSR 和 GRWLI 协议适用性非常好，但可惜由于可能出现的死胡同现象，贪婪转发并不能保证可以到达所有的终端位置（Mauve et al. 2001）。因此，人们已经研究如何能够转换地理坐标以完全消除这些死胡同。

地理坐标的转换是虚拟坐标使用的第一步（Flury et al. 2009）。此外，还考虑了使用地理坐标和一个虚拟覆盖混合的分层方法（Tan et al. 2009）。随后，利用额外的坐标变换技术，这种分层方法被扩展以完全转换到虚拟坐标。Tsai et al.（2009）和 Watteyne et al.（2007）为我们提供了关于这种基于虚拟坐标解决方法的综合调研分析。

（2）虚拟环路由

最初的单独使用虚拟坐标的方法之一就是虚拟环路由（VRR）（Caesar et al. 2006）。这个协议把在基于 DHT 的点对点网络中使用的覆盖路由与利用虚拟节点寻址的底层路由的概念结合起来，这导致了小的路由表和保证了准确的传送——虽然不一定在最短路径上。在下一节中，我们将在另一种基于虚拟坐标路由系统（VCP）的讨论中来研究 VRR 的一些性能特性。

VRR 利用唯一性的密钥来识别节点。每一个这样的密钥都是一个与位置无关的整数值，随后它可以用来给每一个 DHT 构建成一个数字空间。受到 DHT 协议的启发（Stoica et al. 2001，2003），VRR 在一个虚拟的环上组织了所有的节点。对于路由而言，每个节点都有一个指针表用来存储到一组虚拟邻近节点的路由信息。此外，每个节点还保有一组物理上的邻近节点用来识别在直接通信范围内的所有节点。两种表都主动地得到维护。

图5-14展示了物理网络和虚拟覆盖的概念。请注意节点地址是在虚拟覆盖里以递增顺序排列的虚拟标识符。另外，节点Ⓐ的指针表也在虚拟覆盖里展示。

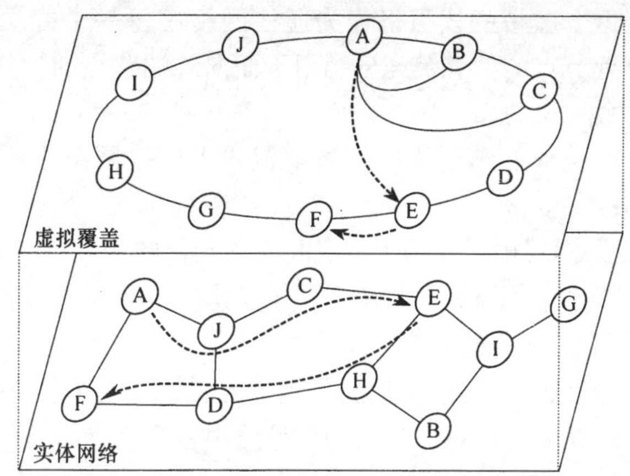

图5-14 VRR中使用的虚拟覆盖网络和实体底层网络中的节点，以及为了高效路由而在虚拟覆盖中使用的指针表

如果节点Ⓐ想要传送消息给节点Ⓕ，根据覆盖网络中的贪婪转发原则，它会首先选择其指针表中距离节点Ⓕ最近的节点（在我们的例子里，也就是节点Ⓔ）。随后它会利用底层路由信息转发这个信息到节点Ⓔ，节点Ⓔ会继续这个程序。在它的指针表中可能会有终端节点Ⓕ，即再转发消息给最终的终端节点。就像这个简单例子中展现的那样，虚拟覆盖上相邻的节点可能在物理底层网络里相互距离非常远，VRR并不能保持或识别最短路径信息。

（3）进一步优化

一些方法已经提出去解决仍然存在的一个或多个缺陷。例如：GSpring通过用一种特殊方式分配坐标系统来提高贪婪路由的性能表现（Leong et al. 2007）。它充分利用了一个弹簧和排斥力的系统来平衡在这个系统中的坐标。按同样的方式，hop-ID路由根据一些地标节点的距离来分配多维坐标（Zhao et al. 2007）。虽然系统支持随机地选择地标，但是精心挑选这些节点对于提高最终路由表现有着很大的作用。利用地标节点绕道的方式可以有效地解决死胡同的问题。最后还必须要提到虚拟坐标分配协议ABVCap_ Uni（Lin et al. 2008）。通过形成包含单向连接的虚拟环并把它们作为扩展节点来处理的方式，这种协议特别支持单向连接，然后利用真实的节点和扩展的节点来实现路由。最后需要提到的是VCP会仔细建立好虚拟节点标识符，从而使得死胡同现象在设计上就避免了。我们会在下面的章节里仔细地研究这个协议。

2. 虚拟线协议

虚拟线协议（VCP）的主要思想是以一种高效的方式把数据查找和路由技术结

合起来（Awad et al. 2608，2009a，2011）。VCP 主要是通过把所有节点放置在一条虚拟的线上来实现，这也经常用来把数据项和节点关联起来。路由机制主要依赖于两个概念：第一，这个虚拟的线可以作为通往网络中每一个终端节点的路径；第二，本地可用的邻近节点的信息被充分利用于面向终端节点的贪婪路由。

（1）构建虚拟线

VCP 协议开始会构建并随后维持一条虚拟线来连接网络中所有的节点，这样做主要有两个目的：

- 虚拟线提供了网络中任意两个节点间一条确保的路径。
- 虚拟线可以帮助分配 ID 给所有的节点，其按顺序从开始节点Ⓢ直到一个结束节点Ⓔ，两者都在 $[S,E]$ 这个编号范围内。

周期性的 hello 消息主要是用来建立邻近节点信息，它和虚拟线的位置一起是网络中路由唯一可以获取的信息。在我们讨论路由程序之前，让我们先简要地看一下虚拟线的构建。

一个节点必须预先编程作为一个初始节点，即分配它为起始位置 S。所有其它节点都在 hello 消息交换的基础上动态地并入虚拟线中。这些 hello 消息是通过本地的广播消息进行交换的，因此每个节点都可以接收到 hello 消息并随之决定可能的反应。

如果一个节点并不是虚拟线的一部分，但是却已经收到来自虚拟线上节点发来的一个或多个 hello 消息，就会触发节点加入虚拟线的进程。这些 hello 包括了邻近节点的 ID 信息和，因此，也包括它们在虚拟线上的位置，此外，还包括了后继节点和前节点的信息。

在加入一个 VCP 虚拟线之前，VCP 建议了一个预设定的延迟时间 T_{ps}。为了从尽可能多的活跃的邻近节点那里获得 hello 消息，这个延迟是必要的。

加入虚拟线本质上意味着获得了一个虚拟线位置 P，并且通过通知虚拟线上后继节点和前节点这些变化来不断地更新虚拟线的结构。

加入虚拟线的工作过程如图 5-15 所示（Awad et al. 2011）。在虚拟线上的第一个节点会以起始位置 S 来预编程。为了得到在这个虚拟线上的一个相对位置，每一个加入网络的其它节点都必须要接收到至少一条来自于已加入节点的 hello 消息。

如果一个节点只能和虚拟线末端的节点通信，即要么是节点Ⓢ要么是节点Ⓔ，那么这个新的节点将会取代这个位置。根据其之前所在的位置，这个原先的节点将会在终止值和它的后继节点或前节点之间找到一个新的位置。在那种虚拟线上只存在一个单独的节点Ⓢ的特殊情况下，先前的起始节点会被分配到虚拟线上的另一结束端 E 作为一个新的位置。

如果一个节点可以和虚拟线上两个相邻节点进行通信，新节点会在两个相邻节点之间找到一个位置而并入虚拟线中，即新节点会被分配一个介于两个相邻节点之间的编号，并成为较低位置值的节点的后继节点和较高位置值的节点的前节点。

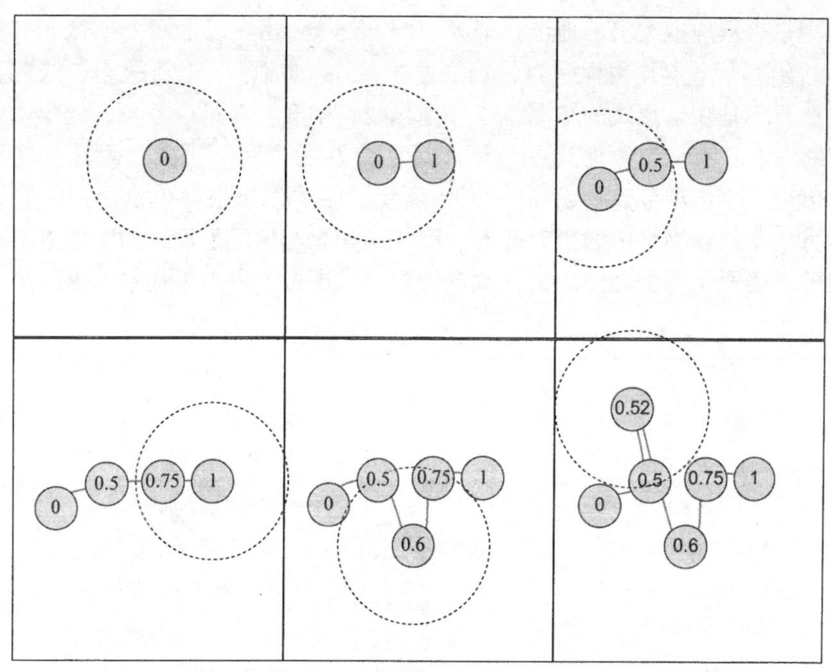

图5-15 VCP中基本的加入虚拟线的操作，以6个节点为例
[2011] IEEE重印经Awad等允许（2011）

最后，如果这个新节点只能与网络中一个节点进行通信，而且既不是在S位置也不在E位置，那么会要求这个节点去创建一个虚拟节点。如图5-16所示，这个虚拟节点会在真正节点和它的后继节点或前节点位置之间得到一个位置。新加入的节点现在就可以继续正常的加入过程并在真正的位置与虚拟线中的节点的虚拟位置之间得到一个位置。

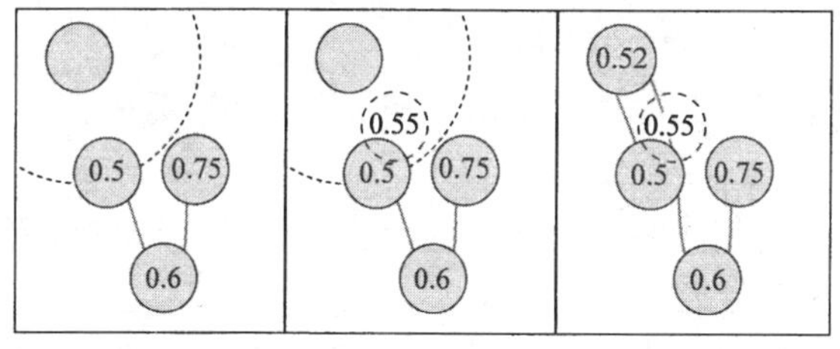

图5-16 虚拟节点的建立，一个新的节点只找寻到一个虚拟线成员，则这个节点必须在它的位置上新建一个虚拟节点来支持通常的加入程序。
[2011] IEEE重印经Awad等允许（2011）

一个确认的程序用来保证在所有参与节点之间可靠的位置交换。

让我们详细的看一下在图5-15和图5-16展现的加入虚拟线的过程。大虚线圆圈指的是加入节点以及它无线传输的范围。在我们这个例子中，我们用[0，1]的数值范围来表示虚拟线上的地址，即 $S=0$ 和 $E=1$。当在以下四个步骤上（见图 5-15）通过给一个节点预编程序为起始位置 $S=0$ 而创建了一个新的虚拟线后，节点将会被放置不是在虚拟线的结尾就是在虚拟线的中间。在最后一步，当第六个节点加入网络时，只有一个邻近节点（$S=0.5$）是在通信范围内的。因此，这个节点必须要创建一个虚拟节点，正如图 5-16 所示。主要思想很简单：虚拟线必须要以有序的方式来连接网络中的所有节点。因此，如果虚拟线上没有两个邻近节点是在新节点的直接通信范围之内的话，就会创建一个虚拟节点来平衡整个虚拟线。

表 5-2　加入虚拟线过程中的初始参数

参数，默认值	说明
起始 $S=0.0$	虚拟线上的最低位置
结束 $E=1.0$	虚拟线上的最高位置
位置 $P=N/A$	虚拟线上的当前位置
Hello 时期 $T_h=1s$	Hello 消息之间的时间间隔
设置位置延时 $T_{ps}=1s$	重新请求新位置之前的时间间隔
设置虚拟位置延时 $T_{vps}=1s$	请求虚拟位置之前的时间间隔
拥塞延时 $T_b=1s$	拥塞时期，用来防止给多个节点分配相同的位置

加入虚拟线过程的最终结果就是形成一条虚拟线，使得网络中所有的节点相互连接，即确保在任意两个节点之间都至少存在一条路径。如在我们这个简单例子中已经看到的，虚拟线很快就会变得相当复杂，尤其是在创建了多种虚拟节点的时候。事实上，虚拟线也并不需要满足任何特殊需要，即在任何意义下它并不需要高效。

后面我们将探讨在这个形成的虚拟结构中如何使用贪婪路由。

请注意：虚拟线所跨越的数值范围［S，E］也可能会被一个哈希函数用于数据存储或服务发现。

在启动阶段一些初始变量被初始化，并与默认值一起列在表 5-2 中。

（2）贪婪转发

VCP 使用贪婪路由与我们之前学习的地理位置路由中的过程很类似。特别地，在数据转发过程中使用了两组信息：第一，有关虚拟线信息，即在虚拟线上的本地位置以及有关后继节点和前节点的信息；第二，通信范围内其它节点的信息（包括它们的虚拟位置），这是通过周期性的 hello 消息来主动维护的。

在 VCP 中贪婪路由的转发过程如下：一个节点想发送消息给终端节点 D，它既可能是虚拟坐标系统中某一具体的节点地址，也可能是一个数据项的哈希值。在每一步中，当前节点 N 都会选择一个在自身邻近节点之外的并且在虚拟线上距离终端节点 D 最近的节点 N_i 作为下跳节点。

如果没有再进一步的可能了，转发过程将会终止，即本地坐标 P 已经距离 D

最近。基于已经建立好的虚拟线，VCP 路由将会找到一条通往终端节点的路径——不可能走进一个死胡同。

图5-17中举例说明了一个包含15个节点的简单网络中VCP贪婪路由的过程。在这个例子里，我们假定VCP已经建立好了整个虚拟线，这样所有的节点都有现成的相关路由信息。

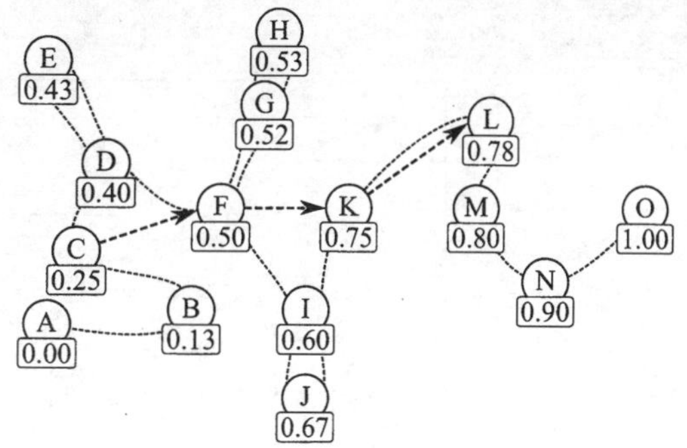

图5-17　一个示例路由路径，其使用了沿着虚拟线的贪婪路由并利用了本地附近的信息

在我们这个例子中，节点0.25想要发送一个消息给节点0.78。因此，它将会通过节点0.50向终端节点转发这个消息，这个节点是在所有实体邻近节点中具有离目标值最近的位置。然后，节点0.50将会转发给节点0.75，最后，节点0.75将会转发给节点0.78。如我们可以看到的，节点0.25和节点0.50都利用邻近节点的信息在虚拟线上找到了捷径。

在我们这个例子中，结果的路径也就是最短路径。但是其实并不一定是这样，所以我们不得不评估跟最短路径之间的典型偏差来衡量协议的表现。

我们还需要设置错误处理机制来处理类似于节点失效和节点移动性等情况。此外，数据复制策略已经被整合起来去进一步地提高整个系统的可靠性。我们不会详细研究这些，但是推荐读者自行参考VCP的原始文本（Awad et al. 2011）。

3. 性能方面

为了能对基于虚拟坐标路由的优势有一个更好的了解，我们来对比一下VCP与VRR以及GPSR/GHT的性能表现。所有的结果都是从Awad et al.（2009b）和Awad et al.（2011）中引用而来的。我们仅研究一个以网状结构部署但节点数目不同的简单场景。

（1）拉伸比

作为第一个衡量标准，我们将探讨VCP中路由概念的有效性，因此，我们将研究拉伸比，即利用VCP路由选择的路径和最短路径之间的差别。很显然，最佳值应该是1，这表示恰好就是最短路径。在我们选择的网状结构中，平均路径长度是 $\sqrt{n}-1$，最大路径长度是 $2\sqrt{n}-2$，其中 n 是节点数量。对于不同大小的网络，我们将测量从所有节点到左上角节点的路径距离。

图5-18绘制了容量在25~1000个节点的网络的拉伸比。这张图是以箱形图的形式来展现中位数以及第一和第三分位数，而带有填充的正方形则描述了平均值。从图中可以看出，拉伸比会随着网络的容量大小而轻微地增加。然而，这个增长是非常合理的，并且中位数还是保持在25%以下。相比之下，对于超过200个节点

的网络来说，VRR 拉伸比已经增长到超过 40%（这个数据并没有显示出来）。这是由于路由表中包含的后继节点和前节点互相之间距离可能很远，因此，消息传递可能会经过很多不必要的节点。

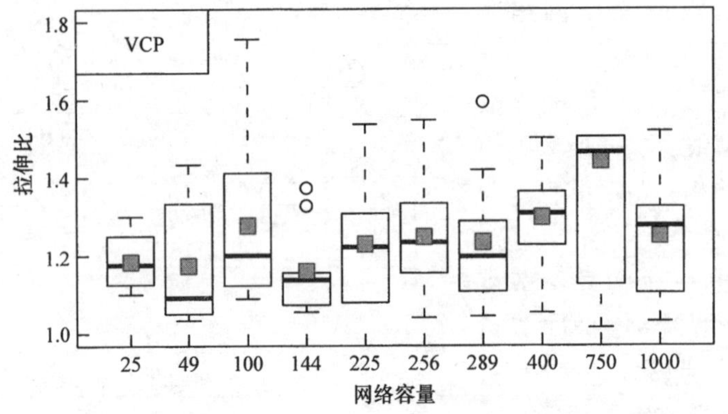

图 5-18　不同大小的网络的拉伸比。[2011] IEEE 重印，经 Awad 等允许（2011）

（2）成功率

让我们现在关注在频繁的节点失效情况下协议的表现。我们认为一个节点失效是指任何一个事件，其阻止了在一个给定的时间与某一特定节点的通信，例如：由于节点移动性造成的完全的节点失效或中断通信。

我们把节点失效建模为一个均匀分布的开关过程。在这个试验中，所研究的切换它们状态的节点的比例是从 0 到 100%。这个配置是根据 Ratnasamy et al.（2003）中描述的设置来安排的，我们将 VCP 的性能与 VRR 的性能进行比较。

观测到的 VCP 和 VRR 的成功率分别如图 5-19a 和图 5-19b 所示。从图中可以看出，成功传输的比值随着失败节点的数量的增多而降低。

VCP 可以把成功率维持在 70% 到 80% 左右。而相比之下，VRR 中成功率就下降得很快，低至 50%。看一下网络负载则显示 VRR 有着高得多的值，这也解释了 VRR 跟 VCP 相比成功率降低的原因，这主要是因为在节点失效的情况下需要更高的成本来维护指针表。

（3）数据复制性能

最后我们来研究一下数据复制性能。正如在 GHT 部分中案例分析的那样，在频繁节点失效的情况下我们依然可以实现明显的改进优化。试验的设计同样来自于 Ratnasamy et al.（2002）中的建议。当再一次模拟增加所有节点的失败率时，对于一些特定的事项会出现连续的查询。

与 Ratnasamy et al.（2003）报告的 GHT 的性能结果对比，VCP 的表现非常好，其数字对比结果如表 5-3 中所示。从表中可以看出，GHT 成功率只能达到 83%，而 VCP 却能成功地支持超过 92% 的查询。

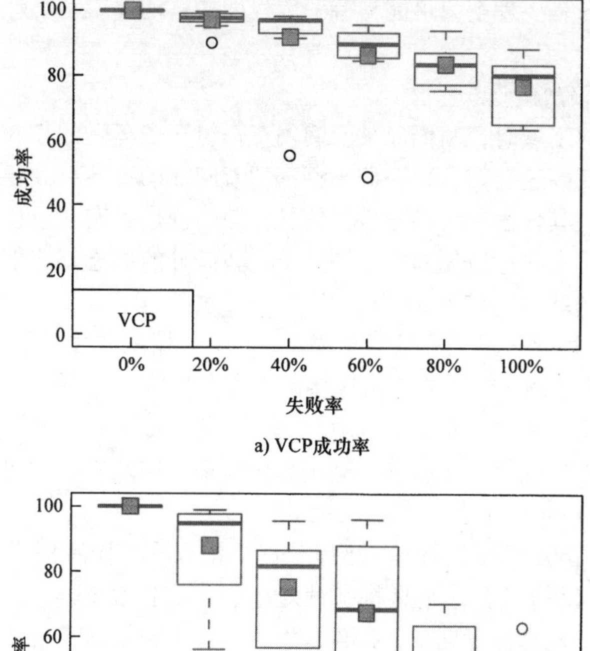

a) VCP成功率

100
80
60
40
20
0
成功率
VRR
0%
20%
40%
60%
80%
100%
失败率

b) VRR成功率

图5-19 在动态网络情况下VCP和VRR的协议性能。图中展示的是对于不断增加的节点失效比下的成功率。[2011] IEEE重印，经Awad等允许（2011）

表5-3 VCP和GHT的成功率和必要的更新消息

失败率	GHT 成功率	GHT 更新消息	VCP 成功率	VCP 更新消息
0	100%	1.6	100%	0.00
20	99.7%	1.5	99.2%	0.02
40	98.6%	1.6	95.2%	0.03
60	97.3%	1.8	95.3%	0.05
80	94.2%	1.8	95.2%	0.08
100	83.3%	1.6	92.1%	0.08

所有呈现出的结果都证明了地理位置路由和基于虚拟坐标路由两种技术的能力。网络动态化程度越高，基于虚拟坐标系统的表现就会比基于地理位置系统更

好。然而，重要的是要理解只可能支持一定程度的移动性或动态性，并需要在车载网络中增加部署。

4. 对于域间路由

在考虑车载网络域时，我们经常会遇到在一组车中车辆的相对移动性受到限制的情况。例如，在高速公路上，一群车辆都朝着同样的方向行驶。另一个例子就是依靠停放的车辆，其代表了一种分散式信息存储的理想状态，可以被来往的车辆利用和更新。对于所有这些应用而言，还需要一些额外的概念，比如在不同组或集群的车辆之间路由的能力。在下面我们会简单学习这种技术。

Chau et at.（2008）最早开始对于 MANET 中的域间路由的研究，其动机就是去了解如何可以将多种 ad－hoc 网络连接起来去交互信息。概念上，互联网边界网关协议（BGP）路由概念（Rekhter & Li 1995）应运而生了，它使得域间路由即使在移动网络情况下也变得有用起来。这个想法后来又在减少路由协议成本方面进行了优化和提升（Train et al. 2011）。

Zhou et al.（2009）研究出了一个完全正交化方法。作者提出了一种地理域间路由（GIDR）协议的概念，它是特别针对地理位置路由概念的一种开发。GIDR 协议通过利用基于地理位置路由数据包转发并结合聚类技术实现了在大型网络中的可扩展性。本质上，整个网络都被分成簇，每一个簇都由簇头来协调，由它来发布其连接性，成员和域信息给网络中的其它部分，然后簇之间会利用地理位置路由来完成贪婪转发消息。如果贪婪转发失败，数据包就会沿着发布的方向来“定向地”转发到最有希望的节点上去。

Dressler et al.（2009）最先提出了基于虚拟坐标的域间路由的概念，主要想法是给每一个基于虚拟坐标网络分配簇或者域 ID。在内部，主要利用 VCP 或 VRR 协议来实现转发消息。网络固有的能在 DHT 中存储任意信息的能力用来管理和维护域间信息（Dressler et al. 2009，2010）。本质上，每一个联系另一个域的节点（比如利用 VCP 的 hello 消息）都会把这个信息存储在本地的 DHT 中，打算传送消息给邻近域的节点会寻找合适的网关节点，并通过贪婪转发先把消息发送给网关节点再转发给终端节点。

然而这个方法依然在多种传输网络中发现更加高效的路由方面存在限制，随后这项工作逐渐扩展到定义一个框架来优化域间路由（Dressler & Gerla 2013）。特别地，蚁群优化算法（ACO）已然作为一种路由算法应用在多种网络域之间的路由优化中。

5.3 信标

我们曾在 3.3.4 小节中简单地学习过信标，即单跳广播。在本节中，我们将更加详细地研究两种静态信标的概念，SOTIS（自组织的交通信息系统）和 ETSI

CAM（欧洲电信标准协会的协同感知信息）。静态信标已然成为周期性、固定间隔的信标在车联网络中使用的术语，这意味着广播是利用固定频率创建的。这个术语有时候有点复杂：请注意我们有时候指的是频率（如10Hz），而有时候又是间隔（如100ms）。这个术语在文字运用中都是非常成熟的，两个版本都是绝对正确的，但是重要的是需要去判断在任何特定的情境中究竟应该选择哪一个版本。

5.3.1　自组织的交通信息系统

信标这个领域的发展就是从自组织的交通信息系统（SOTIS）的出现开始的（Wischhof et al. 2003，2005）。在这个系统中，关于当前交通状况的信息是通过反复对车辆信息进行应用层广播来实现传播的，这主要是依靠每辆车保有一个本地的信息库来完成，这个信息库融合了本地生成的传感器数据以及从其它参与车辆中接收到的数据，然后车辆会周期性地发送一个信标，每一个信标都包含来自本地信息库的信息。下面我们将会详细地研究这个系统。

1. 概念

SOTIS的主要想法是实现一个完全分散式、自组织的系统，在所有参与节点之间实现交通信息的交互。这对于之前讨论过的TIS（交通信息系统）有一个根本性的变化：之前，我们总是关注在传感器和一个中心TIC（交通信息中心）之间的直接互动，以及这个TIC和用户之间的直接通信接口。随着SOTIS的提出，这就第一次需要在车内直接安装好所有必要的部件。

SOTIS中基于广播的信息，交换如图5-20所示。每辆车都保有其本地的信息库。正如已经提到的，这个信息库既包含了本地生成的条目，也有从其它车辆接收到的信息。通过周期性交换信息库的方式，SOTIS可以使所有参与的车辆都更新它们有关交通的信息。假设交换的时间无限大，那么也可以假定最终每辆车都会接收到所有可用信息库的所有部分。

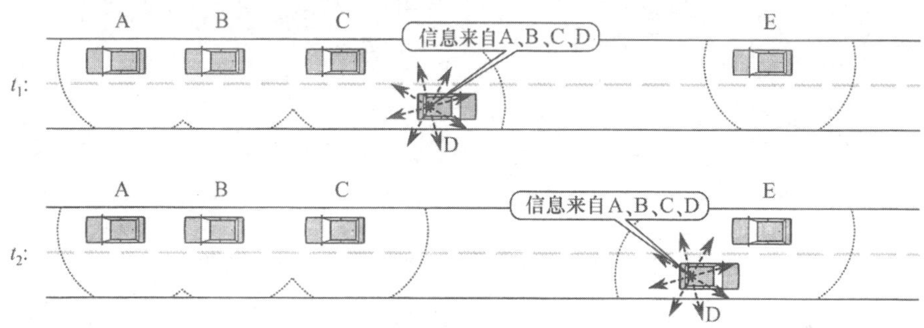

图5-20　SOTIS中基于广播的信息交换

事实上，存在一些约束条件让这件事不可能发生。首先，用来交换的时间是有限的，以及车辆间的联系在时间上也是离散的，并且还取决于车辆的移动性。其次，通信信道容量和吞吐量是有限的，因此不可能在一个交互中实现整个信息库的交换，所以我们不得不看看为了让 SOTIS 能适用于真实场景需要做哪些改变。

2. 假设和操作原则

SOTIS 系统中必须要考虑一些假设：

• 驾驶人做出的所有决定主要是受到他或她最邻近的周边信息的影响。因此，SOTIS 必须要能够提供可靠的交通信息，以及在一个相当小的范围内所有事件的元数据，例如在该车辆当前位置的 50km 以内。

• 每一个安装 SOTIS 系统的车辆都必须装备有 GPS 和一个导航装置，用来提供地图数据和为简单算法提供计算资源。当然，汽车还需要一个无线电通信设备。

• 交通信息的传播过程需要工作在普及率为 2% 的环境中，这意味着在多跳环境中将不考虑 ad - hoc 路由。

• 在交通信息的关联性和必要精度与事件相对于车辆当前位置的距离之间存在着一个基本关系，因此，随着距离的不断增加，信息粒度会相应减少（平稳下降）。

根据这些给定的假设，SOTIS 内部本质上是在一个数字地图上进行工作。这个地图上标注着道路交通信息，示例如图 5-21 所示。除了事件描述以外，每一个标签还标注了时间信息，例如描述记录事件的最初时间、最后一次更新和预估持续时间等。那些不再有效的、已经超时的、或者太陈旧的注释将会从信息库中移除。

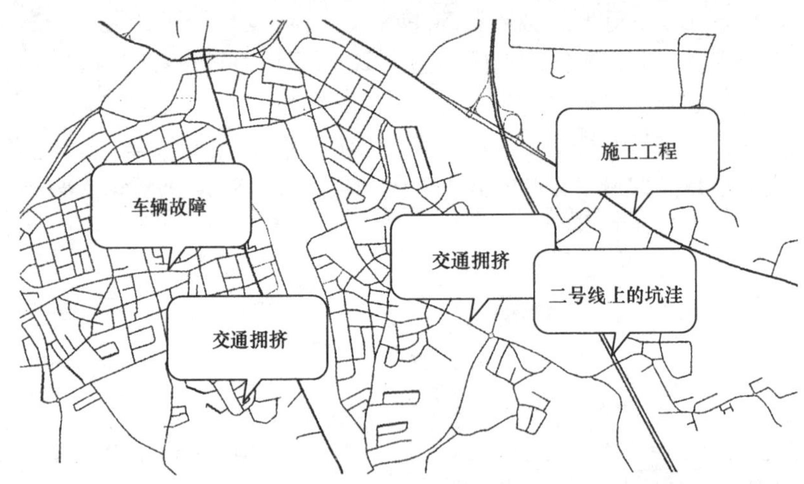

图 5-21　以在数字地图上注释的形式进行内部数据管理

通信，即完整或部分信息的交换，假设可通过 WiFi 来处理。SOTIS 以两种类型的报告而区别开来。

• 周期性报告：周期性报告的基础是一条广播消息。所有已知信息（或者一个选择的部分）都是通过一条单独的信标消息来发送给所有邻近的 SOTIS 站点，信标间隔是可配置的。

• 紧急报告：除了周期性报告以外，在一些必要情况下还需要发送紧急消息，主要区别就在于这种情况下不需要使用拥堵控制技术。

默认的信标间隔预想在几秒左右（Wischhoff et al. 把5s作为示例）。紧急报告能够立刻发送出去。对于这一点，我们假设MAC（介质访问控制）层协议保证了对信道的立刻访问，例如，通过一直为紧急报告预留一些容量。

3. 面向数据段的数据抽象和传播

信息传播的基础是面向数据段的数据抽象和传播（SODAD）。作者认为SODAD是大范围的舒适和高效的交通应用的基础（Wischhof et al. 2005）。要传播的事件信息通常都与一定的地理位置相关联。因此，为了节省网络资源，每辆车存储和传输的信息不是关于特定的点，而是关于一小段道路。

每辆车根据其与一个分段之间的距离来决定每个分段的长度（并因此也决定了信息的粒度）。SODAD中面向数据段操作的一个例子如图5-22所示。

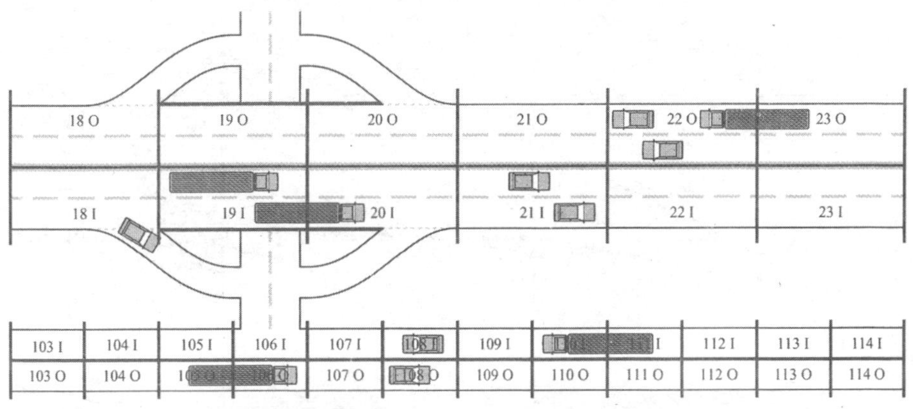

图5-22 单独分段形式下抽象地图数据的表示

每个分段的大小由车辆根据其行驶在高速公路还是乡村小路上自动选择。结合基于数据段的寻址，道路标识符允许采用节省空间的编码方式。最理想的数据段尺寸是一个相关信息所需粒度的函数。数据段越大，所能存储信息的粒度就越粗，但是用来压缩信息的聚合增益也会越高。由于设想车辆都安装有可兼容的数字地图，所以它们可以给每条道路分配一个独一无二的标识符。

除了信息编码，每个分段信息的传播是SODAD的第二个目标。协议主要使用两条原则：

• 本地广播通信：这是我们之前提过的简单的周期性信标。

• 应用层存储和转发：当选择信息库中要包含在信标中的项目时，应用逻辑就会变得相当复杂，而SODAD可以把更重要的消息和其它消息区分开来。

SODAD是完全基于WiFi的（可以参考4.2.1小节）。

4. 自主地图创建

针对那些不能假设每一辆参与的车辆都有适用的地图的情况下，作者后来提出了一种 SOTIS 的扩展（Wischhof et al. 2006)。Eckhoff et al.（2011a）对它进行了评估，而且它还被应用于安全智能交通德国测试区项目（simTD）中（Stubinget al. 2010)。这个扩展可以使车辆利用 GPS 信息在联机状态下生成道路地图并利用 IVC 以高效的方式完成信息交换。

这个过程是基于一个相距 D_{grid} 的虚拟线构成的坐标方格，如图 5-23 所示。每当一辆车穿过一条网格线（图中的①)，它会在交叉点的位置上生成一个地理参考点。为了避免位置错误引起创建虚假的点，当以一个低于预设角度 α 的角度穿过网格线的时候不会创建参考点（图中的③)。第二步，每一个参考点序列都会集合成一个地理参考表，从这些表可以得到一个近似的数字地图，它可以随后在车辆间交换。

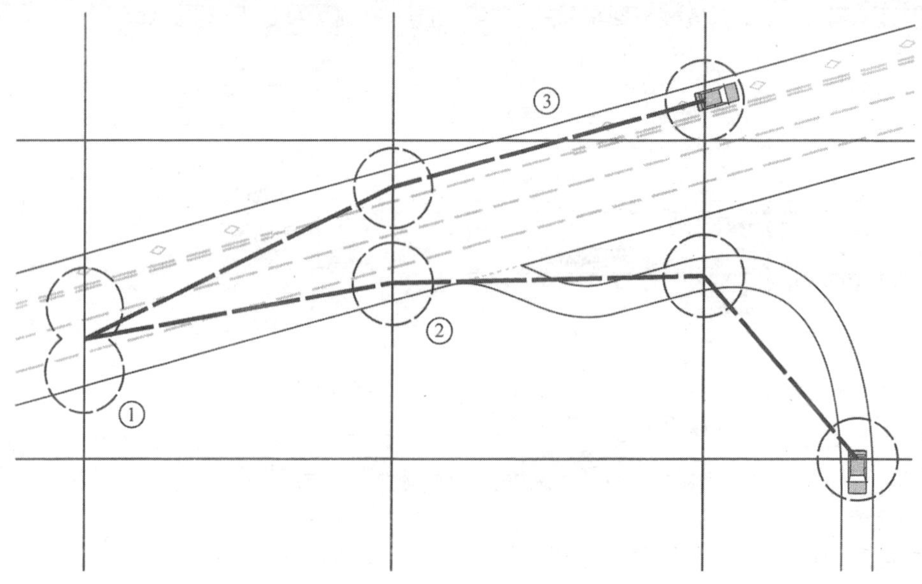

图 5-23　SOTIS 中道路地图的联机生成

利用一个简单距离度量的应用就可以防止出现创建并存储重复的点的现象。举例来说，如果一个新的点距原先存在的点的距离比预先设定好位置误差 D_{acc} 更近，并且相关联的表也在一个兼容的方向上运作，那么新的点就被认定指向相同的点，并用这个存在的点去替代之。当这个过程不能保证地图数据的匹配时，即如果位置错误超出预期的大或者网格线意外地很宽（图中的②)，它就会合理地关闭。在一个模拟试验（Wischhof et al. 2006）中，作者们表示已经实现在位置估计中生成的地图数据的平均偏差大约是均方根误差（RMSE）的一半。

因此，一个基于这种扩展的 SOTIS 方法的 IVC 通信系统可以在道路上没有部署基础设施和车辆内没有电子地图的情况下正常运行，这也少了很多的相同的部署，而信息可以通过基于道路分段的高效的数据编码来实现共享，并且在不定时发生的网络中断情况下也不会丢失信息。

5. 广播协议

在SOTIS的发展过程中，固定信标在遇到多种车辆MAC协议的同步化问题时可能会引起一些关键性的问题。正如之前提到的，SOTIS系统是基于WiFi的，这也是在当时的发展过程中唯一可行的方法，因此，作者首次提到应该考虑传输速率和传输功率的适应性，我们将在5.4节中研究这类方法。最终所实现的是一个延迟事件的技术以及增加两个后续信标之间的时间方差。

基本想法就是要区分开两类事件。

- 激发事件：这是一个事件，它缩短了直到下一次广播数据包被传送的时间。
- 缓和事件：这个事件则是增加了直到下一次广播数据包被传送的时间。

现在，对于每一个接收到的消息，如果发生了激发事件或者缓和事件都会检查信息库，这主要是通过对比每一个路段上接收到的数据和在信息库范围内它的时间标识来实现的。判断一个信息值是否比先前可用的信息有显著更新或者不同，就是基于时间标识的。

作为一个额外参数，我们还会用到距离另一辆车的传输距离。如果它高于某一确定临界值，激发事件启动，因为可以假设其它车辆将会很快穿过通信范围，因此SOTIS更偏向于通信距离上的大跳跃。

5.3.2 协同感知消息

随着智能交通系统（ITS）尤其是IEEE 802.11p协议的发展，人们开发研究了一些新的应用并将其标准化。ETSI（欧洲电信标准协会）就是这个领域中最大的参与者之一，它也正打算对这些应用的一些基础服务进行标准化。

协同感知是ETSI协议组中最重要的应用之一，它意味着所有道路的使用者以及路边的基础设施之间都了解互相之间的位置、动态以及属性（ETSI 2013b）。在ETSI的构想中，这包括了所有的车辆，如汽车、货车、摩托车、自行车，甚至也包括行人。协同感知是通过这些道路使用者之间定期的信息交换来实现的。对于这种交换，消息格式和协议都已经在CAM（协同感知消息）中定义好了。

在本小节中，我们将聚焦于协同感知消息（CAM）的初始标准化（ETSI 2013b）。与SOTIS利用WiFi形成鲜明对比的是所有的ETSI协议都是基于ETSI ITS的，即在MAC层中使用IEEE 802.11p。如果想要了解关于如何组织信道访问的更多信息，可以参考4.2节中的内容。

1. CAM协议

最初关于交换CAM的协议非常简单。假设CAM是以一定的频率周期性生成的，这个频率由协同感知基础服务所控制，而这个生成频率一般假设在1~10Hz范围内，在有些文献中达到 40Hz 频率的情况也已经考虑过。尽管如此，频率是固定的，并且不取决于当前的信道特性。因此，我们将讨论一种静态信标协议。

在考虑不同的，以及最重要的动态场景的时候，固定的信标间隔很快被证明将导致问题的出现。因此，这一概念在标准化的进程中被进一步地发展。这就引出了 DCC（分散式拥塞控制）的发展，这一点我们将在 5.4.2 小节中详细讨论。

通过 IEEE 802.11p 协议，信息将按计划在控制信道（CCH）上传输给所有的临近车辆。如果在旧的信息排队等候传输的时候，一个新的 CAM 生成了，那么旧的将被丢弃，新的将被安排顶替上去。如果信道很忙，以至于 MAC（介质访问控制）协议不能够赢得信道上的竞争，那么这种情况就可能会发生。当接收到一个 CAM 时，接收器将使内容可以被本地 ITS 应用所利用，它依次地通知驾驶人潜在的危险情况，或者甚至可能在紧急情况下触发自动反应。

2. CAM 消息形式

一个 CAM 是由普通的智能交通系统信息报头和多个内存组成的，其报头包括信息使用的协议版本、消息类型和这个消息发送者的标识。根据最新的标准版本，至少一个基本内存和一个高频内存必须存在于一个 CAM 中。除此之外，一个低频内存和其它的特殊内存也可以添加进来。所有上述内存都包含着有关产生这个 CAM 的车辆的不同类型的信息。

一个 CAM 的一般架构见于图 5-24。不同的内存定义如下：

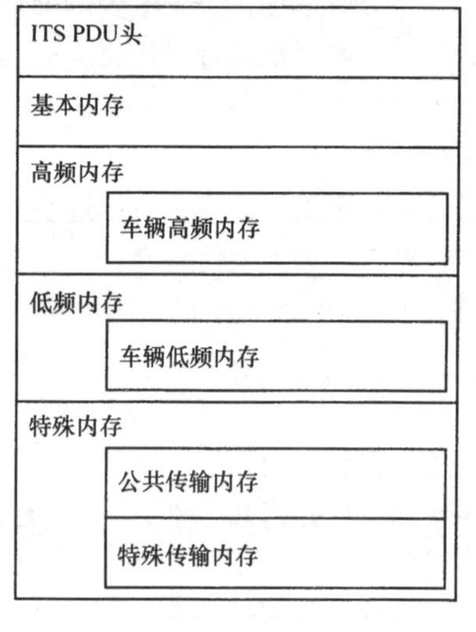

图 5-24　CAM 的一般架构

- 基本内存：车辆类型和当前地理位置。
- 车辆高频内存：所有快速变化的参数，例如车辆的航向和速度。
- 车辆低频内存：静态参数（如车辆大小尺寸）或者渐变参数（如外车灯的状态）。
- 特殊内存：被定义为公共运输、特殊运输、危险品、越野、救援设施、紧急车辆和安全车辆的内存。

5.4 自适应信标

即使 SOTIS 的设计是信标信息传输发展过程中的里程碑，但是以下三个因素限制了它直接部署在车载网络中的应用。

• 与基础设施结合：正如作者提到的，当系统的市场渗透率仍然很低的时候，信息传输显著地变慢。除了能够以一种完全缺少基础设施的方式操作以外，一种能够结合已有的基础设施的方案可以帮助弥补这一缺陷。

• 媒体共享：SOTIS 部署在 MAC 层的存取协议要求能够保证对信道的立即访问，使得可以在以舒适为导向的信息和与安全相关的信息之间共享媒介。需注意的是，通过总是预留一些为了紧急报告的容量，这一要求是很容易实现的，然而，这种静态分配意味着很大一部分信道容量被浪费了。将安全相关的信息整合到相同的协议上传输并能够与其它和未来协议共存的方法可更有效地使用信道容量，同时可以确保实现安全信息的低延时传输。

• 场景适应性：SOTIS 的作者们提出：以一种自适应的方式去确定信标间隔，而不是使用一个固定的时间表进行信息传播。综合考虑过去、现在和未来的信道使用的信息，以及整个网络的有用信息的方法，这种方法将有助于实现尽可能快的传输速率而又没有造成信道过载。

这些观察激发了大量的研究活动，旨在开发新的协议变种，这些变种可以概括为自适应信标。对于其中的每一种方法，自适应的类型各不相同，但是其目的都是相同的，即实现时间和空间上的多样化。

接下来，我们研究 ATB（自适应交通信标）协议，它是最初始的自适应信标方法之一。在这种协议中发展的概念已经被应用于开发新的协同感知协议，其依赖于 CAM 但是改变了接入方法。由此产生的 DCC（分散式拥塞控制）技术不仅仅支持信标间隔的自适应，而且也支持发射功率的自适应。我们还研究了一个相当新的被称为动态信标（DynB）的协议，它主要通过询问是否严格的拥塞控制可能会导致事关安全关键型应用中的通信延时来解决相关的问题。

5.4.1 自适应交通信标

自适应交通信标（ATB）协议被设计用来保持信道不被阻塞，即防止由于冲突导致的数据包丢失和减少信息转发时端到端的延时时间（Sommer et，al 2014e，2011c）。与 SOTIS 和 ETSI CAM 类似，ATB 利用周期性的信标来进行邻近车辆间的信息交换。新颖的方面是尝试着连续不断地适当调整信标间隔以避免无线信道的过载。ATB 的目的是小心地使用无线信道剩余的容量以不影响其它协议，即在其行为中最为保守。

自适应信标间隔为信标设计带来的好处是显而易见的，传输的可行性，而且质量主要依赖于车辆密度和渗透率（Wisitpongphan et，al. 2007a）。当静态信标方案的性能提高到可与自适应信标体系相比的程度时，将导致数据包冲突上升到一个不能承受的高数值。事实上，信道荷载还能够再高出几个数量级（Sommer et，al. 2011c）。

1. 概念和系统体系结构

在图 5-25 中，我们描绘了 ATB 的系统架构。车辆持续地交换包含 TIS 数据的信标消息。两个信息之间的间隔是根据两个指标调整：感知*信道质量*和所要发送信息的重要性，即*信息*效用。作为一个简单的规则，ATB 会努力尽可能频繁地发送信标来确保快速和可靠的传递，但同时经常检查信道质量以防止与使用相同的无线信道的其它协议发生冲突和干涉。

无线信道的质量可以用以下三个不同的时间跨度来评估：

观察最近的过载：通过计算冲突的数量，可以探测到最近的过载情况。

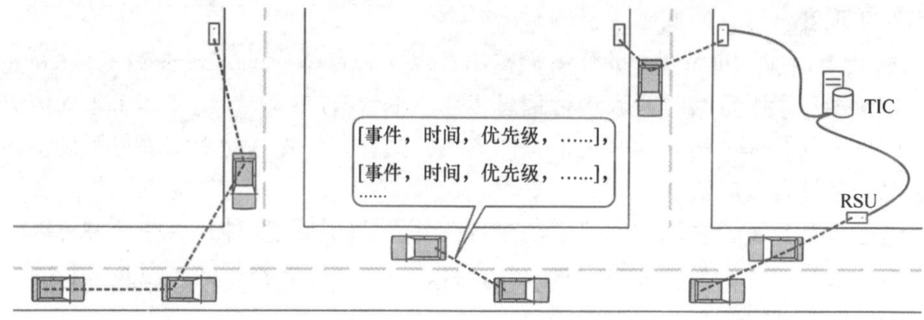

图 5-25　ATB 的系统架构

测量当前质量：信噪比（SNR）可提供当前信道状态的粗略估计。

评估未来信道负载：车辆密度是在下一个时间间隔内的预计传输数量的一个指标。

对于信息效用，ATB 进一步把信息的优先级考虑进去，它是基于信息的重要性和对其它车辆的利益的评估。简言之，信息效用是一个相距某个事件的距离以及它的紧迫性的函数。本地维持的信息库依据信息的效用而分类，因此，借助于信息的优先级，ATB 本身就能够支持延迟敏感性数据（例如正在接近的紧急车辆信息）。

除了支持参与车辆间的完全分散式的信息交换之外，ATB 也能够借助于可利用的基础设施。如图 5-25 所示，基础设施的支持可能完全缺失，或者仅仅得到一个固定支持单元（SSU）如参与无线网络的断开单元，至多一个 RSU 网络和服务器的支持。

接下来，我们简要介绍一下 ATB 用来评估信道质量和信息效用的不同指标。每一个指标是通过考虑信息效用或者信道质量的一个特定测评标准而得出的，并计算出它相对于一个固定的最大值的相对值。我们进一步说明这些指标是如何共同工作去调整信标间隔，并介绍节点是如何管理它们的本地信息库的。

2. 自适应信标间隔

ATB 计算被称为间隔参数 I 的值，随后用这个参数去调整信标间隔。ATB 使用信道质量 C 和信息效用 P 来计算间隔参数，像所有的 ATB 参数指标一样，较小的 C 和 P 的数值分别代表一个较好的信道质量和更高的效用。间隔参数 I（范围在

[0, 1]）可以根据以下公式计算：

$$I = (1 - W_I) \times P^2 + (W_I \times C^2) \tag{5.1}$$

这里C和P是以平方的形式包含其中，它使得与环境条件的关系足够敏感。利用一个间隔加权因子W_I设定两个参数的相对影响，间隔权重因子W_I也被用来为不同的MAC（介质访问控制）协议变型版本去标定ATB。

图5-26中给出了在$W_I = 0.75$时，I与不同的C和P值的对应关系，从经验数据来看，这个值已经证明可以使ATB在一个广泛的场景中正常工作。可以看到，只有在信息效用最低和信道质量最差的时候，间隔参数为1，在其它情况下，I迅速降到低于0.5的值。

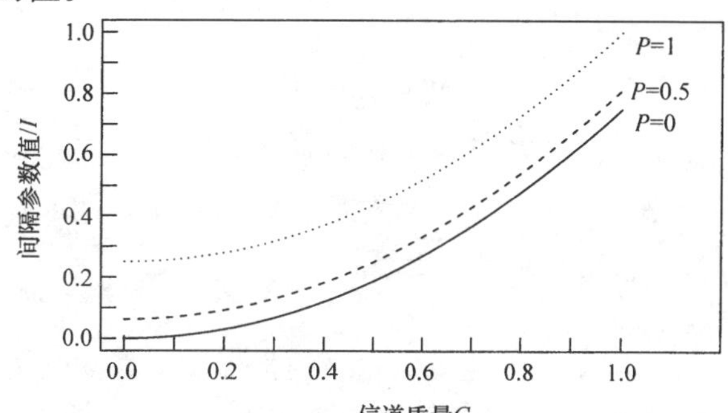

图5-26 对应于不同的信道质量C和信息效用P的ATB间隔参数I，这里间隔权重$W_I = 0.75$

根据间隔参数，信标间隔ΔI可由下式导出：

$$\Delta I = I_{\min} + (I_{\max} - I_{\min}) \times I \tag{5.2}$$

式中，$I_{\min}$和$I_{\max}$分别代表信标间隔的最小值和最大值。

（1）信道质量C

信道质量C被设计为一个表示用于ATB传输的信道资源的可利用性的指标。ATB从大量可能的测量值中选出三个互补参数，即使额外的和更先进的指标可能会提供更好的性能，这些参数已经能够很好地服务于ATB，在三个已提及的时间尺度上评估信道的质量。

根据在上一次时间间隔中观察到的冲突或数据包错误的数量，信道上最近的负载可以被评估出来。ATB的主要目的是确保在没有冲突或微不足道的冲突的情况下实现拥塞感知通信，即不会干扰使用相同的无线信道的其它协议或者使用ATB的其它车辆。这一度量指标可用下式来描述：

$$K = 1 - \frac{1}{1 + \#\text{碰撞}} \tag{5.3}$$

当前传输质量的评估是感知到的上一次传输的信噪比（SNR）。如测量已经显示的，如果SNR下降到25dB以下（Rivera et al. 2008），WiFi通信的错误率将会快速增加。因此，这一度量指标可用下式来描述：

$$S = \max\left\{0;\left(\frac{\text{SNR}}{\text{SNR}_{\max}}\right)^2\right\} \tag{5.4}$$

其中 $\text{SNR}_{\max}=50\text{dB}$，所以在 SNR 等于 25dB 时，这一度量指标已经下降到 $S=0.25$。

ATB 最终需要预测在下一个时间间隔中其它传输的可能性，为了达到这个目的，它利用了车辆密度（即临近车辆的数量）来估计拥堵的可能性（临近的车辆越多，同时传输的概率就越高）。这一度量标准可以由下式来描述：

$$N = \min\left\{\left(\frac{\#\text{neighbors}}{\#\text{neighbors}_{\max}}\right);1\right\} \tag{5.5}$$

最后，信道质量 C 可用下式计算：

$$C = \frac{N + w_C \times \dfrac{S+K}{2}}{1+w_C} \tag{5.6}$$

这里因子 $w_C>1$ 被用来加权测量到的参数 K 和 S 更高于预测的拥堵率 N。这使得 ATB 算法对冲突和较差信道状态极度敏感。

（2）信息效用 P

信息效用 P 是一个信息重要性或优先级的指标。信息的效用越高，对于尽早和频繁传输信息的要求就越高。简言之，信息效用允许节点按照这样一种方式来安排下一次传输顺序，即拥有高优先权信息的节点将会优先发送。

本质上，这一标量可以从两个测量中得出，第一，我们可以测量出车辆距离事件 D_e 的距离，这是信息效用 P 最直接的指标。在测量接近度时，这个标量将车辆的当前行驶速度 v 以所估计的行驶时间的形式考虑进去了。根据最大信标间隔 $I_{\max}$ 来标定 D_e，并以下式计算：

$$D_e = \min\left\{\left(\frac{\text{到事件的距离}/v}{I_{\max}}\right)^2;1\right\} \tag{5.7}$$

根据最大信标间隔 $I_{\max}$ 来校准，利用地图和位置信息，这一距离预测可以得到进一步提升（Lee et al 2010b）。

第二，ATB 计算信息年龄 A，这样就允许更新的信息传播得更快，信息越陈旧，它被散发的频率就应该越低（受限于最大信标间隔 $I_{\max}$）。信息的年龄可以根据式（5.8）来计算：

$$A = \min\left\{\left(\frac{\text{信息时间}}{I_{\max}}\right)^2;1\right\} \tag{5.8}$$

在确定复合效用标量 P 时，D_e 和 A 具有相等的值。

为了结合基础设施元件（如路侧单元）并充分利用它们向其它接近相同交叉口的车辆或在高速公路上跟随的车辆发送信息的能力，ATB 也允许车辆利用相对下一个路侧单元的距离 D_r 作为一个附加的测量量。D_r 描述了与下一个路侧单元的接近度，如下式所给出的：

$$D_r = \max\left\{0;1 - \sqrt{\frac{\text{RSU 距离}/v}{I_{max}}}\right\} \tag{5.9}$$

在其内部，ATB 必须观察信息已经传播得有多好。只要上一个信标收到了来自路侧单元的信息，这种方法确保了如果它缺少车辆搭载信息，则可以快速地转发信息送到这个本地的路侧单元。考虑有多少发送的信息不是通过一个路侧单元而接收，那么这个因子可由下式计算：

$$B = \frac{1}{1 + \#\text{未知词条}} \tag{5.10}$$

然后，信息效用 P 可以由下式计算：

$$P = B \times \frac{A + D_e + D_r}{3} \tag{5.11}$$

这一数值总是用于计算在信息库中具有最高效用的 TIS 数据。

一个详细的对于所有在这里讨论的参数灵敏性分析可见于（Sommer et al 2010b）。

3. 基础设施元件的灵活使用

ATB 已考虑使用所有可供利用的基础设施元件，例如路侧单元，即使集成的 TIC 也得到 ATB 固有的支持。原则上，ATB 激活车辆和 ATB 激活路侧单元使用相同的方式进行操作。

所有的路侧单元参与信标过程并根据相同的规则调整信标间隔。一般说来，ATB 同时支持完全通过骨干网络连接的路侧单元和作为独立系统运行的 SSU，例如 Lochert et al（2008）描述的一个用太阳能电池供能的自主操作。

如果路侧单元通过一个骨干网络连接，那么这个连接用来通知其它路侧单元关于所接收的交通信息。其它路侧单元使用与借助于无线通信接收常规信标相同的流程，相应地依次更新它们本地的信息库。它假设所有的路侧单元不仅知道自身的地理位置，而且知道相邻的路侧单元位置。

路侧单元和车辆的主要区别在于信标间隔的计算。路侧单元不能预测到一个事件，例如一个交通拥堵点的行程时间，因此一个路侧单元的信息效用的推导将会忽略所有基于距离的测量，它最后可以按下式计算：

$$P_{RSU} = B \times A \tag{5.12}$$

所产生的间隔参数 I_{RSU} 如以前一样可由式（5.13）得出：

$$I_{RSU} = (1 - w_I) \times P_{RSU}^2 + (w_I \times C) \tag{5.13}$$

最后，但同样重要的是，路侧单元能够被连接到一个或多个中央交通信息中心（TIC），与车辆和路侧单元不同，TIC 传播接收到的 TIS 数据。使用相连接的路侧单元的可利用地理拓扑结构信息，只有相关的（即地理上关联的）信息被传播到每个路侧单元。

4. TIS 数据管理

沿着自组织交通信息系统（SOTIS）的概念设计，ATB 维护着在每一个参与车辆或路侧单元的当地数据库，它包含了所有收到的交通信息。ATB 也同样遵循自组织系统的设计规则。为了保持交通信息系统（TIS）的可扩展性，不相关的信息的传输需要被抑制。

另外，就是假设车载单元（OBU）有充足的内存和处理能力，各种各样所接收到的条目的集成仅仅用于为本地事件维持细粒度信息，而为其它数据则维持粗粒度的信息。

然而，ATB 的运作独立于用来选择数据库词条和它们的集合的策略，所以相关文献中的诸多方法中的任何一个都可以被应用实现。我们不深入地研究集成技术的细节问题。这些论题的详尽处理方法，以及信息存储维护的概率分布体系均可以在文献（Lochert et al 207；Schwartz et al 2014；Lee et al 2010b）中找到。

ATB 最初的提议，如图 5-27 所示，需要一个更直接的方法，并为每一个路段仅存储最近的信息，即新的信息元素既可更新一个已存在路段的记录（部分或整体），又可以添加到信息库中。信息库随着收到的每个信标而更新，其中每个信标可能包含多种的信息元素。在一个信标中将被发送的词条则根据它们的年龄$\delta_{t_{\text{entry}}} = t - t_{\text{entry}}$而优先排序，距离一个事件的接近度 t_c 等于到事件的距离/ v，距离下一个路侧单元的接近度 t_r 等于路侧单元距离/v。从这些测量参数，每个词条的优先顺序可以根据下式计算出：

$$P_{\text{entry}} = \delta_{t_{\text{entry}}} - t_c + t_r \tag{5.14}$$

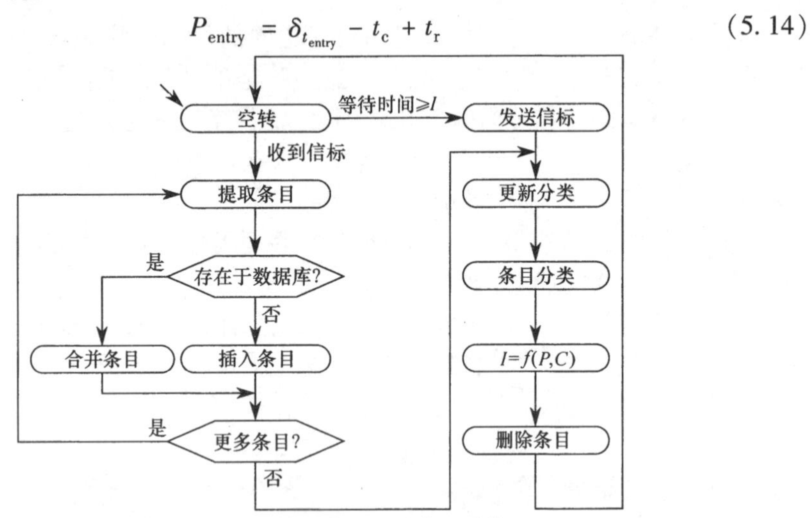

图 5-27　ATB 知识库处理的核心功能

使用计算出的优先级，可以通过选择在单一 MAC 帧中能够容纳的尽可能多的词条来生成信标消息。最初，ATB 曾经使用了一个拥有 1500B 的最大传播单元（MTU）的 WiFi，从列表顶部选择词条，即从具有最高优先级的词条中选择。

这种运作方式将明显有助于最重要消息的快速传播，但是，它也可能导致一些因不能纳入单一广播数据包的词条将完全不能被传输。因此，需要更精细的选择策略，正如 Schwartz et al（2014）所讨论的。

在一个信标中的单一词条至少包括以下元素：事件类型、时间、位置、优先级和路侧单元标识符。因此，在收到信标后，信标的每一个词条都与本地数据库作一简单比较，如果该事件是未知，这个词条将被添加，否则，它将被适当地更新。每次更新会导致所有词条优先级的重新计算，以及下一个信标间隔的计算。

5. 在微观上的表现

所有 ATB 的实际应用都是根据它们的本地规则而工作的，因此，根据自组织系统的规则，ATB 在系统层面上的总体表现取决于各个节点的本地表现。所以，让我们首先借助于一个简单的例子来研究在微观上 ATB 是如何表现的。

让我们以图 5-28 所示的简单情景为例（Sommer et al 2011c）。在被观测的时间间隔的起始阶段，车辆 A 感知到一个新的事件，随后它会利用 ATB 的信标机制告知所有的临近车辆。假如，一段时间后，恰好在车辆 A 的范围之外的车辆 F 也将感知到一个新的事件，并且它将进行分发。在我们的例子中，车辆 B 到车辆 E 始终在车辆 A 的通信范围内。

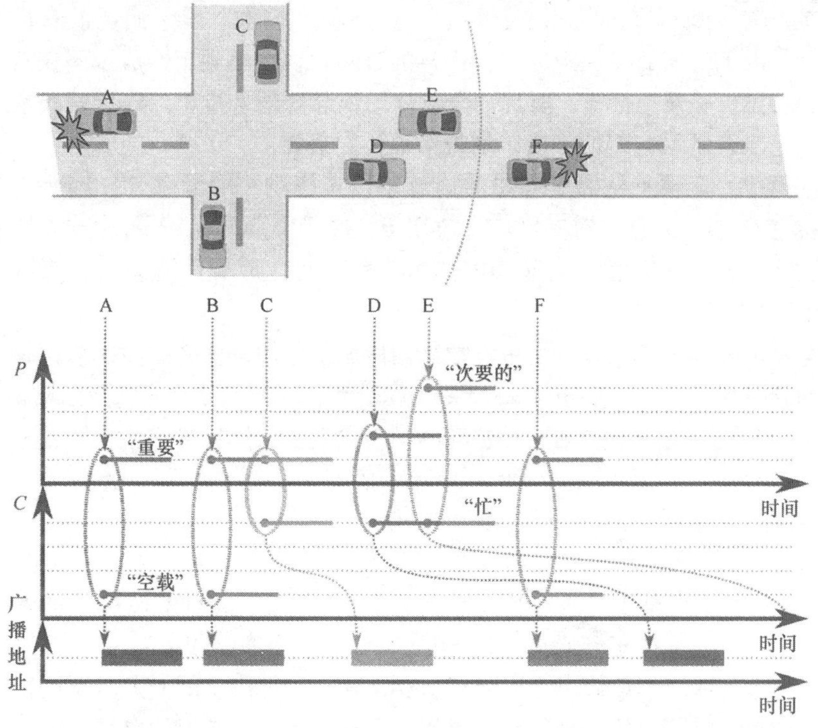

图 5-28 ATB 使用简单情景在微观上的表现（上）；我们在时间轴上画出了指标参数 P 和 C 的变化（下）[2011] IEEE 重印，经 Sommer（2011c）等人允许

图 5-28 也以一个时序图的方式演示了这一场景是如何展开的。请注意：小数

值的 C 和 P 分别代表空闲通道和高信息效用。从上到下，我们标出了 ATB 的四种度量标准：首先，当一个词条被插入一个车辆数据库的时间，即一个新的事件建立的时间（车 A 和车 F）或者一个广播被接收的时间（车 B、C、D、E）。其次，我们标示了 ATB 用于计算信标间隔的信息效用标量 P 和信道质量 C 的值。最后，我们标示了一个事件在信道上传播的时间。

正如观察所示，当车辆 A 登记了一个新事件，它将被标记为一个高信息效用，即 $P \approx 0$。在本例中，在这一时间点信道是空闲的，即 $C \approx 0$。因此，车辆 A 为它的下一次传输选择了它的最小信标间隔，几乎是立即将这一事件传播出去了。

不失一般性地，我们假设车辆 B 是第一个处理这个广播接收的车辆（考虑到传输延迟、操作系统和其它系统方面的因素），即准备好首先再次广播，然后紧接着是车辆 C。因此，因为信息效用和信道质量都建议了一个小的信标间隔，车辆 B 立即传输了它的信标。然而，车辆 C 在一个短的时间间隔内观测车辆 A 和车辆 B 的信标，于是推断出一个更高的信道质量 C 的数值。按照当前的算法，它通过增加信标间隔来做出反应，由此稍微地推迟了事件的传播。

现在，车 A 到车 C 的信标也已经被车 D 和车 E 接收，但它们还没有再次传播这一消息。由于增加的事件距离和发生过的时间，现在两辆车造成了不仅是一个进一步减少的信道质量指标 C，而且一个较低的信息效用参数 P，这样就导致了它们甚至更进一步地延迟它们的传播，使得信道暂时空置。

在本例中，车辆 F 获得了理想的信道条件来传输一个新事件。因此，它将期望信道质量 $C \approx 0$，并且同时考虑信息效用 P，这里假设 $P \approx 0$，因为该事件刚刚被创建，这使得车 F 选择了一个最小值作为信标间隔，所以它能够立即传播一个包含了这个新事件的信标。

这个例子说明了所选择的度量参数如何协调工作使得在必要时能够保持节点传输信标的频率高，而且在信道上的冲突次数很低，这帮助了 ATB 适应高度动态的网络环境——同时既是主动的又是被动的。当然，每个信息可以包含多于一个事件的条目。

6. 宏观上的表现

Sommer et al（2010e）已经研究了 ATB 在宏观层面上的影响，对于这个试验，使用 Veins 模拟器来模拟车辆（见 6.2.3 小节）。在这个试验中使用了一个人为制造的交通阻塞，去促使车辆通过 ATB 相互交换关于阻塞路段的信息，以使得接收者可以动态地改变路线以绕过交通堵塞。相似地，已解决了的交通阻塞的情况也会触发路径的再次计算以检查现行路径是否是到达目的地的较短的路径。目的是评价与静态信标相比 ATB 表现如何。

图 5-29 描绘了这个试验的结果，对于范围在 30 ~ 1000ms 的各种信标间隔，ATB 的性能表现与静态信标的性能进行了对比，从而设定 ATB 的界限相应地为最小值 $I_{\min} = 30\text{ms}$ 和最大值 $I_{\max} = 10\text{s}$。

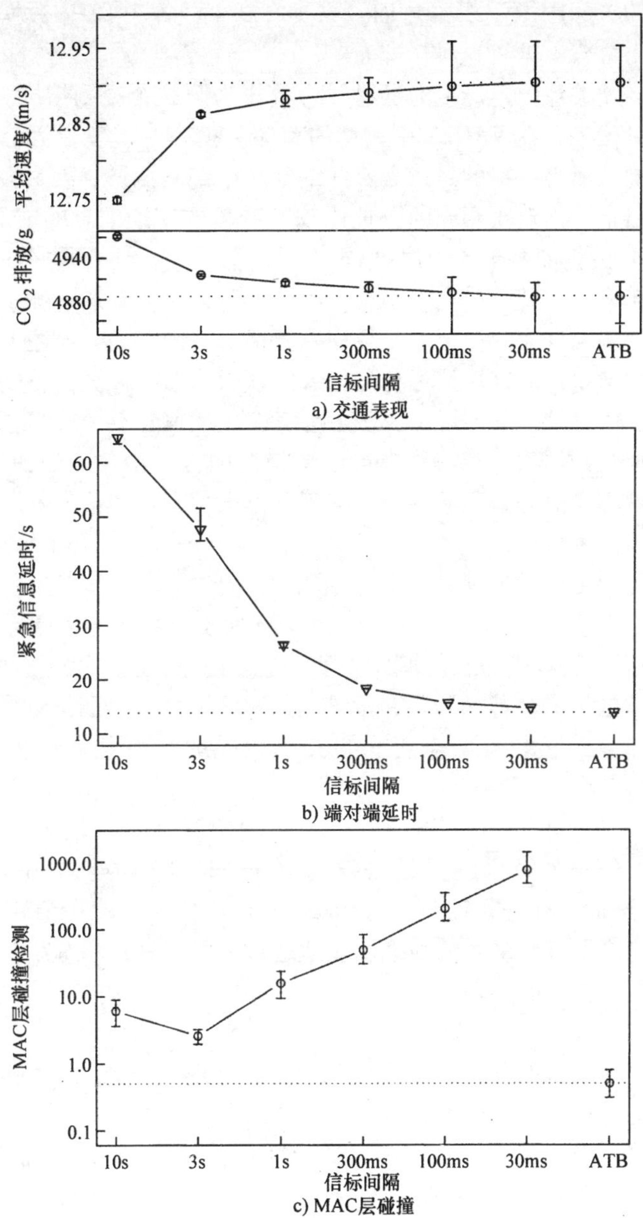

a) 交通表现

b) 端对端延时

c) MAC层碰撞

图 5-29　对于不同信标间隔，ATB 与静态信标相比较的表现

［2011］IEEE 重印，经 Sommer 授权（2011）

让我们首先来检查 TIS 运行对车辆速度和 CO_2排放的影响。结果如图 5-29a 所示，它给出两个指标的 10% 和 90% 分位点的平均值，只有当使用信标间隔为 1s 时其结果才可与 ATB 的相比较。另一方面，与具有高于或等于 10Hz 数据率的静态信标相比，ATB 似乎并没有改善这种情况。

因此，我们必须关注由此产生的延迟并将其作为第二个观测指标。如图 5-29b 所示的这一延迟，代表了在 VANET 中典型的存储 - 携带 - 转发行为，这受到车辆流动性的极大影响。值得一提的是，需要仔细地评估绝对测量，因为丢失的信息无法在图表中表示出来。当对于相同的设置比较所产生的交通信息的端对端延迟时，我们可以看到 ATB 的性能甚至比使用 30ms 间隔的静态信标还要稍好一些。

这一结果看起来与直观感受完全相反，因此，我们也需要通过测量每个接收到数据包的冲突数量来检查无线信道的负载和阻塞情况。图 5-29c 描述了在一个对数刻度图表上显示的结果：周期性信标总是导致了显著数量的冲突，特别是对于间隔小于 1s 的信标。与此相反，ATB 小心地管理信道以使其运转在低于拥堵临界值，因此也几乎很难观察到任何冲突。这也可以解释说明延迟测量。因为 ATB 可以保持信道在低于拥堵临界值的情况下工作，信息可以根据它们的信息效用很容易地被转发。

从这些结果我们可以看出具有一个周期明显小于 1s 的静态信标允许一个类似范围和质量的 TIS 信息交换。然而，正如图 5-29c 所示，由静态信标导致的冲突数量在较小周期内以指数形式增长。ATB 在所有被调查的场景中明显地表现良好。因此，我们得出结论：ATB 能够成功地管理无线电信道的访问接入，而且根据使用的质量指标，如果其它装置或应用开始分享相同的无线通道，这个结论仍然成立。

ATB 的影响也与分布式的车载广播（DV - CAST）进行了比较（见 5.7.1 小节），例如，与带有一个组合的洪泛法发送（Flooding）和延迟/中断容错网络（DTN）方法的自适应信标进行比较（Sommer et al 2011c）。就一个新的事件通过稀疏网络的传播速度而言，ATB 的表现明显地超过 DV - CAST，而且它还能够在密集网络的情景中覆盖更大的一块区域。

7. 公平性

然而，仍有许多遗留的问题。ATB 协议是假定能以一种公平的方式对待所有的参与节点，但是，这不能保证被交换的信息的选择。为了支持能够公平地分配可利用的信道容量给所有的节点，公平和自适应数据传输（FairAD）恰好关注了这个问题（schwartz et al 2012b 2014）。

在控制网络负载的时候，FairAD 的主要目标是实现数据效用公平地分配于整个网络。它是由两个主要部件组成：

- 基于公平数据传输（FairAD）（Schwartz et al 2012a）的分布式公平数据选择机制。
- 基于 ATB 去控制传输到网络的信息比率的一个自适应周期协议（Sommer et

al 2011c)。

消息的选择是基于一个效用函数，对于一个给定的应用，一个数据信息的效用指的是一个车辆通过接收此信息所获得的益处。一个信息的效用是根据当前车辆背景下一辆车对信息内容感兴趣的水平来进行计算的。例如，如果一条信息包含了车辆的最终目的地的信息，那么这个应用可能考虑给这一消息一个高的效用。然而，从另一辆驶向不同目的地的车辆的角度来看，这个相同的信息可能被认为是几乎不相干的。

这一语境知识可以被分为以下类别：

- 移动性语境，其范围从一个车辆的完整的路径到车辆行驶的方向、速度、历史行程等。
- 数据语境，包括数据信息优先级、年龄和地理区域等。

为了实现相邻单位的效用公平，提出了一个考虑到车辆个体利益的分布式数据选择机制。FairAD 依赖于出自博弈论的纳什议价解（NashJr. 1950）。这一方法在公平和效能之间实现了一个折中。公平指的是车辆间效用性分布的均衡，而效能指的是总的分布的效用。

5.4.2 分散式拥塞控制（DCC）

研究结果显示了自适应信标的必要，这是在 ETSI 中 ITS 标准化工作发展过程中得出的结论。其目的是通过访问对当前信道环境敏感的无线信道来提供大规模的阻塞控制。在我们写作的时候，这一进程还没有得出结论，所以我们只能就目前的状况给出个报告。

1. 欧洲电信标准协会的分散式拥塞控制（ETSI DCC）

自适应信标间隔和自适应发射功率选择，这两个概念在分散式拥塞控制（DCC）的发展中找到了自己的方式进入目前的标准化努力。ETSI CAM 被指定为包含显著信息的信标的重复传输，这些显著信息包括车辆的 ID、位置、速度，但也包括少量不很明显的数据，如转向指示灯指示的状态（ETSI 2013b）。为了不使信道过载，ETSI ITS DCC 访问控制机制（ETSI 2011）注意去限制传输的速率、功率、幅值等。

DCC 访问控制工作在网络层下（接入层），连续地监测一个节点的发送统计以及节点周围的信道情况如下：发送统计保持跟踪记录发送数据包的数量，包括副本，以及 RTS/CTS 和 ACK 帧。通过对在固定时间间隔（例如：1s）过程中信道繁忙部分忙碌率 b_t 的测量以及保留这些测量的一个简短的历史数据，来对信道环境进行监视。

b_t的值根据具体的执行来确定。在 ETSI（2011）中概述了下面的参考过程。在测量间隔（例如 1s）过程中，对信道反复地进行检查其是否繁忙，每次检测包括了在一个很短时间内（如 10μs）信道上的平均功率水平，以及这个平均功率水平与默认的清晰信道评估（CCA）的临界值的比较（ETSI 值为 -85dBm）。信道忙

碌的分数 b 是以报告了一个忙碌信道的探测的百分比来计算的。

ETSI 智能交通系统（ITS）的 DCC 支持各种规模的自适应：

• 传输速率控制（TRC）与 ATB 所引入的方法非常类似，想法也是当信道变得拥挤时减少信标间隔。

• 传输功率控制（TPC）指的是控制传输功率以替代信标间隔，这样可允许本身增加空间分集，因此在一个较小的通信范围内增加无线信道容量。

• 传输数据率控制（TDC）控制无线连接的数据率。以减少容量为代价，较低的数据率支持了较高的可靠性。

• DCC 敏感性控制（DSC）采用了 CCA 机制来解决当地的信道阻塞问题（需注意的是这个修正的 CCA 阈值不适用于 b_t，的测量，在这里总是使用相同的值）。

• 传输访问控制（TAC）引入了一个传输队列管理策略来支持不同的信息优先级。TAC 实际上镜像了位于更底层的增强的分布式信道访问（EDCA）队列排列。

接下来，我们主要关注 ETSI 的 TRC 和 TPC，其基本上控制了信标的过程。

2. TRC 的初步探讨

ETSI ITS 对 DCC TRC 机制进行了标准化（ETSI 2011），以使其能根据一个状态机来调整 I，它的一个简化的版本如图 5-30所示。状态转换由观测到的信道忙碌时间 b_t 驱动。给定一个抽样间隔 T_m，这意味着 b_t 是信道在 $t-T_m$ 和 t 之间检测到忙碌的时间的分数。

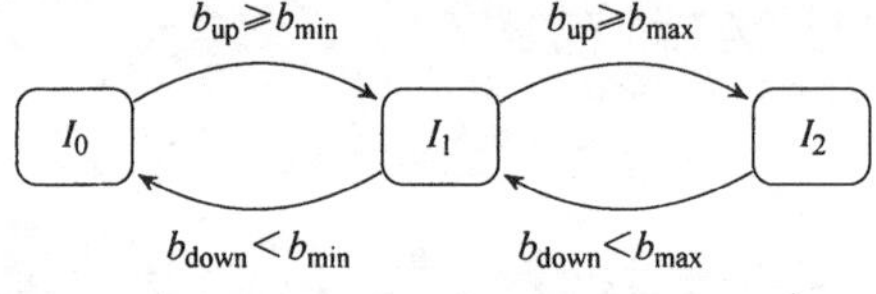

图 5-30　一个 TRC 算法的状态机的简化版本

T_{DCC}是状态间决策间隔（即状态变换在每个 T_{DCC}之后出现），而 T_{up}和 T_{down}是过滤（时间）窗口，用于分别地决定是否增加或减少间隔。这些时间参数 T_{DCC}、T_{up}和 T_{down}都是 T_m 的整数倍。

这个算法的决策变量是

$$b_{up} = \min\{b_{t-T_{up}}, \cdots, b_t\} \tag{5.15}$$

和

$$b_{down} = \max\{b_{t-T_{down}}, \cdots, b_t\} \tag{5.16}$$

两者都与阈值 b_{min}和 b_{max}进行比较。表 5-4 给出了 ETSI ITS 参数的默认值。此时，不考虑更多的关于 DCC 的操作，三种状态中的每一个可以对应｛I_0、I_1、I_2｝中的一个不同区间，如图 5-30 所示。

表 5-4　对于简化的 TRC 的样本参数

参数	值
I_0，I_1，I_2	0.04s，0.5s，1s
b_{min}，b_{max}	0.15，0.40
T_M，T_{DCC}	1s，1s
T_{up}，T_{down}	1s，5s

在静态情况下，这种方法证明可以成功地管理信道访问，即使以信道负载中同步振荡和明显的信道容量利用不足（Werner et al 2012）为代价。然而，在高度动态的情况下，此算法也可以导致相反的情况的出现：信道明显过载，因而会造成数据包丢失。这个问题已在一个更复杂的方案开发过程中得到解决。

3. 全功能 DCC

当前 DCC 存取控制的强制限制是由当前信道所处的状态决定的。为此，DCC 存取控制保持了一个状态机，它将三个基本状态中的一个分配给这个信道，即活跃、空闲或限制。每个状态都与一组既可用于 MAC 也可用于 PHY 的参数相联系，控制功率、幅值、载波检测阈值和信标的周期性。对于活跃状态，如果信道环境改变，那么许多不同的子状态中的任何一个将被选中（4 个用于服务信道，1 个用于控制信道）。

图 5-31 显示了这个状态机，对于 CCH 空闲状态和限制状态都没有分别对每个访问类型改变设置，而不同的在活跃状态中的传输功率设置将影响访问类型。

状态转换的时间仍然依据信道忙碌时间 b_t 触发，即根据观测到的媒体的忙碌时间。状态之间转换的实现是通过检查 $b_{min,1s}$（过去一秒里 b 的最小值）和 $b_{max,5s}$（过去 5s 里 b 的最大值），然后如图 5-31 所示地改变状态。

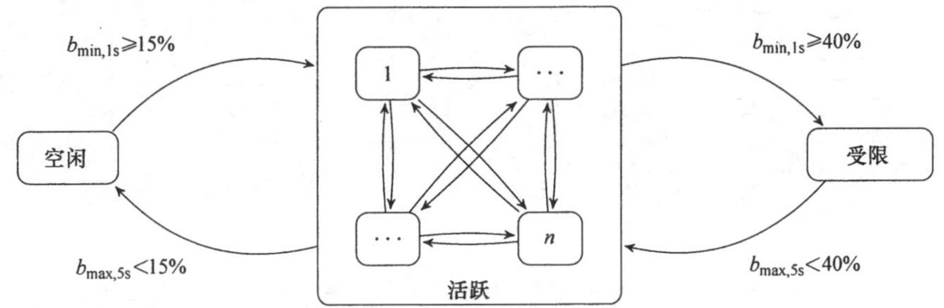

图 5-31 ETSI ITS DCC 状态机

当前信道的信道状态通知给了几个 DCC 访问控制的子系统。这些是在前面已经提到的控制机制：传输率控制（TRC）、传输功率控制（TPC）、DCC 敏感性控制（DSC）、传输数据率控制（TDC）和传输访问控制（TAC）。在 ETSI（2011）中给出了这些限制的参考参数并列于表 5-5 中。总体来看，这些机制允许依据可利用的资源，灵活地采用一个节点的复合信道。

表 5-5 对应于 CCH 的 ETSI ITS DCC 状态机状态的参考参数

状态转换阈值 （$b_{min/max,1s/5s}$）	空闲 15%	活跃	受限 40%
TPC：最大功率	33dBm	20dBm①	-10dBm
TRC：最小间隔	0.04	不变	1s
TDC：最大比率	3Mbit/s	不变	12Mbit/s
DSC：CCA 阈值	-95dBm	不变	-65dBm

① 只应用于 AC _ BE，AC _ VI 不变，AC _ VO 为 25，AC _ BK 为 15。

4. 协议的性能

一些研究 ETSI ITS 性能的工作已在出版的文献（Werner et al 2012，Eckhoff et al 2013b，Vesco et al 2013）中提到。

（1）自适应信道负载

接下来，我们看一下由 Eckhoff et al（2013b）报告的试验结果，这结果表明了 DCC 在无线信道上控制负载的能力。

在第一步，为了更好地理解 MAC 层的机制如何影响信道环境，作者研究了信道负载。图 5-32 给出了在一个具有中等车辆密度和不同渗透率的三车道高速公路枢纽场景下，所测量到的信道忙碌率 b_t。

通过观测信道忙碌时间，使得 ETSI ITS DCC 的控制良好，所以信道负载很好地保持在饱和状态之下（图 5-32）。在不考虑车辆密度和渗透率的情况下，信道忙碌时间大约在 10% ~25% 的数量级之间。

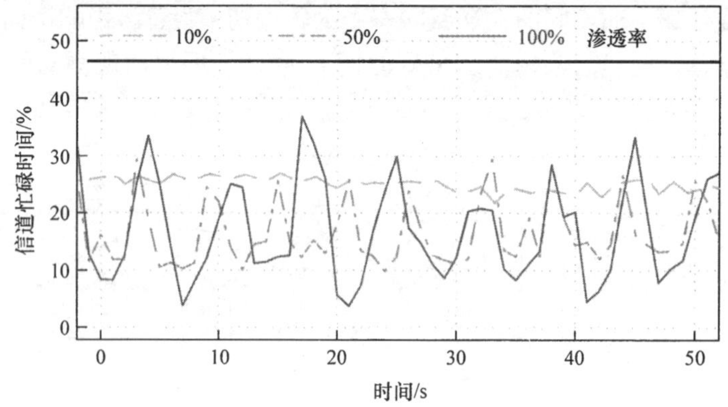

图 5-32　以信道忙碌率 b_t 的形式所测量的信道负载

然而，这系统显示了一些振荡。当在低渗透率时这曲线几乎变成一条直线（约在 25%），但是信道负载随着更高的渗透率而越来越动荡。尽管全部的信道容量可以被利用，但是在更高的渗透率情况下，DCC 并不能总是高效地利用可使用的带宽。在高渗透率时观测到的平均信道负载甚至比所有车辆中仅有 10% 装备了车载单元（OBU）的情况还低。

这一结果可以从两方面讨论：第一，ETSI ITS DCC 明显地借助于自适应信标系统使得信道不被阻塞。它小心地利用可使用的资源和遵循一格非常保守方法。第二，观测到的振荡暗示在某一个周期里信标间隔明显太长，这将导致额外的延时，它可能抑制安全关键型预警信息。在 5.4.3 小节中，我们再次讨论了这个问题。

（2）潜在的振荡

最有兴趣的结果之一是在给定一个足够高的节点密度和渗透率时，DCC 在各状态之间频繁地振荡。这一表现完全与应用场景无关，而且可以在局部以及从一个全局的角度观测到。

图5-33显示了这一表现情况。状态机持续地切换它的状态，从空闲–激活–限制–返回，其转换间隔接近于一个状态转换必需的最小延时（图5-33a）。这些转换立即影响了信道负载，由此造成只要观测到信道负载反复地超过信道负载阈值时，这个系统就进入一个循环。

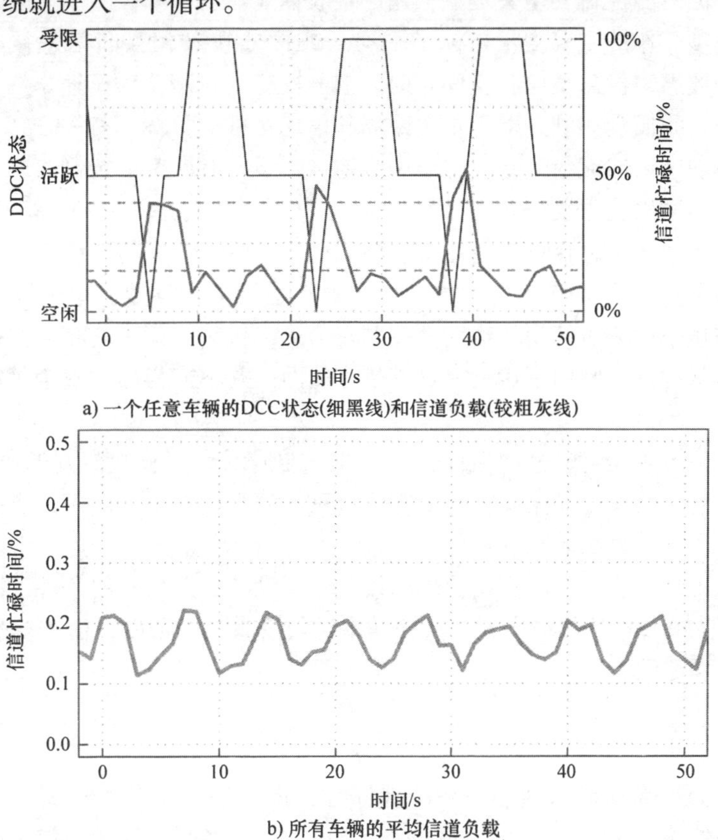

a) 一个任意车辆的DCC状态(细黑线)和信道负载(较粗灰线)

b) 所有车辆的平均信道负载

图5-33 由ETSI ITS DCC的状态机导致的本地和全局振荡波形

［2013］IEEE重印，经Eckhoff等允许（2013b）

这些振荡也可以从全局范围观测到（图5-33b），在相互联系的车辆群中，节点趋向于使它们的DCC状态转换同步，由此使得全局观测到的信道负载周期性地增加和减少。

造成这样的原因在于不同DCC状态的参数化。限制状态对一个节点的介质访问有很大的影响，可以减少每秒可能的数据包数量到1个，同时改变传输功率值为–10dBm。车辆在限制状态时几乎不再尝试接入信道，可能使得它们暂时对其它车辆完全消失了。

（3）联合传输率和功率控制

尽管对于基于信标系统给出了多种阻塞控制方法，它们能够在多大程度上帮助将车辆安全通信从理论到实际仍然是未知的。最关键的问题是确保可扩展性，同时又不牺牲安全苛求应用的功能。

Tielert et al. (2013) 退后了一步来研究潜在的基本优化问题，即周期性信标的传输功率和传输率将如何被适配，以使得一方面能防止信道出现过饱和现象，同时，另一方面也能优化安全关键型应用的接收性能。

用于这项工作的主要度量指标是平均（或百分数）相互间信息接收时间，它可以基本描述感知信息系统在空间与时间上的性能。在一个对于速率和功率组合的参数研究中，我们观测到：对于每个距离和信道负载的目标，有一个特定的传输功率使得总体的协议性能最优化，更进一步地，对于所有研究的控制策略，就接收性能而言，必须做出重大妥协。

Tielert et al 针对组合功率和速率控制策略提出了一个新的建议，它要比标准化的 ETSI ITS DCC 系统简单，它允许系统有效地逼近最优参数。这个系统首先选择一个适当的速率，然后使用传输功率控制作为第二机制。就平均相互间接收时间而言，结果非常有希望倾向于接近最优结果。然而，并不能得出对安全关键型预警消息的保证。

对于个体车辆而言，平均值或比例数并不能揭示出能够观察到的对它的影响，因此，对于安全关键型应用就很有可能错过重要的最后期限。此外，有关接收器位置的信息必须对于算法是可利用的（或者一个目标距离的定义）。对于在不同的距离或者在城市环境复杂的阴影情况中的接收器，没有如此最佳的条件。因此，正如 Tielert et al (2013) 的结论所言，传输功率控制没有多大帮助，而传输速率控制则成为主要的控制因素。

5.4.3 动态信标

到目前为止所有考虑到的自适应信标方式都是假定最优的（即不被阻塞的）信道环境。然而，由测量结果支持的理论建模方法已经明确地证明信号遮蔽和衰退可能显著地影响临近车辆间的无线通信（Sommer et al 2011a；Mangel et al，2011b；Boban et al 2014）。这不仅仅是因为建筑物和其它车辆的遮蔽，而且也是由于真实环境里天线的所有（但除了均匀辐射以外）的辐射模式所产生的结果。接下来，我们将研究这一影响。我们证明，固定周期信标以及由标准化组织（如 ETSI）目前建议的适度反应的自适应方法都不能够应付由阴影引起的增加的网络的动态。

1. 动机

阴影效应不仅导致了新的挑战，例如如何确保安全苛求应用的低传输延迟和高效率应用的大范围数据传播，而且提供了一个固有的减少信道负载的机会。作为一个结果，一个新的动态信标方法，即动态信标（DynB）（Sommer et al 2013）已经被开发出来了。相比于 ETSI 采用的机制，即 TRC，这一方法表现得好很多。DynB 为新一代的动态信标解决方案的出现铺平了道路，即对在网络中的动态变化做出更积极的反应，举例来说，这些动态变化可以是由于随时间变化的信号阴影效应而引起的。

由于其低劣的自适应性能和控制算法的粗糙设计，DCC TRC 机制表现欠佳。在 DynB 的开发过程中，所有的采样窗口参数都被移除了，因为信标自身提供了一个自然而且非常方便的采样过程。此外，基本的控制理论表明：在一个采样系统中，使用一个不同于最基本采样的采样程序会导致不稳定性，这也恰恰是在使用 ETSI ITS DCC TRC 时我们所观测到的（见 5.4.2 小节）。

2. 操作原则

与 DCC TRC 相似，DynB 使用上一个时间间隔［$t-I$，t］中的忙碌时间系数 b_t 来校准信标间隔。另外，使用单级跳跃邻近点数 N 作为期望的信道负载的度量。这两个度量将被用来计算下一个信标间隔 I。特别的，只要信道负载没有超过一个忙碌率的期望值 b_{des}，DynB 将促使新信标间隔 I 尽可能接近期望值 I_{des}。

信标间隔计算见下式：

$$I = I_{des}\ (1 + rN) \tag{5.17}$$

其基本原理是 I 应该随着网络密集度的增加（更多的邻居）而增加，并且，只有当信道负载超过一个目标值时，它才必须这样做。

信道占用通过过载率 r 的形式获取，r 可由下式得出：

$$r = b_t / b_{des} - 1 \tag{5.18}$$

其范围在［0，1］之间，由实际的信道负载 b_t 超过期望负载值 b_{des} 的多少来衡量。

这一算法是完全分布式，而且每个节点调整它的信标间隔以适应本地的条件。

现在，我们必须讨论测量 N 和 b_t 的可行性，DynB 在实践中利用这两个度量适应性地调整信标间隔。N 的测量是很简单的，因为根据所有的标准化组织，每个节点都将由一个独一无二的 ID 来识别。即使这个 ID 可能会改变（第 7 章将有详细讨论），它对于短的信标间隔来说也是独一无二的。因此，N 可以用在这个时间间隔 I_{max} 里它们的信标已经被接收到的独特节点的数量来直接测量。在完全相同的时间间隔 I_{max} 里，忙碌率的测量则复杂很多。实际上，有两个可选择的方法来确定 b_t。第一个，所有成功地接收到的信标所占据信道的时间可以被总结合计。然而，这只是一个较低的界限，因为冲突可能已经发生了。所以，第二个方案包含那些在信道上功率上升但是信号却不可译码的周期。

3. 校准期望信道负载

期望信道负载 b_{des} 取决于有效载荷长度，使用数据率和调幅策略。让我们以一个典型例子来检查它。根据 PLME - TXTIM 的操作，我们开始计算以一个 18Mbit/s 速率传输的 I = 512bit 有效载荷的上限值 t_{busy}，它最初由 IEEE（2007）描述为

$$t_{busy} = T_{preamble} + T_{signal} + T_{sym}\left\lceil \frac{16 + l + 6}{N_{DBPS}} \right\rceil \tag{5.19}$$

在公式中各个参数的默认值分别为：前导时间 $T_{preamble}$ = 32μs，信号符持续时

间 $T_{signal}=8\mu s$，符号持续时间 $T_{sym}=8\mu s$，每个 OFDM 符号数据位数 $N_{DBPS}=72$，由此我们得到 $t_{busy}=104\mu s$。

对于在具有应用层优先权限的 CCH 上传输的数据包映射发到 AC _ VO，根据 IEEE（2010c）得到的默认参数将传输机会（TXOP）限制在一帧以内，这导致一个仲裁帧间空间（AIFS）的最短空闲时间 $t_{aifs}=T_{sifs}+AIFSN\times T_{slot}$，其中默认值 AIFSN =2，$T_{sifs}=32\mu s$，$T_{slot}=13\mu s$，我们得到 $t_{aifs}=58\mu s$。

对于一个真实的信道空闲时间 t_{idle}，b_t 可由下式计算：

$$b_t=\frac{t_{busy}}{t_{busy}+t_{aifs}+t_{idle}} \tag{5.20}$$

对于 $t_{idle}=0$（即一个不接受竞争协议的持续数据流），我们得出一个理论最大忙碌系数 $b_t\approx0.64$。考虑到竞争，作为第一个近似值，其可以增加平均初始后退计数器 $t_{idle}=1.5\times13\mu s=20.5\mu s$（$CW_{min}=3$），并得到 $b_t\approx0.57$。

在安全关键型应用中冲突的影响是灾难性的，因此，我们将信道负载保持在一个临界碰撞率水平，即 $P_{coll}\leqslant0.05$。在 IEEE 802.11 网络中计算冲突率是比较复杂的，而且据我们所知，没有一个简单的可以利用的模型能做到。然而，连续地忽略倒扣冻结，我们能够以这样的概率来近似估计它，即对于有信标传输的两个或更多的基站，信道忙碌时间乘以至少两个基站选择竞争窗口内相同的规避的概率。简单的组合数学可以得出，对于与车载网络相兼容的 N 值，期望的信道忙碌系数 $b_{des}=0.25$。

4. 性能比较

为了比较 DynB 和 DCC TRC 的性能，模拟了两种场景。第一种场景是在一个单方向双车道的高速公路上，在它上面只允许货车在最右边的车道上行驶。在此场景中，研究了两种不同的车辆密度：正常交通（低密度）和一个堵塞的情景（高密度）。第二个场景是一个使用来自德国英戈尔施塔特城的真实街道地图数据的城郊情景。这个地理数据不仅提供道路网络信息，还提供建筑物的形状信息，可以用来准确地模拟无线信号遮蔽。为了研究真实的由车辆导致的无线遮蔽，使用了一个典型的不同车辆混合（90%乘用车和10%货车）场景。

对于所有的试验，我们介绍了四种阴影模型的结果：

- 自由空间（F）。
- 车辆遮蔽（V）。
- 建筑物遮蔽（B）。
- 建筑物和车辆遮蔽（V+B）。

（1）动态信标的优点

DynB 和 TRC 两种算法的总体表现都直接地反映在信标间隔的动态和自适应选择上。图 5-34 给出了这一度量，它是一个所选择信标间隔的经验积累密度函数（eCDF）——依据算法的自然特性，这个分布是高度不规则的。

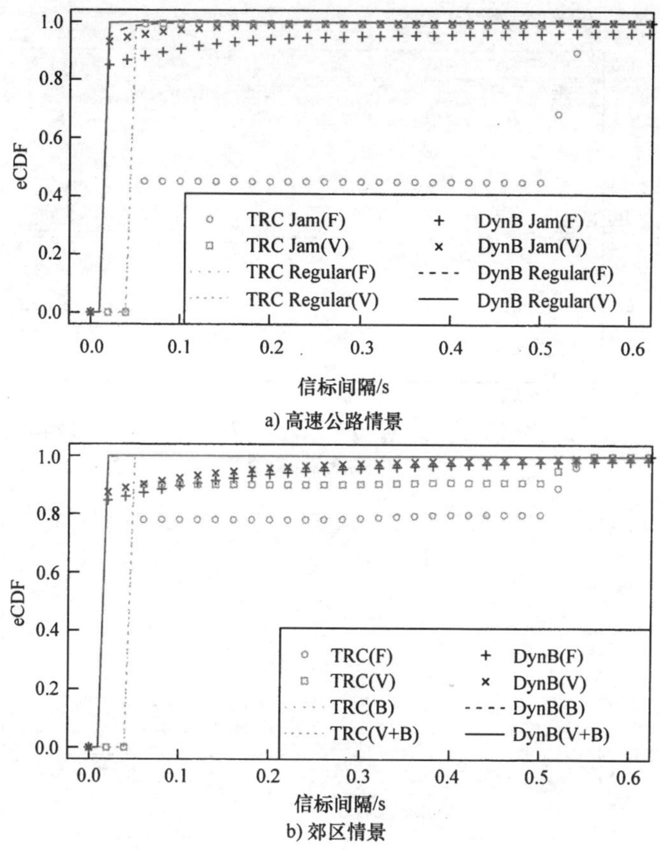

图 5-34 DynB 和 TRC 的自适应信标间隔

在所有常规高速公路的情景中（图 5-34a 所示曲线），车辆的相对低密度允许 TRC 总是以其最低设定间隔（$I_{\min}=40\text{ms}$）发送。类似的，即使 DynB 也几乎总能挑选其最短的设定间隔（$I_{\min}=10\text{ms}$）。然而，在 DynB 方案中，很明显地，这种可能仅仅是因为其它车辆屏蔽了接收来自邻近车辆的干扰：尽管很少（观测记录的 5%），仍可见忽略车辆遮蔽的模拟运行迫使 DynB 去选择更大的信标间隔。

这些阴影效果的好处在高速公路堵塞的情景甚至更加明显（图 5-34a 中的点状线）。这里，忽略车辆遮蔽的仿真，表明需要挑选更大的信标间隔。特别地，TRC 将以 0.5s 间隔发送超过一半以上的信标。这些阴影效果的益处在城郊环境中也是非常明显的（图 5-34b）。此外，在 TRC 上升到 0.5s 的情况时，忽略车辆阴影和/或建筑物阴影的仿真表明多达 20% 的信标需要延迟。

由这些选择引起的信道负载如图 5-35 所示。DynB 的积极信道使用将导致信道繁忙率更加接近于 $b_{des}=0.25$，这一数值将冲突数量保持在一个可接受的水平。然而，TRC 不能充分使用所有的无线信道容量。遵循 ATB 的建议规则，其表现过于保守，并且忽略了发送信标的机会。

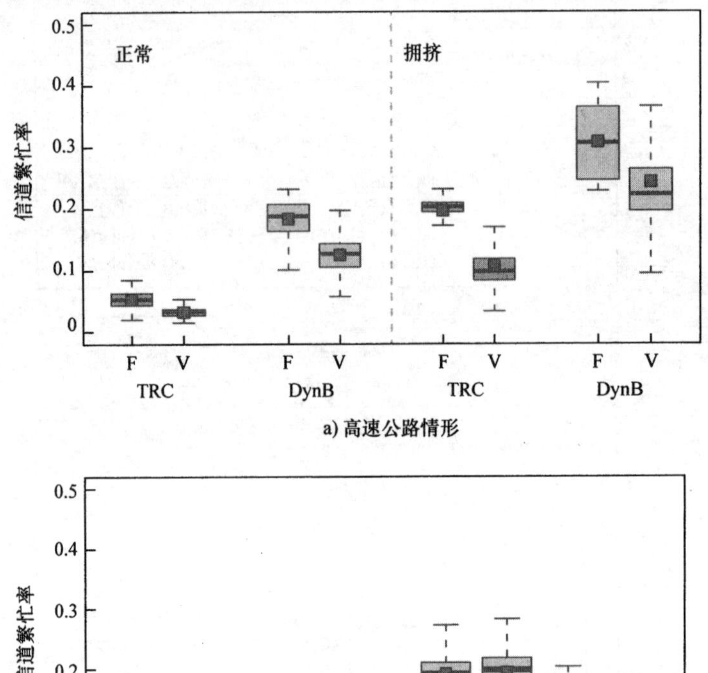

a) 高速公路情形

b) 郊区情形

图 5-35　DynB 和 TRC 的信道忙碌系数

（2）在高度动态环境中的行为

DynB 以在密集的网路阻塞下稳定为目标研发，并能够对密度变化迅速做出反应。它确实遵循一个非常积极主动的信道接入模型。为验证这一理论概念，我们讨论另一个试验的结果。把它作为一个拓扑动力学的极端例子：两个各自包含 100 个节点的组群，节点全部都是啮合的，接触时间为 5s。实际上，这在邻居中快速增加，例如，如果一辆车行驶在一个与主要道路相交的街边狭窄道路上。在这样的道路上，与其它车辆的无线电通信几乎是不可能的，因为信号不能穿过街道两边高大的建筑物。当车辆驶入交叉口，它就会立即获准进入有大量车辆的通信范围中。相同的情况也可以出现在高速公路中那些行驶在一些大货车后面的车辆上。一旦追上他们，由于货车前面的车辆的影响，其信道负载将会发生一个大改变。

在 30s 的过程中观察每个算法的影响。对于收敛于稳定行为（TRC 在低节点密度和 DynB 在任意密度）的仿真，在过渡阶段的观察值被抛弃；对于保持振荡的仿真（TRC 在高节点密度），过渡阶段为固定的 10s。对于剩下的 30s，信标间隔和信道繁忙率的平均值，以及第 5 和第 95 百分位也被计算。

图 5-36 描述了此行为。信道繁忙率，即两种算法的核心度量都示于图中。TRC 使用繁忙率阈值来进行状态转换。随着计算这些测量的时间平均值，这导致一个明显的延迟，直到系统可以针对网络拓扑结构的改变做出反应。为了补偿这一点，需要尽可能瞄准所有未被利用的信道，如图中所示，这也可能导致信标间隔大幅增加，使得协议不适用于安全关键型警告信息。

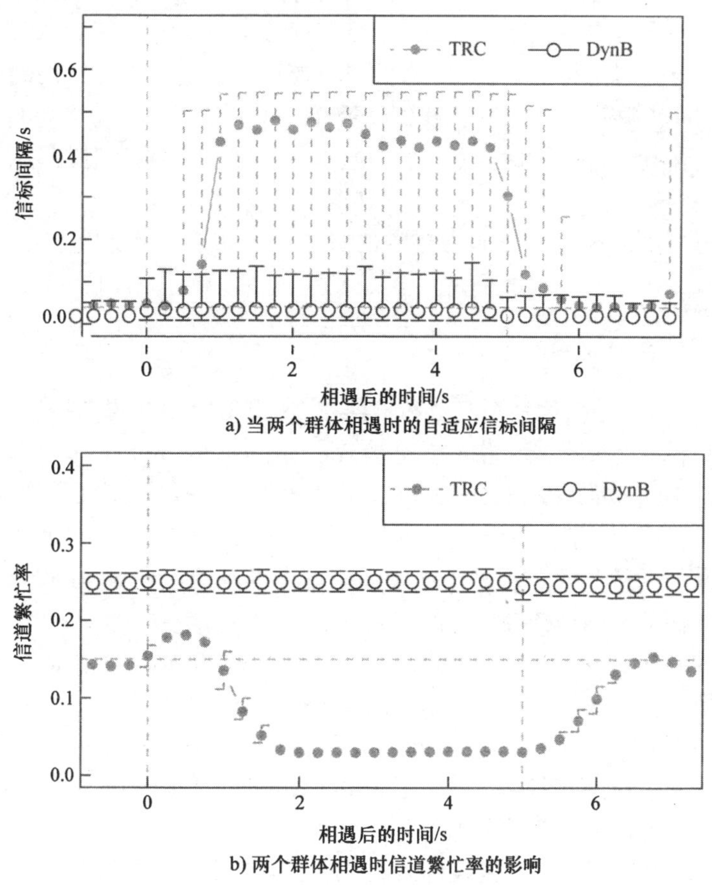

a) 当两个群体相遇时的自适应信标间隔

b) 两个群体相遇时信道繁忙率的影响

图 5-36　DynB 和 TRC 所执行的信道容量管理，显示平均值及第 5 和第 95 百分位数

DynB 实现了更加流畅且更加快速地判断信道使用情况这一目标。不能观察到针对网络拓扑变化的过度或不足的补偿；适应几乎是即时的。因此 DynB 可能瞄准更小的信标间隔，总是保持信道繁忙率尽可能地接近 $b_t = 0.25$。

5.5 地理多播

如果一个节点知道其自身的位置、目的地位置和所有直接邻接节点的位置，它就能够选择一个离目的地较近的邻近节点作为下一个跳向目标的跳跃节点。备选方案是不但向位于地理坐标处的特定节点而且向给定区域中的任何节点发送消息，这被称为地理多播（Geocasting）（Navas 和 Tmielinski 1997）。

已经在 MANET 背景下介绍过了地理多播（Geocasting）这一术语（Navas 和 Tmielinski 1997，Ko 与 Vaidya 2002）。它本质上涉及基于广播的地理路由，其适用于所有自组织网络及车联网络。接下来，我们研究 Geocasting 在 VANET 中的应用。特别地，我们首先考虑标准化工作，使得地理路由正如适用于车联网的 GPSR 框架中所介绍的那样。在第二部分中，我们研究 To－Go 方法，可以提高 Geocasting 利用数字地图的概念（假设可为配有 IVC 通信装备的车辆随时利用）及双跳邻居信息。

我们需要强调，这是一个非常狭隘的看法。最重要的是，当讨论 DTN 概念，特别是 DV－CAST 协议时，我们将又会回到这一话题（见 5.7.1 小节）。

5.5.1 ETSI 地理网络

应用在 MANET 中使用地理路由和早期在 VANET 应用获得的经验，ETSI 将这些合并入 IVC 标准，结果所产生的标准被命名为 GeoNetworking（ETSI 2010b）。

GeoNetworking 被设计用来在车辆之间以及车辆与基础设施元件之间提供无线通信。这一协议适合支持一个全分布式且自组织的自组网概念。如果可用，基础设施如路侧单元可以被整合，但并不必须。根据标准本身，GeoNetworking 非常适合网络节点高度移动和网络拓扑结构的频繁变化。

GeoNetworking 方法支持多种应用，包括道路交通安全，应用中多种车辆可能被告知紧急情况，以及用于信息娱乐应用的单播通信。

严格遵循地理路由的概念，GeoNetworking 提供了两种强有力的耦合（coupling）功能：地理寻址和地理转寄。信息可以指向由其地理位置定义的具体节点或者指向确定地理区域内多重节点。

与 GPRS 相类似，每一个接收目标地址的数据包都是已评估的。如果接收节点不是预期节点，它将根据其当地网络拓扑结构视图贪婪地转发消息。因此，不仅每个节点必须保持与其直接相邻的一组节点，而且要尽可能多地保持临近的拓扑结构。无论节点何时收到（或偶然听到）信息，这一信息可被随时获知。

对于转发过程，定义所谓的 GeoAdhoc 路由器。一个地址服务被用来识别 GeoAdhoc 路由器和目的节点的地址。由于地址服务，可以以节点定义或地理位置为基础实现编址。

除了路由到一个特定位置之外，GeoNetworking 如 GPSR 和 GHT 也支持将信息路由传递到一个地理区域。在车辆网联领域，这很有用，例如当把交通通知或道路安全警告信息发至某一安全区域的所有节点的时候。

根据标准，地理路由由以下三个转发体系构成（ETSI 2010b）：地理单播、地理广播和拓扑分区广播。所有的体系都与 DCC 背景下的阻塞控制技术配合使用（见5.4.2小节）。

1. 地理单播

地理单播是地理路由的直接应用，由 GPSR 最初提出。一个数据包通过多跳数据单播传送到一个特定节点的位置。提到的地址服务能够用于确定节点的位置信息。每个中继节点根据当地的拓扑信息转发信息，直到数据包到达目的地。图5-37描绘了这个概念。

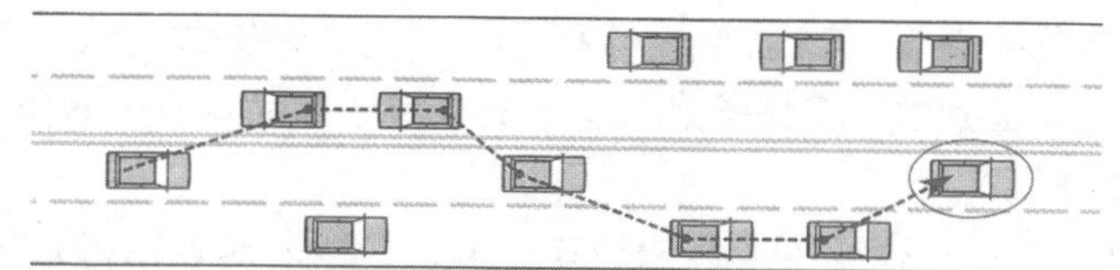

图5-37 GeoUnicast 允许本身使用地理路由发送信息到一个特定车辆

2. 地理广播

相比于地理单播，地理广播被用来转发消息到一个明确的地理目的地区域。地理路由被用来转发消息，直到其到达给定区域内的第一个车辆。图5-38说明了这一行为。

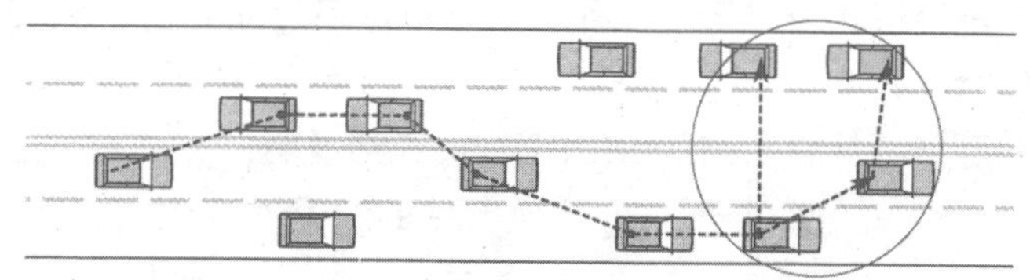

图5-38 GeoBroadcast 允许本身向确定地理区域内的所有车辆发送信息

然后，目的地区域内的车辆将负责将此数据包重新广播到位于目的区域内的所有其它车辆。本地拓扑结构信息再一次被用来确定所有相关的目的节点。

ETSI 也定义了一个初级的 GeoAnycast 路由，其本质上与地理广播类似，但是，在目标区域中收到信息的第一辆车不需要进一步转发消息。

3. 拓扑分区广播

拓扑分区广播（图5-39）本质上定义了一个支持受限区域内广播的途径。特别地，重新广播受限于 TTL 值，从而在 n 跳邻域中定义了所有节点。由于所有收到带正的 TTL 值的信息的节点都是潜在的转发点，广播风暴抑制技术被应用于补偿潜在的高开销（见3.4.2小节）。

单跳广播是拓扑分区广播的一个特例，它仅被用来向单跳区域发送数据包。

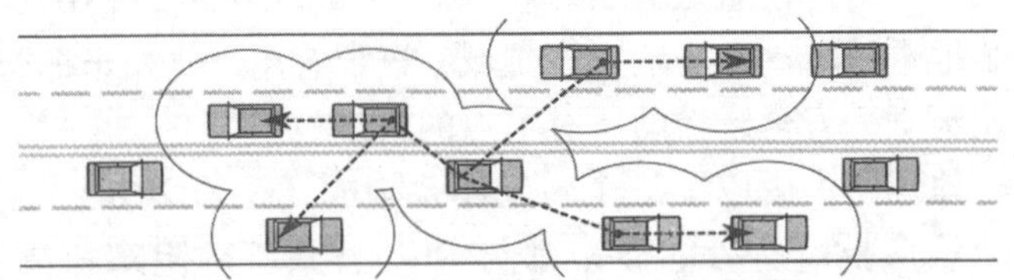

图 5-39　拓扑分区广播可以视为向在 n 跳邻域内所有车辆的分区广播

5.5.2　分布式环境通知信息

分布式环境通知信息（DENM）（ETSI 2013c）就像 CAM（5.3.2 小节）一样由本地 ITS 应用生成，然后向通信范围内的所有车辆传播。不像 CAM 的周期特征，使用分布式环境通知服务的信息生成和交换是被事件触发。其中，依靠这一服务的关键应用是道路危险警告。该服务利用 DENM 来交换道路危险或异常的交通情况信息。本文中反复提到的一个例子是关于事故或电子制动灯应用的警告信息。

1. DENM 协议

就像 CAM 一样，DENM 由本地 ITS 应用生成，然后对通信范围内的所有车辆广播。该标准对信息是否和怎样在网络中实现及用户用例是开放的。所以，只要被描述的事件依然活跃，协议允许其重复 DENM。另外，一个 DENM 可以被另一辆车转发，例如，利用 Geocasting 将此事件通知给其它不在通信范围内的车辆。该标准甚至允许传输事件到集中式 TIS。

因此，每一个事件都被所谓的行动 ID 来清楚地确认，并且，事件可能把一个确定的地理目的地区域作为目标。此外，这个事件通过初始的车辆 ID、地理位置、检测时间和持续时间来确定。这些属性可能随着时间和空间的推移发生改变。

为了形成和更新事件，下面的 DENM 将被详细说明：

- 新 DENM：这一信息由第一个发现事件的车辆发送，它包括描述事件的所有相关属性。
- 更新 DENM：在发起一个事件之后，事件可能被更新以提供关于事件发展的额外信息。
- 取消 DENM：这条消息用来指示事件的终止（一定是从事件的发起者发出的）。
- 否定 DENM：与取消信息类似，它也终止一个事件，但发送者不一定是事件发起者。

2. DENM 信息格式

类似于 CAM，DENM 的信息格式以遵循 DENM 协议标头的不同容器的形式组织，整个信息结构如图 5-40 所示，已指定下述容器。

ITS PDU头
管理容器
情况容器
位置容器
菜单容器

图 5-40　DENM 的一般结构

- 管理容器：这个容器包含所有关于

DENM管理的信息，包括事件的ID、基准时间和DENM类型。此外，位置和事件持续时间这些信息也被包含在内。

• 情况容器：本容器提供利用原因代码编码的事件类型。对于一些代码，有一个向交通协议专家组（TPEG）代码的直接映射，部分原因代码列于表5-6中。

• 位置容器：用航向和速度的形式来描述事件，该容器也包括关于道路等级的信息。

• 菜单容器：该容器总结了不包括在其它容器里的所有其它相关信息，例如车道数量、温度、预期的冲突影响等。

表5-6 用于DENMs的部分原因代码

编码	描述	公路编码	事件
1	交通状况	2	交通堵塞缓慢增加
		4	交通堵塞快速增加
		6	交通堵塞缓慢减少
		8	交通堵塞快速减少
2	事故	8	请求援助
3	道路施工	5	道路清理
13	逆向驾驶	2	车辆逆向行驶
92	碰撞后	1	无e－Call触发的事故
97	碰撞风险	1	纵向碰撞风险
		2	交叉路口碰撞风险

5.5.3 拓扑辅助地理机会路由

拓扑辅助地理机会路由（TO－GO）的思想是将拓扑辅助地理路由与机会转发合并（Lee et al 2009 2010b）。路由协议利用无线通信媒介的广播特性来分析联立数据包的接收，并通过正确收到数据包的临近子集进行数据包的机会转发。换句话说，TO－GO提供广播风暴抑制和考虑了数字地图信息的Geocasting。接下来，我们来探索TO－GO的特性，它开创了在车辆网联中使用Geocasting的信息传播技术的新纪元。

拓扑辅助的地理机会路由（TO－GO）的思想将拓扑辅助地理路由与机会主义转寄混合（Lee et al 2009 2010b）。路由协议利用无线通信自然广播来分析联立数据包接收和经过临近的已经正确收到数据包的子集进行机会转寄数据包。换句话说，TO－GO提供广播风暴抑制和考虑到数字地图信息的Geocasting。接下来，我们来解释TO－GO的特性，它开创了在车辆网联中使用Geocasting的信息传播技术的新纪元。

1. 拓扑辅助地理路由

正如我们在 GPSR 部分中讨论的那样，地理路由遵循假设，即所有可能的方向具有可利用的潜在转发节点的可能性相同。在车辆网联中，显然不是这样的情况，因为车辆的位置被道路网络拓扑限制。拓扑辅助地理路由利用数字地图信息来提高 VANET 的路由性能。

第一个拓扑辅助路由方法可以追溯到早期的车辆网联研究（Lochert et al 2005；Lee et al 2007）。这一思想利用一个城市地图自然形成一个平面图，其中连接点（或交叉点）作为节点，路段作为图的边。在随之产生的 Geocasting 概念中，交叉路口是实施路由决策的唯一地点。数据包沿着道路从一个交叉口到下一个交叉口被贪婪转发。在地理路由概念中的路由缺失通过使用 GPSR 的表面路由机制进行解决，这些机制在道路拓扑上执行。

利用改进的透镜式转发进一步改善了 TO－GO（Lee et al 2010b）。它不像典型的地理路由体系，而是沿着道路创造一个焦点来规避朝着街道另一侧的不必要的指向。图 5-41 概述了这一机制的原则。

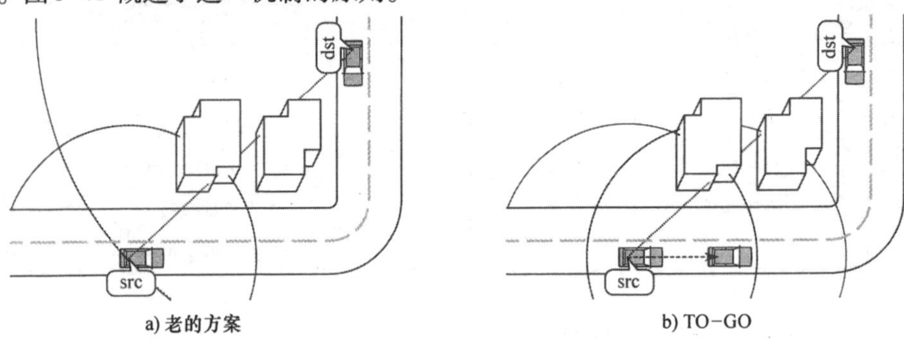

图 5-41　TO－GO 中用以转发的透镜型区域

总的说来，TO－GO 在城市环境中用两个算法优化 Geocasting：

- 下一跳预测算法用来确定数据包的目的节点。
- 转发节点集选择算法帮助确认一套备选的转发节点集。

在更加详细地研究 TO－GO 的设计之前，我们对布隆滤波器（Bloom filters）进行简要介绍，该滤波器被 TO－GO 用来估计转发节点集合。

2. 布隆滤波器简介

布隆滤波器解决了在给定的一个信息集中逐一测试信息是否属于该集合的问题（Bloom 1970）。使用常规的散列算法 Hash Algorithms，识别某一信息不属于某一集合的所需时间随集合中的信息数增加而增长，类似的存储所有成员所需的空间也随该数量增加而增长。在许多应用中，无论是时间还是空间都是有限制的，但是一些不确定性可以被允许，如可以容忍一些假阳性率。

布隆（1970）提出了一个新的散列编码方法，准确地提供了这些特征。考虑的计算因素包括散列区域（空间）的尺寸、辨别一条信息不属于给定集合的所需时间（拒绝时间）和允许的误差频率。布隆表明，允许小部分信息被错误辨识为某集合成员时，可在不增加拒绝时间的条件下，允许一个较小的散列区。因此，布隆滤波器主要应用在大量数据和利用传统技术存储所有值不可行的情况下。

布隆滤波器是一个散列区，由大小为 N 的比特区 X 代表，X 中的每一位都独立编址，如 $X_0 \cdots X_{N-1}$ 编址为 0 到 $N-1$。假设散列区中所有位初始值为 0，我们进一步需要一组散列函数 $h(y)$，其能够将一个信息 y 编码成一段确切的 M 位地址。更正式地，这意味着 $h_i(y) = \{0,1\}\ \forall i \in [0 \cdots M-1]$。

将一个信息插入到布隆滤波器 X 中，其实现方法是将 X 中的所有比特位设为 1，使得 $h_i(y) = 1$

$$\forall i \in [0 \cdots M-1]: X_i \leftarrow h_i(y) \tag{5.21}$$

直观地讲，这意味着值为 1 的比特位的数量在布隆滤波器中随着每个信息的插入而持续增加。一条新信息 y' 的一些位可能已经设置为 1，其它的明确设置为 1。图 5-42 给出了这一过程。在我们的例子中，根据信息 $y =$ “foo” 的散列函数，三位编址为［1，5，7］的比特位被设置为 1。

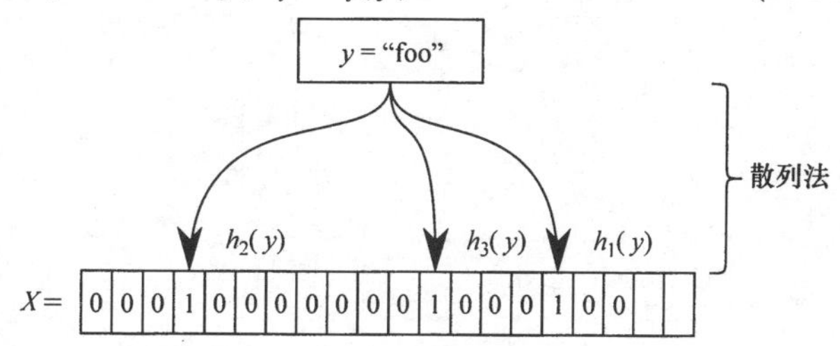

图 5-42　向布隆滤波器增加一个新的信息

为了测试信息 y' 是否是布隆滤波器的一部分，相同的散列函数集 $h(y')$ 被用来针对信息各自值为 1 的比特位。正式的，对于 $y' \in X$ 的测试按位表示为

$$\forall i \in [0 \cdots M-1], h_i(y') = 1: X_i \overset{?}{=} 1 \tag{5.22}$$

因此，只有在经由 $h(y')$ 辨认的所有位在我们的布隆滤波器 X 中的值为 1 时，信息才被接受。如果有任何一位为 0，则信息被拒绝。请注意，这是一个概率测试。可以正确地说，信息是否不是布隆滤波器的一部分。然而，假阳性也是可能存在的情况。

直观地，可以看到，对于更大的 N，错误率的期望比较小。因此，根据输入信息的期望数量和使用的散列函数 h，N 可以设置为一个值，使得对于期望应用能够保持足够小的假阳性数。

3. TO－GO 的转发体系

TO－GO 使用问候信息不仅为了发现无线通信范围内的所有邻近车辆，也为了辨识到更远的邻居和它们在城市地图各个方向的位置。典型的，除了交叉口节点，正好有两个这样的邻近节点。无论是贪婪方式还是矫正方式，为了支持交叉点转发预测，这一信息是必需的。信标也包含一个具有所有邻近节点的布隆滤波器。因此，当收到一个信标的时候，节点将有一个邻居列表，列表中包含从此点收到信标的邻近车辆，每个邻居的最远邻居和直接邻居可以看到所有邻居的布隆滤波器。

TO－GO 使用这一信息预测目标节点，它是在相同街道上的任一最远邻居或交叉节点。下级跳跃预测算法如图 5-43 所示。首先，节点识别前往目的地的道路上可见的最远的节点 N。然后识别当前前往目的地的最远的交叉口处节点 J。最后，定位 J 可见的前往目标的最远节点 N_J，如果 N 和 N_J 在相同的道路上，则使用贪婪转发方式，然而，如果这不可能，则经过节点 J 转发执行。

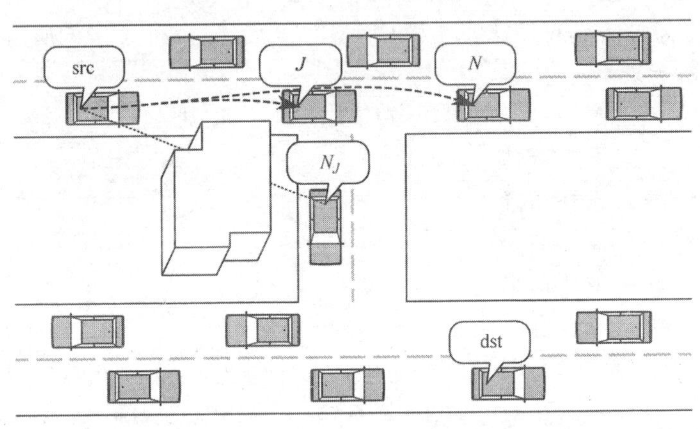

图 5-43　使用 TO－GO 的地理协助转发

在发现目标节点之后，当前转发节点必须决定哪一个节点将在转发集合中。本质上，转发集合中的所有节点将通过竞争去转发消息，但是只有一个节点能进行转发。因此，转发集合中的所有节点必须能够相互通信。如 Lee et al（2010b）所展示的那样，找到最佳解决方案是 NP 完备问题。因此，TO－GO 使用下面的近似，即使用问题信息中收到的布隆滤波器信息。其思想是选择具有最大邻居数量的邻居 M，然后所有下列节点被包括入转发集合：（a）能听到 M；（b）被 M 听到；（c）被包括在转发集合中的所有当前成员听到。

已知由此产生的转发集合，该消息最终被多播到该转发集中的所有节点。接收节点通过竞争去转播这一消息。这里，使用基于距离的广播风暴抑制，即那些能够作出重要进展的节点将首先转播，其它能够偶然收到消息的节点的重新广播被抑制。算法规模为 $O(n^2)$，其中 n 是邻居数量。

如图 5-44 所示：TO－GO 明显胜过经典地理路由。本试验中，针对渐增的无线信号遮蔽测量城市环境中的数据包传输率（PDR）。TO－GO 与经典的地理路由相比较，GpsrJ＋算法是 GPSR 的一个增强版本，已经使用拓扑辅助路由。与这一算法比较，TO－GO 能够几乎保持 PDR 为 100%。

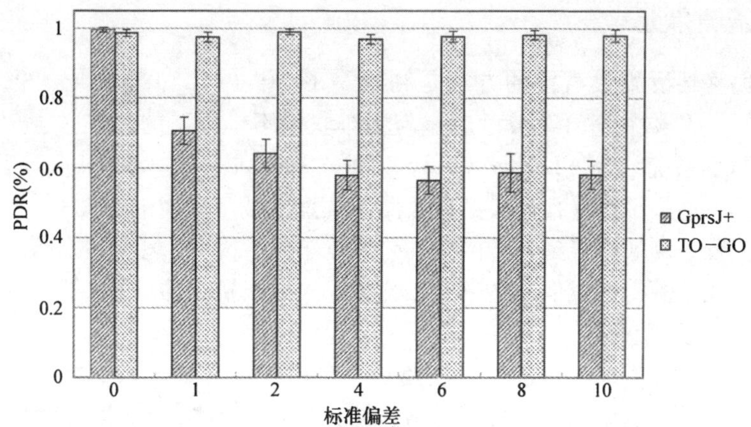

图5-44 TO-GO的性能与在城市环境中地理路由性能比较。渐增的信道遮蔽PDR，图示为标准偏差σ。[2010] IEEE重印，经Lee et al.（2010b）许可转载

5.6 基础设施支持

我们在3.2.3小节展开了关于基础设施支持需求的讨论。在下面给出的两个条件中，车辆间通信是可能的：

- 密度：在通信范围内的车辆数量超过一个值。
- 渗透率：非安全装备通信技术的百分率足够高。

如果上述两种条件都满足，那么车辆间交换安全和非安全信息没有大问题，并且可以以多跳的通信方式转发或转播数据包到其它车辆。本章我们所研究的协议只要在无线通信网络中有足够的容量时就可以直接使用。

然而，如果两个条件之中有一个不满足，车辆网联将面临重大的问题。这可能是简单的通信缺口，例如区域中没有（装备的）车辆能够转发消息到其它车辆，或者应用失效，例如由于没有安装通信设备而导致警告信息没有被收到或者没有被送出。

这种情况在所有情景中都能被观测到。在一条高速公路上，车辆或许不能交换关于阻塞的信息或者更加糟糕的是车辆前方的事故。在城郊或城市环境中，车辆或许不能遵循绿灯最优速度公告（GLOSA）或者不能够在交叉口道路相互帮助。

这些影响在低密度情况下已可见，例如在晚上或者在障碍物出现时阻碍信号传输。纯粹的车辆到车辆（V2V）通信可能因此导致车辆之间低效转发信息。

为了克服这些问题，基础设施能够用来转播消息，甚至通过存储和转发道路交通相关事件来充分参与到车辆网联中。接下来，我们研究针对基础设施，包括路侧单元和停靠车辆的一些方法。

5.6.1 路侧单元

对路边基础设施最直接的方法是利用 WiFi AP（Ott 和 Kutscher 2005）。随着 ITS 的发展，AP 类系统已经被考虑参与到车联网络。所谓的路侧单元（RSU）可以直接与 IVC 系统结合（Lochert et al。2008；Sommer et al。2011）。对于在何处设置路侧单元，这些位置包括沿着高速公路的位置、城市环境中的交叉口甚至是看起来随机的位置，例如连接到骨干网络的公共汽车站。因此，多数路侧单元被用来帮助联系由于低车辆密度或低渗透率而未连接起来的车辆团体（或甚至是一辆车）。

1. 动机和问题说明

路侧单元是静态部件，被放置在路边，可以使用无线通信直接与车辆进行交流。此外，假设路侧单元通过骨干网络连接，以帮助加快车辆群之间的信息传输。本质上，这些静态装置的任务是存储和转发消息。此外，这些单元可以与一个或多个 TIC 联系，能以一个更加智能的方式管理和分发交通信息。

图 5-45 描绘了这一概念（左图）。图中给出了车辆通过路侧单元和连接路侧单元的骨干网络所进行的信息交换。由于建筑物遮挡无线通信（虚线），使得两个相互靠近的车辆之间无法通信。

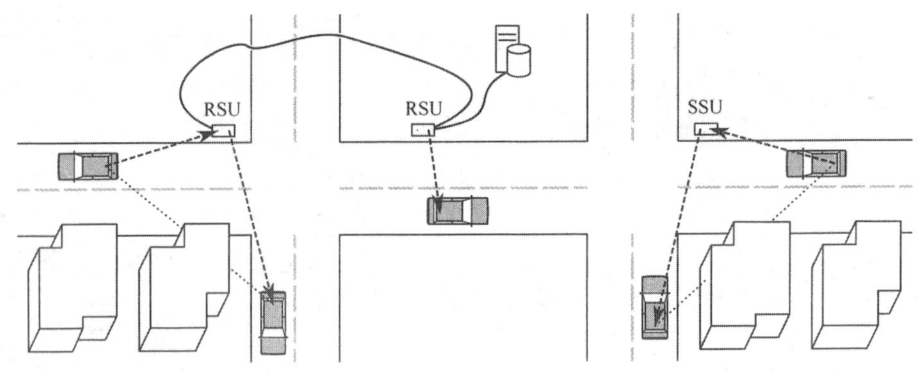

图 5-45 RSU 通过骨干网络（左）连接不在通信范围内的车辆和 SSU 接通由于信号遮蔽引起的通信缺口的实例

当然路侧单元也帮助交换安全关键型的警告信息，例如 CAM 或 DENP。它们可能转发一条消息，但也转发消息到一个在地理位置上更适合发送特定消息的路侧单元。相似地，与信号灯相结合的路侧单元也可能在紧急情况下提供帮助。

第二种类型的基础设施元件是固定支持单元（SSU）（Lochert et al 2008；Sommer et al 2011c）。像路侧单元一样在车辆网联中运营，SSU 被假设不通过骨干网络相连接，因此，部署这样的单元更加低廉，可以作为一个独立的系统被太阳能电池板和电池驱动。图 5-45（右图）给出一个例子。如此简单的单元可能对车辆网络信息交换速度产生重大影响，帮助在夜间或在早期 IVC 系统部署中由于低渗透率引起的车辆稀疏分布中的通信间隙间建立连接桥梁。接下来，我们专注于路侧单元，并将为SSU进行大量讨论。

因为路侧单元和SSU通常使用相同的协议参与到车辆网联中（或者至少一个相似的协议），需要回答的主要问题不是协议相关，而是路侧单元的最优位置和由此产生的影响。第一个关于路侧单元的最优位置标准的研究由Lochert et al（2008）出版发表。

然后，这个问题使用一种在无线传感网络（WSN）中理解较好的覆盖问题重新表示。使用覆盖作为主要度量指标，路侧单元部署已在信息娱乐和道路交通效率应用中得到研究（Salvo et al 2012）。与此同时，在文献中讨论了一些部署选项（Aslam et al 2012；Lee&Kim 2010；Barrachina et al 2012）。

在现场测试中（FOT），车辆网联社区试图验证这些概念并阐释其它指标，例如对道路交通效率应用的影响（G0zalvez et al 2012）。

因此，主要问题在于路侧单元或SSU的最优部署。一般说来，这仍是ITS需要考虑的挑战。为了揭示这一复杂性，接下来我们将提出并讨论一些分布算法，例如Barrachina et al（2011）中所描述的方法。

2. 障碍感知分布（OAD）

为了增加覆盖范围，很明显的出发点是防止某个区域被多个路侧单元覆盖。额外的覆盖——这在无线传感器网络中被称为*K*覆盖（Zhang&Hou 2005；Dietrich&Dressler 2009），并没有带来任何益处，因为我们可以假设路侧单元具有相当高的可靠性并且不存在能量约束。因此，一个新的路侧单元放置的策略是使无线通信不重叠来达到最优的结果。然而，特别在城市环境中，真实情况比较复杂。蜂窝网络的规划已经告诉我们，物体阻碍无线电信号必须被纳入规划过程。

阻碍感知分布（OAD）是一种把建筑物阻碍而产生无线信号衰减的情况考虑在内的技术（Ferula 2013）。其目的同样是防止区域被多个路侧单元覆盖。路侧单元只被放置在交叉口，因为就信号连通率而言，这是已知的最优位置（Lochert et al 2008；Gozalvez et al 2012；Barrachina et al 2012）。

我们将在本节最后比较这个算法的两个版本：随机定位和基于优先级的定位。使用随机策略时，交叉口被随机选择。不需要另外的有关街道网络上典型交通流的信息。对于基于优先级的技术，所有的交叉口按照其在该路口的平均道路交通量进行排序。现在，OAD是通过检查交叉口的路侧街道已经被另外一个RSU覆盖的数量来选择放置RSU的交叉点。为此，它随机地选择一个交叉点或从基于优先级排列的列表顶部开始，如果估计的覆盖率低于某一阈值，则交叉口被选择用于路侧单元放置；并且该算法继续运行，直到达到预设的RSU分布数量。

更正式地讲，算法的工作机理如下（Ferula 2013）：

- 对基于优先级的技术，根据交叉口的平均交通来确定交叉口的排序。
- 直到预设的路侧单元分布数量：

—随机选择交叉口/从列表顶部选取交叉口。

—估计路口的覆盖率。

—如果覆盖率低于阈值，在此交叉口放置一个路侧单元。

3. 基于密度的方法（D-路侧单元）

Barrachina 等人提出了另一种不同的概念，被称作 D-RSU 或基于密度的方法。这种解决方案的基本思想是在平均道路交通较低的区域部署更多的资源。基本假设是，平均而言，在高车辆密度区域中，车辆间的通信可以很好，因此，额外的 RSU 并不会提供预期收益。

这种情况在低流量密度的区域是不同的。在这里，为了增加 IVC 消息传输的可靠性，放置更多的路侧单元是必要的。

根据作者所说，路侧单元的部署应与期望的车辆密度成反比，例如，如果某城市区域的期望交通密度大约为60%，则只有大约40%的路侧单元应当被放置在此区域。

为测量预期的车辆密度，同样选择交叉口的平均占有率。使用最大密度值 D_{max}，在每个交叉口 i 处，根据 $D_{inv}[i]=D_{max}-D[i]+1$ 计算此值。

然后，根据加权随机选择算法选择一个交叉口。该算法的实现非常简单：

- 直到达到预设的 RSU 分配数量：

—在 $[0, \sum_{\forall i} D[i])$ 中选择一个随机数 r，初始化 $V=0$。

—对于列表中的所有交叉口 J：

◦ 计算 $V=V+D_{inv}[j]$。

◦ 如果 $V>r$，交叉口 j 处将部署一个 RSU。

4. 最小成本分布

最后的一个部署方案是最小成本分布（MCD）策略（Ferula 2013）。一般来说，开发和维护路侧单元的成本非常昂贵。这经常在交通灯的背景下讨论，因为不仅考虑路侧单元本身的成本，而且需要考虑骨干网络连接并持续维护的费用。因此，利用现有的基础设施可能是有益的。最低成本部署策略考虑到了这一点，并尝试把路侧单元主要安装在已经有现成的骨干网络连接的位置。

多式联运控制系统是许多城市已经引入的一种基础设施。这一服务主要应用于本地公共交通运输，并为不同的任务提供服务。一个例子是动态乘客信息，用来告知公共交通服务用户在公交车站的车辆出发时间。可以用不同的技术实现这些单元之间的通信，包括 FM 或数字无线系统、蜂窝网络和有线骨干网络。这些通信链路在理论上可以复用于路侧单元互联。

因此，最小成本分布策略的理念是在这些位置上准确地部署路侧单元。我们可以简单地假设它们是公共汽车站。然后，部署策略可以使用 OAD 或 D-路侧单元技术来选择最合适的公共汽车站。

5. 路侧单元的性能影响

为了更深刻地理解 RSU 的优势。我们简要地考察了 OAD、D-RSU 和 MCD 之间的对比结果（Ferula2013）。对不同数量的路侧单元进行了仿真研究。使用静脉仿真框架（veins simulation framework）对奥地利的因斯布鲁克市进行了试验研究。作为一个关键的指标，使用了将特定消息传播到可能对消息感兴趣的车辆所花费的时间。

图 5-46 展示了低密度交通 eCDF 形式下的结果（约 25 车/km^2）。如图 5-46a 所示，不管路侧单元的部署策略怎样，信息传播可以获得大量的增加（通过有线骨干网络连接和 RSU 中继转发这个信息，38% ~58% 的车辆能够几乎立刻被通知到）。随着时间的推移，D-RSU 和 MCD 两个方法的表现几乎同等出色，仿真 20s 之后，信息可以达到 60% 的车辆。请注意，在理论上是不可能达到 100% 的车辆，因为一些车辆可能位于城市的较偏远区域的小街道上。另一方面，OAD 可以让信息传播得更远，在 20s 后达到 80% 的车辆，这是因为 OAD 主要是为低密度交通情况设计的。

图 5-46b 揭示了在最开始的 0.6s 内的协议行为的更多细节。在最初 300ms 期间，路侧单元只需要接收最初的信息并通过骨干网转发给其它的路侧单元。仅仅到 300 ~500ms 之后，路侧单元和相应的部署策略的影响才变得可见。

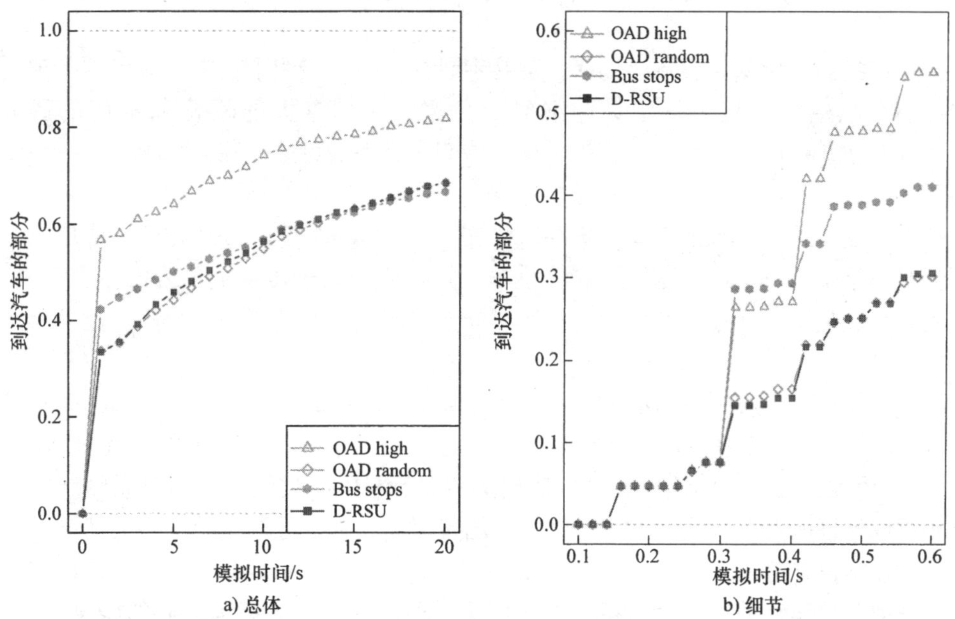

图 5-46 使用路侧单元的性能增益提升；在奥地利的因斯布鲁克市中分配一个具体信息所花费的 eCDF 时间

5.6.2 停泊车辆

尽管有用路侧单元来装备主要的高速公路和将路侧单元放在城市环境的主要十字路口的计划，例如，旨在为 GLOSA 提供可与车辆交流的智能交通信号灯或自适应性交通灯周期的项目，最常见的弊端是 RSU 在配置和维护上太过昂贵。而没有这么复杂的基础设施元件，同样存在这个问题，例如 SSU。因此，在不久的将来，我们道路网络的许多部分或许并不能得到基础设施元件的覆盖。对于上一小节所讨论的两个问题，低车辆密度和低渗透率，在郊区环境中尤其关键。考虑到在白天和夜间车辆密度的变化，交通效率和协作意识类应用将不得不完全依赖于其它通信技术。

另一种可能是重新考虑当前停放车辆的能力，即那些不被使用但是配备有 IVC 装置的车辆。那些汽车可能作为临时的路侧单元。停放的车辆通常精确定位在正确时间和正确的地点：当车辆密度低时它们停下（例如，在晚上），但当道路上有很多车辆，已经提供了较好的连接性时（如高峰时段）车辆不会停下。

在下文中，我们研究停放车辆的概念和及其潜在益处。首先被考虑的应用是协同感知（Eckhoff et al. 2011c）和信息下载（Liu et al. 2011），两者都从停放车辆的支持中大大受益。

1. 动机

正如我们在 3.2.3 小节讨论的，有几项研究清楚地表明了在主要城市的街道上的停泊车辆的可用性。其中最详细的研究之一是加拿大的蒙特利尔市的研究（Morency & Trepanier 2008）。它揭示了一些非常有趣的见解。在 2003 年的研究中，每天 61000 的停车事件中，所有停放车辆的 69.2% 是停放在街头，仅 27.1% 是停放在室外停车场，少数的仅 3.7% 的车辆停放在室内停车场。该研究还表明停放车辆分布在整个城市之中，这意味着停止车辆处在移动车辆传输范围内的概率很高。因此，在理论上，几乎所有停放的汽车可能参与车辆之间的通信，采用与路侧单元同样的方法。

同一研究表明，平均而言，一个停车事件的持续时间约为 7h（Morency & Trepanier 2008），其它的研究发现，平均而言，一辆车大概一天停放 23h（Litman 2006）。因此我们得出结论，在支持信息交换方面利用停放汽车作为车联网络的中继点可以被证明是非常有用的——在任何给定时间，大多数汽车处于停放状态；其中，大多数停在道路上。

考虑停放车辆的能力，与路侧单元相比，车辆的关键优势是它们的能量自主：当车辆移动时，它的电池持续充电。当然，停放车辆几乎没有无限的供电，因为当它们的发动机关闭时它们的电池不充电。然而，作为无线通信网络中的电量消耗是非常低的。现代汽车已经预先装备了专用的电子器件来保持汽车停驶时对某些设备的供电，并当电池电量降至某一点时切断对这些设备的供电。我们在下一节中详细讨论这个问题。

停放车辆的另一个好处是它们的停车位置本身。由于位于街道旁且经常靠近障碍物，它们提供了一个移动车辆绕过障碍进行信息转播的较好的可能性。这个想法如图5-47所示。因此，在概念上，停放车辆代表了参与到汽车网络中的一组动态SSU，例如，为了提高安全应用的性能。与RSU和SSU相比之后，我们看到了普遍存在的停放车辆的主要好处。

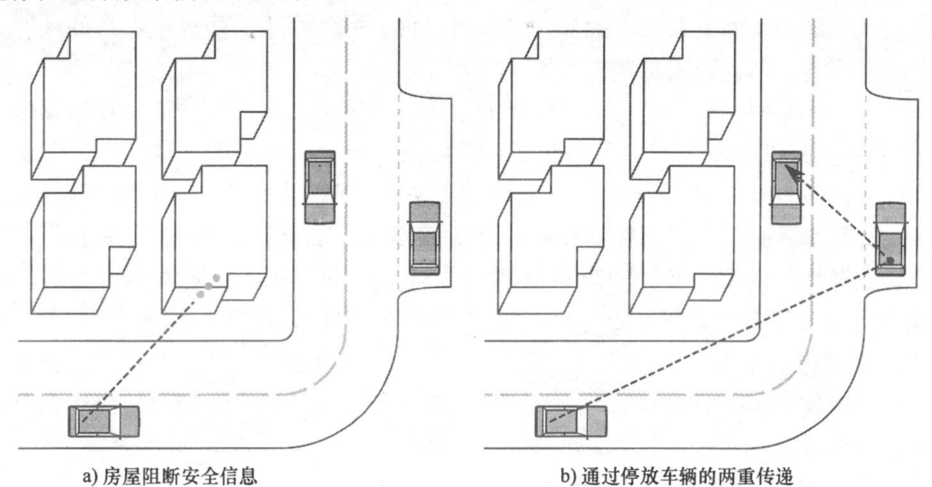

a) 房屋阻断安全信息　　b) 通过停放车辆的两重传递

图5-47　利用停放车辆作为中继节点可以提高车辆安全应用的协作意识

鉴于技术影响很低，这或许甚至会成为强制使用的动机，同时，也是因为道路交通安全可以被大幅提高而不需要部署不合理（由于成本）的大量路侧单元。

这样遗留了一个问题，即停放车辆将有多大可能性加入到一个车联网络中(Sommer et al. 2014a)。从技术角度看，停放车辆与移动车辆是一样的。如果我们可以为行驶车辆配备IEEE802.11p无线电，我们可以期待停放车辆也会有这样的情况。在IVC的初期，显然只有一部分的行驶车辆和停放车辆可用于ITS。此外，可以预测到：具有ETSI ITS和IEEE WAVE配置的汽车的可用量和市场渗透率是逐渐增加的。美国运输部（US DOT）正在评估连接车辆安全试点项目（Connected Vehicle Safety Pilot Pragram）中的WAVE设备和应用的可扩展性、安全性和互操作性，旨在启动汽车和消费电子产品的商业化。这项研究的成果也支持了美国国家公路交通安全管理局（NHTSA）的2013规则制定，比如是否强制使用WAVE。

这次讨论之后，我们认为用户将极有可能愿意加入，原因如下：

- 通过停放车辆进行通信的可用性可以大幅度提高协作意识，因此提高车辆的安全性。
- 社交网络和众包活动的成功表明人们为了互惠互利而愿意分享信息。

2. 中继对电池消耗的影响

为了研究针对停放车辆的潜在通信策略，我们假设停放的车辆是能源自主的。

为了支持这一假设，我们调查了提供中继服务的能量需求（Sommer et al. 2014a）。

一个典型的IEEE802.11p OBU平均消耗不应超过1W，这是一个非常大的上限。现在，如果我们考虑一个能提供480～840W·h的小型车电池（Badescu 2003），在完全耗尽电池前，该系统可以运行大约20天。进一步假设我们允许系统最多使用10%的电池容量，我们仍然可以使用该系统两天。

因为大多数车辆停放不会超过两天，当车辆在使用时电池可以充电，可为无线通信信息中继持续供电两天。此外，我们可以说，另外停车时间少于1天的这种中继系统并不会对车辆使用造成重大影响。

当考虑到大型汽车或混合动力汽车时，这些数字将会更好。例如，特斯拉跑车的电池容量为53000W·h，可以提供连续几年的无线传输能源。同样，它必须保证停放车辆的OBU不能将电池消耗到汽车无法再次起动的程度。剩余的电量必须满足点火和车辆的其它强制性功能的需要。基本上，有两种可能的方法来克服这个问题。或者是车联设备能够知道电池消耗的程度，并且可以相应地自行关闭，或IEEE 802.11p设备配备有一个专用电池，当汽车再次行驶时可充电。

3. 使用停放车辆

使用停放车辆的应用范围是相当大的。该范围从提高安全性应用如协作意识信息传递（Eckhoff etal. 2011c；Sommer et al. 2014a）或路口碰撞预警系统（Joerer et al. 2014）到提高交通效率，甚至到娱乐应用（Liu et al. 2011，2012；Malandrino et al. 2012）。

所有这些概念背后的主要思想是一样的。停放车辆像SSU一样，并且通过信息中继或在稍后时间根据应用层逻辑进行消息存储和转发来直接参与车辆网络。我们将在本节详细研究这种方法。

另一个概念是把停放车辆集群作为一个分布式的虚拟路侧单元。这个路侧单元甚至可以连接到互联网（或其它一些骨干网），这是通过在该集群中某个停放车辆的通信范围之内的一个WiFi AP实现，或者通过蜂窝3G或4G网络上行线路实现。已经表明这一般会大幅度改善内容下载应用（Liu et al. 2011，2012；Malandrino et al. 2012）。

接下来，让我们主要关注协同感知应用。假设每个行驶车辆定期发出包含其位置和速度的信标信息，停放的节点当然能听到这些信息。如果停放的车辆像SSU那样并重新广播这个信标信息，使其它行驶车辆（由于遮蔽可能不知道原始广播）能够接收到这个信标，将可以显著提高意识水平（Eckhoff et al. 201lc；Sommer et al. 2014a）。

为了获得使用停放车辆作为中继节点这个方法可获得的安全收益的最大值，创建了一个简单的中继系统，其目的是为了处理广播风暴问题和保持较低的通道负载。因此，信息传递受限于两跳传输，即最多有一个中继节点。在所形成的系统中，行驶的车辆产生一个TTL值为1的安全信标。当另一个节点接收到这些信标中的一个，它减少TTL至0并重新发送。TTL为0的数据包绝不会再被重播。

在最终的系统中，需要采用一个仔细设计的中继算法，以保持通道有较低的使用率，但仍要确保收益接近潜在的上限。可能的解决方案包括将中继任务限制到一些特殊节点，例如，那些靠近交叉路口停放的节点（Benslimane 2004）。此外，通过观察包括速度或方向运动信息的邻居关系，包括中继节点可以自主地评估数据包的转发是否对提高相邻节点的协同意识有帮助（Tonguz et al. 2007）。同样为了决定是否转发数据包而对当前通道状态进行评估，这是一个很有前景的方法（Sommer et al. 201 lc，2013）。

4. 协作意识的性能增益

为了研究将停放车辆引入计划所能得到的性能增益，我们将使用停放车辆得到的收益与使用RSU得到的收益进行比较。前述简单的中继策略已被用于这个试验中，以得到关于RSU和停放车辆中继信息提高协同意识情况的更详细深刻的理解。Sommer等（2014a）通过大量仿真试验研究了包括节点密度和固定节点数量等参数的有益影响。

这项研究中使用的度量标准是一般效益，即相对于只用移动车辆进行中继而达到的车辆数的增加值。

对两种情况进行了评价。首先是德国英戈尔施塔特市（Ingolstadt，Germany）的郊区环境，在那里，停放车辆按照现实情况进行分布。对于第二种情况，使用一个典型的曼哈顿网格布局。

在所有的设置中，我们观察到当装备有IEEE 802.11p设备的行驶车辆节点密度ρ较低时，停放车辆或路侧单元的利益都是较高的（见图5-48和图5-49）。随着网络中有更多的行驶车辆，车辆先前由于无线信号阻塞而不能到达但可通过中间行驶车辆到达的概率增加——即减少了基础设施元件RSU和停放车辆的优势。

在郊区环境中，比较停放车辆和RSU的中继性能（图5-48a和图5-48b），我们观察到，即使路侧单元放置在频率最高的交叉口（其密度$\omega \approx 6.7\text{RSU/km}^2$），其益处不超过10%。通过利用该区域现成的停放车辆，我们获得的收益峰值高达25%。

在这种情况下，部署的路侧单元的数量明显小于停放车辆的数量，然而，在郊区部署的路侧单元的密度超过仿真节点的数量几乎是不可能的，尽管对停放车辆而言，其密度为$\sigma=70$停车数量/km^2被认为是很现实的。

研究曼哈顿网格情况下相同的试验，我们会期望更大的收益。由建筑物所导致的无线信号遮蔽在这里更加明显，因而从基础设施节点中继比在郊区获得的利益更高（见图5-49a和图5-49b）。此外，与郊区情况相比，收益的改变，支持使用停放车辆而不是RSU。例如，它仅需要$\sigma=20$停车数量/km^2来达到$\omega=7\text{RSU/km}^2$所能联接的车辆。为几乎每个交叉口装备路侧单元（图5-49a中，右上）将产生几乎完美的覆盖范围，可将协同意识提高至150%，但是存在不现实的高消耗。

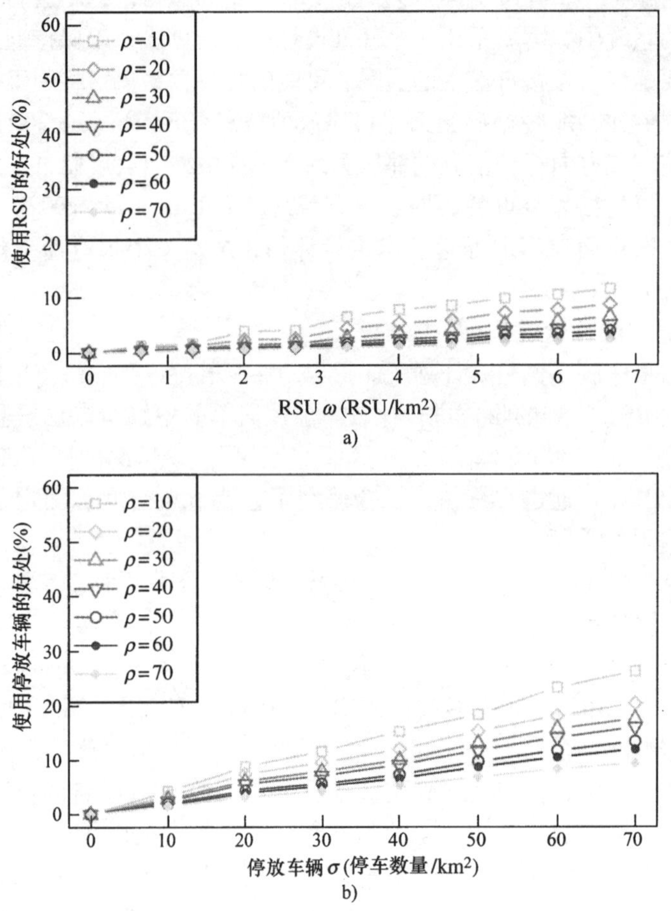

图 5-48　郊区情景下使用 a）路侧单元和 b）停放车辆导致的信息传递成功的增长（英戈尔施塔特市，德国）

结果表明，使用路侧单元或将停放车辆用作该单元都能够为协同意识带来潜在收益。根据不同的情况，路侧单元的使用可以增加访问宿主的数量。然而，停放的车辆可以大大增大这个收益而成本则可以忽略不计。

5. 日/夜周期中继效益

剩下的问题是：典型的日/夜周期对车辆之间通信产生什么程度的影响？典型情况下，车辆停放一段时间，然后驾车去旅行、工作或购物，并停车（在这些地方），最终开车回家。因此，我们研究行驶车辆变为停放车辆的影响，反之亦然。对于该试验，车辆的总量 $\rho+\sigma$ 被认为是不变的，但其比例 ρ/σ 是变化的（Sommer et al. 2014a）。

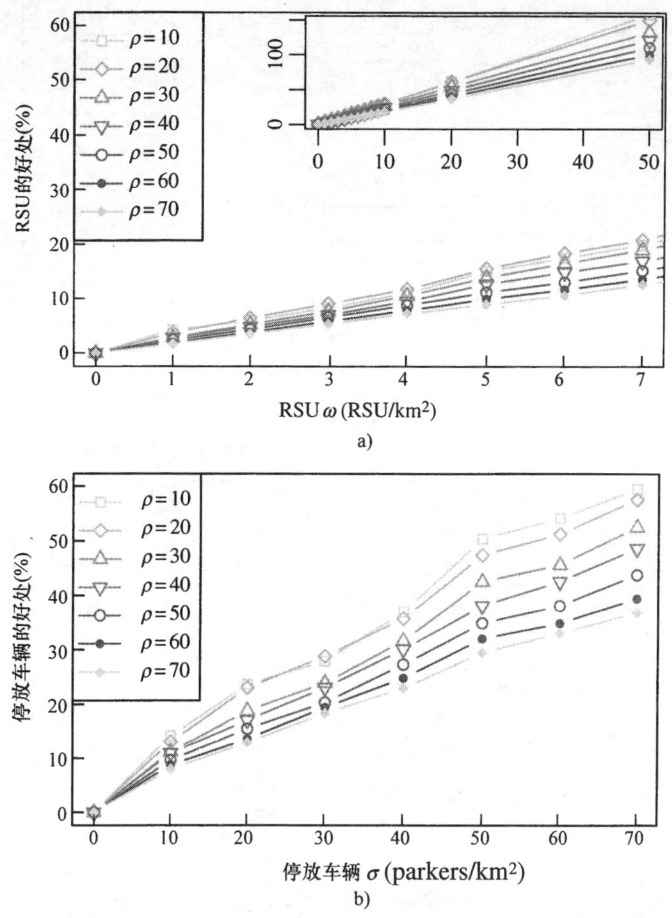

图 5-49 在曼哈顿网格场景使用 a）路侧单元和 b）停放车辆导致的信息传递成功的增长

图 5-50 描绘了这个结果，展示了使用停放车辆来进行行驶车辆间的通信与尚未利用停放车辆相比的好处。同样结果按照典型的郊区方案（英戈尔施塔特，德国的城市）和较为极端的曼哈顿网格情况进行展示。在这两种情况下，趋势很明显。随着停放车辆越来越多，即行驶车辆的密度明显下降，协作感知应用效果降低。然而，如果停放车辆被用作中继，应用的质量保持几乎稳定的状态。

协作感知在光照条件很差的夜间尤为重要，然而，驾驶人更倾向于在几乎空荡荡的街道上开得更快。在停放车辆的帮助下，车辆在夜间可以体验到与街上有许多移动车辆相同的合作感知水平，对白天和黑夜而言，我们可以得出这样的结论，应用停放车辆在人口稀少区域的协同感知程度与那些拥有很多移动车辆的区域的协同感知程度相同。

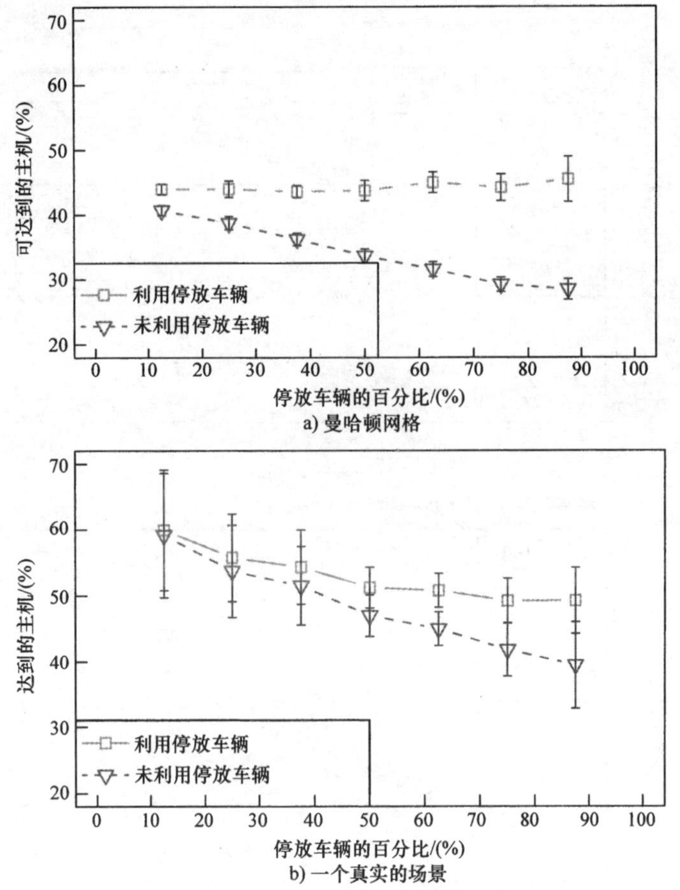

图 5-50　主机在一个典型的昼夜方案中的安全范围之内达到的百分比

5.7　DTN 与对等网络

在前面的章节中，我们研究了自组织路由、地理路由，以及基于信标的信息传播技术。所有这些概念需要一个车辆连通性的最小值。这在车辆网联中并不一定如此。因此，需要管理这些间歇连接的技术。

当然，这个问题在车辆网联研究的早期阶段已经被提出。因此，我们在之前章节中研究的许多概念也尤其集中于这个问题。提供一个单独章节来研究自发问题或间歇性连接问题，其动机是为了突出网络中的这两个原则，以帮助解决车辆网联中的连接性问题。

在讨论中，我们专注于两种方法。

- 时滞容错网络（DTN）：在 DTN 研究领域，主要关注的是移动设备之间的信息交换例如移动电话（Hui et al. 2005；Zhu et al. 2013；Cao & Sun 2013；Khabbaz et al. 2012）。根据它们的社会关系和机动模式，参与网络的用户自发地连接到其它用户。然而详细地研究DTN的解决方案需要另外一本教科书。因此我们研究所选的例子，强调如何利用这些自发连接在VANET上进行高效的信息传播。

- 对等网络：在对等网络范围内研究了大规模分布式系统中的信息储存和管理（Steinmetz & Wehrle 2005；Lua et al. 2005；Ranjan et al. 2008）。对等路由算法，最初是用于互联网上的分布信息存储，随后成功地用于多个领域。我们已经解释了分布式哈希表（DHT）是如何与地理或者虚拟坐标路由进行集成。同样对等网络整个领域已经成为多本教科书的重点。我们展示对等概念是如何用于车辆环境中的内容下载和分布式TIS的问题。

5.7.1 分布式车联广播

分布式车联广播（DV-CAST）隐含的思想是实现协议情景感知（Tonguz et al. 2010）。特别是5.4节中所讨论的广播是否可以传递信息或者是否需要采用DNT概念来克服网络碎片等问题很重要。因此DV-CASTZ支持两种操作模式。

- 多跳广播：如果网络已连接，执行带有广播抑制的多跳信标来把信息传递给周围所有的车辆。
- 存储-运载-转发：如果网络是碎片化的，在DTN框架下提出的信息转送技术被用于携带信息，直到信息可以被传递到适当的目的地。

下文中，我们更详细地列出了DV-CAST使用的算法，并展示了执行结果的增益。请注意，DV-CAST概念是为高速公路场景而专门设计的，这在算法设计方面显而易见。

1. 算法

DV-CAST的基本算法如下：节点周期性发送包含它们位置、速度等的问候信标。这些信息也在ETSI CAM信标中提到。使用该信息，每个节点维护三个独立的邻居表。

- 同一个方向，前方：行驶在同一方向上的所有车辆，其当前位置在所考虑的车辆之前。
- 同一个方向，后方：同上，但是包括该车辆当前位置后方的所有车辆。
- 相反的方向：所有正在沿相反方向行驶的车辆，不考虑它们的位置。

每一条通过DV-CAST发送的信息使用地理寻址且包含源位置以及目标区域（ROI）。使用地理群播转发信息，即多跳广播，在地理上限制指向目的地的ROI。如果没有额外的帮助，当通信范围内没有其它的中继点时，这样的地理广播将很快停止。

DV-CAST使用的算法如图5-51所示。对于每一条信息，需要评估三个标志（Tonguz et al. 2010）。

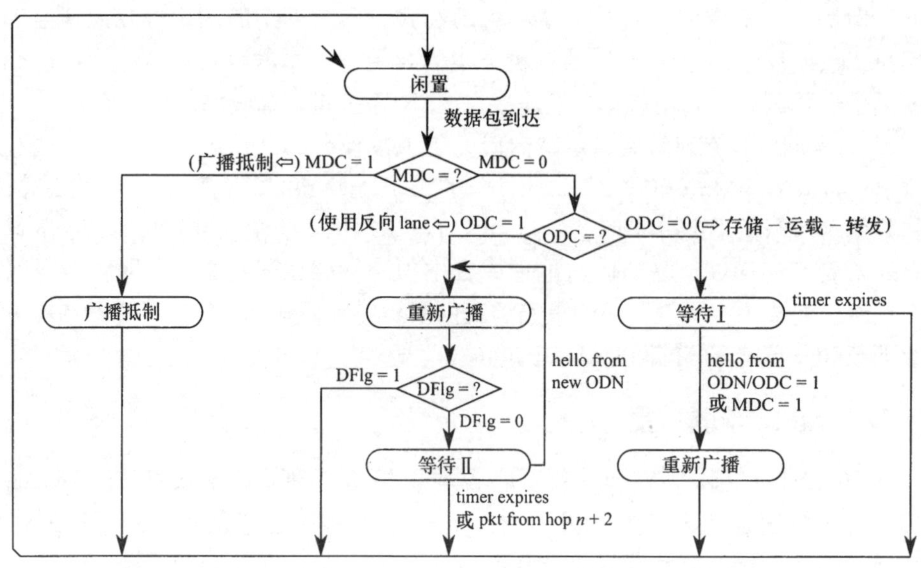

图 5-51　用于决策采取地理群播（广播抑制）还是存储 - 运载 - 转发（重新广播到在相反方向上行驶的车辆）的 DV - CAST 算法

- 目的地标志（DFlg）：如果处理信息的车辆位于信息的目标 ROI 之内，则设置该标志。因此，它是信息的预期接收者之一。
- 信息方向连通性（MDC）：如果有任何行驶在相同方向的车辆，其更接近目的地 ROI，则设置这个标志。直观地看，这个标志将高速公路上一个车辆集群或组的后部车辆区别出来。
- 相反方向的连通性（ODC）：该标志确定一辆汽车是否被连接到至少在相反方向驾驶的一辆汽车。如果需要的话，本车可以被用作向接下来的一组不在通信范围的无线车辆运载信息的载体。

如图 5-51 中所看到的，对于每一个到达的信息都要首先检查 MDC。如果朝目标 ROI 的连接是给定的，则继续地理群播，即如 DV - CAST 的作者提到的那样使用广播抑制技术。这表示邻里连接良好的情况。

一个例外是当该车是这组里的最后一辆时，即 MDC 没有设置，但是车辆处于信息的目标 ROI 内。在这种情况下，独立于 ODC 标志，该信息被重新广播，以确保在 ROI 中的所有邻居也接收到了该信息。

在邻里连接稀疏的情况下，即 MDC 没有被设置，ODC 将被检查。如果它被设置，也就是说，当有车辆连接到当前正在相反方向行驶的汽车时，重新广播该信息以确保它被那些车辆中的一个接收到。接收者仅存储并传递该信息，直到它找到另一辆沿初始方向行驶的汽车。这通过两个 WAIT 功能进行区分。当直接通信范围内没有车辆时，使用“WAIT I”。在这种情况下，车辆作为信息载体直到检测到有车辆沿相同方向（MDC）行驶或沿相反方向（ODC）行驶。这也代表了一个完全断开的网络。“WAIT Ⅱ”用于描述车辆等待另一个机会向沿相反方向行驶的车辆传递信息的状态。

表5-7概括了不同的情况和DV-CAST所采取的相关操作。

表5-7 DV-CAST决策矩阵MDC

	ODC	情况	方法
1	0/1	连接良好	广播抑制
1	0/1	连接良好	使用带广播抑制的Geocast实现中继
0	1	连接稀疏	重新传播并假设有一辆反向行驶的汽车会帮助传播信息
0	0	连接稀疏	重新传播携带并朝着相邻的第一个反方向运动或遇到信息传播的方向
0	0/1	完全没有连接	等待并朝着相邻的第一个反方向移动的物体运动或遭遇信息的方向

2. 性能

让我们简单地介绍一下这种混合广播和DTN方法的性能影响。很多研究对DV-CAST的性能进行了评估，包括可靠性、效率和可扩展性。我们只关注单一指标，即广播成功率，它描述协议可以将信息传递到目标区域节点的成功实例的百分比，即它表征了协议的可靠性。

在图5-52中，绘制了广播成功率与距离的关系。在试验中，Tonguz et al.(2010)旨在了解DV-CAST甚至从更远的距离达到ROI的能力。图5-52比较了DV-CAST和简单信标（图中列为广播）。此外，考虑了5个不同的车辆密度。

正如所见，简单的信标不能进行长距离信息转发。这对分布更为稀疏的车辆情况来说变得更加明显。与此相反，甚至在更长的距离情况下，DV-CAST也能够保持一定的广播成功率。这是DV-CAST使用的储存-运载-转发机制的结果，该机制是用来克服稀疏连接或者甚至没有连接的情况。

在高度连接的情况下（假设一个小的但通信良好的车辆集群），这种比较对两种协议来说有点不公平。通过DV CAST执行广播抑制无法处理这样的高负荷情况；简单的广播亦是如此。然而，DV-CAST可以与5.4节中讨论的自适应信标解决方案相结合，以便从拥塞控制技术中获益。

5.7.2 MobTorrent

首先研究的概念是MobTorrent，它在很大程度上借用了网络领域点对点的概念(Chen&Chan 2009)。MobTorrent间歇性地连接路边的WiFi AP来提供下载功能。这样做是为了向一个或多个AP通知下载请求，以便这些AP可以提前获取内容，使得每当车辆进入这些AP的通信范围时可以提供数据块。本程序的部分灵感来自BitTorrent，一个风靡的基于点对点的互联网下载系统（Qiu&Srikant 2004；Izal et al.

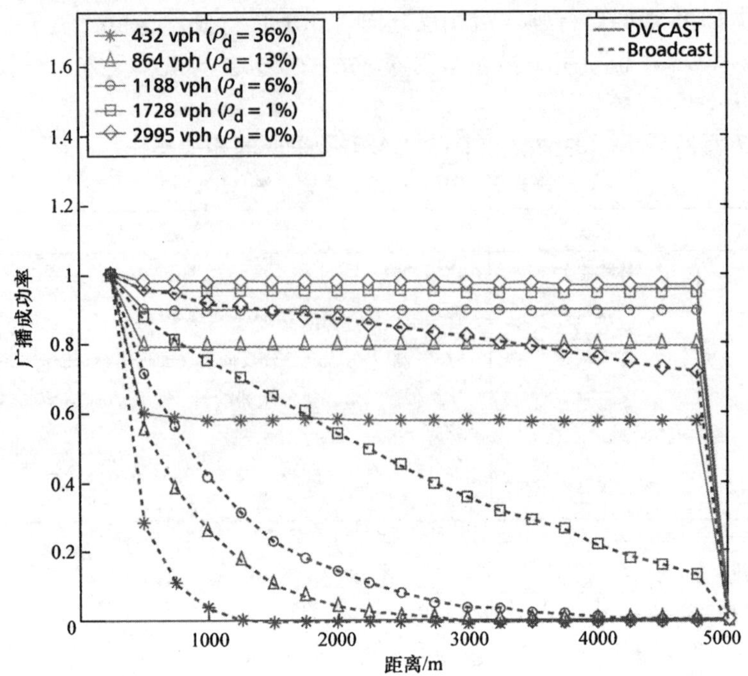

图 5-52　在每小时（vph）车辆数目不同情况下 DV CAST 与简单信标的广播成功率和距离间关系比较图

© [2010] IEEE 重印，经 Tonguz 等（2010 年）授权转载

2004）。

MobTorrent 的关键特点是调度算法，可以复制移动助手上的预取数据，以便使移动客户端的传输数据总量、平均数据速率达到最大化。这些移动助手用来帮助汽车下载需要的内容。这个概念依赖于 DTN 的随机转发机制。

由于这两个概念，类 torrent 数据块从因特网和 DTN 式辅助系统中互相补充下载，我们选择 MobTorrent 作为在车联网络中下载内容的例子。在下文中，我们将探讨 MobTorrent 的架构和通信的原则。

1. 架构

MobTorrent 支持多个组件在内容下载过程中一起行动。特别地，我们必须区分以下角色和系统。

移动客户端是需要从互联网帮助下载内容的车辆。

路边的 AP 为移动客户端提供互联网接入口。假设把它们分布在路边，由例如咖啡店、出租车停靠点、或者交通灯提供。

AP 发现服务器提供有关可用 AP 的位置信息。

移动助手是目前还没有下载、但愿意提供带宽以帮助对等车辆下载的车辆。

MobTorrent 还支持通过所谓的前驱车（forerunners）来预取内容，即行驶在同一方向但在本车之前到达 AP 的车辆。这些车可以通过使用在自己和接下来的客户端之间的 ad-hoc 网络进行内容下载，并将下载的数据块通过几次中继发送至移动客户端。

图 5-53 概述了 MobTorrent 的下载过程。

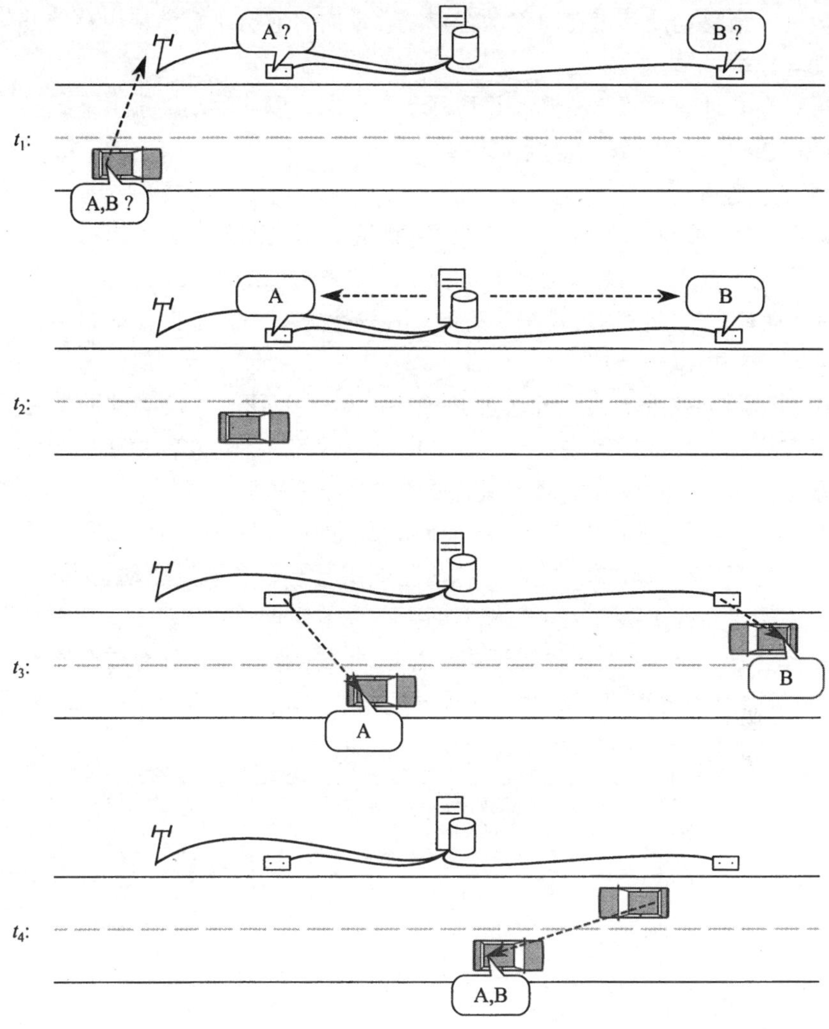

图 5-53　MobTorrent 下载的控制流和数据流

在时刻 t_1，车辆声明其需要下载一个特定文件。这个文件必须足够大，以使整个延迟时间最小——小文件可以在没有 MobTorrent 帮助的情况下立即下载。对于这个声明，移动客户端首先通过路网获取其线路上的 AP 列表。根据文件大小、可用 AP 和它们的位置，移动客户端选择一组适当的 AP 并联络它们以请求数据块的预取。

在时间 t_2，所选择的接入点（AP）开始从 Internet 网络下载所请求的块，并将其存储，以便稍后由移动客户端或移动助手检索。

在时间 t_3，移动客户端通过其中一个 AP。它使用 WiFi 连接到 AP，立即开始下载预取块（如果有）。在我们的例子中，移动助手经过另一个 AP，并提供另一块预取数据。当移动助手正在向移动客户端移动时，它会下载该块以存储并将其传递到移动客户端。

最后，在 t_4时间，两车相遇，并且移动客户端可以从移动助手上下载第二块数据，从而在遇到第二个 AP 之前完成下载。

2. 调度和性能

传输的调度，即解决哪个 AP 应该预取哪些数据块的问题，可以根据不同的优化标准来实现。首先，向移动客户端的数据传输率可以最大化，这是通过最大化每个 AP 向移动客户端的数据传输来实现的。在这个方案中，来自移动助手（或前驱车）的中继无法被事先计划。

其次，延迟可被最小化。可通过充分利用车辆、AP，以及移动助手之间的所有联系来实现这个目标。请注意，这个绑定是松散的，因为可能由于中继没有携带足够的数据，移动客户端和中继之间的一些联系不能被充分利用。

图 5-54 显示了一些性能结果。在他们的试验中，Chen&Chan（2009）评估了不同车辆数下的 MobTorrent 的下载率，包括测试试验平台和轨迹驱动仿真两种情况。特别地，使用了新加坡国立大学的校车网络。该图比较了四种算法。单跳情况被作为基准。此处，只有 AP 发送数据到移动客户端。根据车辆预计行驶时间对不同的 AP 采用随机路由和贪婪路由两种方法来执行重复机制。最后 MobTorrent 充分利用移动助手和前驱车来下载所请求的内容。

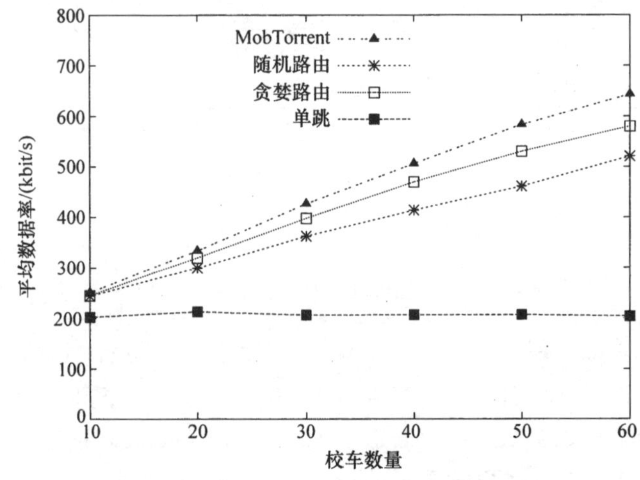

图 5-54 不同配置下 MobTorrent 的下载性能

从图5-54中可以看出，如果仅有AP被用来下载（单跳情况），平均数据与车辆数相关。贪婪和随机数据预取都导致大的提升，并有助于利用可用的助手车辆。如MobTorrent提出的对数据块的仔细调度会有进一步的改善。

5.7.3 PeerTIS

我们讨论的下一个例子是点对点交通信息系统（PeerTIS）(Rybicki等，2009)。主要思想是充分利用3G或4G网络连接来进行车辆之间的信息交换。让我们回顾一个典型的TIS的要求：交通信息必须是实时的，具有高空间分辨率。

为了设计PeerTIS系统，需要考虑另一个问题：TIS并不依赖随机获得存储信息。相反，在车辆位置和该车辆可能向TIS数据库发出的（多个）询问之间具有很强的空间相关性。假设有一个集中式TIS，正在进行路线规划的车辆最有可能沿着计划的路线逐段地查询信息。因此，查询操作符合路网的拓扑结构。

1. PeerTIS数据库

PeerTIS依赖点对点的数据管理概念。所有的信息都以严格分布的形式存储，即每一个参与的车辆负责所有交通信息的一个子集。每个信息块至少包含路段的数据、这条路段的平均速度、当前时间和用户ID。车辆可能会生成这样的信息块或用更新的传感器信息来更新它们。总的来说，这保证了高的空间分辨率和高的精度。不过我们还是要讨论在这样一个分布式系统中的查询时间。

以PeerTIS使用的数据库为开始。DHT使用内容可寻址网络（CAN）点对点协议（Ratnasamy等，2001），受到它的启发，PeerTIS也使用这种结构。不同的是，PeerTIS采用明确的散列分配。相反，它应用的结构是通过路网基本数字地图给出的。

图5-55说明了这些概念。如图5-55a所示，经典的基于散列的存储系统会导致连续路段的信息被存储在随机客户端中。这是所使用的散列函数的最重要的一个特性的结果：系统必须在输入数据中，即路段中创建伪随机数。为计划路段进行数据查询显然会导致巨大的开销。

PeerTIS利用基础地图。它在车辆中存储交通信息，并管理数字地图的某一部分，如图5-55b所示。PeerTIS的最具创新性的方面是如何组织地图以及车辆如何为具体图块负责。

PeerTIS组织的加入过程如下：加入PeerTIS网络的车辆发送请求到已经激活PeerTIS客户端的车辆。这可以通过查询本地邻居，例如，使用WiFi或IEEE802.11p标准，或者通过一个基于互联网的信息库来完成。接收到请求的车辆将它负责的地图分为两个子片，该车负责其一，并将所有存储的数据及另外二分之一的地图移交给新加入的车辆。这个过程将第一辆车视作根车辆，也就是让它负责整个地图。

显然，该过程有助于将存储分布到所有参与者上。此外，在空间上进行存储平

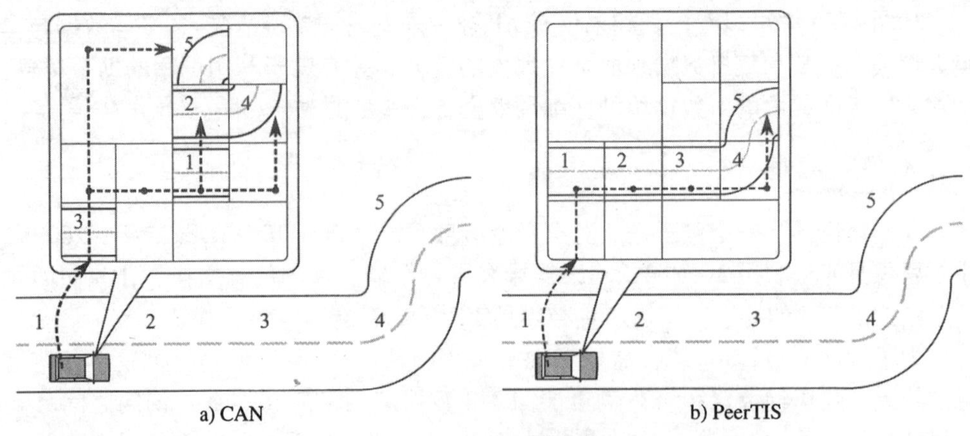

图 5-55　散列数据获取方法（CAN）和利用数字地图的地理信息数据获取方法（PeerTIS）

衡。有较高车辆密度的区域由更多的车辆提供服务。然而，尚不清楚怎样实现有效的查询。我们在下一部分内容中研究此问题。

2. 分布式 TIS 查询

PeerTIS 系统中的操作包括以下几个步骤：

1）加入 PeerTIS 网络。

2）计算一个简单路线（和一些备选路线）。

3）查询这些路线当前的 TIS 数据。

4）重新计算路线，并挑选最好的备选路线。

5）定期检查更新。

最重要的是，如已经提到的，段的查询不是随机的而是可预测的，也就是说，段到段遵从道路网络的拓扑信息。这会产生这样一种情况：首先最初路段的相关信息被查询；然后是下一个路段信息，以此类推。转化到我们的数据库中，这意味着在地图上的一个片被查询，然后是紧邻的一片，以此类推。此过程显示在图 5-56中。

为了加快这一进程，需要足够的指针，即在 DHT 中类似于查找表的指针。对于我们的地图，这个可以很容易实现，即通过将负责这些子片的所有车辆的地址信息存储下来，而这些子片直接与本地存储的地图子片相连。

让我们更详细地研究图 5-56 所示的查询过程。我们的车辆将选择图中标出的网络路线。因此，首先要对线路起点的交通信息进行查询。因为负责这片区域的车辆的地址还不知道，车辆将在相应的方向上发出查询信号，即向负责在地理上最接近行程起点的车辆发出信号。在我们的例子中，所选择的位于始发车辆以北的子片已经直接连接到包含起点的子片。因此，该查询信息可以直接被中继转发到相应的车辆。

一般情况下，这个过程可以实现规划线路涉及的所有子片的逐步查询的过程

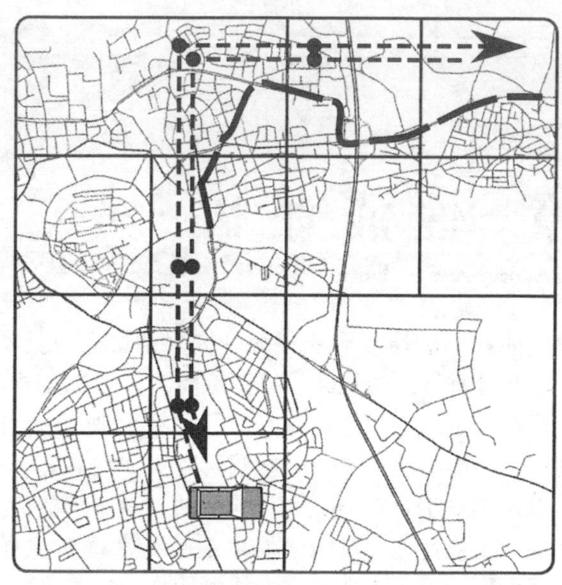

图5-56　PeerTIS的查询过程

中。然而通信可以进一步优化，即通过沿着预定的路径中继查询，并在发送回复之前收集所有相关的交通信息。这个过程由图5-56中的箭头来表述。

PeerTIS仍旧开放的挑战包括确定适当的缓存算法以减少必要查询的数量，以及为了防止当车辆偶然/意外离开网络而进行数据备份以避免信息丢失（如因为简单地关闭或没有进一步的3G网络连接）。此外，潜在的假设是依赖于单一的数字地图。在实践中，可用的地图数据将是异构的，或者由不同的组织提供，或仅是相同地图的不同版本。

第6章 性能评估

选择的方法对性能评估的质量影响很大。许多地区正在进行的现场运行试验（FOTS）提供了一些非常有帮助的最新成果。然而，仅考虑需要进行测试的参数配置的可能数量，大规模的试验在概念上是复杂的，甚至是不可行的。因此，在大多数情况下选择仿真作为性能研究的方法。本章研究了如何在车辆间通信（IVC）领域进行这种仿真，以及哪些工具对研究人员有帮助。对车辆的运动进行正确和真实的建模是关键问题之一。除此之外，情景的“正确”选择对仿真试验的可表达性、有效性和可比性有很大影响。本章还研究无线电信号传播模型的影响、人类驾驶人行为的影响，以及可用于最后性能评估的合适指标。

本章的组织结构如下。

性能测试（6.1节）：在本节中，我们讨论对车辆网联应用和协议进行性能评估的一般策略和技术。特别的，我们概括出近期的测量活动，包括所用的工具，并给出仿真技术的概括性描述。

仿真工具（6.2节）：本节介绍了车载网络仿真的常用工具。我们介绍了必要的网络仿真以及道路移动性仿真，并总结出用于更全面的车载网络仿真的集成框架。

场景、模型和指标（6.3节）：在这一节中我们研究所需要的场景、模型、指标。是否在正确的环境中进行协议的研究，以及是否使用准确代表无线通信信道和车辆网联协议现实行为的模型将会造成巨大的差异。最后，我们用一个对可用于（和应该用于）最终性能评价的指标的概述对本章的讨论进行了总结。

6.1 性能测试

在本节中，我们探讨用于评估车辆网联协议和应用性能的可能方式。我们特别地以一个可用于该领域的方法的简要概述开始。然而本节的重点是介绍正在进行的FOT和代表性能测试领域最前沿的仿真技术。我们将看到，这两种方法都有其特定优势，但当进行大规模的和具有高度真实性的协议和应用的评估时，这两种方法都有其极大的局限性。

6.1.1 概念和策略

在一般情况下，我们有三种方法可用来评估一个系统的性能：分析、仿真和试验（Law，2006）。对于某一特定的应用场景而言，一般不可能确定这三种方法中哪一种最合适。然而，基于车辆网联二十多年的研究所得到的实际经验或教训，选择一种方法是绝对可行的。

图6-1概括了选择的策略。真实系统的试验具有许多优点。最重要的是，在不做不切实际的假设以及可能导致不完整系统性能分析的简化情况下，人们可以准确地看到系统在特定环境中是如何运作的。而另一方面，即使是针对选定系统属性的小规模测试，试验也可能非常昂贵和费时。这主要是由于需要将系统嵌入所关注的场景中，而这在车载网络情况下可能容易地导致对几个设备进行组合调查，并且系统的性能可能受环境的重大影响，例如，看一下在视线（LOS）或非视线（NLOS）场景里无线电信号的传播。我们将在6.1.2小节更详细地研究一些正在进行的试验，同时关注于小规模测试和大规模现场运行试验（FOT）。

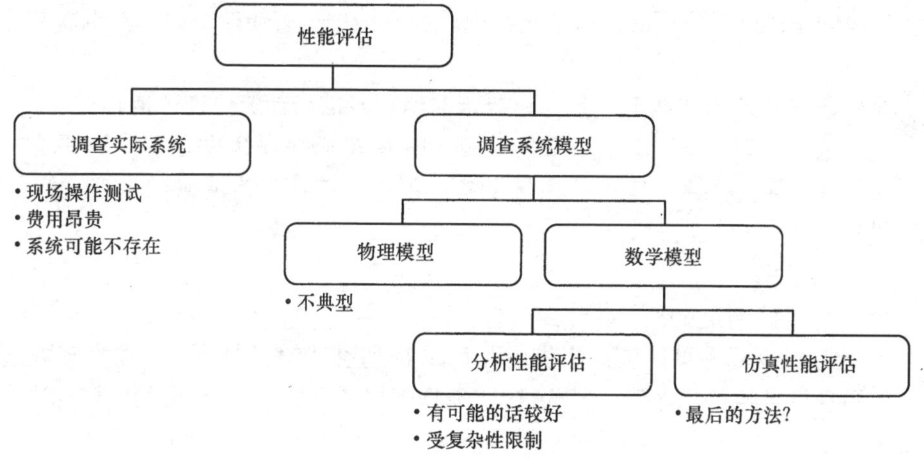

图6-1 分析、实验、仿真——选择最佳适合的方法

如果实际系统试验不可行，剩下的选择是利用这个系统的一个模型开展试验。这可以是物理模型，该模型在车载网络情景中并不典型（事实上，这对于任何网络应用都不典型），或是该系统的数学模型。在许多情况下，希望由数学模型给出系统静态行为的推导分析解法，但是，模型容易变得很复杂，从而使得这样的一个解变得不可行。

再剩下的选择就是看似最后方法的仿真，我们在讨论筛选正确方法的程序时，特别地强调了这一方法。在计算机网络中，仿真有着悠久的传统，所以我们可以依赖于一个庞大的背景资料基础正确地进行仿真。遗憾的是，这并没有阻止研究人员一遍又一遍犯同样的错误。在6.1.3小节中，我们更详细地探索了在车载网络领域使用仿真技术的可行性，包括所有潜在的陷阱。

对我们所研究领域的性能评价和系统评估而言，目前仿真是重要的方法。因此，在简单介绍FOT后，本章剩余部分将专注于作为一种工具的仿真，研究这些工具以及所使用的情景、模型和指标。

6.1.2 现场运行试验

当进行车辆网联解决方案的试验研究时，我们必须要区别两种通常类型的试验设置，两者具有相同的重要性并且能够在许多仿真研究中互补。

- 小规模测试，主要帮助人们更好地了解一个较复杂的车辆网联系统的某些功能。首先，小规模测试通常是可行的，而且不太昂贵。在许多情况下，只需要通信系统的几个组件。根据测试情景，这些将需要部署在几辆用于试验的车上。主要用途是基于经验数据来验证仿真模型或开发新模型。
- 现场运行试验（FOT），在所有测试中居于最重要的地位。大规模使用配有相当完整的通信装置和车载单元（OBU）的车辆再现一个场景，该场景至少类似于所考虑的车辆网联应用的典型使用情况。在实践中，即使较小的试验也需要几百辆车。

显然，这样的 FOT 极其昂贵，还要求对所涉及的全部资源进行精心管理。

接下来，我们将讨论用于小规模以及大规模车辆网联解决方案性能评价的试验。我们首先简要概述所使用的测量设备，因为目前还没有明确的商业化可用的 IEEE 802.11P 接收机。

1. 测量设备

用于 FOT 的测量设备可以分为三组。

- 集成的现场测试设备：这些是为 FOT 特别设计的商业产品。在大多数情况下，使用现场可编程门阵列（FPGA）实现物理层和更低的 MAC 层的协议标准。
- 标准的 WiFi 芯片组：相比于 IEEE 802.11a，IEEE 802.11p 只需要微小的修改，因此标准芯片组可用于特定的专用短程通信（DSRC）信道，并且还能改变带宽和时序。
- 软件定义无线电（SDR）：就较低层协议行为的修改而言，该选择提供了最大的灵活性，但要求重新实现所有需要的协议。

（1）集成的现场测试设备

越来越多的公司已经开发了 ETSI ITS 和 IEEE WAVE 电台原型系统。例如 DENSO 无线安全单元（WSU）、NEC LinkBird - MX、Cohda WirelessMK2 和 MK3。现在还有许多其它可用的原型系统，并且它们的数量正在增加。

所有这些装置的共同特征是至少 ETSI ITS 或 IEEE WAVE 协议栈的较低层功能已由各自的制造商实现并且测试。由于较低层功能通常是由 FPGA 实现的，所以改变和更新可以以软件更新的形式实现。同时，即使是支持协同感知消息（CAM）和分散式环境通知消息（DENM）以及 GeoNetworking 的完全 ETSI 兼容协议栈都是可用的。

所使用 FOT 的设置如图 6-2 所示。安装在车顶的鲨鱼鳍天线是一个早期的原型，包括FM收音机、GPS、3G和IEEE 802.11p天线。为了比较来自不同天线系统的结果，这款车还进一步在旁边配备有一个全向天线。此外，还可以看到一个用于记录每一个传播的位置信息的附加GPS。

图6-2 FOT的试验装置。如图所示，一个标准的鲨鱼鳍天线组装，一个全向天线，一个在车顶上的GPS接收器，以及安装在车尾行李箱（内置式）的无线电广播设备

@［2011］IEEE重印。经Sommer et al.（2011a）许可转载

这些集成现场测试设备的优点是可以立即为试验提供所有需要的功能。此外，人们可以信赖一个完全标准兼容的协议实现。但其最关键的缺点是，在很多情况下，无法提供对设备内部的访问，而这样的访问可以是非常有用的，例如，去修改协议栈的某些参数。

（2）标准WiFi芯片组

在频谱的另一方面，适用于流行的Atheros芯片组AR5414A－B2B的协议栈（例如，在Unex公司的DCMA－86P2网卡中使用的，如图6-3所示）已经在若干项目中完成了开发。这允许人们使用便宜的完全与ETSI ITS或IEEE WAVE标准兼容的硬件解决方案。而且，这个硬件已经被详细地测试过。然而，另一方面，这些解决方案受芯片组能力的约束，并且当涉及在ETSI ITS和IEEEWAVE应用时，它们还没有在实地测试中得到完全的验证。

这实际上是最重要的方面。可以假设IEEE 802.11p的实现（物理层和低层MAC）可按标准要求正常工作，但是所有的更高层功能则需要由最终用户来实现。因此，不能期望有一个全功能的ETSI ITS或IEEE WAVE实现。

（3）软件定义无线电

最近，第三种选择已经成为最流行的方法之一，同时也似乎是未来应用于汽车市场的完美候选方法。无线通信协议的试验研究经常要求完全接入所有协议层，下

图6-3 安装在PC引擎Alix系统板上的Unex DCMA-86P2（迷你PCI卡）

至并包括物理层。软件定义无线电（SDR）硬件平台，结合实时信号处理的框架，提供了实现收发器的基础，以允许进行这样的试验和复杂的测量。

Bloesslet al.（2013c）为SDR系统的IEEE 802.11p提出了第一个全功能的开源仿真和试验框架。该系统已被应用于GNU无线广播，即一个实时信号处理架构，适用于Ettus研究中广泛使用的USRP N210，如图6-4所示。该软件框架的核心是一个模块化的正交频分复用（OFDM）收发器，它支持所有的四种调制方案：BPSK、QPSK、QAM-16和QAM-64（Bloessl et al. 2013a，2013b）。该系统完全以软件实现，并在笔记本电脑上运行。

图6-4 Ettus研究项目USRP N210 SDR硬件平台

最重要的是，这种基于SDR的IEEE 802.11p收发器可被看作是迈向在真实汽车上部署基于SDR系统的第一步。我们相信，这将是一个必要的步骤，因为典型的汽车产品生命周期很长，且安装后的IVC系统需要能够仅通过软件更新手段来实现改变（Bloessl et al. 2013c）。在使用这种解决方案的情况下，即使是PHY和MAC的协议更新也是可以实现的。

2. 小规模测试

让我们从小规模测试活动开始。如前所述，小规模测试活动主要用于仿真模型的验证，或在经验数据的基础上开发新的模型。当然，我们不可能讨论截止到今天的所有测试活动，以及不在我们讨论范围之内的测试活动。我们已经选择了一部分测试活动来概述这些试验的范围和目的。我们也想介绍试验设计中最重要的一些方面。

需要注意的是，这样的小规模试验可以使我们深入了解车辆网联系统选定部分的行为，但是无法深入了解应用本身的性能，这需要大规模测试。我们选择的例子从无线电信号建模，特别是建筑物和其它汽车的遮蔽，到由多径传输引起的快速衰落。

（1）无线信号遮蔽

路径损耗模型的选择对包括无线电传输范围和数据包错误率在内的所有典型通信指标都有很大的影响。然而，例如，当人们想以一种现实的方式决定相邻个体数目时，这些指标是非常重要的。路径损耗模型的一个主要方面是障碍物的影响。

经典的随机模型可能会导致严重偏离单一通信的实际行为。因此，为了开发新的基于试验数据的无线电信号遮蔽模型，一些测量活动已经开展。通过分析使用配备有IEEE 802.11p无线电的车辆所做大量试验的结果，概括了传统的非射线跟踪模型在捕捉可预测的阴影对车辆自组织网络（VANET）应用的影响时所具有的缺陷，其结果也有助于开发全新的，但计算上仍然简单的仿真模型。

首先，我们关注由建筑物造成的无线信号遮蔽。为了开发新的基于试验数据的仿真模型，已经开展了一些测评活动（Sommer et al. 2011a，Mangel et al. 2011b）。

Sommeret al.（2011a）在广泛的情景范围内开展了大量的一系列试验，从车辆间连续的IEEE 802.11p传输中收集记录数据。所使用的无线广播设备是DENSO WSU平台的一部分，安装在一个奥迪A4的车尾行李箱里。

为了这个小规模试验，为两辆车配备了这些设备。一辆车被配置为通过在控制信道（CCH）（即5.89GHz）发送WAVE短消息（WSM）的方式，以200ms为间隔播报它的当前位置。另一辆车被配置为接收消息。对于每个分组包，其时间戳和发送者的位置，以及接收器位置和接收到信号强度（RSS）的毫瓦分贝值（dBm）都会被采集。

为了用试验数据构建模型，将测量结果与建筑物的位置和2.5D形状相关联（即它们的外形和高度）。为此，需要用到OpenStreetMap的地理数据和卫星图像。

图 6-5 展示了一个覆盖于道路网络及建筑外形之上的记录数据图，这是通过一个基于 OpenLayers API 的自定义应用程序而得到的。该传输通过绘制彼此的相对视线来实现可视化，使用颜色编码来表示其经历的衰减（Sommer et al. 2011a）。

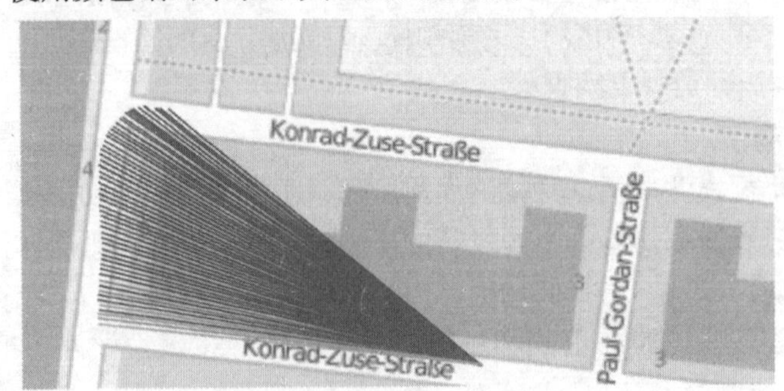

图 6-5　使用有关道路网络和建筑几何的地理数据进行数据关联和验证的步骤。每条线表明发送车辆和接收车辆间的一次成功传输，其中线的亮度代表了测量的 RSS 值

© [2011] IEEE 重印。经许可从 Sommer et al. (2011a) 转载

可以以这种方式验证数据的准确性，并且将每一个记录的 RSS 值与由发送者和接受者之间的视线穿过的外部墙数量和这个交汇的长度联系起来。在第二步中，可通过比较一个分析模型的期望值和在无障碍背景下得出的结果来核实 RSS 测量值的合理性。其中，分析模型使用简单的自由空间路径损耗模型。

第二个例子也关注无线信道建模。该试验解决的关键问题如下：哪些物理效应对信号传播具有重大的影响，因而必须在仿真中加以考虑？

Segataet al. (2013) 在高速公路情景中研究了这个问题。其目标是根据试验的证据来理解由于阻碍了两辆高速公路上行驶车辆间视线的不同车辆类型而造成的非视线场景中的遮蔽效应。这一研究特别关注的一个应用是队列行进（Fernandes & Nunes 2012，Segata et al. 2012）。

该试验涉及多个车辆，两辆车被用于进行无线通信，多种其它车辆则在这两辆车之间来回行驶和阻碍无线通信的 LOS。总体而言，假定试验是在理想的 LOS 条件或在两辆通信车辆之间有不同类型障碍的 NLOS 条件下执行的，特别是在两辆通信车之间存在汽车、厢式货车和货车的情况。这个阻碍车辆要么由作者中的一个（轿车、厢式货车）来驾驶，要么由志愿者，如愿意提供帮助的货车司机来驾驶。

图 6-6 展示了测量的情景以及无线电天线和 GPS 天线在车顶的布局。在驾驶时，记录下了在不同距离时的两车之间来回发送的数据帧，同时记录信号功率和 GPS 位置等信息。

一个测量场景的草图如 6-7 所示。第二辆车接收到的无线电信号以多路径方式进行发送。直接的视线受到货车阻碍，所以预测在此路径上的信号非常弱。其它射线在沿着高速公路的不同物体上反射，在到达时稍有延迟，但可能具有更高的信号强度。

这两辆通信车辆在不同距离上重复所有试验（80m、120m、160m 和 200m）。最小距离为 80m，这个距离是相当近的，但在保持一个安全距离的情况下，仍允许一辆货车在两辆车之间行驶。大多数测试不得不中止是因为两个原因：第一个问题是，随着距离的增大，在公共高速公路上不可能防止其它车辆干扰试验；第二是由于道路的拓扑结构，没有绝对的直线道路，所以一旦道路稍有弯曲，车辆就会影响彼此的视线。

图6-6 为了确定视线(LOS)和非视线条件(NLOS)下无线遮蔽和信号衰退影响的高速公路测试

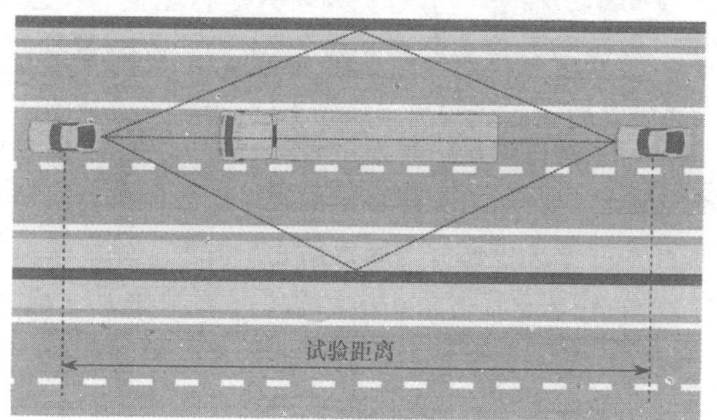

图6-7 以一辆货车作为障碍场景的草图

研究表明，因为所接收到的功率覆盖一个特定的范围，所以不能仅仅考虑 RSS 值的平均值（Segata et al. 2013）。本研究的部分结果如图 6-8 所示。因此，我们调查每个试验接收到的功率的分布，并使用基于高斯平滑核的核密度估计的方式来进行比较，如图 6-8 所示。现有车辆遮蔽模型经过扩展后可以再现分析效果。

在 6.3.2 小节，我们详细探讨了试验研究所得到的经验模型。正如我们所看到的，这个相当简单的试验已允许研究人员收集非常有用的测量结果，可以进一步分

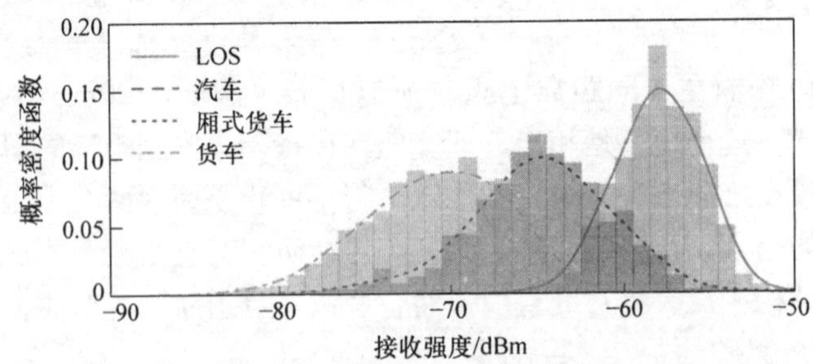

图 6-8　部分 80m 距离试验中接收的信号强度柱状图及估计的概率密度函数。
需要注意的是，汽车试验结果几乎和 LOS 一致，因此没有绘制
© [2013] IEEE 重印。经许可从 Segata et al.（2013）转载

析这些测量结果并在车辆环境中用于无线信号遮蔽的建模。当然，由于只涉及一个信号发送者，所以这个试验不能详细评估任何车辆网联应用的性能。

（2）队列试验

正如在 3.1.3 小节提到的，队列行进常被看作 ITS 最有前景的应用之一。尽管在 20 世纪 80 年代初 ITS 的研究重点就已针对队列，但它至今仍然是一个涉及许多具有挑战性问题的研究领域。队列行进一旦建立后能提供的许多好处进一步促进了对它的研究。

第一个针对队列应用的研究计划是先进交通和公路合作伙伴（PATH）项目（Shladover 2006）。PATH 是唯一一个对队列研究进行全面长期投资的 ITS 研究项目，在这个背景下，也被称为自动公路系统（AHS）。当国家项目还正在规划时，PATH 已经从加利福尼亚州交通运输部（Caltrans）得到了大量的研究经费。

从研究的观点看，队列行进是极具挑战性的，因为它涉及多个研究领域，包括传感器、控制理论和通信。任何为支持车队而设计的控制器将需要关于队列中车辆的频繁和最新的信息，以避免可能导致碰撞的不稳定性。这正是网络社区开始发挥作用的地方：一个队列系统需要至少 10Hz 的信息更新频率（Ploeg et al. 2011）。单一的 ETSI ITS 或 IEEE WAVE 堆栈是否可以满足这样的通信需求还不清楚，需要进一步努力以完成这个系统。

从开创性的 PATH 项目开始，就已经对协作式自适应巡航控制（CACC）的控制器展开了研究（Shladover 2006），但在学术研究人员（Ploeg et al. 2011）或汽车制造商的努力下，该控制器仍然在不断改进，例如在欧洲环境安全公路列车（SARTRE）项目（Bergenhem et al. 2010）中。SARTRE 项目的理念是：队列自主形成且可以与人力驾驶的车辆在高速公路上混合行驶。

从我们的讨论中可以看出，为了验证开发的概念和算法，有必要进行密集测试。在 PATH 和 SARTRE 项目中已经进行了大规模的测试。

让我们简单地关注一下 SARTRE 项目的演示系统（Jootel 2012）。该系统已被

用于进行包括在队列里同时有货车和轿车的测试。系统首车始终是一辆由经验丰富的驾驶人驾驶的大货车。车队长度限制为6辆车。通常情况下，由一辆或两辆货车率领车队，较小的不同类型车辆跟随其后，它们具有不同的车身造型和不同的发动机。就像在实际应用中一样，车辆具有广泛特点，这给开发者带来了更多的挑战。典型测试设置如图6-9所示。

图6-9 在欧盟SARTRE项目背景下进行的队列试验

作为所有试验中的一例，让我们研究可实现的燃油减少。这是队列应用的主要目的之一，而且从商业的角度来看，也是最为关键的要素。

图6-10概括了在SARTRE最终的项目报告中给出的结果（Jootel 2012）。图中绘制了相对于队列中每辆车和每辆车之间的不同距离的燃油减少。为了安全起见，在一个轻型车辆的前方间隙距离不能低于8m。可以看到，对于两个参与的货车而言，燃油消耗大幅度减少（达到16%）。因为改变的空气动力学，即使带头货车也是受益的。这对寻找一个领队车辆是一个很大的激励。对于轻型车辆，增益范围为5%~15%。结合车辆在队列中完全自动行驶的优点，即驾驶人可以专注于其它事情或简单地放松，这一结果为对队列进行进一步调查和研究提供了巨大的动力。

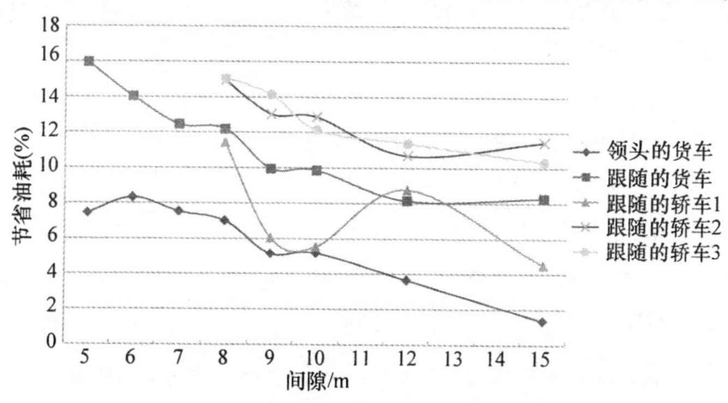

图6-10 车队中6辆车的油耗降低实测

总而言之，我们可以说，这样的小规模测试已经在这个系统的行为方面提供了极有价值的见解。但是，这样的试验还不能评估与其它队列及与其它完全不同的应用之间的互操作性。为了了解这些问题，需要有大规模的现场运行试验（FOT）。

3. 大规模现场运行试验（FOT）

研究团体以及政府和汽车行业已经认识到大规模现场运行试验（FOT）的需求。在2009年，德国sim^{TD}项目开始在一个现场试验中研究V2X通信的适用性。仅仅几年后，美国交通运输部（US DOT）启动了一个更大规模的类似项目，主要关注密歇根州安阿伯附近的一个地区。这两个FOT都对简单的通信协议在现实中可能如何表现提供了新的认识。

（1）sim^{TD}

在sim^{TD}（安全智能的交通-德国测试）项目中，来自于汽车领域、电信领域、联邦州政府以及科研机构的人们协同工作，在法兰克福Rhine-Main地区进行大规模都市区现场试验，去部署和测试早先研究项目的结果（Stubing et al. 2010）。其目的是第一次在大规模试验中测试V2X技术。项目旨在给数百辆车辆配备V2X技术，允许人们获得对在这样的规模下协议行为的新认识。

在德国联邦经济和技术部（Bundesministerium für Wirtschaft und Technologie，BMWi）、联邦教育与研究部（Bundesministerium für Bildung und Forschung，BMBF）和联邦交通、建设与城市开发部（Bundesministerium für Verkehr，Bau und Stadtentwicklung，BMVBS）的共同资助下，18个合作方携手合作，通过大型车队和路侧站台，去实现和验证21项应用（WeiB 2011，Eckhoff et al. 2011a）。多达100辆车由雇用的驾驶人驾驶，辅以高达300辆自由流动车辆（出租车、救护车、警车等）。

在sim^{TD}项目中获得的见解期望有助于车辆网联的协调和标准化，这一点他们也确实做到了。据Stubing et al.（2010），sim^{TD}达到了以下目标：

- 使用V2X通信提高了道路安全并改进了现有交通系统的效率。
- 对于给定应用推出场景的定义和验证，特别是有关科学问题。
- 对交通效率、车辆安全以及增值服务的car-to-X应用的整合。
- 为了保证结果的测量和评价，规范了整个系统开发过程中各个阶段的测试和验证的指标及方法。
- 对与可行性和性能相关的要求进行整合和协调。

图6-11概述了所使用的系统结构。在我们的考虑范围里，兴趣在于左侧的所有部件。右边显示的是为所有参与者提供和聚集信息的集中式ITS中心站。

最重要的是，所有的汽车都配备有多种无线电技术，从IEEE 802.11p和WiFi到基于3G和4G网络的无线蜂窝技术。这些汽车之间可以允许直接进行信息交换，也可以通过预先部署的路侧单元（RSU）交换信息。此外，所有的汽车都配备了人机界面（IIMI）解决方案。

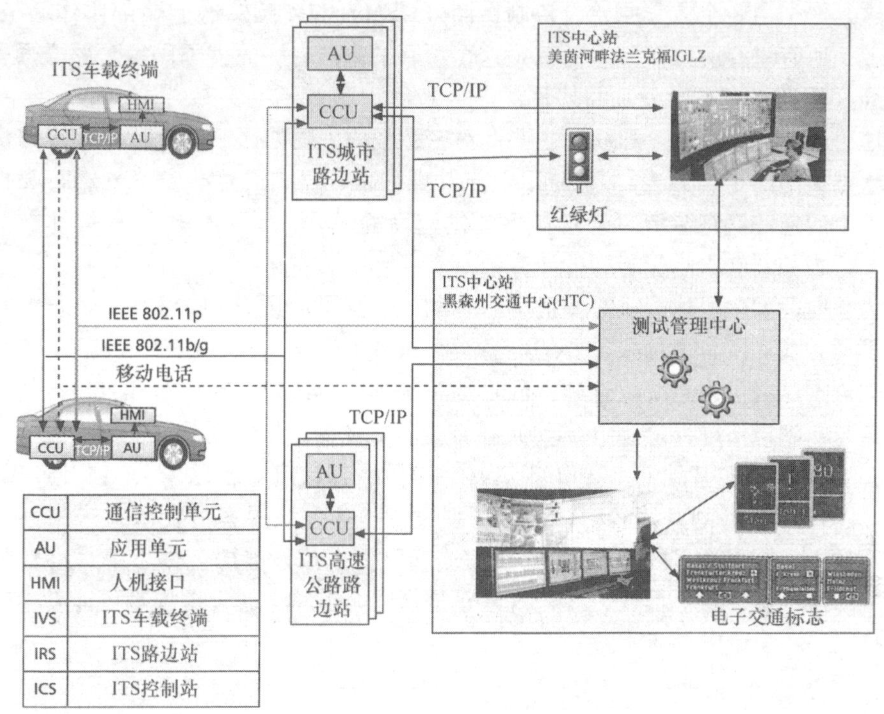

图6-11 sim^{TD}系统架构

除了其它事项，sim^{TD}项目的研究重点是交通信息系统（TIS）的应用。特别是研究了类似于自组织交通信息系统（SOTIS）的协议，这些协议的运行独立于基础设施及预安装的数字地图（Wischhof et al. 2003）。由于高市场渗透率对分散式 TIS 性能非常重要，所以有必要建立合理的定价系统。可以预见到，通过使车辆能够动态地创建地图信息，即使在低渗透率情况下，人们也可以实现一个完全的自组织系统。

（2）美国交通运输部（US DOT）

作为前一个车车通信（V2V）项目的延伸，美国交通运输部（US DOT）在 2010 年发起了一个大规模的 FOT，其主要目的是研究在更大的规模下 IVC 技术的互操作性以及标准化协议的行为。

在这个背景下，互操作性定义为 V2V 安全系统成功运作于任何车辆的能力，无论其品牌、型号和车的年代。考虑到市场上只有少数 WAVE 无线系统，而且它们都应被视作样机，这当然是一个非常有雄心的目标。

美国 DOT V2V 互操作性项目计划分两期进行。

- 第一期：2010 年 1 月到 2012 年 6 月，30 个月的项目。
- 第二期：21 个月的扩展项目，直到 2014 年 3 月。

这是一个由8个汽车原始设备制造商（OEM）与美国交通运输部协作的工作。实质上，所有主要的汽车制造商都是这个项目的参与者，而美国国家公路交通安全管理局（NHTSA）来负责项目协调。

这个现场运行测试（FOT）主要针对密歇根州安阿伯区域的轻型车辆。该测试目标重点关注的是5.9GHz ITS使用中与互操作性、可扩展性、安全性和可靠性相关的技术问题。汽车装有四个来自不同供应商的OBU。此外，也重点关注有关驾驶人、行为和驾驶人承受能力的研究。

为了向标准化机构提供必要的输入，测试包括了使用IEEE WAVE进行信息传递的不同方式。所考虑的最重要的信息类型是基本安全信息（BSM）。在FOT的范围内，分别试验了以下协议选项：固定速率信标、自适应发射功率和自适应传输速率。这与欧洲电信标准协会（ETSI）正在进行的欧洲标准化工作相一致。

在FOT结果的基础上，2014年2月，美国联邦政府宣告国家公路交通安全管理局（NHTSA）计划开始启动一个监管提案的工作，该提案将要求在未来某一年新的车辆上安装V2V设备。NHTSA的宣告与欧洲电信标准协会提出的最终欧洲高层网络协议标准一致。因此，我们现在正进入一个道路交通管理规则可能发生变革的时代。

6.1.3 仿真技术

本章其余部分的重点是仿真工具、模型和指标。在这一小节中，我们在一个更高的层面上探索仿真技术，概括了目前车辆网联应用和协议的仿真技术发展现状。

在这种情况下，我们首先需要解决的问题是，是什么使得车载网络与任何其它类型的网络不同。换句话说，为什么现有的在几十年网络研究中已经开发和验证的仿真技术，不再完全适用或者至少可能导致与现实系统行为极大不同的结果和观察？

特别的，我们需要讨论区别车载网络仿真与其它无线网络仿真的几个主要方面。

- 与人类移动模型相比，车辆运动仿真对于道路交通来说是独一无二的，它必须以一种现实的方式重现。通常用来仿真移动自组织网络（MANET）的简单随机点模型不再有效。车辆移动的微观仿真需要考虑车辆跟随、车道变换、交叉口模型以及其它因素。
- 模型，甚至指标也是不同的。首先，需要考虑反映人类行为的模型，例如驾驶人对交通信号是否有反应。其次，车辆之间的无线通信经常受到建筑物和其它车辆的限制。此外，传统的网络和通信指标可能无法完全反映一个特定VANET的应用。同时，也需要考虑到出行时间和二氧化碳排放量等指标。
- 仿真研究的可比性和可重复性是业界经常讨论的一个话题。一般来说，对于任何基于仿真的网络解决方案的研究，这些问题都需要解决。从多年的经验中应该已经吸取了教训，然而我们意识到仍然有许多未解决的问题和潜在的误区，所以我们决定在本书中也探讨这些问题。

1. 车辆移动性建模

车联网领域的移动性建模一直是最具争议的话题之一。由于缺乏一种能够准确描述道路网络中车辆运动的方式，早期的方法采用了简化，以至于严重影响了所获得的测量结果。

与此同时，运输和交通科学已经能够提供更好的移动模型，根据所检测交通流的颗粒度，这些模型可分为宏观模型、中观模型和微观模型。车辆网联业界花了很长时间去在他们的仿真方法中应用这些模型。

在本教材范围内，我们主要聚焦于微观移动模型，它能够准确描述每一辆车的行为。然而，当进行重点关注道路交通中所有车流而非单个车辆的大规模仿真时，宏观模型具有几乎相同的价值，我们将在6.2.2小节中详细研究这个问题。

接下来，我们主要关注用于VANET协议和应用的仿真中移动模型的历史演化过程（Sommer & Dressler 2008）。图6-12显示了所用模型的变化。

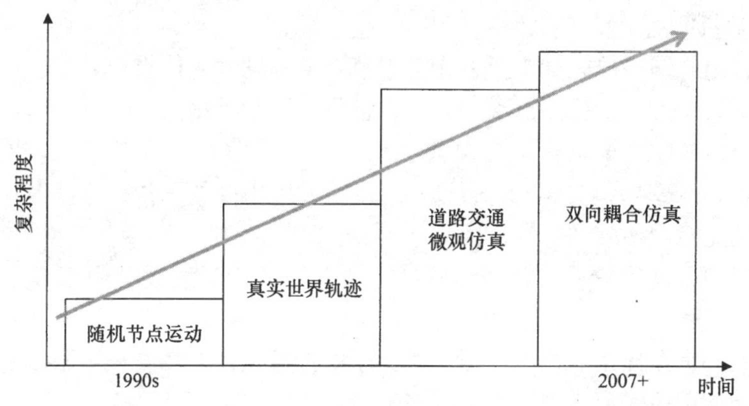

图6-12　VANET研究中的移动建模策略和技术的历史演变

早期的方法依赖于使用随机节点移动方法的模型，这些模型相对简单，而且经常被应用于MANET的仿真，并获得了大量将其集成到网络仿真工具中的专业知识。然而，因为这样的移动模型不能真实反映车辆在我们道路上的移动状况，所以开始寻找更真实同时也更为复杂的解决方案。例如，作为一个中间步骤，如出租车或其它公共交通的行驶轨迹被记录下来，然后以此为交通网络模拟的输入数据。通过结合道路交通工程领域的专业知识并增加道路交通的微观仿真，即单一车辆的移动性仿真将路网、其它车辆和交通规则也考虑进去，这些车辆移动轨迹可按需要生成。最新的研究进展是基于道路交通微观模型及网络仿真的紧密耦合。很明显，这样的移动模型内部的复杂程度急剧增加了。

图6-13展示了在VANET中一个移动性建模的架构示意图。所有上述四种模拟

方法都包含在这个图中，即从（a）到（d）。接下来，我们将简要介绍这些概念并且概述他们的主要优点和缺点。我们会紧密地遵循 Sommer & Dressler 的讨论(2008)。

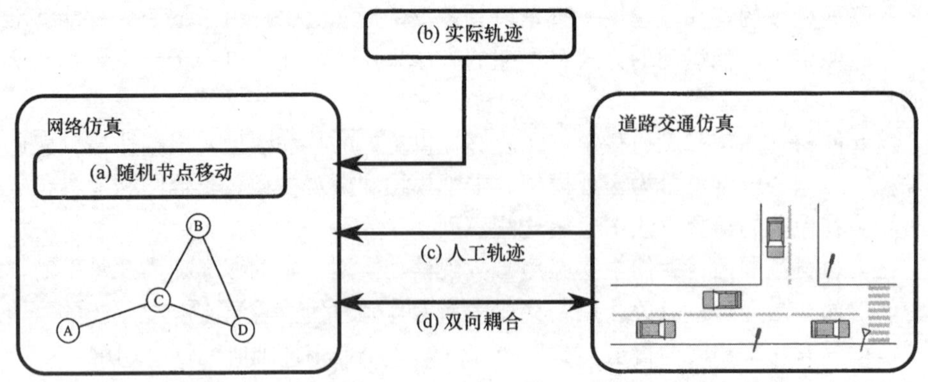

图 6-13　用于 VANET 协议和应用仿真的移动建模技术

（1）随机节点运动

所有自组织网络研究都始于首先考虑节点的移动性。假设节点以一个完全随机的方式无约束运动，随机路点移动模型常被作为移动模型（Johnson & Maltz 1996）。根据一个早期的欧洲电信标准化协会（ETSI）的推荐，它后来被曼哈顿网格模型所取代（ETSI 1997）。在这里，假设一个曼哈顿市中心的场景，移动节点应该沿着一个可能的路径网格移动。

已经证明，这种随机节点运动提供了与更先进的车辆运动模型极不相同的结果，有时甚至达不到一个稳定状态（Yoon et al. 2003）。不过，从那之后它们的衍生模型仍然一直在使用。根本原因是相比于如考虑惯性或者将车辆限制在预定道路上的模型，使用这些模型更加容易许多。

（2）实际移动轨迹

与使用随机移动模型相比，基于预先记录的实际运动轨迹的节点运动模型是向实现真实车辆仿真迈出的重要一步。车辆运动轨迹已经被世界各地的许多项目记录下来。最完整的运动轨迹来自于公共交通，比如城市公交车（Jetcheva et al. 2003）。最著名的一个例子是上海出租车的运动轨迹（Huang et al. 2007）。一般来说，这个方法是在驾驶车辆时不断记录 GPS 信息。然后，对许多这样的运动轨迹记录进行后期处理，并且开发给学术研究团体。

在基于事件的仿真中，这些轨迹的使用很简单。在应用轨迹驱动的仿真概念时，每个位置更新，即每个 GPS 记录，都被反映在仿真中，作为一个在其被记录时刻发生的单独事件。当然，只要保持两个记录之间的相对时间不变，绝对时间是可以变动的。对每一事件，车辆位置被实时地更新至下一位置。当然，这种基于轨迹的运动模型在网络仿真中产生了最为真实的车辆运动过程。然而，因为只有很少可供利用的轨迹，而且它们还并不能反映路上所有车辆的轨迹，因此它们的使用受到了限制。此外，仅仅改变一个参数，例如车辆密度，而保持其余所有参数不变，在相当大的场景下是不可行的。

（3）微观移动仿真

代替具有所有这些缺陷的利用轨迹记录的方法，使用车辆运动仿真器可以得到相同的结果，而且并没有轨迹记录方法的局限性。在这里，节点运动的真实性仅仅受限于所使用的仿真器的复杂性。按照复杂性，方法包括从简单的无碰撞节点移动（Saha & Johnson 2004）到基于多智能体系统的功能齐全的移动仿真器的使用（Naumov et al. 2006），以及运输和交通科学领域中的常见移动模型的使用。

人工运动模型的优点是能够提供具有非常真实的运动轨迹的仿真，而且同时允许自由地调整移动参数，以研究其对仿真结果的影响。尽管如此，许多仿真试验在自组织移动网络（VANET）框架中仍然是不可能实现的。不仅节点的运动影响网络的连接，进而影响网络中的交通，而且在许多实际的 VANET 场景中，网络交通也会影响节点的移动。最好的例子是一个交通信息系统（TIS）：如果应用正常工作，车辆将会被告知交通拥堵状况，并且有机会规划绕道行驶。然而，这样做会立即使已经计算的或已经记录的轨迹变得无效。

（4）双向耦合仿真

在所有这些情况下，需要建立道路交通仿真和网络交通仿真之间的闭环。然而这需要不同仿真工具之间的紧密合作。双向耦合仿真这一术语被用来突出这一相互作用。从早期的仿真器入手（Sommer et al. 2007，Piorkowski et al. 2007），业界最终决定将所有的努力成果整合到一起，构成一个界面，即交通控制界面（TraCI）（Wegener et al. 2008）。现在所有的主要 IVC 仿真框架都支持这个界面（Wegener et al. 2008，Sommer et al. 2011b，Rondinone et al. 2013）。

已得到证明的是，这种集成或双向耦合仿真不仅可以为对网络交通的影响以及网络交通的反馈作用提供更深刻的认识，而且同时对仿真运行时间的影响可以忽略不计。

如图 6-13 所示，两个相互依赖的进程，即网络仿真器和道路交通仿真器同时运行。多个参数被存储在两个仿真器中。网络和道路交通仿真器两者需要共享数据，如仿真车辆的位置和速度，可能甚至有关道路网络拓扑结构。其它数据，如无线信号的性质和车辆控制器的状态对网络仿真器和道路交通仿真器无线信号的状态而言，则分别是本地的。

这两个仿真器的整合是基于上面提到的 TraCl 接口。仿真时间由网络仿真器管理，而仿真车辆的运动更新、指导道路规划的控制命令，甚至在道路交通仿真器中车辆的细粒度行为则是定期交换的。

因此，VANET 的双向耦合仿真一般由两个相互交替的阶段构成（Sommer & Dressler 2008）。

- 当网络仿真器运行时，它将参数变化传送到道路交通仿真器，改变驾驶人的驾驶行为或者道路属性，并且影响车辆的路径决策。
- 以由网络仿真器控制的固定间隔，道路交通仿真利用这些新参数进行交通计算，并且将车辆运动数据更新到网络仿真器。

集成式 IVC 框架的开发已经使得这些技术能够广泛应用。例子包括 TRaNS (Piorkowski et al. 2007)、Veins (Vehicles In Network Simulation，Sommer et al. 2007，2011b) 和 iTetris (Rondinone et al. 2013)。来自于网络仿真领域的研究者现在可以直接利用交通运输科学领域研究者的工作，反之亦然。我们将在 6.2.3 小节中更详细地讨论一些特定的框架。

2. IVC 特定的模型和指标

我们将会分别在 6.3.2 小节及 6.3.4 小节讨论进行 IVC 协议和应用仿真需要考虑的最重要的模型和指标，包括对本节中提到的一些例子的更详细的讨论。这里，我们希望讨论在传统网络仿真器中没有的模型和指标的案例。这些例子包括人类驾驶行为的影响、无线信号遮蔽和衰减，以及如二氧化碳排放和涉及的车辆燃油消耗等与网络不相关的指标。请注意，所选择的例子仅仅是用来明确对这样的模型和指标的需求。根据应用不同，可能有更为相关的模型和指标。

(1) 驾驶人行为

在车辆网联应用仿真中考虑驾驶人行为，这一需求已经被认为是一个非常重要的方面 (Dressler & Sommer 2010，Dressler et al. 2011b)。这反映在驾驶人与车辆之间的交互中，至少是只要我们不讨论无人驾驶汽车的话。经验会对驾驶决定产生很大的影响，而且并不一定需要这个系统提出技术上的最优解。实际上，人类驾驶人的行为不仅在微观层面上影响一个系统（如理想的车辆跟驰模型的研究），而且也会在宏观层面上产生影响（影响路线规划和路线变更）：根据驾驶人的知识和另外的几个方面，不是考虑基于 IVC 的信息系统所提供的建议，就是不采取任何行动。

甚至从交通信息系统的早期开始，单个驾驶人的行为对于整个道路交通的影响一直是一个令人感兴趣的主题。例如，König 等人 (1994) 利用人工智能技术建立了驾驶人行为模型来用于驾驶人的行车路径规划，作者们考虑了影响驾驶人行为的如图 6-14 所示的四种子模型。

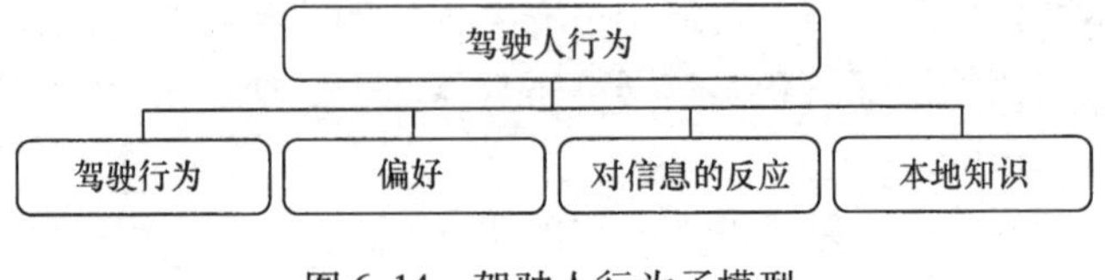

图 6-14　驾驶人行为子模型

特别的，需要考虑以下几个方面。

- 由驾驶人的进取性、年龄、性别等因素决定的驾驶行为会影响车辆的微观运动。这通常在前面讨论的移动模型中进行建模。

• 驾驶人的偏好影响了所选择路径（今天集成到导航系统中的一个因素）和适应路线变化的动机。

• 在我们的案例中，最重要的是对于收到信息的特定反应，这些信息通过抬头显示屏或者其它的视听界面传达给驾驶人。依据驾驶人所处的环境和驾驶人的经验，其反应有可能是完全无视信息或者按照技术系统的建议做出准确的反应。

• 本地知识难以建模，并且也在一定程度上与驾驶人对所收到信息的反应有关。从本质上讲，驾驶人行为的不同将依赖于驾驶人是处在一个完全熟识的环境还是处在一个偏僻、完全未知的地点。

在这里，我们主要考虑驾驶人对于所接收到信息的反应。对于人的因素最为全面的文献研究可见 Dingus et al.（1996）。他们为先进的旅行者信息系统和商业车辆运营系统提供了指南。在这项研究中发现的一个非常有趣的方面是，人类驾驶人往往不愿意偏离他们当前的行车路线来避免拥堵，即他们更喜欢沿着他们“传统”的路线行进。本报告还总结出了四类驾驶人。

Dinguset al.（1996）进一步研究通过混合四类驾驶人，来代表实际的驾驶人行为。他们提出了一个统计分布，尽管只考虑代表了在一个非常特定的区域或国家的典型驾驶人的一个统计学样本，它仍然有助于实施这些类别。我们将在 6.3.3 小节中更详细地研究所产生的模型。

（2）无线信号遮蔽与衰减

在任何无线网络中，因此也包括在车载网络中，无线电信道的模型必须包括路径损耗、遮蔽和衰减（Mecklenbrauker et al. 2011，Segata et al. 2013）。在网络仿真中，由于大范围路径损耗造成的衰减、确定的小范围衰减以及概率损失效应最通常地计算为一个独立损失过程的叠加（Ahmed et al. 2010，Nagel & Eichler 2008）。接收功率可以用这些术语，如无线电传输功率及发射和接收天线增益为基础来表示。我们在 6.3.2 小节中给出了对于这类模型，以及它们在 IVC 性能评估领域的影响提供了一个详细的讨论。下面，我们介绍最重要的特别的 IVC 信道特性。

路径损耗模型计算一个信号相对于传播距离的平均衰减值。最简单并且在车载网络仿真中应用仍旧最为广泛的模型是自由空间模型（Sommer et al. 2012）。自由空间传播只考虑了距离 d 和波长 λ。由此，经验调整的目标就是通过引入一个附加的与环境相关的路径损耗指数 a，来考虑非理想信道条件。然而，更加实际的路径损耗处理是考虑到了这样一个事实，即无线传播通常会受到至少一个明显的衰减源的影响：一个无线电传播与它自身的地面反射间的建设性和破坏性干扰。

所以，物理上对路径损失更为准确的近似必须是基于两干扰射线的相位差 φ，由此产生了双射线干扰模型。从直接视线传播路径长度与由于地面反射的间接的非视线路径长度的差异，可以得出干扰射线的相位差（Sommer et al. 2012）。

遮蔽模型用来再现由于障碍物，例如建筑物或阻碍直接视线的其它车辆所引起的无线信号衰减（图 6-15）。这可以构造随机模型，特别是使用对数正态分布

(Mecklenbrauker et al. 2011)，也可以构造几何模型（Giordano et al. 2010，Sommer et al. 2011a，Mangel et. al. 2011a），考虑射线必须要穿过的物体。这后一种方法至少需要对情景有粗略的几何描述，现代的仿真器提供定义几何形状的方法，或者可以导入现实世界的地图（Sommer et al. 2011b）。

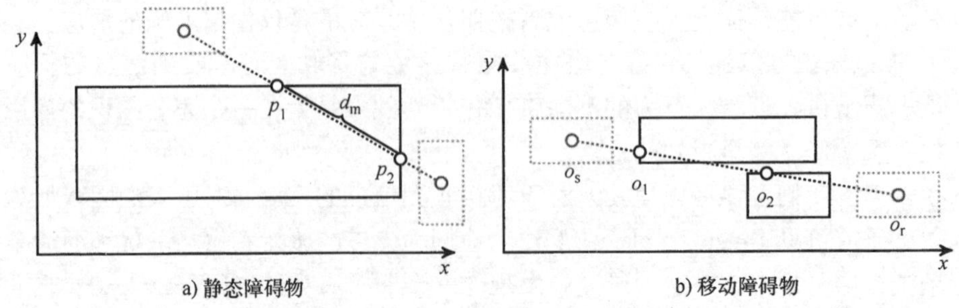

图 6-15　建筑物和车辆视线交汇点的计算

为了研究建筑物引起的遮蔽效应，从所有反射或衍射影响抽象出特定模型是不错的选择。如图 6-15a 所示，仅仅依赖于建筑物的轮廓，遮蔽效应可以用一个可重复的方式进行计算，仅关注中等规模的接收丢失。这样的模型已经被开发出来，例如 Sommer et al.（2011a）和 Mangel et al.（2011b）的研究。通常可用的地理数据，例如由 OpenStreetMap 项目所提供的，非常适合在车载网络仿真中为建筑物及相应的无线信号遮蔽建模。利用经验数据，这些模型能够定量地捕捉在郊区环境中中等规模的路径损耗影响。

当然，根据应该被捕捉的影响，需要应用不同级别颗粒度的模型——从一个高度复杂的、完全确定性的模型到一个简单的、完全随机的模型。有完整的文献去描述如何正确地建立无线网络中的无线电遮蔽模型。

为了计算移动车辆对功率损耗的影响，可以采用一种相似的技术（Boban et al. 2014，Sommer et al. 2013）。对于一对车辆 o_s 和 o_r 之间的每一次信号传递，需要明确与它们直接视线相交叉的这些车辆。

正如图 6-15b 表明的那样，在第一步中需要做的事情是存储视线进入车辆边界框的所有位置点 $\{o_1, o_2, \cdots\}$。与寻找障碍建筑物的问题相似，这个问题可以看成是一个红蓝交叉问题，计算复杂程度大大低于穷举搜索。

最后，衰减模型捕捉由多路径效应引起的接收信号功率的波动。像遮蔽一样，这种效应可以用光线追踪的方法进行几何再现（Schmitz & Wenig 2006，Maurer et al. 2005）。如可以预期的，这种工作需要耗费相当长的时间而且非常昂贵。因此，已经提出随机模型来重现这些影响，例如，Rician、Rayleigh 和 Nakagami 衰减（Mecklenbrauker et al. 2011）。而在这些模型中的选择（及相关的参数）则取决于被模拟的环境（高速公路、公路、城市、农村等）。

铃木分布（Suzuki distribution）是一种同时考虑了遮蔽和衰减影响（Suzuki

1977）的随机模型。它由对数正态分布（log - normal distribution）和瑞利分布（Rayleigh distribution）组合而成。然而，由于是完全随机的，无法利用场景的确切几何表示，而这对于模拟道路交通安全应用可能是至关重要的。

（3）旅行时间和CO_2排放

除了许多与基于仿真的车载网络性能评估相关的模型以外，我们还必须追问和研究用来评价和比较经典无线网络性能的典型指标。这种更加经典的指标能够告诉我们通信系统在一定时间范围内传送信息、或者是以一种可靠的方式传递一部分信息的能力。但是，将车辆网联应用作为一个整体评估时，这些指标的应用是非常有限的。

可能和无线通信系统相关及完全不相关的指标包括如下（当然，这个列表是很不完整的，而且简单强调了选定的指标）。

- 碰撞概率：安全性指标处理起来非常复杂。尽管使用类似于“避免的事故数量”的安全指标来展示一个安全应用的有效性是理想的，但是这些数据很难获得（Dressler et al. 2011a）。稍后，我们会在6.3.4小节中研究交叉口碰撞预警系统（ICWS）中的碰撞概率。
- 旅行时间、平均速度和有效平均速度：车辆的旅行时间经常被作为效率相关应用的描述性指标。旅行时间揭示了交通信息系统（TIS）在车辆拥堵的条件下重新确定车辆路线的能力。同样的信息也可以使用车辆的有效平均速度来表示（甚至方差可用于观察是否只是一小部分车辆的旅行时间比大部分车辆的旅行时间要长）。
- 排放和燃料消耗：当研究一个车辆网联应用的有效性时，旅行时间或平均速度只显示了事情的一面（Sommer et al. 2010c）。为了避免陷于交通拥堵而采用较长的路线时，这些指标甚至会被优化。但同时，这种绕道行驶可能会导致燃料消耗量和排放量大幅增加。

我们将在6.3.4小节中更加详细地讨论这些指标。接下来，我们将简要研究测量排放量的可能性，即使在仿真的情况下。这里我们以二氧化碳为例。

让我们讨论作为车辆网联应用评价基本指标的旅行时间和排放量之间的不同。值得注意的是，旅行时间仅仅描述单个车辆的微观行为，因此可描述至单个驾驶人从系统获益的程度。一个完全不同的观点是分析整体行为，即系统使整个交通流平稳流畅的能力。这既可以通过观察车辆速度的方差得到，或者，作为一个与旅行距离组合的指标并揭示了进一步有趣的方面，也可以通过观察产生的排放量得到（频繁的加速导致CO_2排放量的显著增加）（Sommer et al. 2010c）。

EMIT模型是一个能够准确计算燃料消耗量和尾气排放量的模型，这个模型已经对于广泛的不同的气体排放进行了标定，包括一氧化碳（CO）、碳氢化合物（HC）和氮氧化物（NO_x）（Cappiello et. al. 2002）。图6-16描述了基本的操作过程，使用一个发动机模型，速度、加速度以及这个特别车辆的特性用来计算燃油消耗量。从这些结果，在假定到达运行温度的情况下，能够很准确地估计经过催化转化器的尾气排放量。

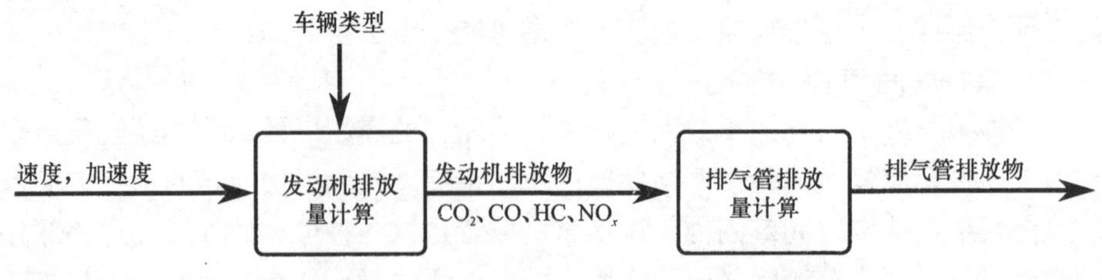

图 6-16　EMIT 模型的两阶段排放量计算

这个模型已经被集成到 Veins 仿真框架中（Sommer et al. 2010c）。在一个概念证明研究中，可以看出，旅行时间和 CO_2 排放量的确反映了两种不同的优化标准，而这两种标准很难结合在一起对待。我们展示了有关这个模型以及在 6.3.4 小节中提到的研究的部分结果的更多细节。

3. 可比性和可重现性

在我们开始深入研究仿真工具和模型的细节之前，我们一定要讨论仿真试验是否以及如何可以进行比较和由其它研究团体去复现。实际上，网络仿真的可信性，因此也包括车载网络仿真的可信性，是一个一直以来在讨论的话题。

进行完备的仿真至少需要对统计要有一些了解。知道如何进行试验设计以及如何解释结果数据并不像一眼看到的那样直接，已经出版了有关这个专题的教科书，例如 Law 的著作（2006）。

然而，甚至在我们解决仿真结果的评估问题之前，就需要考虑到安全软件设计、测试和代码开放性这些更为广泛的问题。Merali（2010）概述了科学编程的 5 个基本规则：在版本控制系统中记录和保存所有的开发进度、在所有预处理步骤中跟踪输入数据、编写能够测试的软件（并且执行这些测试），以及和同伴分享代码。

回到进行完备仿真的问题，Pawlikowski et al.（2002）的工作研究了网络仿真领域的大量文献，特别是评估了合适的伪随机数产生器的使用及对仿真输出数据的适当分析。他们有理由证明，现存的大多数仿真不能够满足这两点要求。尽管他们使得仿真建模界和网络界非常失望，但这些发现仍然对开展仿真的方式产生了非常积极的影响。

应当认识到，仿真试验的可比性和可重现性问题还没有得到解决。这点将十分重要，因为任何科学的工作都应当建立在可控的，而且可独立地重复的试验基础之上（Pawlikowski et al. 2002）。不幸的是，我们发现，特别是在车载网络的仿真研究中，产生可重复的和可验证的仿真结果是非常困难的（Joerer et al. 2012a，c）。在下面，我们报告一个在 2009 年和 2011 年间发表的研究，它力图识别仿真试验研究的可重复性程度。

(1) 文献调查

Joerer 等人（2012a）分析了 2009 年到 2011 年之间所有发表在重要 IVC 会议上的相关论文。总计有超过 1000 篇论文，来自于 116 个聚焦于使用短距离通信的 IVC 仿真研究。选择了如下几个会议。

- ACM VANET（Workshop on VehiculAr Inter - NETworking，车联网研讨会），自从 2004 年以来，该会议每年都和 ACM MobiCom 一起举行。研讨会最初讨论车辆自组织网络（VANET）的话题，但不久就将其话题扩大到了通常的车辆网联范围，最近又增加了与远程蜂窝系统相关的议题。
- IEEE VNC（Vehicular Networking Conference，车辆网联大会），该会议是以车联网为中心的主要会议中发起最晚的一个，自从 2009 年以来每年举办一次。这个 IEEE 通信协会的会议一般专注于车联网，并且特别地重点关注 IVC。
- IEEE VTC（Vehicular Technology Conference，车载技术会议），该会议每半年举行一次（在北半球的春季和秋季），作为 IEEE 车辆技术学会（IEEE Vehicular Technology Society）的旗舰会议，有着悠久的历史，可以追溯到 1950 年。从过去十年的车联网研究来看，该会议聚焦于与物理层和媒介访问相关的研究课题。

我们首先看一下使用的 MAC 协议。正如 Eckhoff et al.（2012）所展示的，使用完备的 IEEE 802.11p MAC 模型非常重要，特别是在高节点密度或无线信道负荷较高的情况下。如图 6-17 所示，直到新标准发布前，所评述的仿真研究使用了各种各样的 MAC 协议，随后是快速的合并整合阶段。

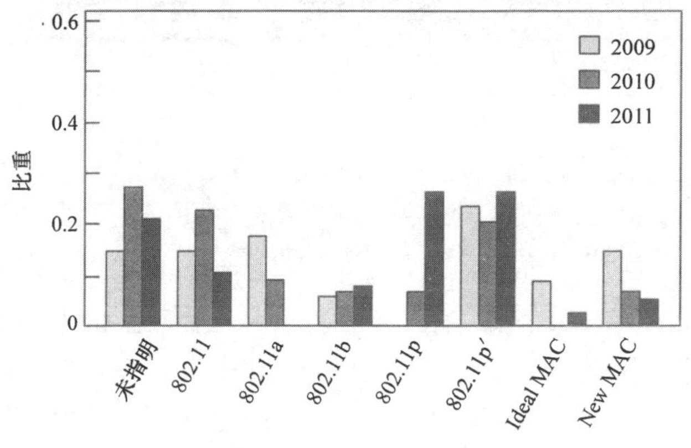

图 6-17 MAC 协议分布

© [2012] IEEE 重印。经许可从 Joerer et al.（2012c）转载

IEEE 802.11a 或 IEEE 802.11b 的使用逐年减少。然而，经常使用的方法是为适应通用无线网络模型而对 IEEE 802.11b 进行或不进行简单的修改，以模仿 IEEE 802.11p 的行为（我们称之为 802.11p′），即使这种方法只能在低密度环境下产生较为真实的结果（Eckhoff et al. 2012）。图 6-17 还指出在一些研究中已经提出了新的 MAC 协议。

最令人震惊的是，在相对大量的仿真研究中，作者们提到了 802.11 模型的使用，但并没有说明使用的是现有的 IEEE 802.11 标准系列中的哪一个（或者他们是否使用的是发布于 1997 年的基本标准版 IEEE 802.11）；或者根本没有给出所使用的 MAC 协议。

进一步表明，在 IVC 仿真中使用的移动模型对如不可达节点数量、平均路径长度、拓扑结构的变化等指标有重大影响（Saha & Johnson 2004）。为这些目标使用专用的道路交通仿真器的好处是显而易见的（Sommer & Dressler 2008）。正如前面所提到的（6.1.3 小节），如果所研究的 IVC 协议可能会影响到街道上车辆的行驶行为，那么就需要对道路交通和网络仿真进行双向耦合。

如图 6-18 所示，有超过 20% 的论文使用最流行的道路交通仿真器——城镇机动性仿真（Simulation of Urban Mobility，SUMO）。另外流行的仿真器包括专用的车载网络运动仿真器 VanetMobiSim 和一个商业软件工具 Vissim。

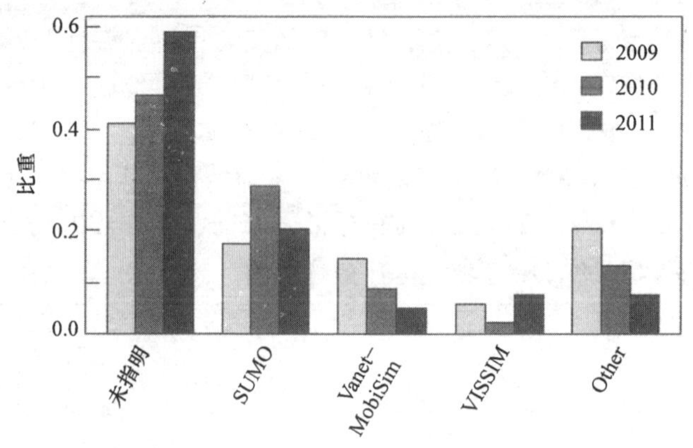

图 6-18　道路交通仿真器分布图

虽然已在 2004 年证明了精确移动建模的影响（Saha & Johnson 2004），并且在 2008 年得到了充分的确认（Sommer & Dressler 2008），但是并没有观察到向应用现实移动模型发展的正向趋势。而相反，那些作者未指明是否使用某种恰当的道路交通仿真器的仿真研究的比例却在增长，已经从 2009 年的 40% 增到 2011 年的几乎 60%（Joerer et al. 2012a）。

（2）比较苹果和橘子

正如我们在呈现的统计数据中所看到的，存在一个使用特别为 IVC 开发的标准协议的明显趋势（最突出的是 IEEE 802.11p），而不是依靠通用 WiFi 的变型版本。连同模型和工具的整合，这样原则上允许人们共享设置并且实现仿真结果更好的可比性和可重现性。

然而，Joerer et al.（2012a）在大量案例中观察到，许多仿真的设置和参数并不完全清楚，这包括关于使用的模型和工具以及研究的场景的精确信息。

图6-19概述了这些发现。可以看出，尽管对于单个因素（工具、模型和背景）的描述正在变得越来越好，但是仿真设置描述的整体质量仍然需要改进。从整体来看，我们发现只有大约三分之一的出版物正确说明了所有的因素。标记为“除交通外所有”的数据汇总了那些除道路交通仿真器之外指明其它所有所列类型的出版物。可以看出，所评述的仿真研究作者中只有大约50%恰当地提到了所使用的网络仿真器、所选用的MAC协议及所研究的场景。

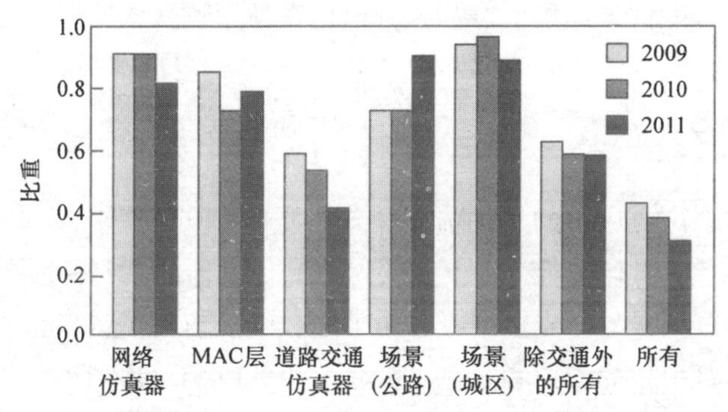

图6-19 目前IVC仿真研究的趋势。按类型和年份描述的模型流行趋势
© [2012] IEEE重印。经Joerer et al.（2012c）许可转载

6.2 仿真工具

我们现在对可进行车载网络仿真的可用工具进行深入讨论。自然，任何仿真都可以使用一种选定的编程语言，从零点开始进行编程，实现前述的模型及定制的运行环境。然而，这不仅仅把（所有的）正确模型的实现和模型验证（模型是否正确地实现）的负担加在开发者身上，而且仿真的正确执行还取决于某些次要因素，如正确地实施、初始值、伪随机数生成器（PRNG）流的使用、避免初始化偏差、统计上可靠的结果的收集等。此外，自己开发的仿真设置的应用阻碍了仿真结果的可重现性和可比性。多项研究，如Pawlikowski et al.（2002）、Kurkowski et al.（2005）和Joerer et al.（2012a）进行的研究，已经多次证明：一些或所有这些方面在研究中经常被忽略。仿真工具因此成为车载网络仿真性能评估的一个不可分割的组成部分。

道路交通仿真工具大多遵循时间步进式的方法：以固定的时间增量（例如，每次仿真的时间推进，请不要和挂钟时间相混淆，该时间是真实时间，且其推进要慢上多个数量级），所有车辆的运动和状态，以及交通灯控制器的状态将会被重新计算。

类似的，该领域中最常用的网络仿真工具及我们下面将关注的工具都属于离散事件仿真方法（DES）。这类仿真器的中心概念是一个有序的预订事件序列。每个事件被安排在一个特定的仿真时间，在该仿真时间，该事件将被触发，并且使仿真有机会对这个事件作出反应。这样一个反应通常会改变仿真的状态和/或触发相应规划的新的事件。一个事件被处理完成之后，仿真将继续处理队列中的下一个事件，将“当前仿真时间”推进到下一个事件的仿真时间。根据仿真所需的颗粒度级别，一个事件可能代表任何事情，从一条正在被车辆接收的信息，到正在被一根天线捕捉的电磁波，或者是一个电路中从 0V 到 5V 的电压水平。

6.2.1 网络仿真

现在我们对于广泛应用的三种仿真器进行更详细的分析：ns－3、OMNeT＋＋和 JiST。除了 ns－3 以外，所有接下来要讨论的仿真器的主要区别在于仿真引擎和那些用于建立仿真场景的仿真模型库。通常地，维护仿真模型库的公司或学术团体也可能同时是仿真引擎的维护者。在 OMNeT＋＋和 JiST 的例子中，这些分别是 INET 框架（INET Framework）和 SWANS。表 6-1 对所讨论的仿真工具给出了一个概述。

1. ns－3 网络仿真器

在我们所讨论的仿真器中，ns－3 网络仿真器（Font et al. 2010）是历史最悠久的仿真器。它来源于 NEST（Dupuy et al. 1989），一个哥伦比亚大学用 C 语言编写的网络仿真原型测试平台，这一平台后来被修改，用来建立了 REAL 网络仿真器，这是一个设计用于拥堵和流量控制测试机制的网络仿真器，它然后再次被改写为网络仿真器 ns（用 C＋＋和 Tcl 编写）。利用 C＋＋和 Objective Tcl 对遮蔽对象进行进一步的重新编写，产生了 ns－2。而最近的全面改写产生了 ns－3，它利用 C＋＋和 Python 进行编写，其目的是使其更具可扩展性及具有一个更加可扩展的结构化和模块化实现。清单 6-1 展示了 ns－3 一段仿真脚本的实例。

表 6-1 讨论的仿真引擎和模型库概述

引擎	程序语言	默认模型库	编程语言
ns－2	C＋＋	ns－2	Objective Tcl
ns－3	C＋＋	ns－3	Python
OMNeT＋＋	C＋＋	INET	C＋＋
JiST	Java	SWANS	Java

```
NodeContainer n;
n.Create(2);

InternetStackHelper().Install(n);

NetDeviceContainer d = CsmaHelper().Install(n);

Ipv4AddressHelper ipv4;
ipv4.SetBase("10.1.1.0", "255.255.255.0");
Ipv4InterfaceContainer i = ipv4.Assign(d);

UdpServerHelper server(4000);
server.Install(n.Get(1)).Start(Seconds(1.0));

UdpClientHelper client(i.GetAddress(1), 4000);
client.Install(n.Get(0)).Start(Seconds(2.0));

Simulator::Run();
```

清单6-1 ns-3样本仿真脚本（对原文档进行了改变和缩略）：两个节点发送或接受UDP数据

在通用公共许可证（GNU GPLv2）下可获得ns-3的基本版本，该版本利用面向对象的方法进行建模，使其变得更易扩展。因为ns-2经常被批评为很难学习，和对进行统计上可靠的仿真只提供有限的功能和指南（Kurkowski et al. 2005），所以ns-3则在发布时提供了已更新的用户手册，而且多种的统计框架也正在开发之中。

虽然ns-3没有可用的集成开发环境或者图形处理环境，仿真器能够记录可以写入磁盘的详细轨迹，并随后可利用nam（网络动画network animator的缩写）工具和Wireshark对这些轨迹进行可视化呈现。ns-3的一个核心特征是能够无缝地整合测试平台或者被测试平台所整合：ns-3网络的仿真可以用于虚拟机的本地局域网（LAN）或者是无线网络，并且ns-3仿真可以在物理网络协议栈上运行。

许多可用的ns-2模型已经为ns-3进行了重写，同时随着新的仿真器越来越普遍地使用，可用模型的生态系统不断扩展。更新的模型已经完全地为ns-3而编写，例如为了ETSI ITS-G5应用仿真的iTetris模型套件（Rondinone et al. 2013）。

2. OMNeT++仿真环境

OMNeT++的目标（Varga & Hornig 2008）是提供一个完整的仿真环境，搭载了可选的集成开发环境（IDE），用于构造模型，图形化地将模型组合到仿真中，设置仿真参数，并且运行仿真。它同样很好地支持手动编写模型代码和网络描述文件，或者支持甚至一个纯命令行驱动的工作流程。类似的，仿真可以以批处理模式运行，或者以一个图形用户界面（GUI）的方式运行，这可以允许研究人员在仿真运行时对其进行观察和修改。图6-20展示了IDE和GUI运行时的界面截图。OMNeT++在进一步开发时考虑了仿真的统计正确性，例如，甚至是在并行仿真中，通过一个或多个独立的PRNG流，指导用户进行多次独立的重复仿真，或者检测仿

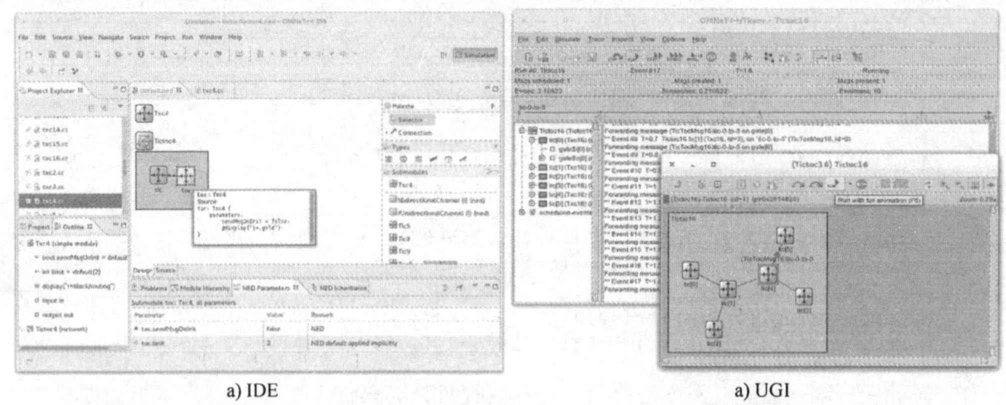

a) IDE　　a) UGI

图 6-20　OMNeT + + IDE 和在 GUI 中运行的仿真界面截图

真中的瞬态阶段，并且它和 R 软件集成以进行分析和制图的统计计算。

OMNeT + +的开发始于 1992 年。虽然 OMNeT + +是开源软件，但它并不是免费软件。它仅仅对于学术用途免费，而在应用于商业用途时（在这里，作者呼吁使用者要诚实），需要获取许可。然而，由于其模块化和开放式的建模方式，在今天，OMNeT + +拥有一个强大的用户团体，该团体倾向于在开发人们自己的模块时给予免费和开源的软件许可。这导致了一个蓬勃发展的模型库生态系统的涌现，在这个系统中，每个模型都针对于一个特定研究领域的问题。

目前使用的最受欢迎的模型库是 INET 框架，其专注于基于 IP 的固定和移动主机以及无线网络模型，并且由 OMNeT + +的开发者们维护。其它模型库的例子是用于精确多信道多技术物理层建模的 MiXiM，覆盖网络仿真的 Over - Sim 以及车载网络仿真的 Veins 框架。

3. JiST/SWANS

JiST（Barr et al. 2005）的发展开始得相对较晚。它是一个仿真引擎，是作为一个基于虚拟机仿真的概念证明而编写的。JiST 是 Java in Simulation Time 的缩写。它是开发来作为 SWANS 无线自组织网络仿真器的基础。

JiST 的基础是一个重写组件（rewriter component），它能够在 Java runtime 加载 Java 类时对 Java 类进行修改。目标是将所有指向壁钟时间的参照替换为指向仿真时间的参照，即一个只有在 sleep call 时才递进的时钟。仿真时间的推进独立于在一个仿真中的所有节点，即所谓的实体。结果，在仿真中引用其它实体的方法重写被延迟，直到两个实体的仿真时间通过及时跳跃后实现同步。这就是典型的 DES 系统，但对于标准 JAVA 语言的语意变化不大。清单 6-2 展示了一个 JiST 的一段简单仿真示例代码。

```
package jist.Hello;

import jist.runtime.JistAPI;

public class Hello implements JistAPI.Entity {

  public static void main(String[] args) {
    Hello h = new Hello();
    h.myEvent();
  }

  public void myEvent() {
    System.out.println(JistAPI.getTime());
    JistAPI.sleep(1);
    myEvent(); // schedule new event
  }
}
```

清单6-2 JiST中的仿真样本（仿真的步长时间为1s，输出1，2，3，…）

目前存在多个独立的JIST / SWANS扩展，例如SWANS + +，其目标是继续SWANS的开发，以及由Technion进行的错误修复和由乌尔姆大学进行IVC仿真的扩展。

6.2.2 道路交通仿真

就如同网络仿真工具一样，有各种各样的软件存在，可以专门用于道路交通仿真。

根据所需的颗粒度，这样的仿真器需要实现一系列的模型。如图6-21所示，这些仿真器不仅仅需要构造运动约束模型（包括如速度限制及进入限制这样的静态限制，以及如交通信号灯和车道关闭这样的动态限制），而且还有交通需求模型（什么时候产生哪一辆车，驾驶人想去哪里，以及驾驶人选择如何到达那里）。可以在文献中找到更详细的分类，例如，Harri等（2009）以及有关当前道路交通仿真器的一个全面的综述（Barce et al. 2010）。

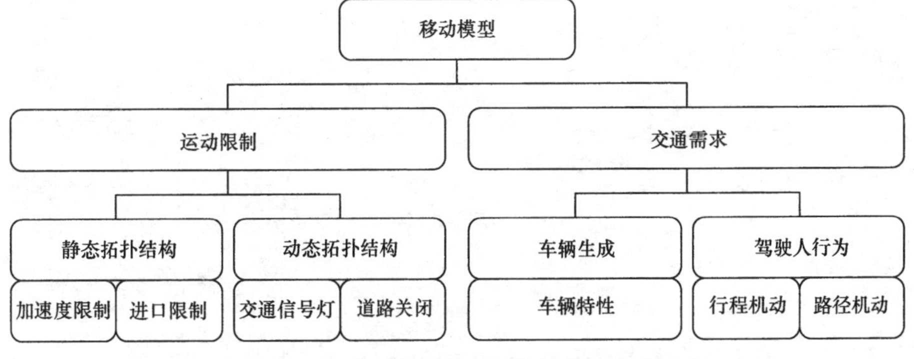

图6-21 细节渐增的基本道路交通仿真概念概述

我们现在更仔细地讨论一下，目前在生成综合的车辆行为时最常用的两个软件：SUMO 和 Vissim。

1. SUMO 仿真环境

SUMO（Simulation of Urban Mobility 的缩写）（Krajzewicz et al.，2012）是目前车载网络研究中最受欢迎的道路交通仿真工具包（Joerer et al. 2012a）。这是一款在 GNU 公共许可下免费和开源的软件（第二版及其之后的版本），易于扩展，并且已经被移植到多种软件平台。

SUMO 的开发开始于 2000 年，并从此以后发展成为一个多模式仿真工具包，包括交通仿真引擎、综合网络生成工具或者从公共和私有数据库输入（例如 OpenStreetMap 或者交通部门），以及综合或基于轨迹的交通需求产生工具（如来自交通部门）。

微观交通仿真器的设计将可扩展性作为首要考虑。这使得城市规模的网络实时仿真成为可能。仿真可以在批处理模式下或者图形用户界面模式运行，如图 6-22 所示，这允许研究人员与正在运行的仿真交互并且对其进行修改。此外，支持对于汽车运动模型的选择，例如 IDM（Treiber et al. 2000）、Kerner 三相模型（Kerner et al. 2008）和威德曼模型（Wiedemann et al. 1974）。

便于扩展并对仿真进行远程控制，SUMO 实现了前述的 TraCI 接口。

2. Vissim

Vissim（Lownes & Machemehl 2006，Fellendorf & Vortisch 2010）是一个运行于微软 Windows 环境下的交通仿真工具包，从 1994 年以后即可以通过商业途径获得。它的微观交通仿真器是基于威德曼跟车模型（Wiedemann 1974），但是又对其进行了大量的补充和扩展，成为一个多模式交通仿真工具包，也可以模拟可视度和人类感知以及单个行人的运动。

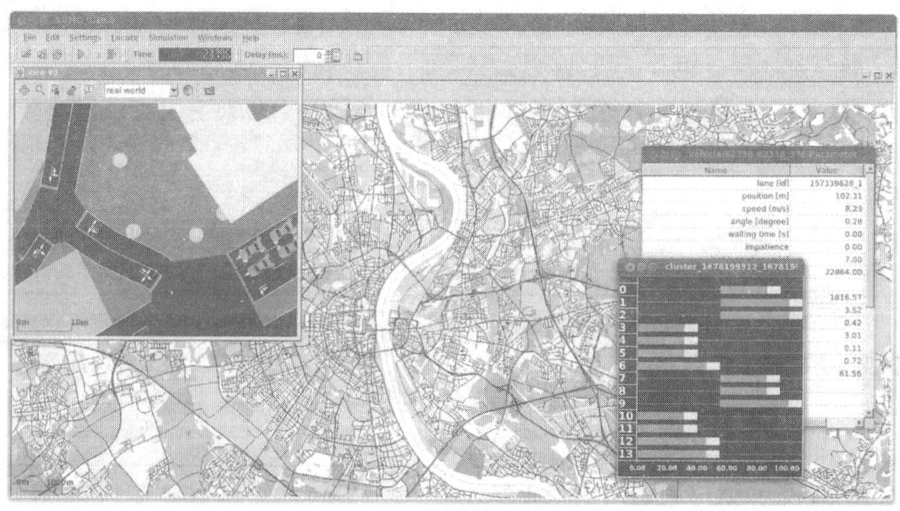

图6-22 SUMO 微观仿真引擎 CUI 界面截图

如图6-23所示，Vissim支持集成开发环境下的图形化编辑、建模以及进行模拟仿真。其它组件可以用于网络导入和需求建模、图形编辑，以及2D/3D视频或渲染网格形式的动画输出。Vissim可以进一步由用户创建的DLL库进行扩展，如具有一个定制的驾驶人模型或为了其它的数据记录。此外，组件接口允许直接连接到正在运行的仿真。最后，利用相关的工具和Vistro，Vissim可用于预测和优化。

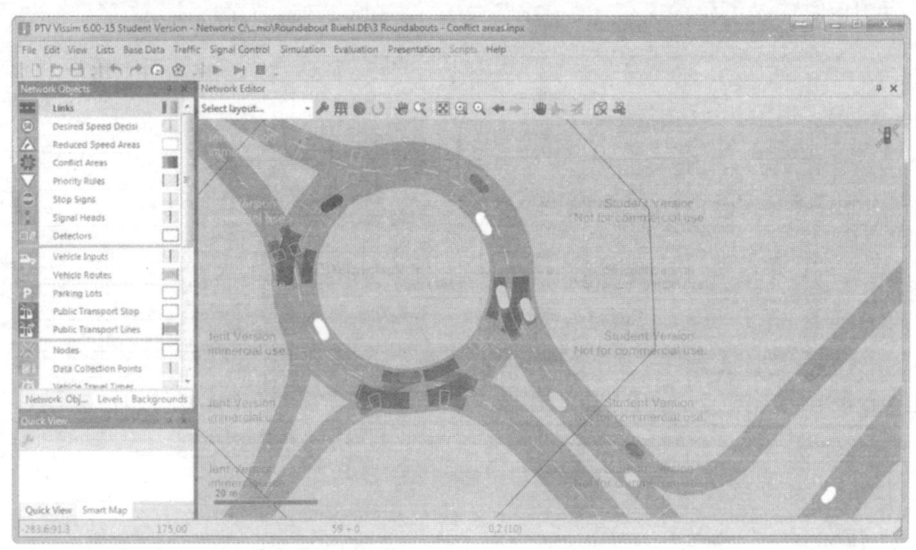

图6-23 Vissim集成开发环境截图

6.2.3 IVC仿真框架

从前面讨论的网络和道路交通模拟的仿真工具开始，几个双向耦合的仿真框架已经开发出来。过去几年中合并的努力使得这些工作日益集中。

下面，我们讨论这种耦合式IVC仿真框架中最为成功的三个例子：Veins、iTetris和VSimRTI。

1. Veins

Veins（Vehicles In Network Simulation的缩写）仿真框架（Sommer et al. 2008，2011b）的结构如图6-24所示。它是基于OMNeT++仿真引擎，该引擎管理仿真的执行控制、数据采集和事件调度。由这一点出发，基于MiXiM（Kopke et al. 2008）模型库的一个物理层组件提供了电磁波的DES抽象，用以计算多通道多技术传播的干扰影响。

在此之上，Veins提供了以IVC为中心的完备的仿真模型，例如信道模型（见6.3.2小节）、IEEE IVC栈协议模型（见4.2.3小节）以及计算选定指标的模型（见6.3.4小节）。经过一个多样化用户群体的进一步扩展——网站上列举了超过100种的出版物使用或者扩展了Veins——模拟ETSI ITS－G5协议栈（见4.2.3小节）和驾驶人行为（见6.3.3小节），允许蜂窝网络模型库的集成，例如为了LTE（见4.1.3小节），或者增加新的车辆跟随模型，例如CACC（见3.1.3小节）。道路交通模拟器的双向耦合是通过一个节点移动模型实现的，它与如SUMO的TraCL服务器运行实例进行交互。

这些模型，连同OMNeT++仿真环境，提供了集成定制的协议仿真模型或者IVC应用仿真模型的框架。

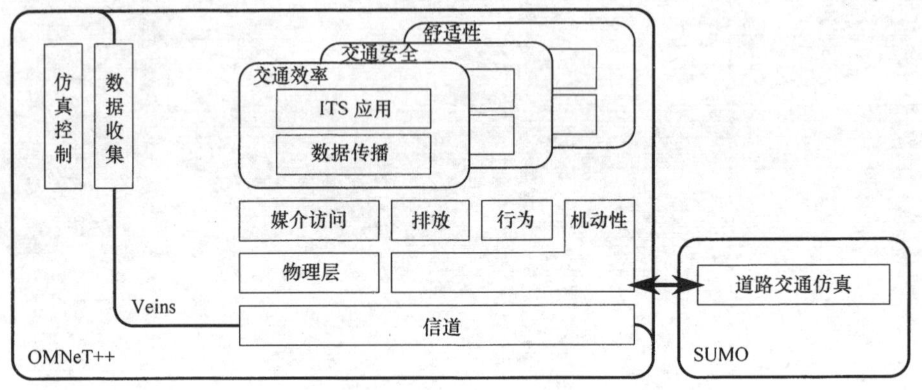

图6-24 Veins仿真框架

2. iTetris

iTetris（Harri et al. 2011，Rondinone et al. 2013），如图6-25所示，是由四个

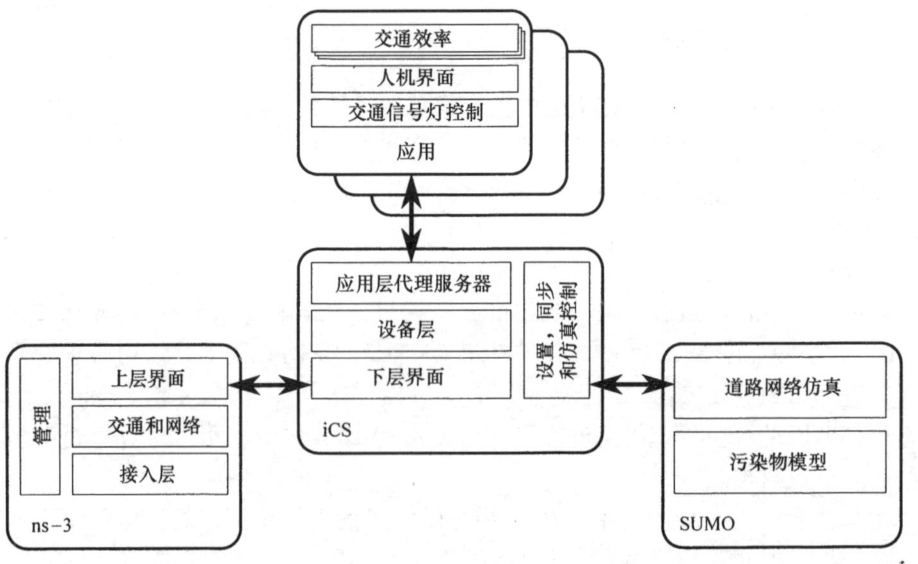

图6-25 iTetris仿真平台

耦合的功能模块组成。中心控制系统，称为 iCS，实现了 ETSI ITS 设备层的一个子集，缓存并转发数据，并与专用的仿真组件相互作用。列举如下：一个基于 ns-3 的网络仿真器，一个基于 SUMO 的道路交通仿真器，和一个建立在某个 iTetris 特定的 API 上的应用。

iTetris 是在欧盟 FP7 研究项目（Integrated Wireless and Traffic Platform for Real-Time Road Traffic Management Solutions）的背景下进行开发的，该项目从 2008 年执行到 2011 年，并且作为免费的开源软件发布。该项目网站列出了 30 多个相关的出版物。任何人都可以申请获得源代码。在这个项目范围内，为了能够发送协议兼容的信息，网络仿真器扩展了 IVC 特定信道模型和 ETSI ITS 层的定制模型，并且道路交通仿真器也扩展了详细的排放模型。这些模型已经固定了下来，并且集成到 ns-3 和 SUMO 的最近版本中。

应用管理器通过 IP 套接字（IP socket）与用户自定义应用相连接，并利用一个特定的 iTetris 协议与这些用户自定义应用通信，该 iTetris 协议是参照 Java、C++和 Python 语言来编写的。该协议允许应用程序发送信息，或者指示 ICS 预定（和回报从中获得的更新）道路交通仿真、网络仿真或者 iCS 中实现的 ETSI ITS 设备层。

3. VSimRTI

VSimRTI（V2X 仿真运行支撑环境——V2X Simulation Runtime Infrastructure 的缩写）（Schunemann 2011，Naumann et al. 2009）在解耦仿真组件上更进一步。如图 6-26 所示，它是围绕一个轻量级的核心结构构建的。

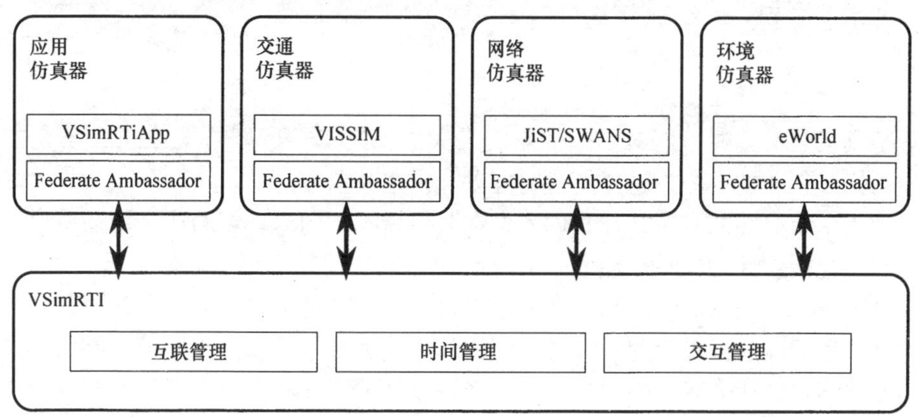

图 6-26 VSimRTI 仿真器耦合样例

它的目标是提供一个能够耦合领域特有的仿真器的通用框架。为此，它引入了一个“大使”（ambassador）的概念，这一概念受到高层架构（HLA）的基本概念的启发。VSimRTI 提供了核心基础，管理所连接的仿真器的同步、相互作用及生命周期。

耦合的仿真器设想用来实现通用的 VSimRTI 接口，使得它很容易从一个向另一个互换。这个方法也可使仿真器仅执行一个完整仿真中的一个子集，例如，用两个道路交通仿真器去仿真两个不同的城市。此外，高性能仿真的开放式同步技术也有计划用来去支持这样的仿真器。

所有耦合界面与编程语言完全无关，并且 VSimRTI 已经为许多仿真器提供了接口组件：Vissim 和 SUMO，以及 OMNeT + + 、ns - 3 和 JiST/SWANS 都能够支持，同时还提供了特定领域仿真器的参考实例，如蜂窝网络，并且一直在不断地创建新的组件。到目前为止，该项目网站列举超过 20 个出版物。通过特定的 VSimRTI 界面以及贴近真实生活的界面，一个用 Java 编写的应用仿真器能够执行 IVC 应用，如轮询传感器或发送消息。

6.3 场景、模型和指标

模拟一个 IVC 协议或应用程序不仅需要正确的工具，而且更重要的是还需要全套的场景描述和可捕捉无线通信行为、协议本身甚至驾驶人行为的已开发的模型。在本节中，我们研究这些组成要素并且格外专注于 IVC 特定的方面。我们将特别地审视一些典型的应用场景，这些场景如不能根据应用场景正确选择，将会对最终性能产生重大的影响。这也同样适用于所用的仿真模型。这里，需要用到模拟无线信道和所有 IVC 专用协议的特定模型，以及识别驾驶人行为的模型。最后，我们在微观及更大尺度上来讨论可以（也应该）用来评价 IVC 应用整体性能的指标，并结束本节。

6.3.1 场景

仿真场景的选择可能对结果的影响最大。根据车辆网联协议或正在研究的应用，人们必须非常小心地选择场景的配置及设定其参数。

作为一个极端的例子，让我们考虑在紧急情况下的一种新的信息传播协议。这个协议已经被设计用来在已经发生事故的情况下支持超低延迟通信去警告驾驶人，或者甚至支持自动反应。如果在单车道高速公路且在通信范围内仅有几个其它车辆的这样一种稀疏的设置里对协议进行测试，那么就接入无线信道而言，所获得的仿真结果将不可能代表最关键的情况。选择一个处于高峰期车流密度的 8 车道高速公路，该协议可能会由于干扰和拥挤的通道而完全失效。

与第三代合作伙伴项目（3GPP）为所有的蜂窝网络技术定义了参考场景（并且提供了可比性）相反，车辆网联社区尚未有这样的参考场景。在下文中，我们将讨论哪些方面可能与场景设定相关。当然，最终的配置是更加一般的性能评估过程的一部分。

1. 道路网

场景定义的第一步是选择合适的道路网。显然这一步取决于IVC协议或正在研究中的应用，以及预期的研究基准或研究假设。

（1）单个街道或高速公路

最简单的场景是单个街道。在这种场景下（图6-27a），汽车可以在单车道或多车道上从东向西行驶。如果需要的话，可以组合车道以支持双向，即汽车可来自两个方向。从某种意义上说，这是典型的高速公路场景。此场景适用于从TIS到道路交通安全的多种IVC应用。

尽管这种场景听起来简单，但事实并非如此。即使对于单车道街道，也需要使用接近实际的车辆跟随模型。如果支持多车道，需要具备适当的变道模型和机动超车模型。

这个场景变得更加有趣，特别是当研究可能迂回绕道时的TIS应用的情况。这样的场景如图6-27b所示。在这里，为了控制车辆离开高速公路及进入另一个匝道，我们需要新的模型。

从这些简单的场景开始，人们当然也可以研究更复杂的场景，而不一定要在研究车载网络仿真中形成新的见解。一个研究领域中常用的场景是一个梯子形的一条主路及多条可能绕行道路的组合（图6-27c）。

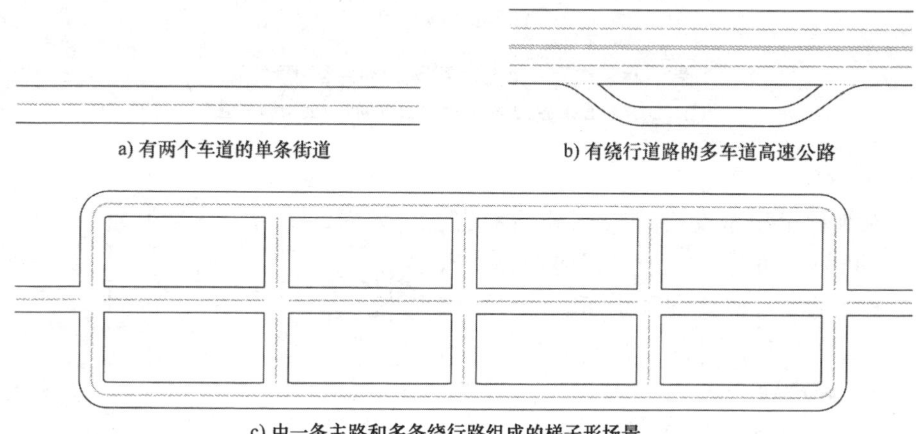

a) 有两个车道的单条街道

b) 有绕行道路的多车道高速公路

c) 由一条主路和多条绕行路组成的梯子形场景

图6-27 简单的单条街道、高速公路和梯子形场景

然而，最具挑战性的问题是在这样的一种场景下生成车辆，典型的方法就是创建车辆并将其放置在街道的一端，以使得它们可以行驶到街道的另一端。然而，这将很容易导致边界效应和在靠近道路终点的仿真伪像。

可以使用一个圆形道路来解决这个问题，如图6-28所示。这代表了在仿真环境中的高速公路场景，场景中道路两端简单地连接在一起。环形街道当然也可以扩展到具有一个或多个绕行道路。除了在街道上充满汽车的初始设置阶段，该场景的主要优点是几乎可以在没有任何副作用的情况下模拟道路交通的移动性。在另一方面，圆形道路需要足够长，否则，许多暂时存储信息的应用很难在这种情景中采用，这是因为相同的仿真车辆将多次通过相同的道路路段。因此，如果它已经，举例来说，收集了有关该路段的交通信息，它将能够在时间和空间上传送这些信息。

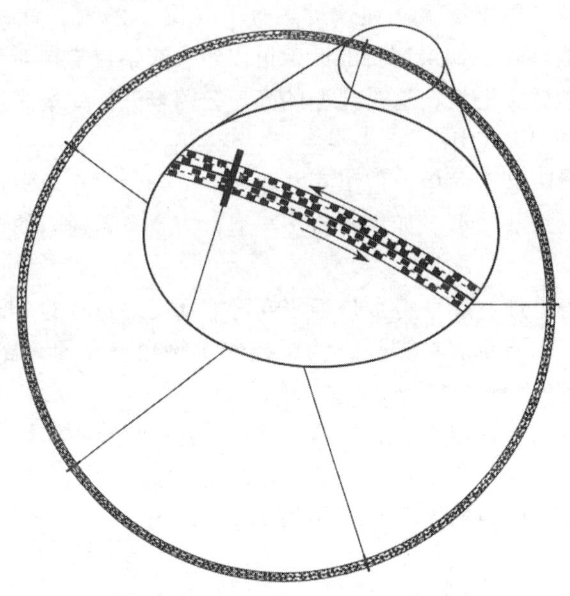

图 6-28　作为一个无边界场景的一个圆形街道

（2）单个交叉路口

特别对于安全关键型应用评估而言，单个路口场景可能是一个很好的选择。想法是去模拟两条彼此交叉街道。同样，该场景听起来简单，但其复杂程度要远远高于高速公路场景。

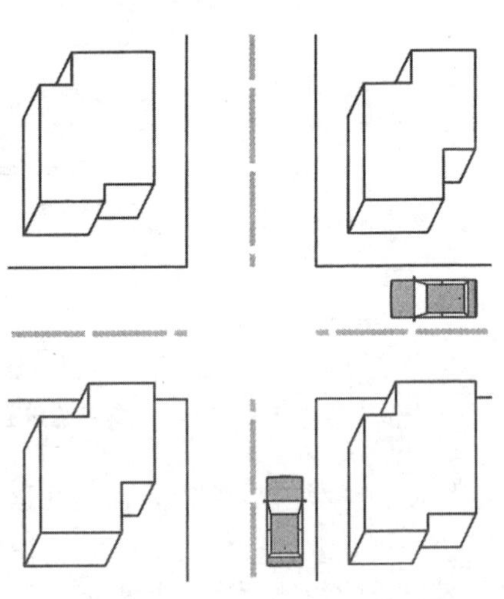

图 6-29　X 形交叉口场景示意图

图 6-29 描述了这样的交叉路口的场景。可以看到，两条街道（东西向和南北向）相互交叉构成一个路口。车辆可以按照交通规则通过这一交叉道口。如果没有设置信号灯，两条道路中的一条是优先车道，或者每辆车必须检查右侧有没有车，或者在交叉口实施四路停车。这一交叉路口管理的建模非常复杂。如果设置了交通信号灯，这场景会变得更加复杂：交通灯将会完全改变车辆的行为，同时也当然需要实施（静态的或自适应的）交通信号

灯切换程序。

非常有趣的是这个场景带来了进一步扩展的成分。亦如图6-29所示，建筑物可能坐落在每个角落。这些建筑不仅会影响接近交叉口的汽车的视线，而且可能会使无线通信的路径损耗急剧增加。因此，必须正确实施及配置无线遮蔽模型，以真实地对该场景进行仿真。

(3) 曼哈顿网格

也可以组合两个初始场景，即简单街道和交叉路口，去构建一个近似的城市环境。在文献中，曼哈顿网格是最常用的场景之一。它将一个易于构建的结构与就真实度而言处于中等水平的精度相结合（假设任一城市都像纽约市中心）。

场景如图6-30所示。需要修改的参数包括各个街道的车道数以及在水平和垂直方向上的街道数目。除了这些关键参数，已经讨论过的那些单个街道交叉口场景的条件同样适用。同时可以增加交通信号灯以及一定的交通规则。建筑物构成了任何城市内场景的一个核心元素，所以要对其进行仔细的建模和仿真。

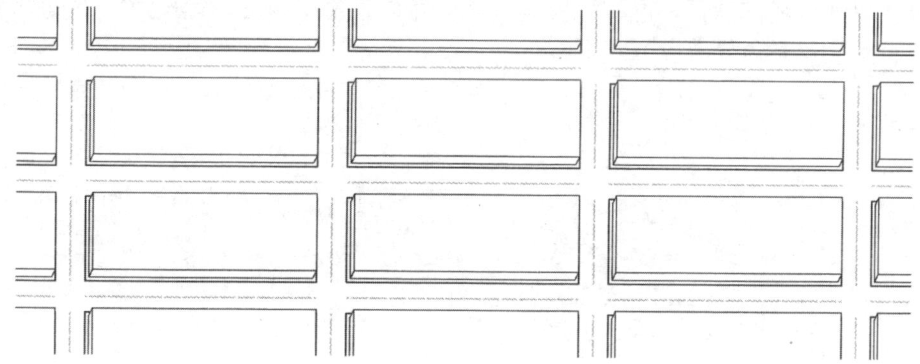

图6-30 曼哈顿网格场景是城市道路网的一个粗略模型

关于车辆的产生，圆形法（或者，在此情况下，环形）也可以通过虚拟地“连接”一条街道的每一端的方式来实现，即创造一个传送者，一旦车到达终点，即将车辆移除，且在不改变其速度或其它参数的情况下，将其重新放到起点。在一般情况下，交通流的管理非常复杂，曼哈顿网格场景在这方面又非常敏感。如果汽车在某处产生，可能在随机的位置点，人们可能会看到不真实的交通模式。

(4) 城市场景的现实地图

为了提供最高可能水平的真实度，还需要做的是使用真实的地图信息去准备一个城区或城市的环境。

类似于OpenStreetMap的服务免费为公众提供地理数据。所有这些条目是由志愿者以众包的方式而创建（Sommer et al. 2010a），并首先根据Creative Commons（CC BY - SA）许可条款将其发布，后来根据一个开放式数据库许可证（ODbL）进行发布。取决于地点位置，OpenStreetMap的地理数据甚至比商业服务所提供的更为精确。

这个数据可以用以创建仿真场景。一个典型的场景如图 6-31 所示。图中的区域位于德国的因戈尔施塔特市（Ingolstadt），我们经常用它来仿真城区或城市环境下的 IVC 协议。与人们可能预想的一样，该场景与曼哈顿网格没有多大差别。当然，街道布局更真实，代表了一个典型的城市。然而所有其它参数，包括建筑物、交通规则、产生的交通流，需要以相同的方式进行配置。

图 6-31 还显示了另一个方面。定义了一个 IVC 通信在其中进行模拟仿真的感兴趣区（ROI）。事实上，对于许多工具而言（6.2 节），移动仿真的计算性能要远高于无线网络仿真。因此，通信方面的仿真需要限定到一个区域的相当小的范围内。另一方面，为了防止由非现实交通流导致的边界效应，微观移动仿真则必须在一个大得多的区域内进行。第二个（内部的）ROI 经常地被用来在仿真中收集统计信息。再次强调，为了防止无线通信中的边界效应，这是必要的。假设车辆在外部的 ROI 里开始通信，它一定不会在这堵看不见的墙后面去干扰邻近车辆，从而保证了更加鲁棒的通信——一个仿真工件。然而，如果只为内部的 ROI 搜集统计信息，那么这种边界效应可以避免。

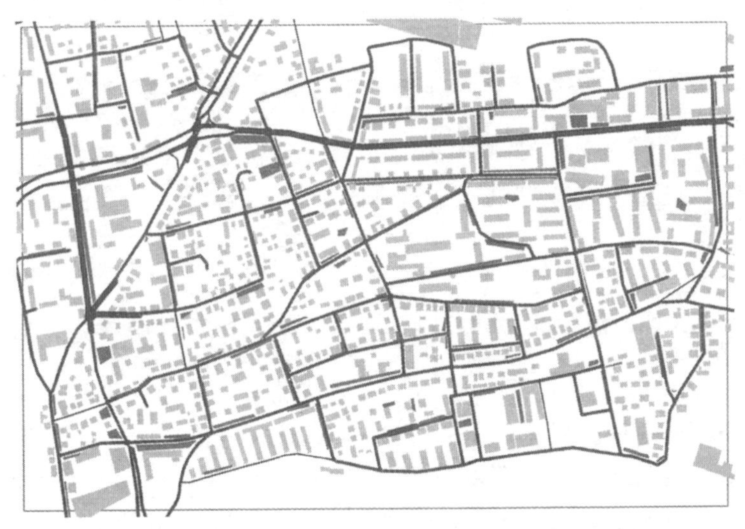

图 6-31　基于德国的因戈尔施塔特市的城市场景，显示了网络通信和统计数据收集的 ROI

我们的讨论明显地激发了标准化场景的使用。不仅模拟仿真的复制更加容易，而且一个场景创建也非常耗时。从 OpenStreetMap 中导入地理数据是最简单的步骤。建筑物在许多城市中也可以很容易地导入，因为 2.5D 结构（具有基图和建筑物高度）包含在同一数据库中。将交通灯切换周期、交通流量和其它参数调整为实际的数值将复杂很多，而且也依赖于外部的帮助，例如提供典型道路使用情况的统计信息。

世界范围内已有许多城市建立了这样的城区场景。它们的区别主要体现在公共可用性和细节水平，而细节的水平正是我们接下来需要讨论的。

2. 层次细节

基于仿真的性能评估质量很大程度上依赖于底层场景的层次细节。然而，值得注意的是，高颗粒度的获得是以仿真时间的增加为代价的，这取决于不同模型的计算复杂度。

在这里，我们需要讨论增加复杂性的多种维度。我们还试图确定一些必须要考虑的基本组件，这样其它组件可以从中抽象提取。

（1）车辆密度

我们之前频繁提到的一个参数是车辆密度。该参数表明了道路上随时间变化的车辆数量。

在人口稀少的地区，或在夜间时段，可以观测到稀疏分布。这样的稀疏情景（图6-32a）代表了IVC的一个极端的例子。即使车载网络仅仅轻载时，也不能假定许多车辆的连接性，多跳跃数据传播很可能会失败。

另一个极端是一个非常稠密拥挤的区域。例如包括在主要高速公路（图6-32b）或在市中心交通高峰时段的交通堵塞。然而，当涉及无线通信时，这两个例子差别很大。如果我们只假设0.5km的通信范围，这意味着在一个主要的10车道高速公路上，每条车道约有100辆汽车。因此，有一个交通拥堵的高速公路就很容易造成一种情况，即在直接通信范围内有超过1000辆的汽车。在市区的情况下，由建筑物导致的无线电信号的遮蔽减少了通信范围内的车辆数目，但增加了场景的动态性：在一个时间步长内，当车辆在狭窄的街道上驾驶时，只有少数车辆是在通信范围内；然而，在进入主干道时，几秒钟内在通信范围内的车辆数会急剧增加到数百辆。

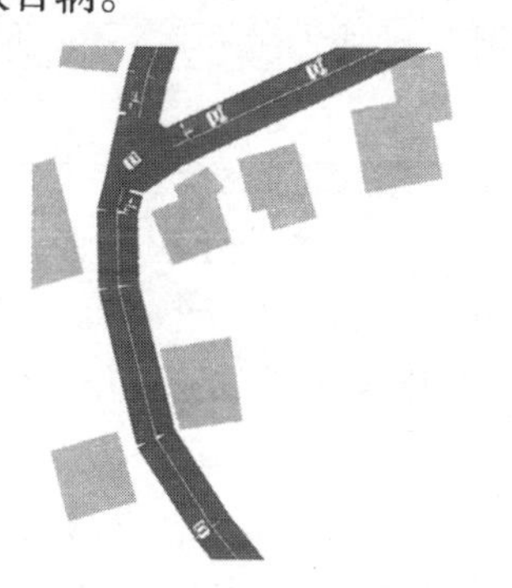

a) 城市低密度交通

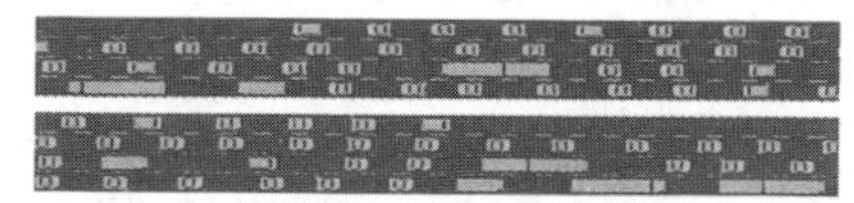

b) 拥挤的高速公路

图6-32 仿真中不同的车辆密度举例

除了这两个极端的例子，任何其它密度都可能在现实环境中发生。因此，任何精心策划的仿真试验必须包括不同车辆密度的参数研究，并且车辆密度必须包括这些极端情况。具体的参数设置取决于场景的选择，例如城市与高速公路场景。

（2）普及率

和车辆密度密切相关的一个参数是普及率。然而，这并不是地图或一般道路交通的固有特性，而是仅仅模拟了配备有 IVC 技术，车辆的百分比。为了评估一个新的 IVC 应用或协议的行为，已经需要将普及率作为参数研究的一个主要考虑。

无论使用什么通信技术，初始部署阶段，只有一小部分车辆能够参与到网络中。对于车载网络的应用，是所有的车辆配备有（同样的）通信技术或者还是仅仅只有一定比例的车辆配备，这会产生巨大的差异。尽管这个指标将会最终用于评估应用而非协议，应用需求也可以在这个框架中描述。

对于各种安全应用，没有配备适当通信设备的车辆显然地不能参与车载网络。因此，需要开发一定的回退指令以适应不是所有邻近车辆都加入网络的情况。很遗憾的是没法事先知道这种情况，所以，例如，本地传感器需要用来去预警那些不能进行总体控制的情况。然而，这类似于攻击者完全阻断无线通信的情况。所不同的是，这样的情况（例如堵塞）可以被检测到，而一个没有车辆网联设备的车辆则变成不可见了。

同样的问题也适用于非安全性应用，如交通信息系统。然而，如果不是所有的车辆都参与到其中，结果只能降低服务质量。仍然重要的是去评估哪些应用和协议可以弥补较低的普及率。

我们需要非常明确：在研究低车辆密度情况下的协议与低普及率情况下的协议之间有着本质的区别，因为车辆的移动性会有很大的差异。

（3）道路交通流

一个与交通密度颇为相似的参数是车辆分布。不过，该参数在某些重要的方面也是与纯粹的密度指标不同的。车辆分布描述了车辆在环境中如何分布。许多仿真研究使用简单的均匀分布或依赖泊松过程生成车辆。

然而，一个更好的方法是测量道路交通流。交通流是道路交通工程科学的一个主要参数，因为它可以明确地将高密度的主交通流与穿行的交通区分开来，而穿行交通对认识交通拥堵和路网中的瓶颈来说较不重要。这样一个测度对于校准从实际地图制作的场景是特别需要的，因为道路的布局将完全根据这样的交通需求来设计。

在模拟仿真中，道路交通流可以用起讫点对（O/D）进行配置，可以通过道路交通流动模拟器，例如 SUMO，将起讫点对转化成需求模型。图 6-33 给出了一个例子。

（4）道路网络和交通规则

在仿真场景中的车辆部署很大程度上取决于所使用的道路网络。正如已经提到的，道路网络拓扑可以是相当简单的，或者人们甚至可以依赖导入的真实地图信息，如来自 OpenStreetMap 的信息。

不过，这只是整个故事的一部分。细节的程度可随模拟车道信息而逐渐增加。这对于交叉口尤其重要。在这里，选项可以是简单地在每个街道和方向拥有多条车道，或者可以到在单个车道上标记转弯车道、单行道等的详细程度。图 6-34 说明了这样一个交叉口是如何在 SUMO 中呈现的。

为了真实地模拟道路交通，还需要增加在现实中以一般规则和交通标识的方式执行的交通规则。车辆在高速公路上可以以超过 100km/h 的速度行驶，但在城市内只能以 50km/h 的速度行驶，甚至在一个住宅区内只能以 30km/h 的速度行驶。

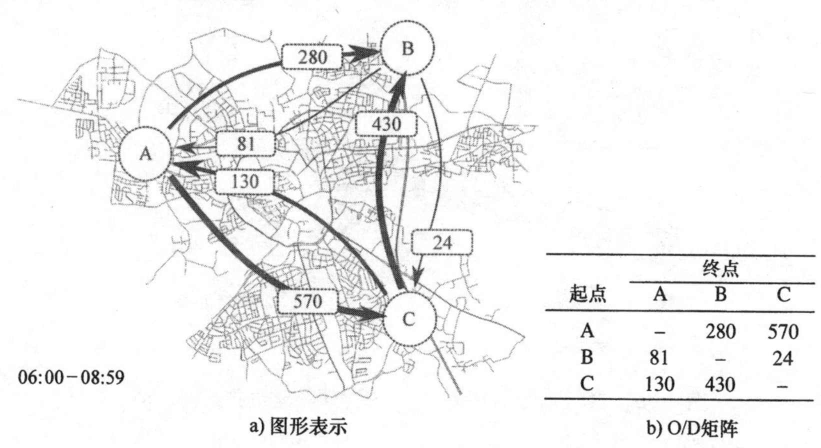

a) 图形表示

起点	终点 A	终点 B	终点 C
A	–	280	570
B	81	–	24
C	130	430	–

b) O/D矩阵

图 6-33　一个最小的 O/D 矩阵及其图形表示：三个区域中任意两个区域之间的出行量。不包括区域内的流量

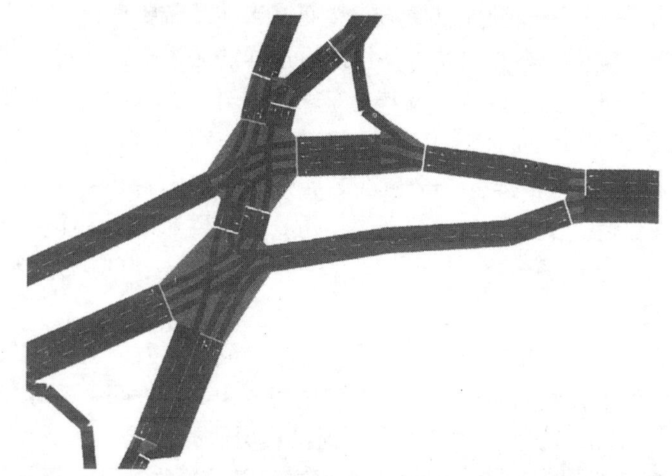

图 6-34　SUMO 中呈现的具有精细粒度转弯限制和交通灯的复杂交叉口

类似地，在交叉路口的道路通行权建模可以精细到让行标识的程度。

通行权往往是由城市和郊区环境中的交通信号灯实施分配。这些交通信号灯会对车辆的微观移动性具有重大影响，因此交通信号灯也需要在仿真中实现。例如，SUMO 可以允许模拟甚至如图 6-35 所示的非常复杂的道路交叉口的交通信号灯。更复杂的问题是交通信号灯的切换周期。使用任意的周期可能潜在地导致交通流的混乱。我们有时甚至会在现实中观察到这种情况。对于高水平的细节，如果使用基于地图（如 OpenStreetMap）的真实城市场景，交通信号灯切换周期应该与现实相匹配。

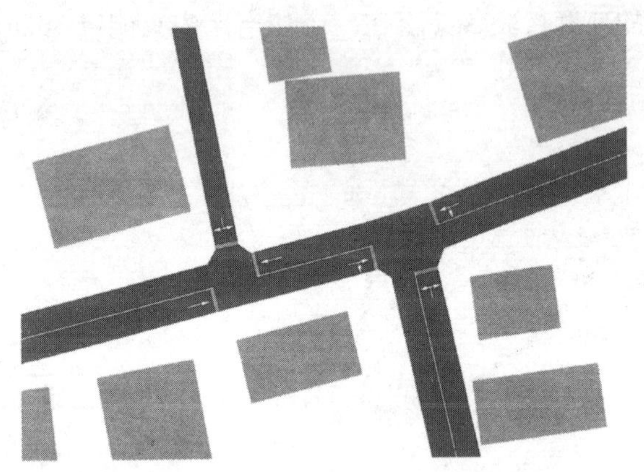

图 6-35　自 OpenStreetMap 导入 SUMO 的建筑物几何形体

（5）建筑物

需要讨论的最后一个参数是建筑物和其它构筑物的建模，这些建筑和构筑物可能屏蔽车辆之间的无线通信。根据所调查的 IVC 应用，由建筑物导致的无线电信号屏蔽可以利用一个概率模型加以抽象。然而，当涉及需要理解微观影响时，例如对所有安全关键型应用，则必须非常仔细地对这样的无线电遮蔽进行建模。我们将在 6.3.2 小节详细研究由建筑物（及其它车辆）所导致的无线信号遮蔽模型。

图 6-35 描述了基于 OpenStreetMap 数据进行建筑物建模的潜力。可以看出，建筑物被建模为 2.5D 结构，具有一个精准的布局，但只有高度参数而无完整的 3D 信息。这在大多数情况下是足够的，因为在仿真中需要知道的一个关键参数是无线电波穿透的（外）墙壁的数量。

3. 场景的实现

在研究了所有与场景相关因素后，还存在一个问题：我们应该如何实现这样的场景？作为一个例子，我们简要回顾一下利用仿真工具包 Veins 进行场景实现的选项（Sommer et al. 2011b）。其它仿真工具提供有类似的功能。

- 包括注释的道路网络是道路交通微观仿真所需的关键组成部分，将利用 SUMO 仿真器对它进行建模，这意味着用户可以通过修改道路网络拓扑结构，以增加车道、复杂的交叉口、每一路段的限速等来选择适当的细节程度。

• 道路交通本身也可以完全在 SUMO 中建模。为了实现这个功能，仿真器加载了描述每个车辆路线以及开始时间的文件。SUMO 用 TraCI 接口通知网络仿真端，如 OMNeT + + 关于新的车辆以及它们在每个仿真步骤中的当前位置。反过来，OMNeT + + 必须实例化在网络仿真中可通过 IVC 进行通信的节点。

为了研究具有可变普及率的场景，或者在仿真器中只建立那些配备了 IVC 技术的车辆实例，或者将它们模拟为 IVC 无线电关闭。差异可能仅在于 OMNeT + + 中的 CPU 和内存消耗，以及从网络仿真端操纵所有车辆的能力。

作为另一种选择，车辆可以只在网络仿真器中创建。这可能会有帮助，例如，如果需要支持停放车辆的话。只要这个车辆一直停放着，它并不需要在微观运动仿真中显示出来。同样，TraCI 界面也有助于创建、配置，并最终在 SUMO 中删除车辆。

• SUMO 支持交通信号灯，这也保证了驶近的车辆遵守交通规则。这个仿真器甚至还支持复杂的应用交通信号灯程序的周期转换。TraCI 接口可用于控制和改变转换周期。

• 最后一个被确定的组成部分是建筑物和其它障碍的仿真实现。由于这些都仅与网络仿真部分相关，在 OMNeT + + 中对建筑物建模是显而易见的方法。对此，建筑物布局需要从 OpenStreetMap 的定义直接传递到网络仿真器。当涉及仿真由移动车辆产生的无线信号遮蔽时，也需要对车辆的尺寸进行建模。

6.3.2 信道模型

在本节中，我们将回顾常用于那些基于 IEEE 802.11p 协议的车载网络仿真的信道模型。在过去的几年里，该领域中对无线电波传播建模的方法有很大的变化。开始的时候，简单的自由空间模型与一些随机高斯噪声结合在一起使用。显然，这并不能反映现实中观察到的所有的慢速和快速衰落的特性。

然而，本章的目的并不是要对信号处理和无线通信进行全面介绍。对于这方面的介绍，我们建议读者参考一些无线通信领域的优秀教材，如由 Rappaport 所著的《无线通信：原理与方法》(2009 年)。

1. 自由空间模型

在一般情况下，在模拟无线通信时，大规模路径损失所产生的衰减、确定性的小规模衰弱和概率损耗效应被作为相互独立的损失过程的总和来计算（Ahmed et al. 2010，Nagel & Eichler 2008）。接收功率 P_r 取决于无线电的发射功率 P_t，发射和接收的天线增益 G_t 和 G_r，以及潜在的大量不同的损失项 L_x。因此接收功率 P_r 可以表示为

$$P_r[\mathrm{dBm}] = P_t[\mathrm{dBm}] + G_t[\mathrm{dB}] + G_r[\mathrm{dB}] - \sum_x L_x[\mathrm{dB}] \tag{6.1}$$

假设自由空间传播，我们经常通过考虑到达接收器的距离 d 和波长 λ 来估算

路径损耗。这就产生了非常简单的自由空间模型：

$$L_{\text{freespace}}[\text{dB}] = 20\log_{10}\left(4\pi\frac{d}{\lambda}\right) \tag{6.2}$$

自由空间模型的经验校正旨在通过引入一个额外的依赖于环境的路径损耗指数 α 来考虑非理想的信道条件。这就得出了著名的 Friis 模型（Friis 1946）：

$$L_{\text{emp-freespace}}[\text{dB}] = 10\log_{10}\left(16\pi^2\frac{d^{\alpha}}{\lambda^{\alpha}}\right) \tag{6.3}$$

图 6-36 显示出了所得到的接收功率 P_r 在不同的路径损耗指数 α 下与距离 d 的函数关系。请注意随着传输距离的指数型下降趋势，这个模型没有考虑任何的多路径效应。

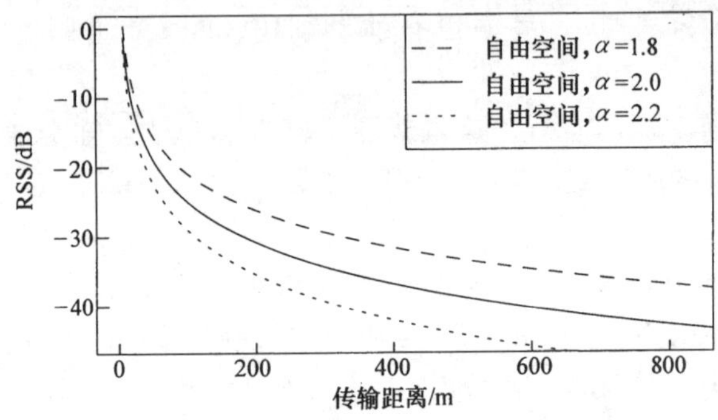

图 6-36　在不同的 α 值下接收功率数值（表示为归一化的 RSS 值）随着传输距离的增加而减少的自由空间路径损失模型的经验修正

2. 双射线干涉模型

一个更为实际的路径损耗处理方式考虑了无线信号至少存在地面反射。因此，通常无线传播会至少受到一个明显的衰减源的影响：与它自身地面反射的无线电传播的相长和相消干涉。

（1）建模

一个从地面反射后的无线电波束的效果如图 6-37 所示。根据发射器与接收器之间的距离以及天线高度，地面反射信号和直接视线信号会产生相位差。所以，物理上更为准确的路径损耗近似必然是基于两个干涉射线的相位差 φ，由此引出双射线干涉模型。

如图 6-37 所示，直接的视线传播路径长度在几何上可以建模为 $d_{\text{los}} = \sqrt{d^2+(h_t-h_r)^2}$，并且经由地面反射的间接非视线路径长度可以看作是 $d_{\text{ref}} = \sqrt{d^2+(h_t+h_r)^2}$。根据这些路径和波长的长度差，干涉射线的相位差可以表示为

$$\varphi = 2\pi\frac{d_{\text{los}} - d_{\text{ref}}}{\lambda} \tag{6.4}$$

通过反射的偏振电磁波的衰减通常反映在一个反射系数中，这个反射系数不仅

依赖于一个固定的 ε_r，而且还依赖于入射角度 θ_i（Rappaport 2009）。对于进一步的计算，只需要知道它的正弦值和余弦值，这两者分别可通过 $\sin\theta_i=(h_t+h_r)/d_{ref}$ 和 $\cos\theta_i=d/d_{ref}$ 直接计算得来。现在，反射系数可由下式计算：

$$\Gamma_{\perp}=\frac{\sin\theta_i-\sqrt{\varepsilon_r-\cos^2\theta_i}}{\sin\theta_i+\sqrt{\varepsilon_r-\cos^2\theta_i}} \tag{6.5}$$

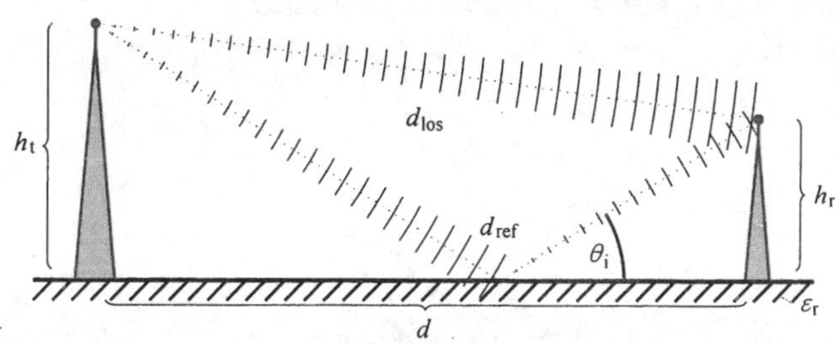

图6-37 导致接收器端的与距离相关的相长和相消的信号干涉影响的地面反射概念模型
© [2012] IEEE 重印。经许可从 Sommer et al.（2012）转载

由于相长干涉和相消干涉引起的信号强度相对变化可以通过修改的公式（6.2）来建模，这个公式对于由反射线引起的干涉的相对相位和强度引入了一个简单的修正项，因此得到

$$L_{tri}[\mathrm{dB}]=20\log_{10}\left(4\pi\frac{d}{\lambda}\left|1+\Gamma_{\perp}e^{i\varphi}\right|^{-1}\right) \tag{6.6}$$

很显然，这种计算方法要比根据自由空间模型的简单得多的路径损耗计算要更加复杂，而在需要考虑额外的反射时，计算甚至更加复杂（Domazetovic et al. 2005）。这可能会极大地增加更大规模仿真的仿真时间。然而，在距离较大时，相消性信号干涉效应将导致比自由空间模型更加明显恶劣的路径损耗，从而使得这样的干涉效应不容忽视。

因此，已经开展了如何进行模型简化以实现快速仿真，同时仍将精度保持在可能的最好水平的研究。在对车辆网联进行仿真性能评估的初期，在理想的偏振和反射假设下，演示了在大距离 d 时的视线和反射信号之间相互干涉的计算如何能够简化。在这些情况下，路径损耗可以由下式估算：

$$L_{trg,far}[\mathrm{dB}]=20\log_{10}\left(\frac{d^2}{h_t h_r}\right) \tag{6.7}$$

基于这些发现所建立的一个模型，通常称为双射线接地路径损耗模型，已经在几乎所有常见的用于评估 IVC 协议性能的网络仿真器中实现了。该模型采用了传统的双射线模型的交叉距离 d_c 和显示的近似（Giordano et al. 2009）。这个距离的值被定义为这两种模型的路径损耗盈亏平衡点。在式（6.2）和式（6.7）之间选择的完整模型可以最终定义为

$$L_{\text{trg}}[\text{dB}]=\begin{cases}L_{\text{freespace}}[\text{dB}] & 若\ d\leqslant d_{\text{c}}\\ L_{\text{trg,far}}[\text{dB}] & 若\ d>d\end{cases}\tag{6.8}$$

这种双射线地面模型已经在如 ns - 2.35、ns - 3.14、OMNeT + + INET2.0.0、QuaINet5.1 和 JiST SWANS 1.0.6 中使用。大多数的这些仿真器经常被用于 IVC 协议评估（Joerer et al. 2012a)。

双射线地面模型的交叉距离 d_c 可以使用式（6.2）和式（6.7）来计算，并且使用发射器和接收器天线高度值 $h_i=h_r=1.895\text{m}$（对应于所用的汽车及天线）以及所使用的波长 $\lambda=0.051\text{m}$（对应于 IEEE802.11p CCH 中心 5.890GHz 的频率)，计算公式如下所示：

$$d_c=4\pi\frac{h_t h_r}{\lambda}\tag{6.9}$$

对于这些值，式（6.9）得出一个双射线接地模型的平衡距离 $d_c=886.6\text{m}$。在现实传播条件下，市区的 IEEE802.11p 标准传输是非常不可能达到那么远的距离（Mangel et al. 2011b，Sommer et al. 2011a)。因此，尽管已经配置了双射线地面模型，但典型的车辆网联仿真实际上仅使用了自由空间模型。

而且，事实证明，与明显降低的精度相比，这种简化并没有提供足够的节省（Sommer & Dressler 2011，Sommer et al. 2012)。在现代硬件中，双射线干涉模型的应用（与简化的双射线地面模型相比）仅会导致仿真试验计算成本的微弱增加。

在下文中，我们展示从两个路径损耗模型用于使用 IEEE802.11p 无线电的车辆网联仿真性能评估的试验验证中得到的部分结果。

（2）试验验证

Sommer et al.（2012）详细研究了实施的路径损耗模型，并在使用现有的 IEEE802.11p 无线电的道路试验中证实了这一结果。这个结果通过比较在两个独立的测量工作中（Kunisch & Pamp 2008，Karedal et al. 2011）采集的测量值而得以确认，测量中使用了先进的试验设备。

所使用的无线电是 DENSO WSU 平台的一部分，安装在一个 Audi A4 Allroad Quattro 的行李箱里，被配置为在 CCH 上以 5.89GHz 的频率和 200ms 的间隔发送 WSM。在接收方，记录了每个数据包的时间戳和发送者位置，以及接收器的位置和所报告的 RSS 的 dBm 值及 GPS 位置。每辆车都在高 149.5cm 处配备了全向天线。因此，测量不会受到当前提出的更精简的天线配置的高度定向特性（Kwoczek et al. 2011）的影响。

所有这些测量都是在完全通畅的信道条件下进行的。在这项研究中，曲线拟合被反复使用，并使用高斯 - 牛顿算法来匹配式（6.3），以使得残差平方总和为最小。这有助于评估测量的合理性。Sommer et al.（2012）发现了整体良好的相关性，从而验证了在这种情况下所讨论的路径损耗模型的适用性。

图 6-38 展示了分析模型的预测值与测量结果，以及用所描述的仿真设置得出

的第一组仿真结果，这些结果都是相对于最大记录到的 RSS。所有的结果都很匹配。因此，该模型可用于进一步的评估。

图 6-39 展示了双射线干涉模型以及式（6.3）给出的经验自由空间模型的曲线，这两个模型使用不同的 α 值来校准。对于所有模型，绘制了分析预测结果。为了有更好的可读性，仅仅绘制出 $\alpha=2.0$ 的自由空间模型仿真结果。可以看出，所有自由空间曲线与双射线干涉曲线都不紧密吻合。即使使用路径损耗指数 α 的较简单的扩展模型，如式（6.3），也不能补偿这些误差，因此进一步推动了全功能的双射线干涉模型的使用。

根据显示的结果，我们认为，使用全功能和更精确的双射线干涉模型能够让研究人员捕获到在短期和中期范围内显现出来强信号衰减的假象。这些假象在测量和实地测试中可以看到，而且在不同的距离上会导致相异的应用层行为。与此同时，在现代硬件中，双射线干涉模型的应用（与简单的双射线地面模型相比）只对仿真试验的计算成本产生很小的增加。

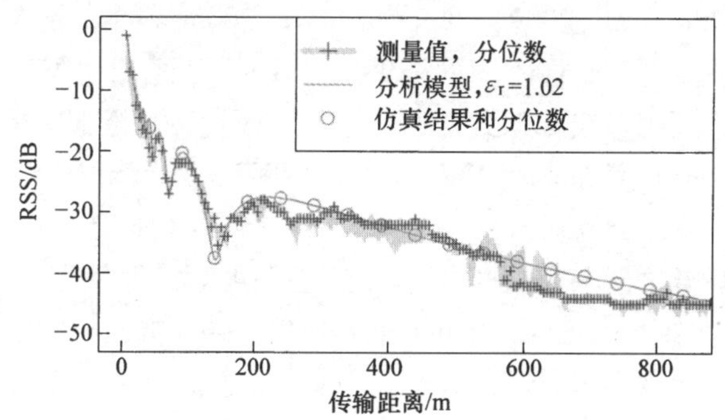

图 6-38　接收信号强度相对于发送器与接收器间距的测量结果，及校准后的双射线干涉模型和仿真结果

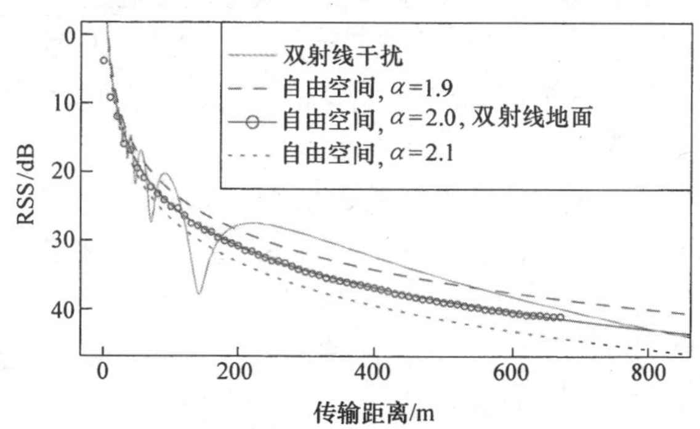

图 6-39　使用不同 α 值的自由空间模型和双射线干涉模型的比较。当 $d_c<866.6$m 及 $\alpha=2.0$，自由空间模型和简化的双射线地面模型结果相同

当障碍物的反射并不主导无线电传播效果时，也即是，当街道很宽时，详细的模型适用于公路和郊区环境（Kunisch & Pamp 2008，Karedal et al. 2011）。然而，它确实需要用附加模型来补充，该附加模型考虑了基于障碍物的信号衰减模型（Sommer et al. 2011a，Mangel et al. 2011b）。

3. 建筑物和车辆所导致的遮蔽

我们现在考虑由建筑物和其它车辆所引起的无线信号遮蔽的影响。如果要研究有建筑物的场景，那么通常使用的假设指数形式的路径损耗信号传播模型显然是不恰当的。最重要的是，安全应用的正确和现实的模拟依赖于对拓扑结构的缺陷和覆盖面的准确评估（Ferreiro – Lage et al. 2010，Joerer et al. 2014）。

在图 6-15 中，我们已经概述了如在最先进的仿真模型中实现的无线电信号遮蔽的主要概念。一个在计算上可行的概念考虑了与所使用的材料相配合的外墙数目，以及物体尺寸。

（1）建筑物引起的信号遮蔽建模

许多文献（Otto et al. 2009，Dhoutaut et al. 2006，Stepanov & Rothermel 2008，Schmitz & Wenig 2006，Giordano et al. 2009，2010）已经推动了对精确的遮蔽模型的需求。此外，已证明射线跟踪方法可以作为一个优良的近似，但却不幸的是有一个不可行的很高的计算成本（Moser et al. 2007，Maurer et al. 2005，Souley & Cherkaoui 2005）。举一个例子，在一个 4.56km^2 场景中的仅仅 5m^2 空间分辨率的计算，基于射线跟踪方法的中等规模仿真场景甚至可能需要使用 50 个节点的 PC 集群几天的运算时间（Stepanov & Rothermel 2008）。替代方案，随机信道模拟，则可能导致单一的通信严重偏离其实际行为，例如，在安全应用情景中。

Sommer et al.（2011a）在一个实证研究中调研了由建筑物所导致的无线电遮蔽。通过参考大量试验的结果，他们开发了一个新型的廉价计算模型，该模型把建筑的几何结构以及发送器和接收器的位置考虑在内，并捕获这些遮蔽效应。几乎在同一时间，Mangel et al.（2011b）做了一个类似的研究并且证实了这些核心结果。

图 6-40 概述了无线电信号遮蔽的一般问题，以及用于处理这个问题的计算上可行的模型的关键想法。这关键思想是计算一个建筑物的外面墙的数目，来近似估计完全由该建筑导致的无线电信号遮蔽的影响。

这个想法的有效性已经由收集的经验数据所确认（见 6.1.2 小节有关测量设置和使用的基础数据的信息）。图 6-41 描述了 RSS 和计算的视线与建筑物之间交汇距离的关系示意图。可以观察到，一旦视线被阻挡，RSS 值就会大幅下降，并继续随着视线与建筑物交点长度的增加而下降。结论是，信号遮蔽效应可以仅仅通过考虑通过每堵墙壁后的衰减以及每米渗透后的衰减而再现。

（2）建立一个廉价的计算模型

开发的模型必须依赖于通常在现代地理数据中可以得到的信息。例如，对于在以 2.5D 方式提供建筑物的准确轮廓（描述外墙数目以及建筑物尺寸）的 Open-

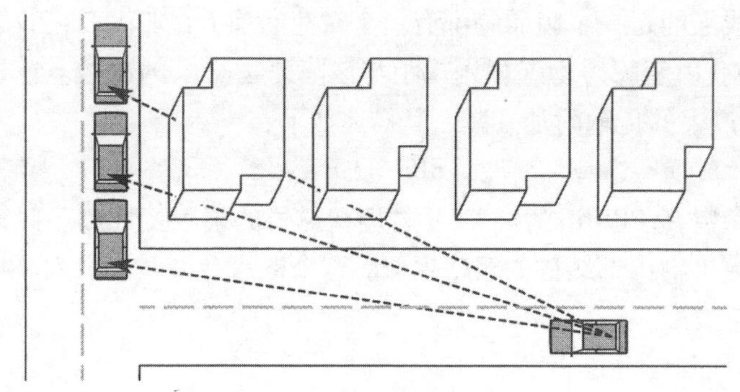

图6-40 如果传输被一个及两个建筑物阻挡后的RSS减弱现象

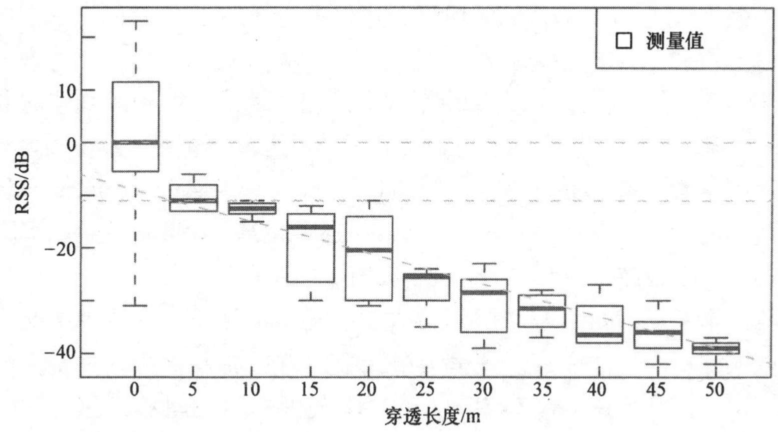

图6-41 随着穿透建筑物的长度增加而引起的RSS测量值的暴跌和持续下降。

StreetMap的情况下，没有精确的三维轮廓，只有高度信息是可以使用的。该模型进而只考虑发送者和接收者之间的视距，但却没有第一菲涅耳区域（First Fresnel zone）物体遮挡的部分（Rappaport 2009）。

Sommer et al.（2011a）决定采用简单而快速的处理步骤。所有视线与所有建筑物之间交叉点的计算是最耗时的。可以很容易地使用缓存和二进制空间分割方式（Nagel & Eichler 2008）来找到这些交叉点，在$\mathcal{O}$（$n^2\log n$）时间内完成这一步骤。根据仿真框架，这个过程也可以视为一个红色和蓝色线段交叉问题，为此提出了以$\mathcal{O}$（nlog n）时间复杂度运行的算法（Mantler&Snoeyink 2000）。

该模型是在前面讨论的非常完善的衰减模型的扩展，这一步骤也已经成功应用在其它模型中（Pecchia et al. 2009，Ahmed et al. 2010）。正如已经讨论的，这些衰减模型可以以式（6.1）的形式来表示，其中P为无线电的发射（或接收）电功率，G为天线增益，L则代表了传输过程中损耗影响的项。特别的是，在发送者和接收者之间视线上的每一个障碍物都有一个对应的项 L_{obs} 来代表它的影响。

L_{obs} 用以捕获由于障碍物（根据视距与该障碍物交汇的次数 n）和障碍物交叉的总长度 d_m 而产生的传输附加衰减，其描述如下：

$$L_{obs}[\mathrm{dB}] = \beta n + \gamma d_m \tag{6.10}$$

在这里，参数 β（以 dB/墙）表示外墙壁材料的衰减特性。参数 γ（以 dB/m）则作为一个对建筑物内部结构的粗略近似。这个概念允许我们针对不同类型的建筑物进行模型调整。

（3）模型验证

作为第一步，Sommer et al.（2011a）研究了参数 β 和 γ 可以被修正到什么程度以使得分析结果与测量结果相匹配。他们使用了参数拟合的方法，即通过使用标准高斯－牛顿算法（Bates & Watts 1988）迭代进行残差平方总和的最小化，直到该算法收敛。

图 6-42 展示了针对一乡村仓库使用这个过程的结果。得到的最佳的参数设置为 $\beta = 9.2$dB/墙，$\gamma = 0.32$dB/m。正如我们所看到的，该模型非常精确地与测量值相吻合。直到指数 100，我们都有视距通信（line－of－sight communication）。因此，这些值遵循自由空间模型。随着汽车缓缓通过建筑，RSS 值的急剧下降表明存在着多个墙。在指数超过 300 之后，我们又有了视距通信。

作为第二个例子，图 6-43 展示了多建筑物场景的结果。在这种情况下，它包含了一所住宅和一个独立车库。这里为第二个建筑物加入了另外一个变量，$\beta_1 = 2.38$ 和 $\gamma_1 = 0.1$，以及 $\beta_2 = 6.26$ 和 $\gamma_2 = 0.41$ 分别表示房屋和车库。绘制结果表明：这样的每个建筑物的参数化是确实可行的，因此，也可以支持多样化的场景。

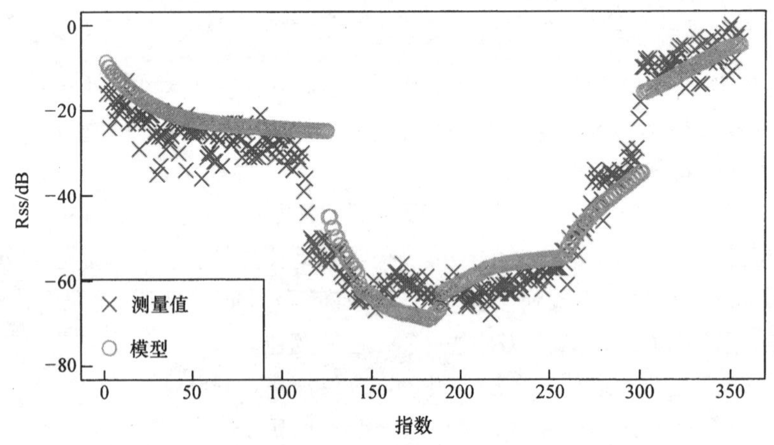

图 6-42　测量和计算得到的某乡村仓库的 RSS 值

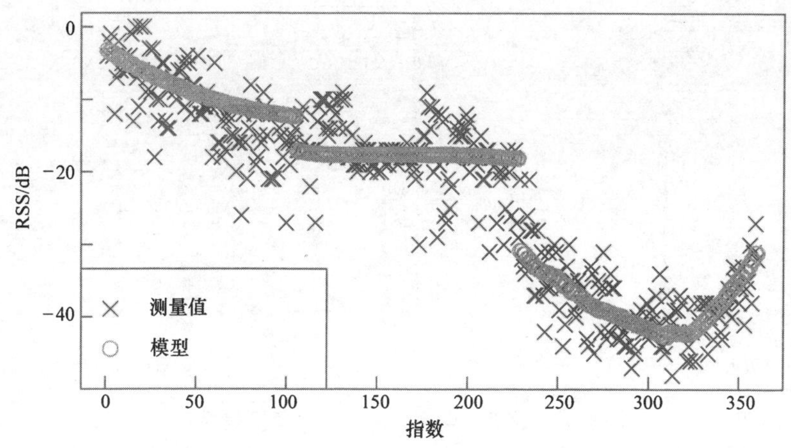

图6-43 测量和计算得到的某城市住宅房屋和车库的RSS值

（4）其它车辆的遮蔽

Bobanet al.（2011）最先评估了由其它车辆引起的无线电信号遮蔽的影响（2011年）。他们研究的目的是要证明，车辆阻挡无线电通信的影响是不可忽略的，并且需要仔细地为IVC制定一个将这些影响考虑在内的协议。

在后续工作中，将这些研究结果考虑在内的新协议被起草出来，它明确地选择较高的车辆用来作为基于广播的车辆间通信中继（Boban et al. 2014）。这些在测量研究中已经获得了进一步的经验验证，例如Segata et al.（2013）所做的研究。

在本节的范围内，我们讨论一个新的模型，它扩展了由Sommer et al.（2013）提出的一个用于建筑产生的信号遮蔽的模型。我们的想法是识别与两个正在通信的辆车o_s和o_r之间的直接视距相交的一组车辆。这已经在图6-15b上进行了说明。从本质上说，将视线进入一个车辆边界框的所有点都存储为$\{o_1, o_2, \cdots\}$。类似于寻找阻碍建筑的问题，这个问题可以转换为红蓝交叉的问题，从而大大降低了计算的复杂度。

然后可以使用由Boban et al.（2014）所描述的技术来实现功率损耗项L_{moving}的计算。由在发送器和接收器之间的个体障碍物引起的信号功率损耗可以根据ITU－R的建议（ITU－R2007），使用单刃近似法（single－knife－edge approximation）进行计算。

如图6-44a所示，一个几何参数v被用于确定有多大的第一菲涅耳区域被障碍物挡住。计算考虑了障碍物高于（$h>0$）或低于（$h<0$）连接发送器和接收器的直线的相对高度h。从所有这些信息项并结合给定的距离d_1和d_2，以及波长λ，这个几何参数就可以用以下公式计算：

$$v = h\sqrt{\frac{2}{\lambda}\left(\frac{1}{d_1}+\frac{1}{d_2}\right)} \tag{6.11}$$

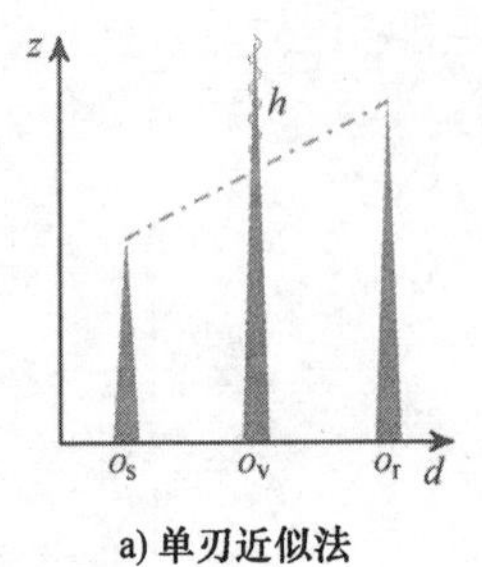

a) 单刃近似法

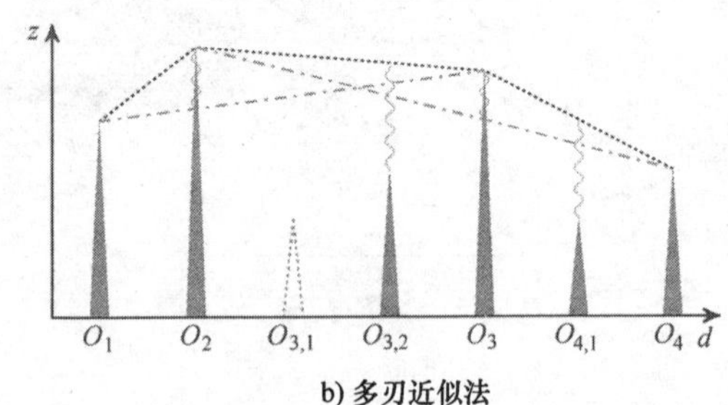

b) 多刃近似法

图 6-44　移动车辆产生的信号功率损耗近似

正如 Sommer et al.（2013）讨论的，在不降低仿真结果质量的情况下，功率损耗可以假设只在几何参数 $v > -0.7$ 时产生（这是一个比 ITU－R 推荐的经验值 $v > -0.78$ 更合适的值）。在这些情况下，损耗是根据它对于发送者 o_s、阻碍车辆 o_v 和接收器 o_r 的依赖性而计算的

$$L_{o_s,o_v,o_r}[\mathrm{dB}] = 6.9 + 20\log_{10}\left(\sqrt{(v-0.1)^2+1}+v-0.1\right) \tag{6.12}$$

到目前为止，所描述的技术可被用于近似单个对象的信号遮蔽。这个简单的单刃方法可以随后推广到使用带有应用修正项的爱泼斯坦－彼得森方法（Epstein－Peterson）变型的多刃方法（multiple－knife－edge method）。

这种方法的思路如下：首先，识别主要障碍物 $M = \{O_1, O_2, \cdots\}$（碰到从发送器，经过所有障碍物，到接收器伸展开的一个虚拟绳索的障碍物）并按照它们离发射器的距离而排序，如图 6-44b 所示。这个清单还分别包括发送器和接收器作为 M 的第一个和最后一个成员。介于主要障碍物 O_{i-1} 和 O_i 之间的障碍物被储存为次要障碍 $M'_i = \{o_{i,1}, o_{i,2},\}$——其中最大的表示为 $O_{i,\max}$，因为它会导致最大的阻碍，而且也是计算出功率损失所必需的。

现在，由于主要障碍物产生的功率损失 L_M，以及由于每一对相邻的主要障碍物间的次要障碍物产生的功率损耗 $L_{M'}$ 可以用下式计算：

$$L_M[\mathrm{dB}] = \sum_{i=3}^{|M|} L_{O_{i-2},O_{i-1},O_i}[\mathrm{dB}] \tag{6.13}$$

$$L_{M'}[\mathrm{dB}] = \sum_{i=3}^{|M|} L_{O_{i-1},O_{i,\max},O_i}[\mathrm{dB}] \tag{6.14}$$

其中，

$$O_{i,\max} = \underset{O_{i,j}\in M_i}{\arg\max}\, L_{O_{i-1},O_{i,j},O_i}[\mathrm{dB}] \tag{6.15}$$

一个考虑到主要障碍物两两之间距离 $S = \{s_1, s_2, \cdots\}$ 的修正项是需要的。它可以计算如下：

$$L_c[\mathrm{dB}] = -10\log_{10}\left[\frac{(\prod_{i=1}^{|S|} s_i)(\sum_{i=1}^{|S|} s_i)}{(\prod_{i=2}^{|S|} s_{i-1}+s_i)\, s_1\, s_{|S|}}\right] \tag{6.16}$$

将这些参数都考虑进去，行驶车辆所经历的复合功率损耗 L_{moving} 可以概括为所讨论的所有损耗项的总和，即由于主要障碍物产生的损失、由于次要障碍物产生的损失和考虑到车辆间两两间距离的校正项：

$$L_{\mathrm{moving}}[\mathrm{dB}] = L_{\mathrm{M}}[\mathrm{dB}] + L_{\mathrm{M}'}[\mathrm{dB}] + L_{\mathrm{c}}[\mathrm{dB}] \tag{6.17}$$

6.3.3 驾驶人行为

在大多数情况下，仅考虑技术因素还不足以从全局出发去优化一个车辆网联应用。很多技术论文漏掉了一个主要的组成部分：系统与驾驶人的相互作用（Dressler &Sommer 2010；Dressler 等，2011b）。

尽管这个问题是准确和真实评估车辆网联应用性能的基础，但通常是假设驾驶人的行为与所期望的或者由技术系统所建议的行为完全一样。而在另一方面，早期的汽车环境研究中已经考虑到实际的驾驶人行为的问题（Konig 等，1994；Barfield 等，1989；Dingus 等，1996）。在这些研究中，驾驶人的行为被确定为一个关键因素。

然而，随着更多分布式 TIS 解决方案的发展，这一认识似乎已消失。代替分析驾驶人的行为与集中式 TIS 所建议的驾驶行为是相同的可能性的，是将研究重点转移到车辆网联以及分布式信息共享系统的管理和运营上。现实的驾驶行为经常地被替换为利用集成地图和可用交通信息的（接近）最佳的路线规划，驾驶人已经被假定会完全遵守 TIS 给出的建议。

但是，驾驶人预期行为的确切匹配是最优化的车辆网联应用开发的基础。在 2008 年，甚至发布了一项描述使用驾驶人路线知识的自适应导航方法的美国专利（Cheng 等，2008）。虽然没有提到具体的行为类型，但已确定了需要包括驾驶人的行为。

在本节中，我们研究文献中已有的驾驶行为模型，并将其集成到最先进的仿真工具中。通过参照一个样本的研究，我们展示了所选择的模型对应用性能所产生的巨大影响。

1. 心理学研究

自从早期的交通信息系统应用开始以来，就已经在这些应用环境下研究了驾驶人行为的影响。一些最全面的心理－生理研究都是在 20 世纪 80 年代末或 90 年代初进行的。例如，König 等人（1994）采用人工智能技术开发了一种驾驶人行为模型，用于确定驾驶人的路线规划。

基本上，由此产生的模型是基于四个组成部分：驾驶行为，其基于驾驶人的经验、年龄和性别，并且还包括进取性程度；驾驶人的个人喜好，比如，是否相信技术系统及适应对所选择路线的改变；遵循推荐路线的动力，即观察和依据所收到的消息做出反应的可能性；最后是本地知识，这可能会极大地影响决策过程。部分研究发现已经成为市售导航系统的一部分，比如在他们的 MyRoutes 系统中，Navigon 支持基于驾驶习惯的个性化导航。

Dingus 等人（1996 年）进行了一项综合的文献研究，来为先进的旅行者信息系统和商业车辆运营提供指南。例如，他们发现，一个相当百分比的驾驶人们在他们所喜欢的路线上行驶时，往往倾向于忽略改变路线来避免交通拥堵的建议。

这份报告还总结了在 Barfield 等人的（1989）早期工作中已经确定的，并已由 Wenger 等人（1990）证实的驾驶人分类，Wenger 等人研究了几种类型通勤者的行为：

- 路线改变者：愿意根据交通信息而改变时间和行程路线的驾驶人。
- 不改变者：完全不愿意改变路线的人。
- 出行前改变者：愿意在出发前改变路线的驾驶人。
- 行程中改变者：只有在进入可能拥挤的高速公路前才会愿意改变路线的人。

现在已经找到进一步调查驾驶人行为的试验证据。例如，在一个更偏向心理方向的研究中，揭示出驾驶人的紧张程度和他们对拥堵信息的反应之间的依赖关系（Uang & Hwang，2003）。这项研究重点关注为驾驶人提供拥堵信息的技术。其它的研究集中在交通信号灯和交叉口的交通管理对驾驶人路线选择的影响方面（Shenpei & Xinping，2008；Liu & Ozguner，2007）。

Cacciabue（2007）已经对许多这类研究结果做出了总结。这对于影响驾驶人安全的心理模型来说也是一个重要参考，如娱乐相关设备的使用以及与导航系统的交互。

2. 驾驶行为分类

接下来，我们总结一下所选择行为的分类。使用聚类分析技术可以证明：依据驾驶人对实时交通信息做出反应的意愿有下列四种通勤者分组（Dingus 等，1996）。

- 始终遵循：这一类包括所有那些完全按照预期而行动的驾驶人。他们按照如导航单元的建议而采取必要的行动。这通常是大部分车辆网联应用研究中的唯一一类假设。
- 永不改变：属于这一类的所有驾驶人继续他们的日常程序，而完全忽略建议和意见。这一类驾驶人必须明确地与被作为一个指标而经常用到的普及率区分开来：尽管这些驾驶人不遵守任何建议，但是他们的车肯定会参与到分布式车辆网联应用中。
- $d<D$：研究仅考虑了通勤者。这一类代表了所有的在一个确定的距离内（$d<D$）才将道路交通拥堵认为是相关的驾驶人们。这里 d 表示与事件的距离，D 表示阈值距离。所有距离超过阈值 D 的事件都被他们认为是不相关的。对于远处

的障碍，这类驾驶人们简单地假设在他们到达之前会有足够的时间将拥堵清除。

- $d>D$：第四类包括认为提前改道是绕过严重道路交通拥堵最有效方法的所有驾驶人。这有助于防止在短时间通知的情况下由于所有驾驶人都试图绕道从而可能造成次生小堵塞的发生。

Dingus 等人（1996）进一步研究通过组合所有这些类型来体现真实的驾驶人行为。他们提出了一个统计分布，这有助于在即使只考虑一个统计样本的情况下实现这些分类，这个单一样本代表了在一个非常特别的国家或地区的典型的驾驶人。

表 6-2 汇总了所有的这些分类，而且还包括了一个第五类，一个概率模型，它可以在开始行程时，根据给定的概率值 P，选择驾驶人是始终遵循模型还是永不改变模型。

此外，表 6-2 还列出了几种组合类。其中混合类（mix）是由 Dingus 等人（1996）提出的一个驾驶人模型的表示，这里完全使用了他们推荐的百分比。而所有类（all）是一个由所有的简单分类结合概率决策的组合类。

表 6-2 人类驾驶人行为分类

类别	描述	mix	all
始终遵循	根据 TIS 建议选择路线	40.10%	20%
永不改变	不愿意改变路线的驾驶人	23.40%	20%
$d<D$	仅在离拥堵点的距离小于 D 时改变路线	20.60%	20%
$d>D$	仅在离拥堵点的距离大于 D 时改变路线	15.90%	20%
P	应用概率决定是否进入始终遵循或永不改变类	0%	20%

这种考虑到的所有这些分类的模型已经在 Veins 仿真框架中实现了（参见 6.2.3 小节）（Dressler & Sommer，2010；Dressler 等，2011b），图 6-45 描述了必要的程序。当接收到一个 TIS 事件后，系统会检查这个驾驶人的类型以及这个类型是否允许他或她对接收到的 TIS 消息做出反应。如果这个驾驶人模型允许重新计算路径，那么会发布一条根据收到的信息重新计算路径的指令，而与其它车辆的 TIS 数据分发和交换不会受到影响。

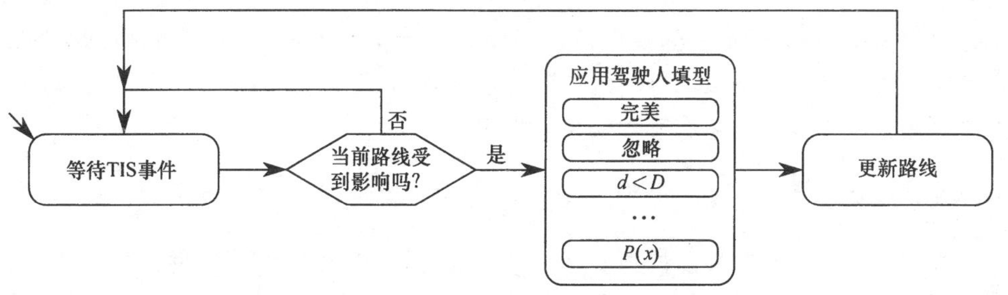

图 6-45 Veins 仿真器中驾驶人行为分类的集成

这个模型的功能相当灵活。一旦有关于这个驾驶人行为和与 TIS 相互作用的新经验数据时，即可在模型没有重大修改情况下重新进行标定。

3. 对性能的影响

我们关于不同驾驶人模型对性能影响讨论的结论是基于一个以城市场景的仿真试验（Dressler & Sommer，2010）。配置汽车使其驶过德国的埃尔朗根市，从 CS 部门开始，驶向市中心。为研究道路拥堵情况下跟随车辆的行为，人为地设定了一个事故。为了 TIS 数据交换，一个简单的基于广播的 IVC 协议被用于交通信息的交换。

我们对讨论的所有驾驶人行为类别都进行了研究。在分析基于距离的决策时使用了 D_1 = 1km 和 D_2 = 2km 这两个合理的距离阀值。对于概率分类，也考察了将车辆归入始终遵循类分组的两个概率值，即 P_1 =0.5 和 P_2 = 0.7。这些概率值均来自采用不同场景和仿真设置的实证研究结果。

以车辆有效平均速度表示的行驶时间被选为一个关键指标。这一指标经常用于显示 TIS 应用和 IVC 协议的能力。

图 6-46 展现了不同驾驶人模型对车辆行驶时间影响的统计分析（使用最短路线距离对其进行归一化，以导出一个有效平均速度）。作为基准指标，我们也考察了无事故的场景。我们以箱线图的形式来展示结果（图 6-46a），图中标明了所有测量值的中值和四分位数。此外，平均值被绘制为一个小框子。因为测量值的分布天生就是多模态的，所以我们还用了浅灰色线显示各个测量结果；因此，暗区代表在相同的速度范围内有着相当多数量的汽车。由于这一张图较难理解，所以如图 6-46b 所示，我们还以一个累积分布函数（CDF）形式给出所选择的分类情境。

作为最明显的结果，可以看出，所有不同的模型导致完全不同的整体行为。此外，作为一个次带的结果，我们注意到，可以使用概率模型 P 去很好的近似这个根据 Dingus（1996）而定义的混合类（标记为“Mix”）。

已经展现的结果表明，为获得真实的结果，驾驶人行为必须被引入 ITS 性能评价。为了获得进一步的证据，我们给出第二个试验的结果。在这第二个场景中，引入了与原场景中初始车流相互作用的额外的交叉交通流，其导致了大量的微型堵塞。

结果如图 6-47 所示。同样，可以再次证实大部分已被讨论过的趋势和效果。概率模型 P_2 匹配没有如图中所示的其它测量值一样紧密。然而，从累积分布函数可以看出，没有匹配的测量值数目是极少的。

6.3.4 指标

除了选择正确的仿真工具和模型，最复杂的一个问题是最终如何评估一个车辆网联应用或协议的性能。如在仿真中通常的那样，选择用于所开发的算法评估的指标是关键问题之一。

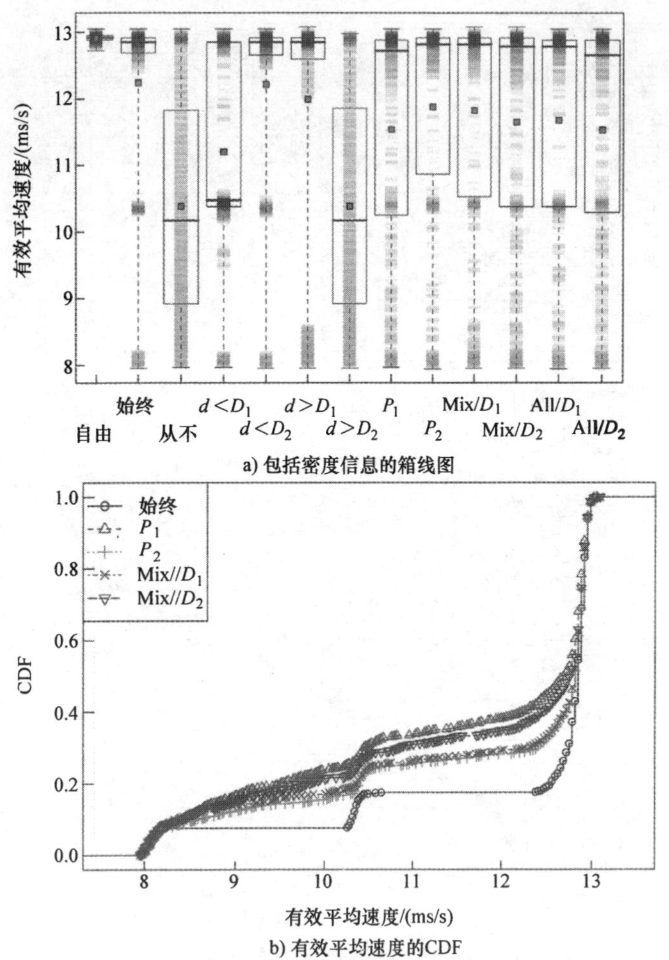

图6-46 对于所有汽车的有效平均速度，一个TIS场景下驾驶人行为模型的影响分析

在网络仿真中，会用到大多数经典的网络相关指标，如延迟、吞吐量和系统可靠性。对于无线通信，我们往往也关注一些指标，例如冲突的数量或无线信道的负载。

这些指标仍然能够反映网络应用。在大多数情况下，仅有部分车辆应用相关指标的表现可能甚至更加重要，这样的指标包括道路交通安全（如在一个交汇机动时发生碰撞的概率）、行驶时间以及不同操作下机动车 CO_2 排放的影响。

下面，我们简要回顾一下经典的网络仿真指标，并更具体地研究所选择的与IVC应用相关的指标。

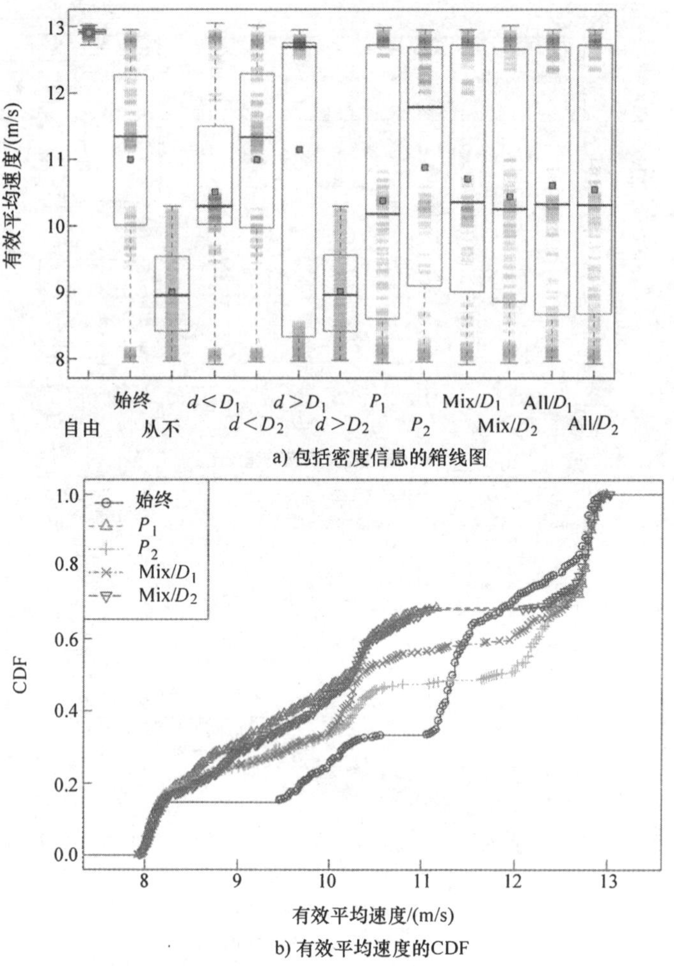

a) 包括密度信息的箱线图

b) 有效平均速度的CDF

图 6-47　还包括有交叉交通流的更复杂的场景，导致额外的拥堵和微型堵塞

1. 经典的网络仿真指标

在网络仿真中，用于评估协议性能的经典网络指标是端到端延迟、排队延迟、总吞吐量或只是在一个应用层的有效吞吐量、传输的可靠性以及无线信道容量，即如果超过了这个容量，将有可能导致大量的冲突。当然，远远不止这些指标。接下来我们简要回顾一下所选择的指标，但建议读者可以参考有关网络仿真方面的教材以获得更详细的讨论（Law 2006；Wehrle 等，2010）。

（1）容量、碰撞（或冲突）和吞吐量

每当我们在设计一个用于无线网络的新协议时，网络容量是最重要的指标之一（Gupta & Kumar，2000；Scheuermann 等，2009）。这项指标使得人们在给定无线信道的基本容量限制的条件下，能够确定一些应用在理论上是否可行。网络容量通常指理论上可以传输多少数据。然而，通常以 Mbit/s 为单位的吞吐量显示实际上有多少数据可以被传输。在文献中，我们还发现了有效吞吐量（goodput）这一术语，它表明了从应用的角度观测到的吞吐量。

在仿真中，经常以描述信道是如何超载的碰撞数来评估可用的网络容量，或者以可实现的整体吞吐量的形式来评估，即有多少用户的数据可以被成功地传输。如果两个无线数据包刚好同时在同一个基站被接收，信号相互破坏，冲突（或碰撞）就会发生。由于背景噪声的存在，从其它的传输失败中区分出冲突是非常困难的。当然，特别是在仿真中，这个数字将仍然有助于确定过载情况。

（2）延迟

许多研究的作者首先就将传输延迟作为一个关键指标，这个指标对于安全关键型应用具有特别的意义。在大多数情况下，我们关注端到端的延迟，即从创建一个消息到它最终被目的地节点接收的时间。根据不同的应用，每跳的延迟可能会引起关注，例如，带有中继的基于广播的消息传播。

延迟可以很容易测量，并且在我们考虑仿真单播传输时用于详细的仿真性能分析。然而，正如在第5章我们讨论信息传播中所看到的，在使用 IEEE802. 11p 的车载网络中，广播是一个关键技术。测量延迟仍是简单的，但评价变得更加复杂。要么收到的所有消息都被视为代表多个延迟的消息，要么观察到单一传输，其没有给出一个特定值，而是给出了这个传输的统计信息。

（3）可靠性

与上述指标不同，可靠性描述了一个数据传输是否以及在何种程度上有望取得成功。在许多情况下，对于可靠的通信协议的需求与低延时高吞吐量的需求存在固有的冲突。所以，协议需要仔细调整，以满足所有或大多数的应用需求。可靠性可以在仿真中通过评估失败的次数来估计，然后建立一个可靠性指标。

（4）讨论

为了讨论不同指标的使用并概括经常出现的问题，我们重申在 5. 4. 1 小节中介绍的选定的仿真结果。在一个自适应交通信标（ATB）协议的仿真研究中进行了测量。然而，这个特定协议和所使用的仿真场景却与我们的讨论不相关。

图 6-48 展示了两个曲线图，一个表明静态信标的多个变体以及 ATB 的消息延迟，一个显示对于相同协议的冲突（或碰撞）次数。当然绝对值不是我们讨论的一部分。最重要的是，我们需要提醒自己，延迟只可以在成功接收信息时才能被明确地测量，因此这两个图表显示了所提交的消息的不同子集的结果。

如图 6-48a 所示的延迟显示了一个清晰的趋势：一条消息被重复地越频繁，其传播速度就越快。可以看出，使用 30ms 间隔的静态信标的性能最佳。在这个试验中，ATB 似乎甚至更快。此时，我们必须回顾一下 ATB 的关键概念：ATB 是在某些最小和最大间隔之间设置信标。配置的最小信标间隔为 30ms。那么，ATB 怎么可能比静态的30ms信标间隔更快呢?

在图6-48b中给出了答案。这里,碰撞次数以对数刻度绘制。由此可以看出,随着信标频率增加,即信标间隔减短,碰撞次数呈指数增长。然而,对于ATB,碰撞次数可以忽略不计。这意味着,每一个信标可以被立即接收和中继,由此减少了整体的延迟。

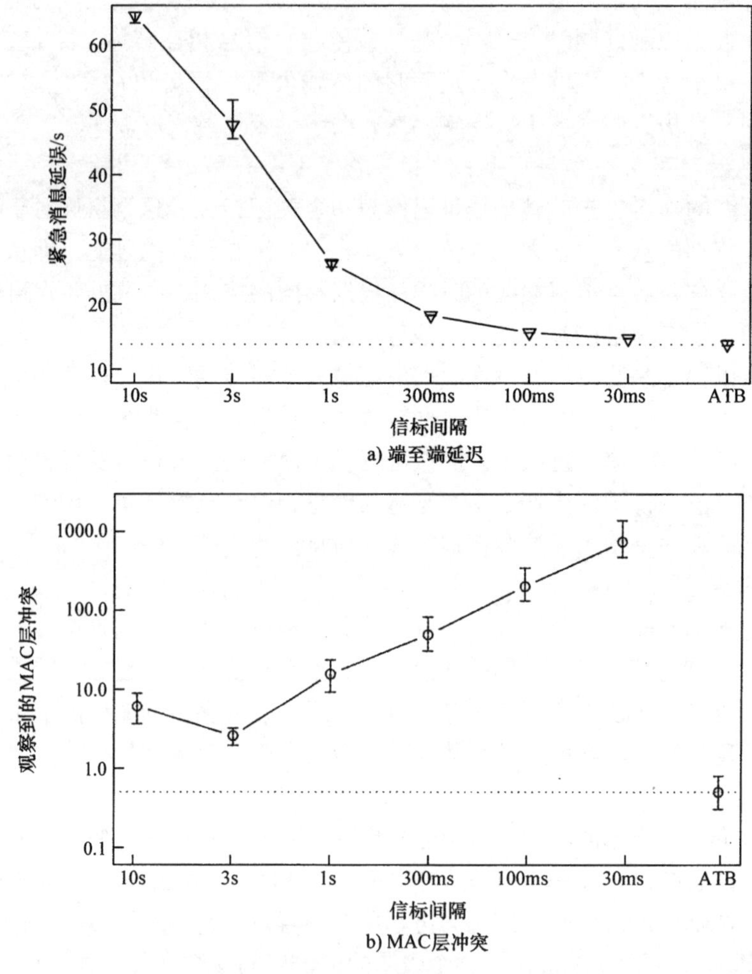

a) 端至端延迟

b) MAC层冲突

图6-48 延迟与所观察到冲突的比较

另请参见5.4.1小节。© [2010] IEEE重印。经许可从Dressler & Sommer (2010) 转载

所选择的例子给出了两个非常重要的信息:

• 第一,单个指标通常不能清晰地概括出一个协议或一个应用的表现。只有通过组合指标才能够以整体的方式评估性能。

• 第二,如果没有仔细评估,在仿真试验中记录的指标甚至可能会产生误导。

不切实际的结果需要从不同的角度来仔细调查及评估。

这同样适用于所讨论的其它方面性能。修改任何协议以增加其吞吐量或减少其延迟是很简单和平常的。不过在不增加负载的情况下，做到这些经常是难以实现的。同样，很容易想到的是，如通过聚集信息，一个协议的吞吐量可以增加，而且它的负载也可以减少，但并非没有产生额外的延迟。我们在图6-49中说明了三个任意指标间的权衡。很显然，在进行车辆网联方案的任何比较时，必须永远不能只考虑一个方面，而是所有受影响的方面都要考虑到。

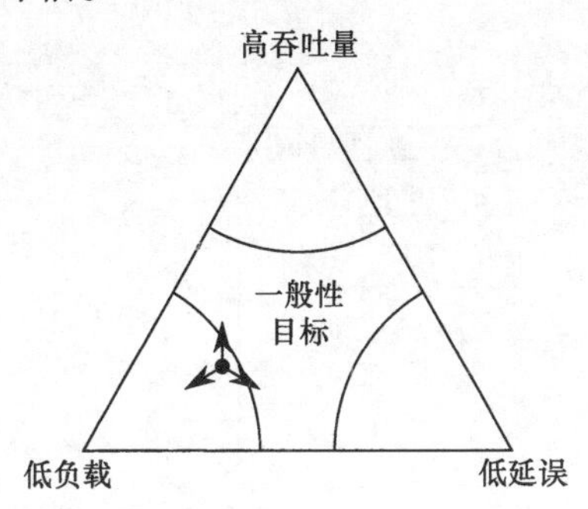

图6-49 优化权衡。只优化一个指标而忽略这对于相关指标的影响是没有意义的

2. 应用相关指标

除了使用较经典的网络相关指标以外，很多IVC应用和协议的性能和质量可以通过使用更多面向应用型的指标来更好地进行评估。对于许多应用来说，信道是如何加载的或者延迟是否在确定值之间变化都实际上与其并不相关（当然，除非超出实时通信阈值）。

在下文中，我们将讨论这种依赖于应用的指标的两个例子。当然，这些可以作为非常特殊的应用案例。这些例子仍然给出了为什么这样的指标需要考虑的好的理由。

第一个指标是碰撞概率，对如ICWS来说这是值得关注的。该指标定义了一个情况是多么严重，允许人们将消息按优先级排序甚至自动处理以防止碰撞。

第二个指标是双重的。行程时间表示车辆从起点行驶到目的地所花费的时间。因此，这一指标能够从微观上表征单个车辆在使用如一个TIS中获得的益处。另一方面，CO_2排放量表征了行程的平顺度，其仅仅关注了单个车辆，但是也可以用来描述一般情况下车辆对环境的影响。

（1）车辆碰撞概率

让我们研究作为第一指标的一个道路交通安全测度，即车辆碰撞概率（相对于数据包冲突的概率）。例如，正确使用这个指标对ICWS是极为重要的（Joerer等，2014）。因此，我们的重点是对情况的危急程度进行分类，以及通过为研究IVC提供完整的构建模块的安全增强型系统。具体的防碰撞技术或影响降低策略并不是这个指标的一部分，但该指标只能用来研究这类应用的性能。

总之，防碰撞应用需要一个指标，以帮助人们更好地了解在一个交叉路口的碰撞风险。当然，当涉及实施正确对策时，错误报警应当保持在一个较低的水平。

Joerer等人（2014）根据轨迹的可能性对碰撞概率进行了分类。给定一辆车A，它与路口中心的当前距离为d_A，其当前速度为v_A，他们将其位置的任何可行的外推定义为一个潜在的轨迹T_A。当然，T_A的可行性受汽车的最大加速度a_{max}和最小加速度（即其最大减速度）$a_{\min}$的影响。更正式地，T_A受到下式的约束：

$$T_A = d_A, \dot{T}_A(\tau_0) = v_A, a_{\min} \leqslant \ddot{T}_A \leqslant a_{\max} \tag{6.18}$$

式中，t_0为当前时间。

图 6-50 描述了这些关系。

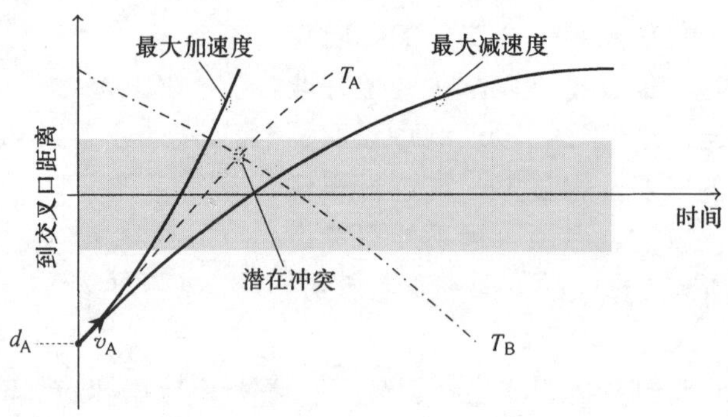

图 6-50　一个轨迹图示：车辆 A 的所有可能轨迹 T_A存在于一个假设的最大加速度和假设的最大减速度之间的某处。同时也显示了样本轨迹 T_A及它与另一车辆的轨迹 T_B的交汇

为了预测碰撞的概率，函数 coll（T_A，T_B）被定义为：对于任意两个轨迹 T_A和 T_B，当（且仅当）这两个轨迹导致一个路口碰撞时，其函数值为 1。碰撞被定义为在这些轨迹重叠部分上车辆的轮廓。

这个所有潜在轨迹的集合被定义为$\mathbb{T}_A = \cup T_A$，选择两条轨迹的概率被定义为 p（T_A，T_B），那么这就产生一种直接的推导碰撞概率的方法，即所有潜在轨迹的积分。

$$p = \int_{\mathbb{T}_B} \int_{\mathbb{T}_A} p(T_A, T_B) \operatorname{coll}(T_A, T_B) \mathrm{d}T_A \mathrm{d}T_B \tag{6.19}$$

自然地，这种方法在 $p(T_A, T_B)$ 可计算的情况下才是有意义的，可是这个计算并不简单。然而通过一些简化，可以使这个问题变得易于处理。

作为第一个简化，作者们将研究限制于没有转向行为的正交 X 路口交汇。第二，假定轨迹 T_A和 T_B被选择的概率相互独立——即假定驾驶人和车辆都不能够对其它接近的车辆作出反应。最后，只对具有等加速度的轨迹进行研究，即假定在接近交叉口的过程中，驾驶人不改变他们的行为，而以一定的加速度或减速度行驶。

这些简化使得 $p(T_A, T_B)$ 能够分解成独立的 $p(T_A)$ 和 $p(T_B)$ 两部分。更进一步地，现在轨迹 T 和 p（·）及 coll（·，·）可以仅仅基于一个多元组（a，v，d，$a_{\min}$，$a_{\max}$）。在该元组中，对于一个给定的情景，除了假定的车辆加速度 a，其它都是常数。因此，当给定一个特定的情景，碰撞的概率现在只依赖于两位驾驶人选择特定的某一对加速度的概率 $p(a_A)$ 和 $p(a_B)$。

Joerer 等（2014）研究了两个简单的驾驶人选择某一加速度的概率分布 $p(a)$

的例子：均匀分布和三角分布。对于均匀分布，从 $a_{\min}$ 到 $a_{\max}$ 的任一加速度被认为是等可能的——与当前速度和加速度无关。对于三角分布则做了些调整，以使得最大可能地维持当前的加速度，并且选择不同加速度的概率线性地减少到0（对于 $a_{\min}$ 和 $a_{\max}$）。在下文中，我们以这种三角分布为基础预测驾驶人的行为。

综上，能够使用简单得多的表达式来计算碰撞概率

$$p_{\mathrm{C}} = \int_{a_{\min}}^{a_{\max}} p(a_{\mathrm{B}}) \int_{a_{\min}}^{a_{\max}} p(a_{\mathrm{A}}) \mathrm{coll}(a_{\mathrm{A}}, a_{\mathrm{B}}) \mathrm{d}a_{\mathrm{A}} \mathrm{d}a_{\mathrm{B}} \tag{6.20}$$

现在让我们来看看这个碰撞概率的适用性。在这里，我们再次采用 Joerer 等（2014）的研究。

在这项研究中，模拟了一个两条路几乎垂直交叉的典型城郊的 X 形交叉路口。假定不存在控制道路优先权的措施（即既没有红绿灯也没有交通让行标志）。特别的是，使用了 Veins 仿真器与 SUMO 的修改版本，SUMO 的修改版本支持实际碰撞情景的仿真（Joerer 等，2012b）。以下是推导 p_{C} 中的假设，只考虑穿越交叉口时没有转弯的车辆对。进行概率计算时使用了较为保守的参数 $a_{\max} = 2.1\mathrm{m/s}^2$ 和 $a_{\min} = -9.55\mathrm{m/s}^2$。

如果我们回顾一些描述这个仿真的一般统计量，所有仿真的接近交叉道口中，3.76%产生了碰撞，0.840%几乎产生碰撞（车辆间距小于0.4m），而95.4%则没有发生碰撞。反思计算得到的 p_{C} 如何良好地预测了未来的碰撞，作者报告发现，当车辆可获得完整数据时，没有假阴性（对于任何有两车碰撞的仿真，预测的碰撞概率在某时间点为100%）和没有假阳性（对于任何无车辆碰撞的仿真，预测的碰撞概率不超过40%）。这允许设置硬阈值来预测碰撞是否有可能发生（同样，假设对于当前情况有完全的了解）。

然而，我们更感兴趣的是考察如果仅给车辆提供不完整信息时，即如果他们需要利用 CAM 来获得其它车辆的位置和速度时会发生什么。通过 CAM 获得的信息永远是过时的，因为这些信标需要一定的时间发送，而且信标只有经过预先设置的时间间隔才能发送，甚至由于信标可能会丢失而更为严重（例如，由于无线电信号遮蔽或信道超载）。

为了了解 p_{C} 在这一情景下用于预测碰撞的可行性，我们研究它在最坏情况下的性能。为此，我们在所有交叉口进口道上采集了 p_{C} 的最大值和最小值，并按照这个进入是否产生一个碰撞加以分组，同时进一步地依据两辆车距交叉口中心的距离进行分组。对于10Hz 的信标速率，我们绘制如图6-51a 所示的从发生碰撞的运行过程中获得的 p_{C} 最低值和如图6-51b 所示的没发生碰撞的运行的 p_{C} 最高值。如我们可以从图中看到的，当两辆车仍然离交叉口中心较远时，p_{C} 只显示较弱的预测性能。而当靠近交叉口时，在一个最终发生碰撞的运行中，即使 p_{C} 的最低值也仍然非常接近100%。同样的，如果车辆靠近路口，在一个最终没有发生碰撞的运行

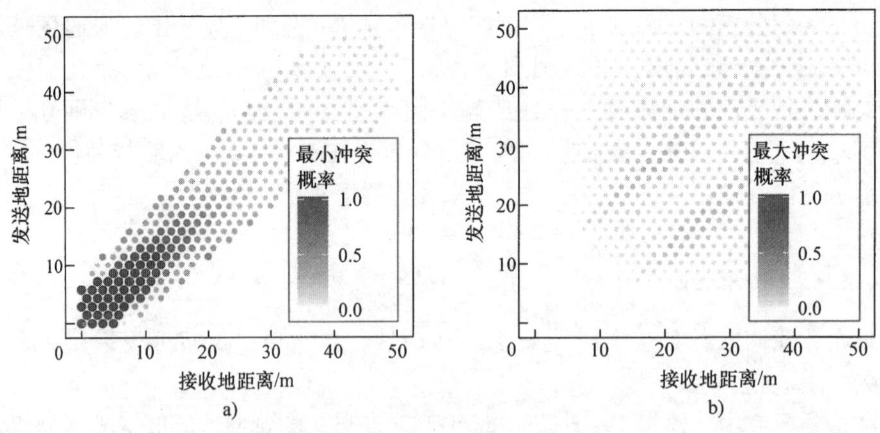

图 6-51　相对于路口中心不同位置的两辆车碰撞概率的最坏值。显示了最终发生碰撞的所有运行的最小值 a）和无碰撞的所有运行的最大值 b）

中，甚至 p_C 的最高值仍保持远低于 10%。因此，值得研究 p_C 是否也可以作为碰撞规避系统的一个输入——也就是说，是否有可能在 p_C 达到 100% 前，即碰撞不可避免之前警告驾驶人。

显然，碰撞概率仅可以在接收信标后更新。这就意味着，p_C 在接近路口过程中的演变将遵循一个如图 6-52 所示的阶梯函数。现在，假定一个碰撞只有在碰撞概率达到 100% 前采取行动才可以避免，则有可能找出采取这种行动的最晚时间：在 $p_C = 1$ 之前最后接收到的信标。

已知更新后计算的碰撞概率 p_C，现在可以很简单地推导出在一定的概率条件下为了防止或减轻碰撞而需要设置的反应阈值。

Joerer 等人（2014）报告发现这个阈值对于选定的 CAM 静态信标间隔具有很强的依赖性：对于给定的驾驶人行为模型，并以成功避免 99% 的碰撞为目标，他们发现 1Hz 信标的阈值为 $p_C = 21\%$。因此，可以得出因为相关的假阳性率，1Hz 信标（夸张的最低信标速率）明显地不适用于 ICW。而在另一端，对于用到的最高的 25 Hz 的信标速率，ICW 显然工作得很好：这里报告的反应阈值为 $p_C = 98.5\%$。

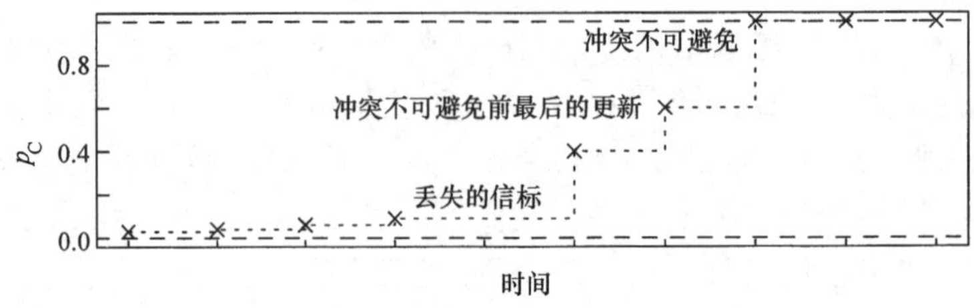

图 6-52　碰撞概率指标在导致一个碰撞的典型交叉路口处的演变

(2) 行程时间与 CO_2 排放量

现在，让我们来讨论以行程时间和 CO_2 排放量作为交通效率应用的性能评估关键指标之间的区别。除了在经典的行程时间指标之外，车辆的平均速度和速度离散度，即出行的“平滑度”，可更深入地揭示应用的内在行为。这也可以通过对环境的影响来表示，如 CO_2 的排放。

许多仿真研究直接或间接以 Bowyer 等人 1985 年的报告为基础（Gradinescu et. al，2007；Collins & Muntean，2008；Nagurney et. al，2008），评估了道路交通管理对环境的影响。

基于更新的 EMIT 模型甚至可以实现更精确的仿真（Cappiello 等，2002）。E-MIT 模型已经相对于多种不同的排放物，即 CO_2、CO、烃（HC）和氮氧化物（NOx）等进行了标定。因此，假定催化转化器已经达到工作温度，在排出的气体通过该催化转化器后，对于加速车辆和减速车辆，都能够精确地计算排放量。

考虑到车辆特征，如总质量、发动机和安装的催化转换器，EMIT 依据车辆的速度和加速度计算排放量。首先，一个车辆的车轮牵引功率需求 P_{tract} 可以使用以下多项式计算：

$$P_{tract} = Av + Bv^2 + Cv^2 + Mav + Mg\sin\theta \tag{6.21}$$

从这个牵引功率需求可以估算出燃油的消耗，从而，CO_2 的尾气排放可根据第二个多项式计算：

$$TP_{co_2} = \begin{cases} \alpha + \beta v + \delta v^3 + \zeta \alpha v & 若 P_{tract} > 0 \\ \alpha' & 其它情况 \end{cases} \tag{6.22}$$

拟合 α 到 ζ、A 到 C 以及 M 的值以匹配被 Cappiello et al. (2002) 称为 category - 9 的车辆，例如，一辆1994 年款道奇 Spirit。所选用值（见表 6-3）在 CO_2 排放量计算中产生的误差大约为 2.2%。

这个 EMIT 模型已经包含于 Veins 仿真框架中（Sommer et al. 2010c；Dressler 等，2011b）。因为 SUMO 目前没有考虑道路的坡度，所以 P_{tract} 的计算假定道路平坦，即 $v=0$。

该试验场景是一个由两条限速为 22 m/s 的平行道路支持的单车道主干路，该主干路限速约为 28m/s（100 km/h），所有道路均以阶梯形式连接。在主干路上它人为地设定一次事故。为了让它们互相通知有关主干道的拥堵状况，IVC 在车辆之间发挥了作用。如果这样的消息成功地传达到一个跟随的车辆，如果可能的话，它将会利用平行道路中的一条来重新计算路径。在试验过程中，为了评估用所选的两个指标重新计算路径的恰当性，对制动的长度和绕行的长度进行了修改。

表 6-3 category - 9 车辆的 EMIT 因子

因子		值	单位
v	车辆速度		m/s
a	车辆加速度		m/s^2
A	滚动阻力	0.1326	kWs/m
B	考虑滚动阻力的速度修正	2.7348×10^{-3}	kWs^2/m^2
C	空气阻力	1.0843×10^{-3}	kWs^3/m^3
M	车辆质量	1.3250×10^3	kg
g	重力常数	9.81	m/s^2
ν	道路坡度	0°	
α		1.11	g/s
β		0.0134	g/m
δ		1.9800×10^{-6}	gs^2/m^3
ζ		0.2410	gs^2/m^2
α'		0.973	g/s

图 6-53 展示了三类不同车辆的速度/加速度曲线：一辆停止的车，一辆夹在拥堵中的车和一辆基于 IVC 交通信息进行绕行的车。由此可以看出，绕行时必要的加速度和减速度是不可忽视的：为了能够避开直行交通，每辆车将不得不在进入绕行或绕行后轻微地制动（这种影响可以在图中看到，即两个显著的速度下降）。

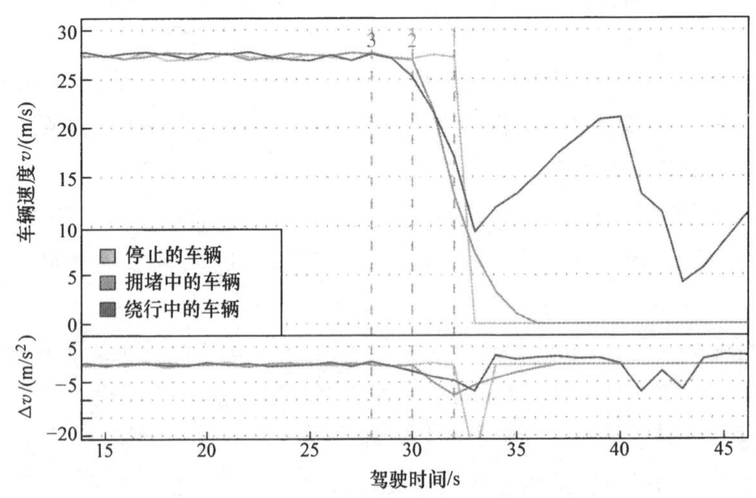

图 6-53 路线的选择对车辆速度和加速度的影响曲线

让我们先来看看试验结果。图 6-54 显示了改变停止时间和绕行长度的测量结

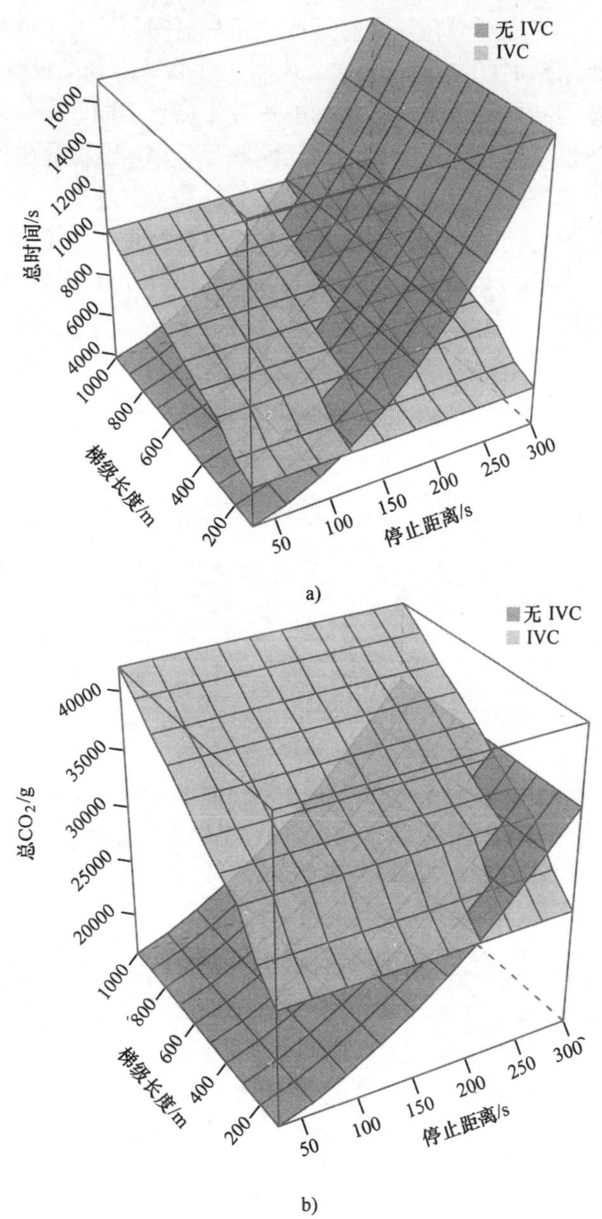

图 6-54　停止时间和梯级长度对（a）行驶时间和（b）CO_2排放量的影响

果，它绘制出了所有仿真车辆的累积驾驶时间以及累积 CO_2 排放量。作为一个基准，旅行时间和 CO_2排放量在不启用 IVC 时进行测量。

正如所预料的一样，启用 IVC 时，停止时间对两个指标几乎没有任何影响。

如果停止时间太短，绕行不会有帮助。因此，行程时间和 CO_2 排放量只有在一定的最小停留时间（即事故时间）的情况下，才能通过 IVC 得到优化。

然而，最有趣的结果就是这两个指标的盈亏平衡点不同。即使对相当短暂的停留时间，旅行时间也可以被快速优化，而与此相反，CO_2 排放量在该点上并未到达最优。这是由附加加速度所引起的额外的燃油消耗和 CO_2 排放而导致的。

因此，最有趣的是，对于旅行时间和 CO_2 排放量而言，整体车辆网联应用的最佳配置是不同的。由此可以看出，这一决策不见得是单个车辆的最佳行程时间（Dressler 等，2011b）。

第7章 安全与隐私

随着致力于将车辆间通信（IVC）投入市场的主要从业者越来越多，保障车辆和基础设施之间的通信安全成为一个非常重要的问题。除了满足仅为付款顾客提供服务的封闭市场系统的部署需求，在防止欺诈和恶意攻击方面的安全保障也是必需的。最近，已经证明与IVC相关的系统没有足够的安全性：攻击者通过胎压监测系统成功地控制了汽车的电子器件，或者他们也能攻击公路上的电子公告板。甚至通过交通信息频道（TMC）进行虚假交通信息传输被证明也是可以实现的。本章将研究可行的车联网络安全解决方案，重点关注它们的实用性。本章不仅回顾一般的安全单元，还考虑它们的应用性和局限性，并研究安全和隐私之间特有的临界平衡：一个系统被制作得越安全，驾驶人的隐私也就被影响得越严重。因此，本章将研讨位置隐私并概述如何提升驾驶人的隐私性。特别是研究假名的使用，随时间变化的假名池以及假名的交换。

本章组织如下。

- 安全的基本要素（7.1节）：在本节中，在研究和车载网络有关的具体安全关系之前，将简要回顾一般性的安全目标。主要重点在于介绍证书的概念和其在数字签名信息中的应用。进而研究安全和隐私之间的基本关系。
- 保障车辆网络安全（7.2节）：这是实现车辆网络安全的关键章节。所提出的关键技术是对诸如周期性协同感知信息（CAM）的数字签名信息证书的使用。本节将进一步研究如何解决因此产生的性能问题以及如果密钥被盗用如何吊销证书。在本节最后，将简要回顾如何利用背景信息，如地理位置来提高安全性。
- 隐私（7.3节）：在这最后一节将研究提高驾驶人隐私安全的解决方法。首先研究位置隐私作为一种指标以及结合利用车辆的广播信息进行车辆的识别和跟踪。通过使用甚至交换临时假名以提高隐私安全是可能的。

7.1 安全的基本要素

本节将回顾车辆间通信（IVC）领域中安全的基本要求。包括讨论其在各个参与的节点，如每辆汽车和路边装置（RSU）的可用算法及以技术为标志的前提条件。主要重点在于安全的目标和通常能用哪些技术来达成这些目标。这些讨论需要一些网络安全领域的基本知识。尽管文中会尽力去有限地涉及这些背景知识，但作者还是希望读者参考网络安全方面的大量著作以获取额外的信息（Stallings 2013 年；Schneier 1996 年）。

最后，本节将以一个关于车辆网络安全水平的提高对用户隐私水平影响的讨论来结束本节。结果表明这仍然是一个尚未解决的矛盾，并且公众对 IVC 技术接受与否不仅取决于其支撑技术的技术能力，包括保障系统安全的方法，还取决于系统赋予的匿名水平。

7.1.1 安全目标和技术要求

首先，必须概述一般性的安全目标和由此产生的安全服务。考虑到技术需求，基本上有两个类别需要区分：基本安全算法和参与节点的车载单元（OBU）的硬件和软件的支持。接下来，将简要地强调最重要的几个方面，包括一个安全算法基本概念的高级概述。

1. 安全目标

在讨论安全解决措施之前，需要仔细研究车辆网联应用和协议所涉及的安全目标。让读者跟随网络经典的安全目标清单找出哪些安全目标与车辆网络关联最紧密，以及哪些专有特征需要更详细地进行研究。

（1）机密性

通常，机密性确保除了预定的接收者外，没有任何其它实体可以泄露通信中的信息。在车载网络领域中，需要保护通信信息以杜绝信息的不正当使用。在大多数情况中，通信是基于广播的。即使对信息泄露的保护是可能的，但机密性还并不是在这些情况下的最关键的安全目标。

（2）数据完整性

在大多数情况中，最重要的安全目标是数据完整性。其目标是阻止攻击者篡改信息，或者至少能侦测到这些改变。在车辆网联领域中，攻击者想要修改信息的原因有很多。比如，被篡改的信息可能会使其它驾驶人因为一场虚构的交通堵塞而离开一条高速公路。

（3）可靠性

可靠性是指能够清楚地识别发出信息的实体的能力。与数据完整性相比，其目标不仅是保护信息免遭篡改，还要为信息指派一个发送者。在车辆网联的背景下，这意味着为了如给予那些从政府操纵的交通信号或交通标识发出的信息以优先权这样的原因，需要确保达到一定的信任等级。

（4）可用性

过去几年中，在几乎任何类型的网络化系统中，可用性已经成为了一个首要的安全目标。针对网络基础设施的恶意攻击已经成为了一个严重威胁，尤其是在互联网中。在车载网络中，攻击可以从聪明的拒绝服务攻击到简单的无线电信道的干扰。

（5）受控访问

在许多设想的车辆网联的应用中，访问控制也许起到了一个重要作用。某些服务有意地设定仅对限定的一组用户可用，例如遵循一个商业模式。因此，需要回答谁可以访问哪些信息的问题，并且需要得到技术手段的保障。这也包括了诸如软件更新，和对布置的基础设施节点（例如 RSU）的访问等方面的要求。

2. 基本的安全算法

在网络安全领域中，安全技术可以分成三类（Stallings 2013）。

- 密码算法是从输入数据（例如数据和密钥）到输出数据的数学转换。密码算法在密码协议中使用。
- 密码协议是为了达成一个特定安全目标的一系列步骤以及在多个实体之间的信息交换。
- 安保维持机制提供与安全相关的功能，它是密码协议或安全程序的一部分。

在关于车载网络的安全机制的讨论中，密码算法的两个主要应用最为重要：数据的加密和签署。数据加密指将数据从明文向密文进行转换以隐藏其含义。该步骤如图 7-1 所示。

一个密码加密算法是与一把密钥结合使用。可以分为两类密码加密算法。

对称的密码算法在加密和解密时共享同一把密钥。通常这把密钥用 K_{AB} 表示，意味着节点 A 和节点 B 都拥有这把密钥，但明显地不包括其它实体。

非对称的密码算法在加密和解密时使用两把不同的密钥。一个所谓的接收节点 A 的公开密钥 K_A+ 被用来加密数据，然而 A 则使用它自己的私有密钥 K_A- 来最终解密数据。因此，这种密码算法的应用也叫做公开密钥加密。

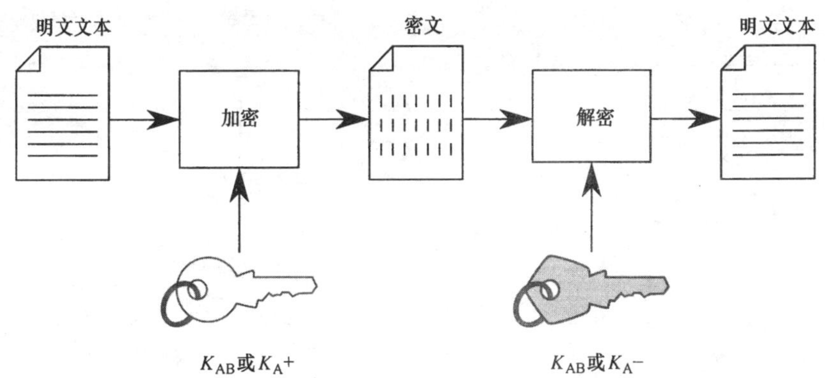

图 7-1　使用加密算法将明文转换为密文的概念

数据签署是指对一个密钥校验值的计算，或者为一个给定的明文或密文赋予数字签名。这个签名可以被部分或者全部能访问这些签署的数据实体加以核实。一个签名是以与一个密码加密算法相结合的密码哈希（散列）函数为基础。这一过程如图 7-2 所示。首先，利用一个密码哈希（散列）函数计算原文本的散列值。这个散列值然后被加密（使用一个对称或非对称加密算法，以及相应的密钥），用来计算数字签名。信息与这个签名被一起传送。在接收端，签名被解密，并且与一个新计算出的明文信息哈希（散列）值作比较。如果这两个散列值匹配，那么信息就没有被第三方修改。

有多种算法可用于加密和散列。然而，整个步骤中最重要的部分是密钥管理。密钥必须被安全地分配给参与的各方，加以保管［例如使用一个可信任的平台模块（TPM）］，而且最重要的是，在泄露的情况下，必须使密钥失效。

密钥分配将使用安全的通信信道完成。在公开密钥加密的情况下，只要系统能确保它们不会被操控，公开密钥可以容易地被共享。证书支持这个流程，但证书管理可能会很繁琐。在这个过程中，通过周密地确保每一把密钥都被一个可信任的实体签署，公钥基础设施（PKI）发挥着作用，而这个可信的实体也经常被称为证书签署机构（CA）。层次结构有助于使这个流程变得具有可扩展性。密钥失效，这个在 PKI 里被称为密钥撤销，则描述了当被认为是不可信时将密钥移除的过程。作为一个例子，本章将在 7. 1. 3 小节详细讨论 X. 509 证书系统。

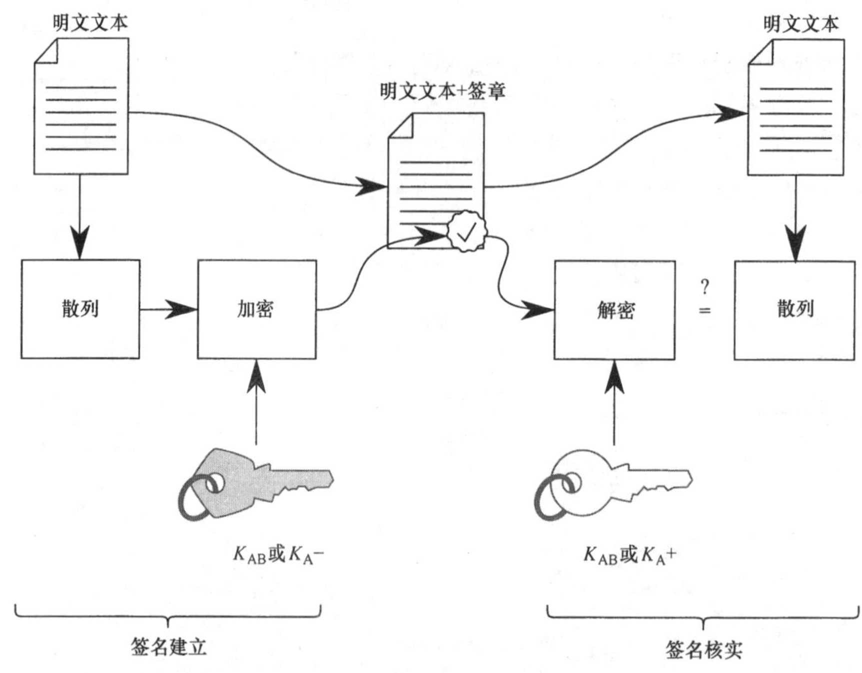

图 7-2　建立和核实一个数字签名的流程

3. 技术要求

在开始讨论如何确保 IVC 解决办法安全之前，必须强调一些为了支持一组功能丰富的安全解决方案所必须满足的最低需求。研究机构已对这些需求讨论了很长时间，而且就它们中的大部分要求都已达成了一致。当讨论安全与隐私措施时，已经利用了所有这些特点。

首先，假设所有车载网络中的参与节点都有相当精确的可用地理位置信息。本质上，假设所有节点都可以由一个全球定位系统（GPS）来提供这一数据。在那些与 GPS 卫星连接受限的地方，也假设辅助式 GPS 能够足够好地覆盖这些地区。使用蜂窝网络信息，这一位置信息可以被更新和交叉核实。

除了地理位置信息，还假定同步时钟。这不仅是对数据安全措施的要求，而且也是对通信协议如 ETSI ITS 和 IEEE WAVE 的要求。可以用 GPS 来同步这些参与节点的当地时间。作为一个替代方案，可通过蜂窝网络来获得精度略低的时钟同步。

为了对地理位置和路网位置进行匹配，也需要细化的地图信息。这基本上是由汽车上的导航单元提供的，而且，这也被认为在新的 IVC 技术产生之前将会得到广泛的应用。导航单元也同时提供了安全算法所需的所有计算能力。

除了运行密码算法所需的中央处理器（CPU）的运算和存储能力以外，还需要持久内存来存储这些算法所需的关键材料。在最好的情况下，一个可信平台模块（TPM）被用来存储最关键的核心材料。需要对 TPM 进行设计，以使得通过硬件分析提取这些密钥变得困难。另外，防篡改芯片可以用来存储和处理敏感信息，从而预防任何针对关键材料的基于硬件的攻击。

提供所有 IVC 能力和导航功能的车载单元（OBU）本质上是一个软件控制单元。因此，一个内在的需求就是在侦测到严重的软件故障或可能的漏洞时，能够提供更新软件的方法。这些更新也可以包括新的软件功能。提供安全地更新软件的方式和方法无疑是必需的。

7.1.2　安全关系

在对安全目标和技术前提的简短介绍后，下面将对安全关系进行概述，因为它们将在车辆网联应用中出现。本节把这个讨论分为两部分：开放与封闭的系统和数据源。

1. 开放与封闭的系统

在研究安保措施之前，需要理解整个系统是以开放还是封闭的形式进行运行。在一个“开放系统”中，协议对于所有人都是可以使用的，并且系统的直接使用是明确受到欢迎的。众人共创的想法可以通过给予每一个参与者相同的增添、再分配，甚至汇总或操作信息的权利来实施。

相反，一个“封闭系统”取消了大多数人的这些访问权利，而且把访问权也限制在了一群封闭的用户中。由管理员来控制对系统的访问。商业利益似乎导致了这类系统的产生，在这样的系统中只有付钱的用户才能得到他们为之付款的东西。

在部署车辆网联应用时，最可能实施的是这两个概念的混合体。封闭系统依赖管理员提供的服务。由于用户基数过小，众人共创的模式则是不可能的。所以，开放管理的系统将有助于启动整个车辆网联应用世界，而被限制于仅仅选定用户的特定服务也许会出现。

2. 数据源

基于应用，数据可以由几乎所有参与车辆网联应用的节点产生。与安全相关的信息将由正在观察安全关键事件的车辆或路侧基础设施产生。对于所有非安全性的应用，信息将由一些集中式系统来管理，例如，通过专用的路侧基础设施，如交通信号灯，或通过任何一个参与的车辆，来管理一个交通信息系统（TIS）。

显然，这带来了许多安全问题。信息必须真实和准确，因为车辆的自动反应甚至都可能被触发，从而导致不安全的驾驶状况。因此，必须要有确保可靠性和信息完整性的适当方法。为了评估一则信息的范围，除了发送者信息，还需要时间和位置的描述。

不必详细讨论这些与应用紧密相关方面的问题。从所列的观测结果来看，采用强有力的措施来保护传输的信息就变得很明确了。这还包括对节点群的管理，例如所有车辆，所有靠近十字路口的车辆，所有交通信号灯等，来简化存取控制和验证。

7.1.3 证书

数字签名是由一个加密哈希函数结合一些关键素材构建而成的。最广泛使用的方式是先计算一个散列值然后对其加密。这种方式也结合证书而使用。为了加密散列值，需要使用发送者的私有密钥。相应地，接收者可以使用发送者的公开密钥解密散列值而去验证它。在这个过程中最关键的步骤是确保发送者公开密钥的安全传输。

证书重点关注的正是这一部分。一个证书可以被看作一种 ID 卡，提供描述持有者的信息，如它的名称和（也是最重要地）它的公开密匙等。为了防止对证书的恶意篡改，必须确保证书自身能够防备篡改。这是通过一个证书签署（CA）的方法来实现的。这个实体使用它自己的私有密钥签署证书。很明显，被签署信息的接收者必须预先知道签署证书的公开密钥。通常，这样的公开密钥（又是以证书的形式）会在本地系统中被预先安装好。

下面介绍作为证书管理和吊销方法的 X. 509 证书，它也被用来在车辆网联应用中签署信息（国际电信联盟 ITU－T 2000）。

1. X. 509 证书

X. 509 是一个 ITU－T 国际建议，同时是 X. 500 系列定义目录服务的一部分（ITU－T 2000）。第一个 X. 509 版本在 1988 年实现标准化，随后又发布了第二版（1993）和第三版（1998）。这里指的是 X. 509 的最新标准。

X. 509 标准定义了一个完整的安全框架，专注于认证服务。最重要的是提供了实体和信息认证，以帮助人们定义数字签名。这个框架包括以下特点。

- 公钥证书和证书处理，即定义证书格式、证书等级和证书撤销列表。
- 直接认证的三种不同对话形式：单向认证，这需要同步化时钟；双向交互式认证，这仍然需要同步化时钟；和完全基于随机数的三向交互认证。

因特网协议组中 X. 509 的使用已经由 RFC 4210（Adams et al. 2005）中的 IETF 定义。今天，X. 509 已经成为需要认证服务或简单数字签名的几乎所有计算机网络领域中的一个事实标准。

X. 509 公钥证书是某种通行证，它证明一把公钥属于一个特定的名称。图 7-3 描绘了这种证书的结构。该证书至少包含由一个可信的实体全部签署过的其所有者的名字和它的公钥。此外，协议版本和证书序列号，以及有效期信息也都列在一个 X. 509 证书上。为了识别签署这一证书的证书签署机构（CA），它的 ID 也被与其它信息添加在一起。签名包括了这个完整证书的一个加密散列值。为了识别所使用的算法（密码散列值、加密算法）和它们的配置，其被作为签名算法数据而附加上去。

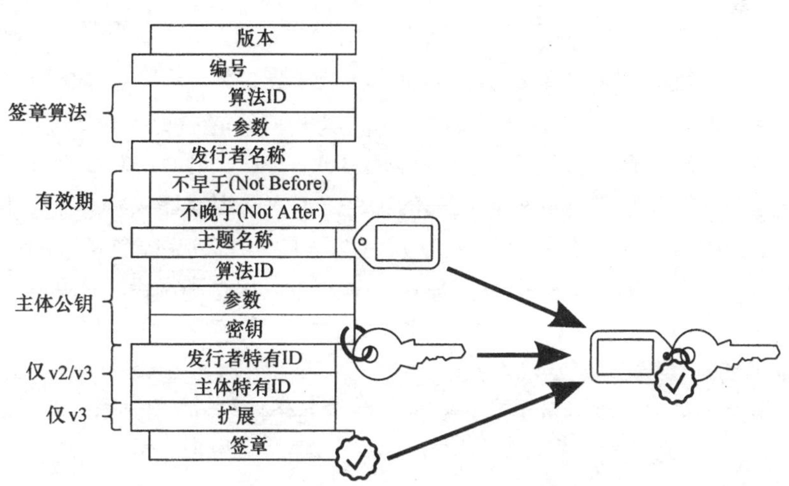

图 7-3　一个 X. 509 证书结构

证书由一个证书签署机构（CA）发布。如果所有用户都确切知道 CA 的公钥，那么每个用户都能检查由这个 CA 所发布的每个证书。这样，就可以进行证书的离线验证，而不需要与 CA 进行沟通来进行有效性验证。X. 509 证书的安全性取决于 CA 的私钥被保管的安全性。

使用一个 X. 509 证书很简单。通过使用主人的私钥来签署需要保护的信息。包含签名检查所需公钥的证书可以和信息一起或通过一个单独的通信信道加以传输。证书的缓存是可行且受推荐的做法。因此，只有最早的信息需要和证书一同传输。在车辆网联应用中利用证书作为数字签署信息的方法将在 7. 2. 1 小节介绍。

2. 公钥基础设施

检查一个证书的前提是签署 CA 的公钥已经可用。在实际操作中，这可能会很繁琐，因为，要么只能支持很少的 CA，这样就不得不签署所有要用的证书，从而造成了一个中央瓶颈，或者用户必须动态地安装新的 CA 证书，这又导致了潜在的安全问题。为了克服这两个问题，并且使 X. 509 证书的使用具有可扩展性和更加安全，可使用所谓的证书链或者功能完备的公钥基础设施（PKI）（Housley & Polk 2001）。

假设想要安全地交流的两个实体 A 和 B。如果潜在大量发布证书的 CA，很可能 A 和 B 的公钥是由不同的 CA 授权的。为了理解证书链的概念，让我们把 A 和 B 的证书认证机构分别叫作 CA_A 和 CA_B。如果 A 不信任或者甚至不知道 CA_B，那么 B 的证书对 A 就是无效的。我们使用 CA_B《B》的符号来表示 B 的证书已经被 CA_B 签署。当然，这同样也适用于另一个方向。

在这样的情况下，证书链帮助解决了安全问题。在最简单的情况下，可以假设 CA_A 和 CA_B 相互认识并且彼此信任。如果现在 CA_A 通过发布一个证书 CA_A《CA_B》，来以数字形式签署了 CA_B 的公钥，并且 CA_B 同样也认证了 CA_B《CA_A》，那么就可以构造一个证书链。如果 B 的证书 CA_B《B》被呈现给 A，而 A 不知道 CA_B 则就无法直接核实，那么 A 将尝试查找是否有一个 CA_A《CA_B》证书。现在，沿着证书链，A 可以通过先核查 CA_A《CA_B》，再核查 CA_B《B》来验证 B 的证书。

证书链并不需要被限制到两个证书的长度。X. 509 因此建议将授权机构设置在证书层次结构中，这样使得导航（搜寻）很简单。一个功能完备的 PKI 不仅提供针对管理这些证书链的方法，而且还提供针对发布、保存和吊销证书的方法。基本假设是所有参与的 CA 以一种至少部分连接的方式互相签署。

3. 证书管理和撤销

尽管仍缺少一个全球性的 PKI，X. 509 证书系统已经在互联网中建立起来，并通过一个分布式 PKI 的方法去分配公钥。最关键的遗留问题是，如果证书（假设如此）被盗用，如何去撤销它。X. 509 系统建议在这种情况下使用证书撤销列表（CRL）（Cooper et al. 2008）。

作为一个例子，考虑 A 的私钥已经被盗用。如果已经侦测到这个泄露，则需要尽可能快地吊销相应的证书。如果证书没有被吊销（和直到它被吊销为止），被盗用的私钥就可能被用来以 A 的名义进行数字信息签署，从而假冒 A。而当一个证书认证机构的私钥被盗用时，情况将会更坏。这意味着用这把密钥签署的全部证书将不得不被吊销。

X. 509 使用 CRL（证书撤销列表）进行证书撤销。这些列表被存储在合适的地方（针对这个目的，X. 509 推荐使用 X. 500 目录服务）。在最好的情况下，每个客户端周期性下载所有的 CRL。在检查一个证书的过程中，还必须检查相应的证书是否已经被吊销。这是通过搜索所有的 CRL 来完成的。证书吊销显然是一个相对缓慢而且昂贵的操作，这在大规模分布式系统，例如车辆自组织网络（VANET）中将变得更加复杂。

7.1.4 安全与隐私

正如大家所看到的，通过使用加密和数字签名可以增加安全性。为了提高车辆网联应用的整体安全度，人们希望每一个特征都依赖于密钥材料，理解这一点非常重要。这些密钥在大多数情况下都是个性化的，例如，当使用公钥密码算法来进行数字签名时。下一节将详细研究最有名的案例，即基于证书的安全。

然而，通过密钥的使用，用户可被识别——这实际上是解决可靠性这一安全目标的结果。顺着这条思路更进一步发展，可以看到用户不仅能被识别一次，而且能在整个网络中被唯一地识别出。这对隐私构成了重大的威胁。考虑到在大地理区域范围上观察用户的可能性，他们在公路上行驶时能被轻易地监测跟踪。为了能够保护好用户的隐私，需要有相应的对策。然而，这些对策和它们招致的问题在很大程度上仍然未被当前的标准化工作和现场运行试验（FOT）所解决（Eckhoff & Sommer 2014）。

Pfitzmann & Kohntopp（2000）更详细地研究了匿名性、无关联性、不可观察性和假名使用，并且在建议措施的各自的背景中介绍了这些术语。他们能显示这些术语间的关系，从而形成了一套统一的术语体系。专注于自组织网络，Raya et al.（2010）研究信任和隐私之间的权衡。通过专注于如何调和这两个看似矛盾的需求，他们表明可以使用一个博弈论模型达到信任与隐私之间的权衡。

人们观察到一个基本的问题：在不放弃其它安全目标的同时，仍然不清楚用户的隐私可以被保护到何种程度。这个问题现在仍被认为尚未解决。人们将一个系统制作得越安全，用户在位置隐私方面受到的保护就越少。公众的接受度更倾向于安全还是隐私？时间将给出答案。

7.2 保障车辆网络安全

IVC 的安全保障技术与已经在包括互联网在内的其它通信网络中使用的安保技术没有什么不同。但是，不同的通信特点对所选技术的使用有影响（Papadimitratos et al. 2008a；Dressler et al. 2008）。本节将介绍应用安全措施的普遍原则以及强调最重要的限制因素。

7.2.1 IVC 的证书应用

自从第一个 IVC 协议提出以来，对于车辆网联领域中著名的和已有的安保措施的使用已经进行了讨论。

在早期就确认，强烈需要一个基于应用特征和要求的完整的安全工程设计流程，包括攻击者模型推导（Kargl et al. 2006）。

如果回顾一下关于一般安全目标的讨论，很明显，关键的任务是选择那些相关度最高的目标，以将其集成到车辆网联应用实例中。Papadimitratos et al.（2008a）研究的正是这个问题。他们仔细分析了与 IVC 相关的安全需求的特点和重要性，区分了车辆到车辆（V2V）通信和车辆到基础设施（V2I）通信。这提供了明确安全需求的基础。这些研究人员将认证、数据完整性和隐私识别作为最重要的方面。隐私本身不是一个安全目标，本章将在 7.3 节回到这个方面。

除了对必要的安全特征的一般讨论外，Papadimitratos et al.（2008a）进一步开发了一个安全架构，其最终在标准化过程中被 ETSI 采用。重要的是，注意到针对一般的 V2V 和 V2I 通信，所有的安全性观察都已被研究过了。如果某人单独地研究一些特定的应用，额外的或完全不同的观察发现也是可能的。该架构完全基于证书的使用，它支持公钥密码在广泛的安全应用中的使用。下面将简要地介绍如何应用证书于 IVC 的一般概念。

图 7-4 显示了这个整体安全架构。认证中心 CA_A 和 CA_B 代表（根据 PKI 的一般概念）集中式的可信实体，它们的首要职责是向每个用户以及车辆网络中的参与实体发放证书。因为不是所有用户都能得到由同一个 CA 发布的证书，所以，不得不使用证书链来保证所提供的所有证书有一个完全分布式及安全的验证。

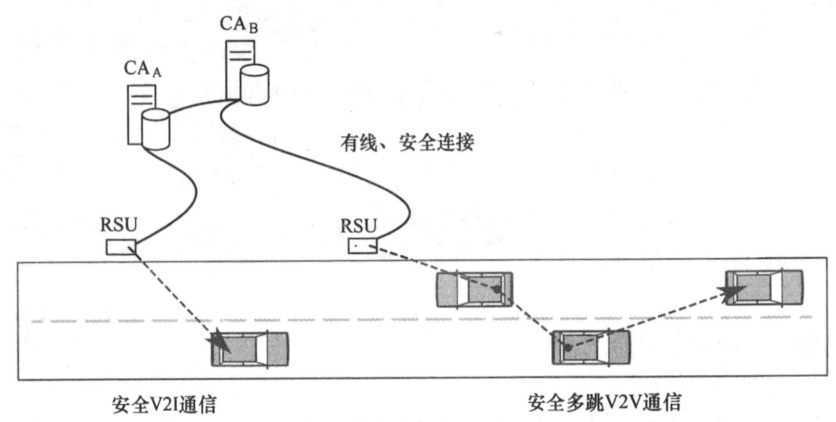

图 7-4　为车辆网联设想的安全架构

这样的证书被发布（并且被安全地传送）给所有参与车辆网络的实体。这既包括了所有的车辆，也包括 RSU 和其它的基础设施要素。使用所提供的公钥，可以建立起一个安全可靠的有线和无线通信。

读者可着重看一下信标作为一个车辆与基础设施之间通信的例子。这个方案本质上旨在通过数字签名至少强制性地执行信息的验证和数据完整性的检查。为此，每个信标信息，例如，一个 CAM（协同感知信息），需要使用发送实体的私钥签署。

在这个大规模分布式系统中，不能假设相关的证书已经在各个接收者处是可用的。事实上，两个在过去已经有联系的车辆使用同一个证书的概率是相当低的。因此，发送者的整个证书需要被添加到信标信息中。

图 7-5 描绘了这一流程的更多细节。在这个例子中，所有车辆周期性地交换协同感知信息（CAM）来增加协作意识（参见 3.3.4 小节）。在上述案例中，车辆 B 向其广播范围内的所有汽车广播了一条 CAM。这条 CAM 包含有描述该车辆的速度、车头朝向等原始内容，一个基于 B 的私钥的数字签名，用以确保信息验证和信标信息数据完整性，以及由认证授权 CA_B 发布的 B 的完整证书。在接收到这个 CAM 信息之后，车辆 A 和 C 首先检查 B 的证书。为此，他们必须信任这个 CA。在从证书中提取出 B 的公钥后，他们可以检查这一数字签名来验证 CAM 信息。

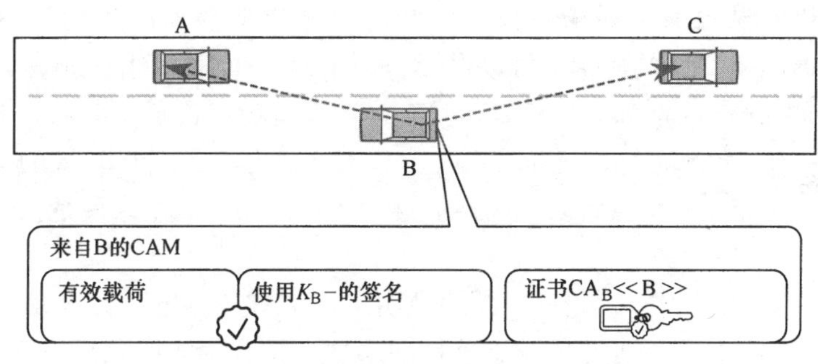

图 7-5　使用数字签名和证书的安全的 CAM 信标

7.2.2　性能问题

使用证书来确保 IVC 协议安全提供了一个易用且可靠的通信信道。然而，这些优势也伴随着不可忽视的成本。Kargl et al.（2008）计算了以下信标协议相关的杂项成本。

- 协议杂项成本：对于每个信标信息，一个签名和一个证书需要被加入原始信息中。即使使用非常高效的密码算法，这些安全措施也将至少使用 150 ~160B。以 10Hz 的信标频率为例，这将转化成每辆车 1500 ~ 1600B/s，或者在通信范围内有 100 辆车这样的中等车辆密度的通信信道上大约为 150KB/s。
- 运算的成本：对每个被发出和接收的信标信息，需要执行复杂的不对称密码算法。这转换成对每个发送的信标做一次签名生成和对每个收到的信标的两次验证（签名和证书）。对一个中等车辆密度和一个 10Hz 的信标频率，这加起来大约是每秒 2000 次，这仅仅是为了安全目的的操作。

这两个性能问题都可以通过省略证书和证书验证来解决，还可以通过省略签名和签名认证来解决（Calandriello et al..2007；Kargl et al.2008；Schoch & Kargl 2010）。

1. 省略证书

正如前文已经讲到的，证书可以在核查后进行本地存储，而不会对整个系统的安全有影响（Calandriello et al. 2007；Kargl et al. 2008）。这减去了当每次被再使用于另一则信息时而进行这一证书核实的必要。但这个证书仍然必须被包含在信息中。因此，这样仅仅减少了计算的成本，而协议的杂项耗费并没有减少。

Calandriello et al. （2007）更进一步讨论了为每条发送的信标信息附加证书的必要性。重要的观察结果是对于几乎所有现代的信标协议，一个车辆将会收到这个发送者的证书的多份拷贝。因此，一旦添加证书后，可以假设接收者（们）已经有了一份本地拷贝，从而可以在无须添加证书的情况下发送后续信息。第一个基本的办法是只在每隔 n 次发送信标时附加证书（Calandriello et al. 2007）。然而，虽然这个方法可以明显地减少通信负荷，但同时也会导致显著的通信延迟。伴随着 Schoch & Kargl (2010）的讨论，可以设想，当给定一个信标间隔 Δb，其最坏情况下的延迟将是（$n-1$）Δb，也就是，只有第 n 次传输包含了一个之前未知的证书来检查数字签名。在 $\Delta b=0.1$ 和 $n=4$ 时，车辆可能要经历一个 0.4s 的延迟，直到它接收并成功检查了一个关键安全信息。这对于许多安全应用来说是太多了而不可接受。

Schoch & Kargl (2010）进一步详细说明了证书省略方案，并开发了一个基于邻居的省略方案。他们的方法依赖于这样的事实，即在大多数信标的解决方案中，每个节点都保持有一个邻居列表。因此，一个节点可以监视附近邻居的变化，并且利用这个信息做出是否附加它的证书的决定。当一个节点即将发送一个信标时，该节点判定自从最后一次信标以来是否有新的邻居加入了它的邻居列表。如果是的话，这个节点将把它的证书附加到信标上。请注意，这个方案也可能会导致一个节点接收到一个没有证书的信标，并且因为证书也不存在于它的本地缓存中，而无法检查签名的情况。然而，随着每次信标的发送，这个节点为原发送者所知悉的可能性就会增加。因此，原节点将会把它的证书添加到某个下一轮的信标信息中。

2. 省略签名

通过省略签名验证或者甚至完全跳过签名（Schoch & Kargl 2010），可以消除额外的耗费。跳过签名验证能够大幅地减少接收者的运算成本——接收者通常需要检查它从通信范围内所有车辆所收到的每个信标信息的签名。然而，不核查所有的签名则带来了使一个攻击者可以在不被侦测到的情况下恶意篡改信息的可能性。

Schoch & Kargl (2010）提出了省略签名核查的两种方案。

- 周期性验证策略假设信标“流”是可靠的。因此，只检查第一个信标的签名（同时这个新加入车也被加入到邻居列表中），然后对每隔 n 次的信息进行检查。不幸的是，这样一个信标流可以轻易被一个攻击者劫持。
- 环境自适应验证策略通过附加使用一个卡尔曼滤波器追踪邻近车辆的位置来应对这种情况。如果预测的地点位置与那些信标中报告的相一致，就不会执行更进一步的签名验证。

这两个方法都有助于减少运算成本，但并不减少通信负荷。因此，额外的功能，比如基于场景的签名，能够进一步增强协议性能。

7.2.3 证书撤销

一旦确认恶意行为，失常和错误的节点的证书必须被撤销。Papadimitratos et al.（2008a）利用路侧基础设施来分配证书撤销列表（CRL）。CRL 的传输需要以小的（加密的）可自我验证的碎片的形式完成。这就允许这些 CRL 碎片可以低速率传输到网络中的所有节点。

图 7-6 说明了这种 CRL 传播的概念。CRL 要么被 CA 直接分裂成更小的碎片，要么在将 RSU 连接到车辆 CA 时被分裂成更小的碎片。所有车辆继续以低速率互相交换这些碎片，以使得在 RSU 覆盖率低或没有覆盖的区域中能够传播 CRL。待分发的 CRL 的规模大小仍然是一个挑战（Papadimitratos et al. 2008a）。因此，推荐 CA 之间进行合作，这样使得 CRL 只包含区域性撤销信息。撤销本身能借助于汽车里的硬件安全模块，这也安全地存储了所有的密钥和证书信息（Raya et al. 2007）。

很明显，确认一个节点的恶意行为需要一些时间，而对于将该节点的信用证书加入 CRL 并且使这个 CRL 被所有其它车辆接收甚至需要更长的时间。Papadimitratos et al.（2008a）建议通过车辆进行异常行为检测来解决这个问题。使用监测设备，它们可以利用局部投票来排除行为异常的车辆。

在有关文献中已经对证书撤销的一些改进做了讨论。Papadimitratos et al.（2008b）讨论了使用喷泉码或纠删码将 CRL 拆分成更小的碎片（Rizz0 1997；Luby et al. 2001）。这些代码被设计用来在无线网络的纠错信道上进行前向错误纠正，但是它们也能在我们的情景下使用，在这里，车辆很可能收到很多但明显地不是全部的 CRL 碎片。这些代码有助于解码尽可能多的原始 CRL，甚至是在不完整信息的情况下。这些 CRL 片段被假定会尽可能快地被分布和组合。

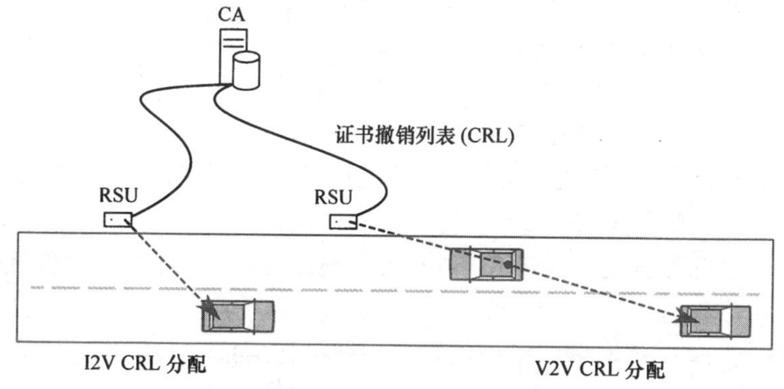

图 7-6 车载网络中的证书撤销

Laberteauxet al.（2008）已经详细地研究了用来传播片段的通信信道。他们提议，人们应该主要依赖 V2V 通信，而在可用的情况下将 RSU 作为帮手。然后所有的信息则使用传染转发策略进行传播（Vogels et al. 2003）。

与此不同，Lequerica et al.（2010）专注于使用移动网络运营商（MNO）和 3G/4G 网络来提高 CRL 分布效率。建议的解决措施是使用一个位置服务引擎来收集车辆的位置和航向信息。利用这个数据，基础设施决定何时和在哪些地区广播增加的 CRL，例如，使用 UMTS 多媒体广播/多重播送服务（MBMS）或 LTE eMBMS。

7.2.4 位置验证

除了利用证书来提供数据完整性、消息验证，以及，如果需要的话，机密性，还已经讨论了使用不同的方法来处理相同和额外的安全目标。例如：需要对于部署的问题给予更多的关注，如密钥管理。这些解决措施超越了本书的范畴，因为通常认为它们是在本书中讨论的车辆网联方法的补充。

本节专注于一个利用车辆网联应用和协议固有特征的安全解决办法，即对精确位置信息的使用和依赖。例如，Leinmüller et al.（2006）研究了地理网络环境中的位置核查，然而几乎所有的应用都需要此功能，这些应用包括从安全关键性应用，例如交叉路口报警系统，到交通效率应用，例如交通信息系统（TIS）等。如果从其它车辆收到的位置信息不正确或者甚至已被恶意篡改，那么这些应用可能不再能够提供预期的输出和正确地引导（可能甚至控制）车辆。

有很多可能的安全位置验证方法。例如，验证系统可以完全依赖于构建一个可信的网络的基站（Hubaux et al. 2004；Capkun et al. 2003）。最直接的方法是核实一个节点是否真的处在一个定义的区域内。这可以通过使用基于位置的访问控制技术来实现，例如在特殊位置使用核对器（Sastry et al. 2003）。然后通过检查这个节点是否在核对器的可接受距离内来间接地提供位置验证。代替使用物理测量，也可以利用逻辑关系（Vora & Nesterenko 2006）。使用这个方法，借助其它节点的观察，可以使用网络逻辑架构核查位置声明。

与此不同，Leinmüller et. al.（2006）研究了一个位置欺骗检测系统的概念，类似于移动自组织网络（MANET）中的入侵检测系统，去探测自私的节点。这个系统的设计用途是通过自发的位置核查去增强地理网络的安全。为了侦测到欺骗它们位置的节点，所给出的机制是在不使用专用的基础设施或特殊硬件的情况下，使用若干不同的独立传感器来判断节点位置申报的可信度。

以下五种措施已被提出，它们可以很容易地应用于其它需要安全位置验证的应用中。

- 接受范围阈值以车辆网络中的物理无线电通信范围为基础。根据无线电属性可以确定一个最大的可接受范围，这限制了潜在的位置作假。
- 机动性分级阈值的工作原理相似，但它是基于一个节点只能以一个限定的最大速度移动的假设。通常，这可能是一条街道的限速，或者，在最坏情况下是一辆车的最大速度。

- 而最大密度阈值则是专注于车辆的物理尺寸。当然，一个路段中不能存在超过一定数量的车辆。如果超过这个阈值，那么选定的车辆一定是发布了错误的位置更新。
- 基于地图的验证可以检查一辆车是否假装处于一个非常不符合实际的地点，例如在一个房子的中央。
- 最后，位置申报窃听以窃听所有无线电传输及持续检查所发布的位置信息的概念为基础。该传感器利用了地理路由的原理，即信息被贪婪地转发到目的地。如果节点以一种和它们宣布的位置相矛盾的方式发送信息，那么所涉及车辆中的一辆发布了错误位置信息的可能性就增加了。

组合使用这些传感器会进一步提高对所发布位置的可信度的评估。

7.3 隐私

正如人们所看到的，安全机制可用于确保机密性，重要的是可以确保 IVC 应用中的数据完整性。本节强调一个在安全范围内经常讨论的问题，虽然其并不一定是一个安全目标，这个问题即是隐私。

隐私是多方面的，也是讨论最热烈的话题之一，主要是因为它在一般公众的眼中可以是不必要到不可缺少的事情。然而，事实一再证明，即使只是怀疑被跟踪、被调查或被其它方式监测都会显著地改变人们的行为。此外，实际隐私的侵犯可能会导致发生从尴尬到经济损失或社会地位丧失的任何情况，这也取决于哪个实体在侵犯用户的隐私：一个系统中的其它用户也可能如同私人企业、应用开发商、服务供应商、系统运营商或者一些政府机构一样，成为攻击者。

人们日常生活的许多方面都被认为值得保护，如一个人的社交网络、喜好、兴趣和位置。其中，与车辆网联最相关的（相对于它的应用而言），和重点关注的一个就是位置隐私。在一个车辆的场景中，位置隐私是防止第三方记录当前位置和位置变化的能力。

位置隐私的问题在车辆网联的初期就已经提出了。然而，安全性在 IVC 的初期占据了主导位置。第一个有关隐私问题的深入分析是由 Papadimitratos et al. (2006) 开展的。在下文中，将把位置隐私作为一个安全目标以及防跟踪技术来加以研究。我们只专注于使用以 IVC 协议所传播的信息来跟踪车辆的可能性。当然，还有其它的可能性，例如基于摄像的车辆识别技术，然而，其需要有安装了基础设施的大型基础，而且也不容易被大众化采用于所有配备有如 IEEE802.11p 标准无线电的其它车辆。

正如已在 7.1.4 小节中讨论的，因为身份是与车辆强制绑定的，所以安全措施实质上降低了隐私级别。以安全信标系统为例。每个信标使用数字签名进行安全保护。因此，攻击者无法轻易伪造消息。然而，在另一方面，通过所使用的证书，这个车辆也泄露了它的身份。

接下来将把隐私作为一个指标来研究，并且关注于那些可用来加强车辆隐私，而同时又对安全级别影响轻微的技术。

7.3.1 位置隐私

为了开发和评估隐私保护技术，需要一个描述个人隐私程度的指标。已有多种指标可用来衡量在一个网络中的个体所享有的位置隐私的级别。Pfitzmann & Köhntopp (2000) 研究了隐私概念，特别关注了匿名的程度。他们的匿名定义是依据于在一个主体集合，即匿名集里，其状态不能够被识别。这意味着只有当存在一个足够大的匿名集时，才能确保匿名。如果单个的用户或车辆不隐藏在其它车辆的群体中，就能被跟踪。

根据 Pfitzmann & Köhntopp (2000)，匿名集包含网络中所有可能被锁定为目标的节点。在车辆网络的情况下，这个定义是不恰当的。在某个特定位置的车辆并不都有相同的性质。因此，在一个车辆自组织网络（VANET）中，不是所有节点都有相同的可能性而成为一个特定个体。仅靠匿名集的大小不足以衡量位置隐私。

如同在信息理论中所使用的，匿名集的熵（平均信息量）已经被探索作为一个替代的选择。这个参数可以被看作是在确定某个个体当前标识符时的不确定性 (Serjantov & Danezis 2002)。在车辆网络环境中，熵的使用已经成功地用于描述位置隐私的级别（Eckhoff et al. 2011b; Ma et al. 2009）。

熵可以按以下公式计算。让我们定义 p_i 为节点 i 成为目标个体 I 的概率，所有概率 p_i 的总和为 1。那么识别匿名集 S 中某个驾驶人的熵 H 的定义如下：

$$H = -\sum_{i=1}^{|S|} p_i \times \log_2 p_i \tag{7.1}$$

当 S 中的所有个体成为目标驾驶人的可能性相等时，达到 H 的上限，即对一个给定个体的熵的最大值。但不幸的是，在一个车辆网络中这几乎是不可能出现的。节点可能接触很多其它节点，并且 A 已遇见 B 的关系通常是不可传递的。

Eckhoff et al. (2011b) 提供了一个很好的例子来说明如何解释一个给定个体的熵值。假设攻击者不能确定个体是否使用标识符 A 或 B，以及两个节点是目标的可能性是否相等，那么这个个体的匿名集 $S=\{0.5, 0.5\}$。熵 $H=1$。另一方面，如果个体 I 有 80% 的确定性是驾驶人 A 和有 20% 的确定性是驾驶人 B，那么匿名集将是 $S=\{0.8, 0.2\}$，所得熵是 $H \approx 0.72$。对于网络中任意数量的用户或车辆都可以继续这样去计算。

Ma et al. (2009) 扩展了熵的计算，以同时包括跟踪能力。跟踪是基于累积的信息，即在时间和空间中的多重观察。在下节里会简要地探讨跟踪的方法。

7.3.2 跟踪方法

跟踪被定义为通过取样观测来跟随个体轨迹的可能性。在本书的情况中，跟踪依靠于跟随一个个体的能力（即使取样观测之间不存在明确的相关关系），例如，车辆使用随机ID（专用ID的使用将在7.3.3小节中讨论）。请记住，我们仅仅依靠无线电传输的广域观测（足够专注于实际跟踪个体车辆的任何攻击者都有一个他们可以使用的简单得多的跟踪方法：视觉跟踪）。

有大量的关于跟踪技术的文献。几乎所有更先进和完善的解决方案都是基于卡尔曼滤波（Kalman 1960），其考虑了实际能力和限制条件去预测一个个体最有可能的轨迹。这种方法已经根据应用场景而被扩展了。下面简要地讨论一下一些相当简单的跟踪算法的概念和功能。

Sampigethaya et al.（2005）所描述的简单跟踪并不对目标状态进行实际预测。而是它限制了这个车辆在理论上从它上一个位置可以到达的区域。

这个区域可以分别利用车辆的最大和最小速度 $V_{\max}$ 和 $V_{\min}$ 来确定。使用一个采样间隔 T，例如，在使用CAM进行周期性车辆位置广播的情况下，则该间隔 T 可定义为信标间隔，那么最大和最小的行驶距离可以按照下式计算：

$$r_{\max} = V_{\max} \times T$$
$$r_{\min} = V_{\min} \times T \tag{7.2}$$

现在，所有随后在由这两个半径定义的区域内收到的观测值被用来跟踪更新。这个简单的跟踪仅考虑了这个车辆的位置，而不依赖于一个评分函数去估计可能的位置：在一个可到达的区域内所有的观测都被视为同样可能。虽然如此，在低交通密度的场景中，这种简单跟踪工作得非常好。

跟踪质量可以通过使用相关跟踪（即卡尔曼滤波）加以改进。应用由Sampigethaya et al.（2005）提出的算法，他们的想法是通过利用最后一个已知速度 v 和车辆的方向角 ϕ 去预测它的下一个位置，以此来改善跟踪性能。使用观察间隔 T 和最后一个目标位置（x_1，y_1），则下一个位置（x_p，y_p）可以被预测为

$$x_p = x_1 - v \times T \times \cos\phi$$
$$y_p = y_1 - v \times T \times \sin\phi \tag{7.3}$$

当有了一个新的观测时，假定为位置（x_2，y_2），我们可以评估它是否属于我们正在跟踪的车辆的可能性。首先，可以计算出预测位置和观测位置之间的欧几里得距离为

$$d = \sqrt{(x_p - x_2)^2 + (y_p - y_2)^2} \tag{7.4}$$

预测位置与新的观测点越接近，该点精确地匹配于同一辆车的可能性越高。在收集了几个观测样本后，可以以极高的精确度来区分不同车辆。

当然，可以进一步优化跟踪质量。如果考虑路网的拓扑结构及准确的车辆移动矢量（假定每个车辆周期性地广播包含其位置、速度以及其前进方向的一个协同

感知信息 CAM)，位置估计可以变得极其精确。

7.3.3 临时假名

在位置隐私讨论的最后部分，专注于车辆所使用的 ID 或地址。车辆间的通信可以被用来揭示每一个使用这两类地址的车辆的身份。

- 物理层信息：在这里，大部分的跟踪方法围绕着硬件相关的定时缺陷或者设备重新识别信号的不规则性。
- 介质访问和网络层信息：每一个传输的 IEEE 802.11p 标准框架包含发送车辆的 MAC 源地址。对于路由，可能会添加附加的网络层地址信息。
- 应用层信息：一般来说，不需要在应用层加入车辆的识别。然而，为了增加安全性，必须添加完全表明车辆身份的证书。

物理层的跟踪通常需要严格地校准到特定设备，并且经常严重依赖于信道环境（Franklin et al. 2006; Brik et al. 2008）。因此，不再进一步讨论物理层的跟踪。

也可以安全地忽略介质访问和网络层信息。基于广播的协议不依赖于路由协议；因此，将不会使用网络层地址。其它协议可能使用地理或甚至 IP 地址。这些地址将只在很短的时间内固定不变，这使得跟踪的方法变得无效。而对于介质访问控制地址（简称 MAC 地址或硬件地址）却是不同。每个兼容 IEEE 802.11 的设备必须配置一个唯一的 MAC 地址。如果该地址用于通信，则这个发送者可在全球范围内被识别。为了降低使用 MAC 地址进行跟踪的能力，建议使用随机的 MAC 地址于每个传输（IEEE 2010a）。以这种方式，每个车辆的位置隐私可以得到保障。

剩下的是应用层信息。

从一个使用过的证书中识别单个车辆的身份是非常直接的：这个证书已经发布给了一个特定个体。另一方面，如果没有数字签名和附加的证书，就不能提供诸如数据完整性的安全服务。

这种困境已经被研究得很详细了，并且几个研究组提出了类似的解决方案（Li et al. 2006; Gerlach & Guttler 2007; Buttyan et al. 2007）。其核心思想是随着时间的推移更换证书。这引出了使用假名的概念，这些年来这一概念已经得到了成功的应用，例如，在移动通信的领域。在互联网中，这个概念成名于 Chaum 的网络环境，其重点在于隐藏电子邮件发送方和接收方的身份（Chaum 1981）。

其核心思想很简单。因为只使用一个假名去防止识别，而不是再识别（因此，仍然允许跟踪），所以车辆使用一定数量的不同身份而不是使用一个单个身份。从这个集合中，它可以选择一个不同的身份用于后续消息的传输。如果不同的身份或假名不能彼此之间建立联系，那就不可能判断所有这些传输是否是由同一辆车发送的。不幸的是，不是在所有的情况都是如此。

图 7-7 详细介绍了建议在车辆网络中使用的生成临时假名的概念。

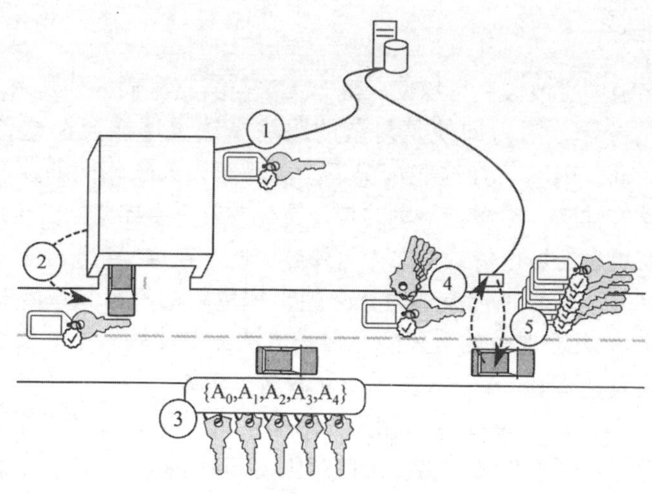

图 7-7　用于生成假名池的概念方法

① 该过程是由一个受信的证书授权中心启动的。这个 CA 为新车分配基础身份到汽车行业。

② 然后，制造商依次分配一个唯一的基础身份给每辆新车。到目前为止，这个流程与使用正常证书完全相同。

③ 这个车辆自己开始创建一个包含 p 个不同假名的假名池。而每个假名则以一个证书请求的形式表示。

④ 一旦这个车辆有了互联网连接，它可以请求这个 CA 为每个产生的假名签名。

⑤ CA 使用原来分配的基础身份通过数字签名方式来核查该签名请求的有效性。如果它们是有效的，该 CA 签署这些假名，即使用假名作为其身份的新证书，并将这些签名的证书发送给车辆。

所有生成的证书，每个使用一个不同的假名，可以用于保护消息，避免泄露车辆的身份。改变假名的有效性已在有关文献中非常详细地讨论过（Buttyan et al. 2007；Schaub et al. 2010；Wiedersheim et al. 2010）。从应用的角度来看，它通常有必要将两个或更多个连续的信标消息与一辆车连接（Schoch et al. 2006）。然而，已被证明每隔 n 秒简单地改变假名对用户的位置隐私仅提供轻微的保护（Sampigethaya et al. 2005）。

当改变假名时考虑位置、速度、方向和在传输范围内汽车的数量，则可以获得更好的结果。这减小了一个攻击者能够成功地跟随假名变化的机会（Li et al. 2006）。此外，可以增加静默期：在改变一个假名之后，车辆会在一个随机时间段内停止发送消息。

7.3.4 交换假名

从本地假名池中更改假名可以使一辆车无法与其它车辆区分开来，尤其是在车辆非常密集的情况下，因为即使是复杂的跟踪算法也可能会在这种情况下失效（Wiedersheim et al. 2010）。在这些情况下，多辆车以大致相同的速度在相同方向上行驶的可能性非常高。然而，不幸的是，情况并非一直如此。安全应用，即定期的信息交换，在更多的城市场景中尤为重要。因此，在这些情况下跟踪是可能的。

当为车辆网络设计私密性方案时，必须牢记重要的特定领域限制（Eckhoff et al. 2010, 2011b）。几乎所有的上述隐私保护方法需要使用大型的假名池，从而车辆仍可以发送消息，直到CA已经提供了新假名，例如，如果由于缺乏连通而无法访问CA。Eckhoff et al.（2011b）提出了另一种方法，可以在相当小的假名池上操作，而且不依赖于不断产生新假名。由此产生的SlotSwap系统同时提供低带宽假名管理和假名的不可关联性，因此，在设计上，为车辆网络中的所有参与者提供了强有力的隐私权。

SlotSwap要求每辆车保持一个包含 T/t 个假名的时隙假名池，其中 t 是时隙长度，T 是总时间长度。当最后（T/t）个时隙过去之后，时隙1将再次变得活跃起来，这意味着时间周期将简单地从头重新启动。对每一个时隙，所有车辆改变它们的假名——可以通过GPS的手段来实现同步。对于这些值的一个直接选择，$t=10\text{min}$，和 $T=1$ 周，即产生了一个周一从上午6：00至上午6：10这一时间段内有效的假名（Eckhoff et al. 2011b）。注意这个假名将在每周一的上述10分钟内是有效的。

除了时间开槽以外，SlotSwap还进一步提出使用车辆之间的假名交换，这是由Li et al.（2006）提出的一种技术。仅仅两辆车的在同一时隙有效的假名才可以进行交换，否则不能保证每一个车辆在每个时隙恰好具有一个假名。同样重要的是，这种交换通过使用加密算法来实现，以确保该交换不能被第三者跟踪。

只有假名在不可以被其它情景信息如它们的速度或朝向区别的车辆之间交换，这种交换才可以实现隐私的保护。SlotSwap使用该情景信息建立了一个可参与假名交换的候选节点集。

此外，在许多情况下，交换可以被观察到，这使得一个攻击者可以确定哪些车辆正在进行通信。因此，SlotSwap建立起来可确保这个信息并不能帮助这个攻击者去确定假名池是如何变化的。在50%的情况下，假名不在当前时隙下交换，而是在随机的时隙——优选一个已经使用，但并未交换的假名。

图7-8描述了在SlotSwap中假名交换过程中可能的流程。图中显示了两种情形。在第一种情景中，在当前时隙下要求并执行了一个假名交换。在第二种情景中，在当前时隙下要求假名交换，但却在另一个不同的时隙下执行。由于所有的通信都是被加密的，所以，这两种情况对于一个观察者是无法区分的。

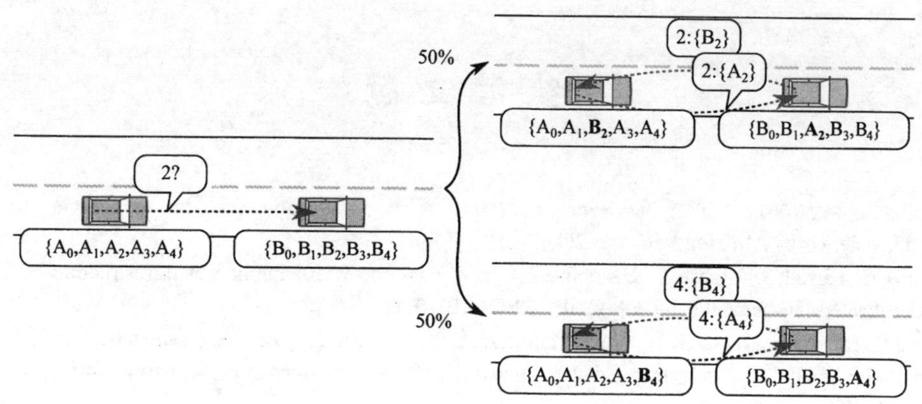

图 7-8　两辆车之间可能的假名交换

这里讨论的隐私保护技术，在保持安全的同时有助于提高隐私级别。尽管如此，仍有许多未解决的问题，主要涉及妥协证书的识别，例如那些用于假名的证书。证书撤销列表 CRL 被用于这种情况，但 CRL 的交换带来了在两个领域，即隐私和安全中的新问题（Papadimitratos et al. 2008b；Haas et al. 2011；Eckhoff et al. 2013a）。

参考文献

Abolhasan, M., Wysocki, T. & Dutkiewicz, E. (2004), 'A review of routing protocols for mobile ad hoc networks', *Ad Hoc Networks* **2**(1), 1–22.

Adams, C., Farrell, S., Krause, T. & Mononen, T. (2005), Internet X.509 Public Key Infrastructure Certificate Management Protocol (CMP), RFC 4210, IETF.

Ahmed, S., Karmakar, G. C. & Kamruzzaman, J. (2010), 'An environment-aware mobility model for wireless ad hoc network', *Elsevier Computer Networks* **54**(9), 1470–1489.

Ahn, J., Wang, Y., Yu, B., Bai, F. & Krishnamachari, B. (2012), RISA: Distributed road information sharing architecture, in *31st IEEE Conference on Computer Communications (INFOCOM 2012)*, IEEE, Orlando, FL, pp. 1494–1502.

Altintas, O., Seki, K., Kremo, H. *et al.* (2014), 'Vehicles as information hubs during disasters: Glueing Wi-Fi to TV white space to cellular networks', *IEEE Intelligent Transportation Systems Magazine* **6**(1), 68–71.

Amoroso, A., Marfia, G. & Roccetti, M. (2011), 'Going realistic and optimal: A distributed multi-hop broadcast algorithm for vehicular safety', *Computer Networks* **55**(10), 2504–2519.

Artimy, M. M., Robertson, W. & Phillips, W. J. (2005), Assignment of dynamic transmission range based on estimation of vehicle density, in *2nd ACM International Workshop on Vehicular Ad hoc Networks (VANET 2005)*, ACM, Cologne, p. 40.

Asefi, M., Mark, J. & Shen, X. (2010), A cross-layer path selection scheme for video streaming over vehicular ad-hoc networks, in *72nd IEEE Vehicular Technology Conference (VTC2010-Fall)*, IEEE, Ottawa.

Aslam, B., Amjad, F. & Zou, C. (2012), Optimal roadside units placement in urban areas for vehicular networks, in *IEEE Symposium on Computers and Communications (ISCC 2012)*, IEEE, Cappadocia, pp. 423–429.

Atev, S., Masoud, O., Janardan, R. & Papanikolopoulos, N. P. (2004), Real-Time Collison Warning and Avoidance at Intersections, Technical Report Mn/DOT 2004-45, University of Minnesota, ITS Institute.

Atzori, L., Iera, A. & Morabito, G. (2010), 'The Internet of Things: A survey', *Elsevier Computer Networks* **54**(15), 2787–2805.

Autosar (2011), Specification of FlexRay Transport Layer, Specification R3.2 Rev 1 V2.4.0, Autosar.

Awad, A., German, R. & Dressler, F. (2009a), Efficient routing and service discovery in sensor networks using virtual cord routing, in *7th ACM International Conference on Mobile Systems, Applications, and Services (MobiSys 2009), Demo Session*, ACM, Kraków.

Awad, A., German, R. & Dressler, F. (2011), 'Exploiting virtual coordinates for improved routing performance in sensor networks', *IEEE Transactions on Mobile Computing* **10**(9), 1214–1226.

Awad, A., Shi, L. R., German, R. & Dressler, F. (2009b), Advantages of virtual addressing for efficient and failure tolerant routing in sensor networks, in *6th IEEE/IFIP Conference on Wireless on Demand Network Systems and Services (WONS 2009)*, IEEE, Snowbird, UT, pp. 111–118.

Awad, A., Sommer, C., German, R. & Dressler, F. (2008), Virtual Cord Protocol (VCP): A flexible DHT-like routing service for sensor networks, in *5th IEEE International Conference on Mobile Ad-hoc and Sensor Systems (MASS 2008)*, IEEE, Atlanta, GA, pp. 133–142.

Badescu, V. (2003), 'Dynamic model of a complex system including PV cells, electric battery, electrical motor and water pump', *Elsevier Energy* **28**(12), 1165–1181.

Bahl, P., Chandra, R. & Dunagan, J. (2004), SSCH: Slotted Seeded Channel Hopping for capacity improvement in IEEE 802.11 ad-hoc wireless networks, in *10th Annual International Conference on Mobile Computing and Networking*, ACM, Philadelphia, Pennsylvania, USA, pp. 216–230.

Bai, F. & Helmy, A. (2004), A survey of mobility models in wireless adhoc networks, in *Wireless Ad Hoc and Sensor Networks*, Kluwer Academic Publishers.

Barceló, J., ed. (2010), *Fundamentals of Traffic Simulation*, Springer.

Barfield, W., Haselkorn, M., Spyridakis, J. & Conquest, L. (1989), Commuter behavior and decision-making: Designing motorist information systems, in *33rd Human Factors and Ergonomics Society Annual Meeting*, Santa Monica, CA, pp. 611–614.

Barisani, A. & Daniele, B. (2007), Unusual car navigation tricks: Injecting RDS-TMC traffic information signals, in *8th CanSecWest Applied Technical Security Conference (CanSecWest 2007)*, Vancouver, BC.

Barr, R., Haas, Z. J. & van Renesse, R. (2005), 'JiST: An efficient approach to simulation using virtual machines', *Software: Practice and Experience* **35**(6), 539–576.

Barrachina, J., Garrido, P., Fogue, M. & Martinez, F. J. (2012), D-RSU: A density-based approach for road side unit deployment in urban scenarios, in *IEEE Intelligent Vehicles Symposium 2012, Workshops*, IEEE, Alcalá de Henares, Spain.

Basagni, S., Conti, M. & Stojmenovic, S. G. I., eds. (2004), *Mobile Ad Hoc Networking*, Wiley-IEEE.

Bates, D. M. & Watts, D. G. (1988), *Nonlinear Regression Analysis and Its Applications*, Wiley.

Bel Geddes, N. (1940), *Magic Motorways*, Random House.

Benslimane, A. (2004), Optimized dissemination of alarm messages in vehicular ad-hoc networks (VANET), in *IEEE International Conference on High Speed Networks and Multimedia Communications (HSNMC 2004)*, Vol. LNCS 3079, Springer, Toulouse, pp. 655–666.

Bergenhem, C., Huang, Q., Benmimoun, A. & Robinson, T. (2010), Challenges of platooning on public motorways, in *17th World Congress on Intelligent Transport Systems*, Busan.

Bloessl, B., Segata, M., Sommer, C. & Dressler, F. (2013a), An IEEE 802.11a/g/p OFDM receiver for GNU radio, in *ACM SIGCOMM 2013, 2nd ACM SIGCOMM Workshop of Software Radio Implementation Forum (SRIF 2013)*, ACM, Hong Kong, pp. 9–16.

Bloessl, B., Segata, M., Sommer, C. & Dressler, F. (2013b), Decoding IEEE 802.11a/g/p OFDM in software using GNU radio, in *19th ACM International Conference on Mobile Computing and Networking (MobiCom 2013), Demo Session*, ACM, Miami, FL, pp. 159–161.

Bloessl, B., Segata, M., Sommer, C. & Dressler, F. (2013c), Towards an open source IEEE 802.11p stack: A full SDR-based transceiver in GNU radio, in *5th IEEE Vehicular Networking Conference (VNC 2013)*, IEEE, Boston, MA, pp. 143–149.

Bloom, B. H. (1970), 'Space/time trade-offs in hash coding with allowable errors', *Communications of the ACM* **13**(7), 422–426.

Boban, M., Meireles, R., Barros, J., Steenkiste, P. & Tonguz, O. (2014), 'TVR – tall vehicle relaying in vehicular networks', *IEEE Transactions on Mobile Computing* **13**(5), 1118–1131.

Boban, M., Vinhosa, T., Barros, J., Ferreira, M. & Tonguz, O. K. (2011), 'Impact of vehicles as obstacles in vehicular networks', *IEEE Journal on Selected Areas in Communications (JSAC)* **29**(1), 15–28.

Bosch (2012), CAN with Flexible Data-Rate, CAN FD Specification 1.0, Robert Bosch GmbH.

Bowyer, D. P., Akcelik, R. & Biggs, D. C. (1985), Guide to Fuel Consumption Analysis for Urban Traffic Management, ARRB Special Report 32, Australian Road Research Board.

Brannstrom, M., Coelingh, E. & Sjoberg, J. (2010), 'Model-based threat assessment for avoiding arbitrary vehicle collisions', *IEEE Transactions on Intelligent Transportation Systems* **11**(3), 658–669.

Braun, R., Busch, F., Kemper, C. *et al.* (2009), 'TRAVOLUTION – Netzweite Optimierung der Lichtsignalsteuerung und LSA-Fahrzeug-Kommunikation', *Strassenverkehrstechnik* **53**, 365–374.

Brik, V., Banerjee, S., Gruteser, M. & Oh, S. (2008), Wireless device identification with radiometric signatures, in *13th ACM International Conference on Mobile Computing and Networking (MobiCom 2008)*, ACM, San Francisco, CA, pp. 116–127.

Buttyán, L., Holczer, T. & Vajda, I. (2007), On the effectiveness of changing pseudonyms to provide location privacy in VANETs, in *4th European Workshop on Security and Privacy in Ad hoc and Sensor Networks (ESAS 2007)*, Springer, Cambridge.

Cacciabue, P. C., ed. (2007), *Modelling Driver Behaviour in Automotive Environments: Critical Issues in Driver Interactions with Intelligent Transport Systems*, Springer.

Caesar, M., Castro, M., Nightingale, E. B., O'Shea, G. & Rowstron, A. (2006), Virtual ring routing: Network routing inspired by DHTs, in *ACM SIGCOMM 2006*, ACM, Pisa.

Cai, J. & Goodman, D. (1997), 'General packet radio service in GSM', *IEEE Communications Magazine* **35**(10), 122–131.

Calandriello, G., Papadimitratos, P., Hubaux, J. P. & Lioy, A. (2007), Efficient and robust pseudonymous authentication in VANET, in *4th ACM International Workshop on Vehicular Ad Hoc Networks (VANET 2007)*, ACM, Montréal, QC, pp. 19–28.

Caliskan, M., Graupner, D. & Mauve, M. (2006), Decentralized discovery of free parking places, in *3rd ACM International Workshop on Vehicular Ad Hoc Networks (VANET 2006)*, ACM, Los Angeles, CA, pp. 30–39.

Camp, T., Boleng, J. & Davies, V. (2002), 'A survey of mobility models for ad hoc network research', *Wireless Communications and Mobile Computing, Special Issue on Mobile Ad Hoc Networking: Research, Trends and Applications* **2**(5), 483–502.

Cao, Y. & Sun, Z. (2013), 'Routing in delay/disruption tolerant networks: A taxonomy, survey and challenges', *IEEE Communications Surveys and Tutorials* **15**(2), 654–677.

Capkun, S., Buttyan, L. & Hubaux, J.-P. (2003), SECTOR: Secure tracking of node encounters in multi-hop wireless networks, in *1st ACM Workshop on Security of Ad Hoc and Sensor Networks (SASN 2003)*, ACM, Fairfax, VI, pp. 21–32.

Cappiello, A., Chabini, I., Nam, E., Lue, A. & Abou Zeid, M. (2002), A statistical model of vehicle emissions and fuel consumption, in *IEEE Intelligent Transportation Systems Conference (ITSC 2002)*, pp. 801–809.

Casetti, C., Dressler, F., Gerla, M. *et al.* (2013), Working Group on Heterogeneous Vehicular Networks, in *Dagstuhl Seminar 13392 – Inter-Vehicular Communication – Quo Vadis*, Wadern, pp. 201–204.

CCSDS (2010), Wireless Network Communications Overview for Space Mission Operations, Informational Report CCSDS 880.0-G-1, Consultative Committee for Space Data Systems.

Chang, S.-H., Lin, C.-Y., Hsu, C.-C., Fung, C.-P. & Hwang, J.-R. (2009), 'The effect of a collision warning system on the driving performance of young drivers at intersections', *Transportation Research Part F: Traffic Psychology and Behaviour* **12**(5), 371–380.

Chau, C.-K., Crowcroft, J., Lee, K.-W. & Wong, S. H. Y. (2008), Inter-domain routing protocol for mobile ad hoc networks, in *ACM SIGCOMM 2008, 3rd ACM International Workshop on Mobility in the Evolving Internet Architecture (MobiArch 2008)*, ACM, Seattle, WA, pp. 61–66.

Chaum, D. (1981), 'Untraceable electronic mail, return addresses, and digital pseudonyms', *Communications of the ACM* **24**, 84–88.

Chen, B. B. & Chan, M. C. (2009), MobTorrent: A framework for mobile internet access from vehicles, in *28th IEEE Conference on Computer Communications (INFOCOM 2009)*, IEEE, Rio de Janeiro.

Chen, H., Cao, L. & Logan, D. B. (2011a), 'Investigation into the effect of an intersection crash warning system on driving performance in a simulator', *Traffic Injury Prevention* **12**(5), 529–537.

Chen, K. & Ervin, R. D. (1990), 'Intelligent vehicle–highway systems: U.S. activities and policy issues', *Technological Forecasting and Social Change* **38**(4), 363–374.

Chen, S., Wyglinski, A. M., Pagadarai, S., Vuyyuru, R. & Altintas, O. (2011b), 'Feasibility analysis of vehicular dynamic spectrum access via queueing theory model', *IEEE Communications Magazine* **49**(11), 156–163.

Cheng, H., Cavedon, L., Dale, R. *et al.* (2008), Method and system for adaptive navigation using a driver's route knowledge, Patent US7424363 B2, Robert Bosch Corporation.

Chennikara-Varghese, J., Chen, W., Altintas, O. & Cai, S. (2006), Survey of routing protocols for inter-vehicle communications, in *3rd Annual International Conference on Mobile and Ubiquitous Systems: Networks and Services (MOBIQUITOUS 2006)*, pp. 1–5.

Chigan, C. & Li, J. (2007), A delay-bounded dynamic interactive power control algorithm for VANETs, in *IEEE International Conference on Communications (ICC 2007)*, IEEE, Glasgow, pp. 5849–5855.

Chu, Y.-C. & Huang, N.-F. (2007), Delivering of live video streaming for vehicular communication using peer-to-peer approach, in *26th IEEE Conference on Computer Communications (INFOCOM 2007): Mobile Networking for Vehicular Environments (MOVE 2007)*, pp. 1–6.

Collins, K. & Muntean, G.-M. (2008), A vehicle route management solution enabled by wireless vehicular networks, in *27th IEEE Conference on Computer Communications (INFOCOM 2008): Mobile Networking for Vehicular Environments (MOVE 2008), Poster Session*, Phoenix, AZ.

Cooper, D., Santesson, S. *et al.* (2008), Internet X.509 Public Key Infrastructure Certificate and Certificate Revocation List (CRL) Profile, Technical Report 5280, IETF.

Dahlman, E., Parkvall, S. & Sköld, J. (2011), *4G LTE/LTE-Advanced for Mobile Broadband*, Academic Press.

Dahlman, E., Parkvall, S., Sköld, J. & Beming, P. (2008), *3G Evolution HSPA and LTE for Mobile Broadband*, 2nd edn., Academic Press.

Davila, A. & Nombela, M. (2012), Platooning – Safe and eco-friendly mobility, in *SAE 2012 World Congress & Exibition*, SAE, Detroit, MI.

De Couto, D. S. J., Aguayo, D., Chambers, B. A. & Morris, R. (2003), 'Performance of multihop wireless networks: Shortest path is not enough', *ACM SIGCOMM Computer Communication Review* **33**(1), 83–88.

Dhoutaut, D., Régis, A. & Spies, F. (2006), Impact of radio propagation models in vehicular ad hoc networks simulations, in *3rd ACM International Workshop on Vehicular Ad Hoc Networks (VANET 2006)*, ACM, Los Angeles, CA, pp. 40–49.

Di Felice, M., Doost-Mohammady, R., Chowdhury, K. & Bononi, L. (2012), 'Smart radios for smart vehicles: Cognitive vehicular networks', *IEEE Vehicular Technology Magazine* **7**(2), 26–33.

Dietrich, I. & Dressler, F. (2009), 'On the lifetime of wireless sensor networks', *ACM Transactions on Sensor Networks* **5**(1), 1–39.

Dingus, T., Hulse, M., Jahns, S. *et al.* (1996), Development of Human Factors Guidelines for Advanced Traveler Information Systems and Commercial Vehicle Operations: Literature Review, Report FHWA-RD-95-153, Federal Highway Administration.

Domazetovic, A., Greenstein, L. J., Mandayam, N. B. & Seskar, I. (2005), 'Propagation models for short-range wireless channels with predictable path geometries', *IEEE Transactions on Communications* **53**(7), 1123–1126.

Dressler, F. (2007), *Self-Organization in Sensor and Actor Networks*, John Wiley & Sons.

Dressler, F., Awad, A. & Gerla, M. (2010), Inter-domain routing and data replication in virtual coordinate based networks, in *IEEE International Conference on Communications (ICC 2010)*, IEEE, Cape Town.

Dressler, F., Awad, A., German, R. & Gerla, M. (2009), Enabling inter-domain routing in virtual coordinate based ad hoc and sensor networks, in *15th ACM International Conference on Mobile Computing and Networking (MobiCom 2009), Poster Session*, ACM, Beijing.

Dressler, F., Gansen, T., Sommer, C. & Wischhof, L. (2008), Requirements and objectives for secure traffic information systems, in *5th IEEE International Conference on Mobile Ad Hoc and Sensor Systems (MASS 2008): 4th IEEE International Workshop on Wireless and Sensor Networks Security (WSNS 2008)*, IEEE, Atlanta, GA, pp. 808–814.

Dressler, F. & Gerla, M. (2013), 'A framework for inter-domain routing in virtual coordinate based mobile networks', *ACM/Springer Wireless Networks* **19**(7), 1611–1626.

Dressler, F., Hartenstein, H., Altintas, O. & Tonguz, O. K. (2014), 'Inter-vehicle communication – quo vadis', *IEEE Communications Magazine* **52**(6), 170–177.

Dressler, F., Kargl, F., Ott, J., Tonguz, O. K. & Wischhof, L. (2011a), 'Research challenges in inter-vehicular communication – Lessons of the 2010 Dagstuhl Seminar', *IEEE Communications Magazine* **49**(5), 158–164.

Dressler, F. & Sommer, C. (2010), On the impact of human driver behavior on intelligent transportation systems, in *71st IEEE Vehicular Technology Conference (VTC2010-Spring)*, IEEE, Taipei, pp. 1–5.

Dressler, F., Sommer, C., Eckhoff, D. & Tonguz, O. K. (2011b), 'Towards realistic simulation of inter-vehicle communication: Models, techniques and pitfalls', *IEEE Vehicular Technology Magazine* **6**(3), 43–51.

Dupuy, A., Schwartz, J. & Yemini, Y. (1989), Nest: A network simulation prototyping testbed, in *Winter Simulation Conference (WSC 1989)*, IEEE, Washington, D.C., pp. 1058–1064.

Eckert, J., German, R. & Dressler, F. (2011), 'An indoor localization framework for four-rotor flying robots using low-power sensor nodes', *IEEE Transactions on Instrumentation and Measurement* **60**(2), 336–344.

Eckhoff, D., Dressler, F. & Sommer, C. (2013a), SmartRevoc: An efficient and privacy preserving revocation system using parked vehicles, in *38th IEEE Conference on Local Computer Networks (LCN 2013)*, IEEE, Sydney, pp. 855–862.

Eckhoff, D., Gansen, T., Mänz, R. *et al.* (2011a), Simulative performance evaluation of the simTD self organizing traffic information system, in *10th IFIP/IEEE Annual Mediterranean Ad Hoc Networking Workshop (Med-Hoc-Net 2011)*, IEEE, Favignana Island, Sicily, pp. 79–86.

Eckhoff, D., Sofra, N. & German, R. (2013b), A performance study of cooperative awareness in ETSI ITS G5 and IEEE WAVE, in *10th IEEE/IFIP Conference on Wireless on Demand Network Systems and Services (WONS 2013)*, IEEE, Banff, pp. 196–200.

Eckhoff, D. & Sommer, C. (2014), 'Driving for big data? Privacy concerns in vehicular networking', *IEEE Security and Privacy* **12**(1), 77–79.

Eckhoff, D., Sommer, C. & Dressler, F. (2012), On the necessity of accurate IEEE 802.11p models for IVC protocol simulation, in *75th IEEE Vehicular Technology Conference (VTC2012-Spring)*, IEEE, Yokohama, pp. 1–5.

Eckhoff, D., Sommer, C., Gansen, T., German, R. & Dressler, F. (2010), Strong and affordable location privacy in VANETs: Identity diffusion using time-slots and swapping, in *2nd IEEE Vehicular Networking Conference (VNC 2010)*, IEEE, Jersey City, NJ, pp. 174–181.

Eckhoff, D., Sommer, C., Gansen, T., German, R. & Dressler, F. (2011b), 'SlotSwap: Strong and affordable location privacy in intelligent transportation systems', *IEEE Communications Magazine* **49**(11), 126–133.

Eckhoff, D., Sommer, C., German, R. & Dressler, F. (2011c), Cooperative awareness at low vehicle densities: How parked cars can help see through buildings, in *IEEE Global Telecommunications Conference (GLOBECOM 2011)*, IEEE, Houston, TX.

Egea-Lopez, E., Alcaraz, J., Vales-Alonso, J., Festag, A. & Garcia-Haro, J. (2013), 'Statistical beaconing congestion control for vehicular networks', *IEEE Transactions on Vehicular Technology* **62**(9), 4162–4181.

ETSI (1997), Selection Procedures for the Choice of Radio Transmission Technologies of the UMTS, TR 101 112 V3.1.0 (1997-11), European Telecommunications Standards Institute.

ETSI (2010a), Intelligent Transport Systems (ITS); Vehicular Communications; Basic Set of Applications; Part 2: Specification of Cooperative Awareness Basic Service, TS 102 637-2 V1.1.1, European Telecommunications Standards Institute.

ETSI (2010b), Intelligent Transport Systems (ITS); Vehicular Communications; GeoNetworking; Part 1: Requirements, TS 102 636-1 V1.1.1, European Telecommunications Standards Institute.

ETSI (2011), Intelligent Transport Systems (ITS); Decentralized Congestion Control Mechanisms for Intelligent Transport Systems Operating in the 5 GHz Range; Access Layer Part, TS 102 687 V1.1.1, European Telecommunications Standards Institute.

ETSI (2012a), Intelligent Transport Systems (ITS); Framework for Public Mobile Networks in Cooperative ITS (C-ITS), Technical Report 102 962 V1.1.1, European Telecommunications Standards Institute.

ETSI (2012b), Introduction of the Multimedia Broadcast/Multicast Service (MBMS) in the Radio Access Network (RAN); Stage 2, TS 125 346 V11.0.0, European Telecommunications Standards Institute.

ETSI (2013a), Intelligent Transport Systems (ITS); Users and Applications Requirements; Part 1: Facility Layer Structure, Functional Requirements and Specifications, TS 102 894-1 V1.1.1, European Telecommunications Standards Institute.

ETSI (2013b), Intelligent Transport Systems (ITS); Vehicular Communications; Basic Set of Applications; Part 2: Specification of Cooperative Awareness Basic Service, EN 302 637-2 V1.3.0, European Telecommunications Standards Institute.

ETSI (2013c), Intelligent Transport Systems (ITS); Vehicular Communications; Basic Set of Applications; Part 3: Specification of Decentralized Environmental Notification Basic Service, Technical Report 302 637-3 V1.2.0, European Telecommunications Standards Institute.

Evans, L. (1991), *Traffic Safety and the Driver*, Van Nostrand Reinhold.

Fall, K. (2003), A delay-tolerant network architecture for challenged internets, in *ACM SIGCOMM 2003*, ACM, Karlsruhe, pp. 27–34.

FCC (2002), Report, ET Docket 02-135, FCC Spectrum Policy Task Force.

Fellendorf, M. & Vortisch, P. (2010), Microscopic traffic flow simulator VISSIM, in J. Barceló, ed., *Fundamentals of Traffic Simulation*, Springer, pp. 63–93.

Fernandes, P. & Nunes, U. (2012), 'Platooning with IVC-enabled autonomous vehicles: Strategies to mitigate communication delays, improve safety and traffic flow', *IEEE Transactions on Intelligent Transportation Systems* **13**(1), 91–106.

Ferreira, M. & d'Orey, P. (2012), 'On the impact of virtual traffic lights on carbon emissions mitigation', *IEEE Transactions on Intelligent Transportation Systems* **13**(1), 284–295.

Ferreira, M., Fernandes, R., Conceição, H., Viriyasitavat, W. & Tonguz, O. K. (2010), Self-organized traffic control, in *7th ACM International Workshop on Vehicular Internetworking (VANET 2010)*, ACM, Chicago, IL, pp. 85–90.

Ferreiro-Lage, J., Vazquez-Caderno, P., Galvez, J., Rubios, O. & Aguado-Agelet, F. (2010), Active safety evaluation in car-to-car networks, in *6th International Conference on Networking and Services (ICNS 2010)*, Cancún, pp. 288–292.

Ferula, P. (2013), Assessing the impact of road-side units on distributed beacon-based traffic information systems, Master's thesis, University of Innsbruck.

Flury, R., Pemmaraju, S. V. & Wattenhofer, R. (2009), Greedy routing with bounded stretch, in *28th IEEE Conference on Computer Communications (INFOCOM 2009)*, IEEE, Rio de Janeiro.

Font, J., Iñigo, P., Domínguez, M., Sevillano, J. L. & Amaya, C. (2010), Architecture, design and source code comparison of ns-2 and ns-3 network simulators, in *2010 Spring Simulation Multiconference (SpringSim 2010)*, SCS, Orlando, FL.

Franklin, J., McCoy, D., Tabriz, P. *et al.* (2006), Passive data link layer 802.11 wireless device driver fingerprinting, in *15th USENIX Security Symposium*, USENIX, Vancouver, BC, pp. 167–178.

Friis, H. (1946), 'A note on a simple transmission formula', *Proceedings of the IRE* **34**(5), 254–256.

Gerlach, M. & Güttler, F. (2007), Privacy in VANETs using changing pseudonyms – ideal and real, in *65th IEEE Vehicular Technology Conference (VTC2007-Spring)*, Dublin, pp. 2521–2525.

Giordano, E., Frank, R., Ghosh, A., Pau, G. & Gerla, M. (2009), Two ray or not two ray this is the price to pay, in *6th IEEE International Conference on Mobile Ad Hoc and Sensor Systems (MASS 2009)*, Macau SAR, pp. 603–608.

Giordano, E., Frank, R., Pau, G. & Gerla, M. (2010), CORNER: A realistic urban propagation model for VANET, in *7th IEEE/IFIP Conference on Wireless On Demand Network Systems and Services (WONS 2010), Poster Session*, IEEE, Kranjska Gora, Slovenia, pp. 57–60.

Gläser, S., Sommer, C., Gehlen, G. & Sories, S. (2008), 'CoCar – Cooperative vehicle applications based on cellular communication systems', *ATZ Elektronik Worldwide* **2008**(5), 14–17.

Gozálvez, J., Sepulcre, M. & Bauza, R. (2012), 'IEEE 802.11p vehicle to infrastructure communications in urban environments', *IEEE Communications Magazine* **50**(5), 176–183.

Gradinescu, V., Gorgorin, C., Diaconescu, R., Cristea, V. & Iftode, L. (2007), Adaptive traffic lights using car-to-car communication, in *65th IEEE Vehicular Technology Conference (VTC2007-Spring)*, pp. 21–25.

Grossglauser, M. & Tse, D. N. C. (2002), 'Mobility increases the capacity of ad hoc wireless networks', *IEEE/ACM Transations on Networking* **10**(4), 477–486.

Grossglauser, M. & Vetterli, M. (2006), 'Locating mobile nodes with EASE: Learning efficient routes from encounter histories alone', *IEEE/ACM Transactions on Networking* **14**(3), 457–469.

Guo, M., Ammar, M. H. & Zegura, E. W. (2005), 'V3: A vehicle-to-vehicle live video streaming architecture', *Elsevier Pervasive and Mobile Computing* **1**(4), 404–424.

Gupta, P. & Kumar, P. (2000), 'The capacity of wireless networks', *IEEE Transactions on Information Theory* **46**(2), 388–404.

Haas, J. J., Hu, Y.-C. & Laberteaux, K. P. (2011), 'Efficient certificate revocation list organization and distribution', *IEEE Journal on Selected Areas in Communications* **29**(3), 595–604.

Härri, J., Cataldi, P., Krajzewicz, D. *et al.* (2011), Modeling and simulating ITS applications with iTETRIS, in *6th ACM Workshop on Performance Monitoring and Measurement of Heterogeneous Wireless and Wired Networks (PM2HW2N 2011)*, ACM, Miami Beach, FL, pp. 33–40.

Härri, J., Filali, F. & Bonnet, C. (2009), 'Mobility models for vehicular ad hoc networks: A survey and taxonomy', *IEEE Communications Surveys and Tutorials* **11**(4), 19–41.

Hartenstein, H. & Laberteaux, K. P. (2008), 'A tutorial survey on vehicular ad hoc networks', *IEEE Communications Magazine* **46**(6), 164–171.

Hedrick, C. (1998), 'Routing Information Protocol', RFC 1058.

Hong, X., Xu, K. & Gerla, M. (2002), 'Scalable routing protocols for mobile ad hoc networks', *IEEE Network* **16**, 11–21.

Housley, R. & Polk, T. (2001), *Planning for PKI: Best Practices Guide for Deploying Public Key Infrastructure*, 1st edn., John Wiley & Sons, Inc.

Huang, H.-Y., Luo, P.-E., Li, M. *et al.* (2007), 'Performance evaluation of SUVnet with real-time traffic data', *IEEE Transactions on Vehicular Technology* **56**(6), 3381–3396.

Hubaux, J.-P., Čapkun, S. & Luo, J. (2004), 'The security and privacy of smart vehicles', *IEEE Security and Privacy* **2**(3), 49–55.

Hui, P., Chaintreau, A., Scott, J. *et al.* (2005), Pocket switched networks and human mobility in conference environments, in *ACM SIGCOMM Workshop on Delay-Tolerant Networking (WDTN 2005)*, ACM, Philadelphia, PA, pp. 244–251.

Hung, C.-C., Chan, H. & Wu, E.-K. (2008), Mobility pattern aware routing for heterogeneous vehicular networks, in *IEEE Wireless Communications and Networking Conference (WCNC 2008)*, Las Vegas, NV, pp. 2200–2205.

Hwang, Y. & Varshney, P. (2003), An adaptive QoS routing protocol with dispersity for ad-hoc networks, in *36th Annual Hawaii International Conference on System Sciences (HICSS 2003)*, Big Island, Hawaii.

IEEE (2006), IEEE Trial-Use Standard for Wireless Access in Vehicular Environments (WAVE) – Resource Manager, Std 1609.1, IEEE.

IEEE (2007), Wireless LAN Medium Access Control (MAC) and Physical Layer (PHY) Specifications, Std 802.11-2007, IEEE.

IEEE (2010a), IEEE Standard for Wireless Access in Vehicular Environments (WAVE) – Networking Services, Std 1609.3, IEEE.

IEEE (2010b), Wireless Access in Vehicular Environments, Draft Standard P802.11p/D10.0, IEEE.

IEEE (2010c), Wireless Access in Vehicular Environments, Std 802.11p-2010, IEEE.

IEEE (2011), IEEE Standard for Wireless Access in Vehicular Environments (WAVE) – Multi-channel Operation, Std 1609.4, IEEE.

IEEE (2013), IEEE Standard for Wireless Access in Vehicular Environments – Security Services for Applications and Management Messages, Technical Report 1609.2, IEEE.

ISO (2003a), Specification of the Radio Data System (RDS) for VHF/FM Sound Broadcasting in the Frequency Range from 87.5 to 108.0 MHz, Technical Report 62106, ISO.

ISO (2003b), Traffic and Traveller Information (TTI) – TTI Messages via Traffic Message Coding – Part 1: Coding Protocol for Radio Data System (RDS-TMC) using ALERT-C, Technical Report 14819-1, ISO.

ISO (2003c), Traffic and Traveller Information (TTI) – TTI Messages via Traffic Message Coding – Part 2: Event and Information Codes for Radio Data System – Traffic Message Channel (RDS-TMC), Technical Report 14819-2, ISO.

ITU (2013), The World in 2013, ICT Facts and Figures 2013, ITU Telecommunication Development Bureau.

ITU-R (2007), Propagation by Diffraction, Rec. P.526-10.

ITU-T (2000), Information Technology – Open Systems Interconnection – The Directory: Public-Key and Attribute Certificate Frameworks, Rec. X.509.

Izal, M., Urvoy-Keller, G., Biersack, E. W. *et al.* (2004), Dissecting BitTorrent: Five months in a torrent's lifetime, in *10th International Workshop on Passive and Active Network Measurement (PAM 2004)*, Vol. 3015 of *LNCS*, Antibes Juan-les-Pins.

Jetcheva, J. G., Hu, Y.-C., PalChaudhuri, S., Saha, A. K. & Johnson, D. B. (2003), Design and evaluation of a metropolitan area multitier wireless ad hoc network architecture, in *5th IEEE Workshop on Mobile Computing Systems and Applications*, pp. 32–43.

Joerer, S., Dressler, F. & Sommer, C. (2012a), Comparing apples and oranges? Trends in IVC simulations, in *9th ACM International Workshop on Vehicular Internetworking (VANET 2012)*, ACM, Low Wood Bay, pp. 27–32.

Joerer, S., Segata, M., Bloessl, B. *et al.* (2012b), To crash or not to crash: Estimating its likelihood and potentials of beacon-based IVC Systems, in *4th IEEE Vehicular Networking Conference (VNC 2012)*, IEEE, Seoul, pp. 25–32.

Joerer, S., Segata, M., Bloessl, B. *et al.* (2014), 'A vehicular networking perspective on estimating vehicle collision probability at intersections', *IEEE Transactions on Vehicular Technology* **63**(4), 1802–1812.

Joerer, S., Sommer, C. & Dressler, F. (2012c), 'Toward reproducibility and comparability of IVC simulation studies: A literature survey', *IEEE Communications Magazine* **50**(10), 82–88.

Johnson, D. B., Hu, Y. & Maltz, D. A. (2007), 'The Dynamic Source Routing Protocol (DSR) for Mobile Ad Hoc Networks for IPv4', RFC 4728.

Johnson, D. B. & Maltz, D. A. (1996), Dynamic source routing in ad hoc wireless networks, in T. Imielinski & H. F. Korth, eds., *Mobile Computing*, Kluwer Academic Publishers, pp. 152–181.

Johnson, D. B., Maltz, D. A. & Broch, J. (2001), DSR: The dynamic source routing protocol for multi-hop wireless ad hoc networks, in C. E. Perkins, ed., *Ad Hoc Networking*, Addison-Wesley, pp. 139–172.

Jootel, P. S. (2012), SAfe Road TRains for the Environment, final project report, SARTRE Project.

Jurgen, R. (1991), 'Smart cars and highways go global', *IEEE Spectrum* **28**(5), 26–36.

Kalman, R. (1960), 'A new approach to linear filtering and prediction problems', *Transactions of the ASME Journal of Basic Engineering* **D**(82), 35–45.

Karedal, J., Czink, N., Paier, A., Tufvesson, F. & Molisch, A. (2011), 'Path loss modeling for vehicle-to-vehicle communications', *IEEE Transactions on Vehicular Technology* **60**(1), 323–328.

Kargl, F., Ma, Z. & Schoch, E. (2006), Security engineering for VANETs, in *4th Workshop on Embedded Security in Cars (ESCAR 06)*, Berlin.

Kargl, F., Schoch, E., Wiedersheim, B. & Leinmüller, T. (2008), Secure and efficient beaconing for vehicular networks, in *5th ACM International Workshop on Vehicular Inter-Networking (VANET 2008), Poster Session*, ACM, San Francisco, CA, pp. 82–83.

Karl, H. & Willig, A. (2005), *Protocols and Architectures for Wireless Sensor Networks*, John Wiley & Sons.

Karp, B. & Kung, H. T. (2000), GPSR: Greedy perimeter stateless routing for wireless networks, in *6th ACM International Conference on Mobile Computing and Networking (MobiCom 2000)*, ACM, Boston, MA, pp. 243–254.

Kerner, B., Klenov, S. L. & Brakemeier, A. (2008), Testbed for wireless vehicle communication: A simulation approach based on three-phase traffic theory, in *IEEE Intelligent Vehicles Symposium (IV 2008)*, IEEE, Eindhoven, pp. 180–185.

Khabbaz, M., Assi, C. & Fawaz, W. (2012), 'Disruption-tolerant networking: A comprehensive survey on recent developments and persisting challenges', *IEEE Communications Surveys and Tutorials* **14**(2), 607–640.

Kim, Y.-J., Govindan, R., Karp, B. & Shenker, S. (2005), Geographic routing made practical, in *USENIX/ACM Symposium on Networked Systems Design and Implementation (NSDI 2005)*, USENIX, San Francisco, CA.

Klimin, N., Enkelmann, W., Karl, H. & Wolisz, A. (2004), A hybrid approach for location-based service discovery in vehicular ad hoc networks, in *1st International Workshop on Intelligent Transportation (WIT)*, Hamburg.

Klingler, F., Dressler, F., Cao, J. & Sommer, C. (2013), Use both lanes: Multi-channel beaconing for message dissemination in vehicular networks, in *10th IEEE/IFIP Conference on Wireless on Demand Network Systems and Services (WONS 2013)*, IEEE, Banff, pp. 162–169.

Kloiber, B., Härri, J. & Strang, T. (2012), Dice the TX power – Improving awareness quality in VANETs by random transmit power selection, in *4th IEEE Vehicular Networking Conference (VNC 2012)*, IEEE, Seoul, pp. 56–63.

Ko, Y.-B. & Vaidya, N. H. (2002), 'Flooding-based geocasting protocols for mobile ad hoc networks', *Mobile Networks and Applications* **7**(6), 471–480.

König, R., Saffran, A. & Breckle, H. (1994), Modelling of drivers' behaviour, in *Vehicle Navigation and Information Systems Conference*, Yokohama-shi, pp. 371–376.

Köpke, A., Swigulski, M., Wessel, K. *et al.* (2008), Simulating wireless and mobile networks in OMNeT++ – The MiXiM vision, in *1st ACM/ICST International Conference on Simulation Tools and Techniques for Communications, Networks and Systems (SIMUTools 2008): 1st ACM/ICST International Workshop on OMNeT++ (OMNeT++ 2008)*, ACM, Marseille.

Korkmaz, G., Ekici, E. & Özgüner, F. (2006), An efficient fully ad-hoc multi-hop broadcast protocol for inter-vehicular communication systems, in *IEEE International Conference on Communications (ICC 2006)*, Istanbul, pp. 423–428.

Koscher, K., Czeskis, A., Roesner, F. *et al.* (2010), Experimental security analysis of a modern automobile, in *2010 IEEE Symposium on Security and Privacy (SP 2010)*, Oakland, CA, pp. 447–462.

Krajzewicz, D., Erdmann, J., Behrisch, M. & Bieker, L. (2012), 'Recent development and applications of SUMO – Simulation of Urban MObility', *International Journal on Advances in Systems and Measurements* **5**(3&4), 128–138.

Kunisch, J. & Pamp, J. (2008), Wideband car-to-car radio channel measurements and model at 5.9 GHz, in *68th IEEE Vehicular Technology Conference (VTC 2008-Fall)*, IEEE, Calgary, pp. 1–5.

Kurkowski, S., Camp, T. & Colagrosso, M. (2005), 'MANET simulation studies: The incredibles', *ACM SIGMOBILE Mobile Computing and Communications Review* **9**(4), 50–61.

Kwoczek, A., Raida, Z., Lacik, J. *et al.* (2011), Influence of car panorama glass roofs on car2car communication, in *3rd IEEE Vehicular Networking Conference (VNC 2011), Poster Session*, IEEE, Amsterdam.

Kyasanur, P. & Vaidya, N. H. (2005), Capacity of multi-channel wireless networks: Impact of number of channels and interfaces, in *11th ACM International Conference on Mobile Computing and Networking (MobiCom 2005)*, ACM, Cologne, pp. 43–57.

Laberteaux, K. P., Haas, J. J. & Hu, Y.-C. (2008), Security certificate revocation list distribution for VANET, in *5th ACM International Workshop on Vehicular Inter-Networking (VANET 2008)*, ACM, San Francisco, CA, pp. 88–89.

Law, A. M. (2006), *Simulation, Modeling and Analysis*, 6th edn., McGraw-Hill.

Le, L., Festag, A., Baldessari, R. & Zhang, W. (2009), 'Vehicular wireless short-range communication for improving intersection safety', *IEEE Communications Magazine* **47**(11), 104–110.

Lee, J. & Kim, C. M. (2010), A roadside unit placement scheme for vehicular telematics networks, in *2010 International Conference on Advances in Computer Science (ACS 2010)*, Springer, Berlin, pp. 196–202.

Lee, K. C., Lee, U. & Gerla, M. (2009), TO-GO: TOpology-assist Geo-Opportunistic routing in urban vehicular grids, in *6th IEEE/IFIP Conference on Wireless on Demand Network Systems and Services (WONS 2009)*, IEEE, Snowbird, UT, pp. 11–18.

Lee, K. C., Lee, U. & Gerla, M. (2010a), Survey of routing protocols in vehicular ad hoc networks, in M. Watfa, ed., *Advances in Vehicular Ad-Hoc Networks: Developments and Challenges*, IGI Global, pp. 149–170.

Lee, K., Haerri, J., Lee, U. & Gerla, M. (2007), Enhanced perimeter routing for geographic forwarding protocols in urban vehicular scenarios, in *IEEE Global Telecommunications Conference (GLOBECOM 2007), 2nd IEEE Workshop on Automotive Networking and Applications (AutoNet 2007)*, IEEE, Washington, D.C., pp. 1–10.

Lee, K., Lee, U. & Gerla, M. (2010b), 'Geo-opportunistic routing for vehicular networks', *IEEE Communications Magazine* **48**(5), 164–170.

Lee, U., Lee, J., Park, J.-S. & Gerla, M. (2010c), 'FleaNet: A virtual market place on vehicular networks', *IEEE Transactions on Vehicular Technology* **59**(1), 344–355.

Leen, G. & Heffernan, D. (2001), 'Vehicles without wires', *Computing Control Engineering Journal* **12**(5), 205–211.

Leinmüller, T., Maihöfer, C., Schoch, E. & Kargl, F. (2006), Improved security in geographic ad hoc routing through autonomous position verification, in *3rd ACM International Workshop on Vehicular Ad Hoc Networks (VANET 2006)*, Los Angeles, CA, pp. 57–66.

Leong, B., Liskov, B. & Morris, R. (2007), Greedy virtual coordinates for geographic routing, in *15th IEEE International Conference on Network Protocols (ICNP 2007)*, Beijing, pp. 71–80.

Lequerica, I., Martinez, J. & Ruiz, P. (2010), Efficient certificate revocation in vehicular networks using NGN capabilities, in *72nd IEEE Vehicular Technology Conference Fall (VTC2010-Fall)*, IEEE, Ottawa, pp. 1–5.

Li, F. & Wang, Y. (2007), 'Routing in vehicular ad hoc networks: A survey', *IEEE Vehicular Technology Magazine* **2**(2), 12–22.

Li, M., Sampigethaya, K., Huang, L. & Poovendran, R. (2006), Swing & swap: User-centric approaches towards maximizing location privacy, in *5th ACM Workshop on Privacy in the Electronic Society*, ACM, Alexandria, VA, pp. 19–28.

Lim, H.-T., Herrscher, D., Volker, L. & Waltl, M. (2011), IEEE 802.1AS time synchronization in a switched Ethernet based in-car network, in *3rd IEEE Vehicular Networking Conference (VNC 2011)*, pp. 147–154.

Lim, J., Kim, W., Naito, K. *et al.* (2014), 'Interplay between TVWS and DSRC: Optimal strategy for safety message dissemination in VANET', *IEEE Journal on Selected Areas in Communications* **32**(11), to be published.

Lin, C.-H., Liu, B.-H., Yang, H.-Y., Kao, C.-Y. & Tasi, M.-J. (2008), Virtual-coordinate-based delivery-guaranteed routing protocol in wireless sensor networks with unidirectional links, in *27th IEEE Conference on Computer Communications (INFOCOM 2008)*, IEEE, Phoenix, AZ.

LIN Consortium (2010), Revision 2.2A, LIN Specification Package.

Litman, T. (2006), Parking management: Strategies, Evaluation and Planning, Victoria Transport Policy Institute.

Liu, K. & Abu-Ghazaleh, N. (2006), Aligned virtual coordinates for greedy routing in WSNs, in *3rd IEEE International Conference on Mobile Ad Hoc and Sensor Systems (MASS 2006)*, IEEE, Vancouver, pp. 377–386.

Liu, N., Liu, M., Chen, G. & Cao, J. (2012), The sharing at roadside: Vehicular content distribution using parked vehicles, in *31st IEEE Conference on Computer Communications (INFOCOM 2012), Mini-Conference*, IEEE, Orlando, FL.

Liu, N., Liu, M., Lou, W., Chen, G. & Cao, J. (2011), PVA in VANETs: Stopped cars are not silent, in *30th IEEE Conference on Computer Communications (INFOCOM 2011), Mini-Conference*, IEEE, Shanghai, pp. 431–435.

Liu, Y. & Ozguner, U. (2007), Human driver model and driver decision making for intersection driving, in *IEEE Intelligent Vehicles Symposium (IV 07)*, IEEE, Istanbul, pp. 642–647.

Lochert, C., Mauve, M., Füssler, H. & Hartenstein, H. (2005), 'Geographic routing in city scenarios', *ACM SIGMOBILE Mobile Computing and Communications Review* **9**(1), 69–72.

Lochert, C., Scheuermann, B. & Mauve, M. (2007), Probabilistic aggregation for data dissemination in VANETs, in *4th ACM International Workshop on Vehicular Ad Hoc Networks (VANET 2007)*, ACM, Montréal, Québec, pp. 1–8.

Lochert, C., Scheuermann, B., Wewetzer, C., Luebke, A. & Mauve, M. (2008), Data aggregation and roadside unit placement for a VANET traffic information system, in *5th ACM International Workshop on Vehicular Inter-Networking (VANET 2008)*, ACM, San Francisco, CA, pp. 58–65.

Lownes, N. E. & Machemehl, R. B. (2006), VISSIM: A multi-parameter sensitivity analysis, in *38th Winter Simulation Conference (WSC '06)*, IEEE, Monterey, CA, pp. 1406–1413.

Loyola, L., Lichte, H., Aad, I., Widmer, J. & Valentin, S. (2008), Increasing the capacity of IEEE 802.11 wireless LAN through cooperative coded retransmissions, in *67th IEEE Vehicular Technology Conference (VTC2008-Spring)*, IEEE, Marina Bay, Singapore, pp. 1746–1750.

Lua, E. K., Crowcroft, J., Pias, M., Sharma, R. & Lim, S. (2005), 'A survey and comparison of peer-to-peer overlay network schemes', *IEEE Communication Surveys and Tutorials* **7**(2), 72–93.

Luby, M. G., Mitzenmacher, M., Shokrollahi, M. A. & Spielman, D. A. (2001), 'Efficient erasure correcting codes', *IEEE Transactions on Information Theory* **47**(2), 569–584.

Ma, Z., Kargl, F. & Weber, M. (2009), Measuring location privacy in V2X communication systems with accumulated information, in *6th IEEE International Conference on Mobile Ad Hoc and Sensor Systems (MASS 2009)*, Macau SAR.

Malandrino, F., Casetti, C., Chiasserini, C.-F. & Fiore, M. (2011), Content downloading in vehicular networks: What really matters, in *30th IEEE Conference on Computer Communications (INFOCOM 2011), Mini-Conference*, IEEE, Shanghai, pp. 426–430.

Malandrino, F., Casetti, C. E., Chiasserini, C.-F., Sommer, C. & Dressler, F. (2012), Content downloading in vehicular networks: Bringing parked cars into the picture, in *23rd IEEE International Symposium on Personal, Indoor and Mobile Radio Communications (PIMRC 2012)*, IEEE, Sydney, pp. 1534–1539.

Mangel, T., Klemp, O. & Hartenstein, H. (2011a), A validated 5.9 GHz non-line-of-sight path-loss and fading model for inter-vehicle communication, in *11th International Conference on ITS Telecommunications (ITST 2011)*, IEEE, St. Petersburg, pp. 75–80.

Mangel, T., Schweizer, F., Kosch, T. & Hartenstein, H. (2011b), Vehicular safety communication at intersections: Buildings, non-line-of-sight and representative scenarios, in *8th IEEE/IFIP Conference on Wireless on Demand Network Systems and Services (WONS 2011)*, IEEE, Bardonecchia, pp. 35–41.

Mantler, A. & Snoeyink, J. (2000), Intersecting red and blue line segments in optimal time and precision, in *Japanese Conference on Discrete and Computational Geometry (JCDCG 2000): Revised Papers*, Springer, Tokyo.

Maraslis, K., Chatzimisios, P. & Boucouvalas, A. (2012), IEEE 802.11aa: Improvements on video transmission over wireless LANs, in *IEEE International Conference on Communications (ICC 2012)*, IEEE, Ottawa, Ontario, pp. 115–119.

Matischek, R., Herndl, T., Grimm, C. & Haase, J. (2011), Real-time wireless communication in automotive applications, in *IEEE/ACM Conference on Design, Automation, and Test in Europe (DATE 2011)*, IEEE, Grenoble.

Maurer, J., Fugen, T. & Wiesbeck, W. (2005), Physical layer simulations of IEEE802.11a for vehicle-to-vehicle communications, in *62th IEEE Vehicular Technology Conference (VTC2005-Fall)*, Dallas, TX, pp. 1849–1853.

Mauve, M., Widmer, J. & Hartenstein, H. (2001), 'A survey on position-based routing in mobile ad-hoc networks', *IEEE Network* **15**(6), 30–39.

Mecklenbräuker, C. F., Molisch, A. F., Karedal, J. *et al.* (2011), 'Vehicular channel characterization and its implications for wireless system design and performance', *Proceedings of the IEEE* **99**(7), 1189–1212.

Merali, Z. (2010), 'Computational science: Error – Why scientific programming does not compute', *Nature* **467**(7317), 775–777.

Metcalfe, R. M. & Boggs, D. R. (1976), 'Ethernet: Distributed packet switching for local computer networks', *Communications of the ACM* **19**(7), 395–404.

Mitola, J. & Maguire, Jr., G. Q. (1999), 'Cognitive radio: Making software radios more personal', *IEEE Personal Communications* **6**(4), 13–18.

Morency, C. & Trépanier, M. (2008), Characterizing Parking Spaces Using Travel Survey Data, TR 2008-15, CIRRELT.

Moser, S., Kargl, F. & Keller, A. (2007), Interactive realistic simulation of wireless networks, in *2nd IEEE/EG Symposium on Interactive Ray Tracing 2007 (RT 07)*, IEEE, Ulm, pp. 161–166.

MOST Cooperation (2010), MOST Media Oriented Systems Transport Multimedia and Control Networking Technology, MOST Specification Rev. 3.0 E2.

Nagel, R. & Eichler, S. (2008), Efficient and realistic mobility and channel modeling for VANET scenarios using OMNeT++ and INET-framework, in *1st ACM/ICST International Conference on Simulation Tools and Techniques for Communications, Networks and Systems (SIMUTools 2008)*, ICST, Marseille, pp. 1–8.

Nagurney, A., Qiang, Q. & Nagurney, L. S. (2008), Impact assessment of transportation networks with degradable links in an era of climate change, in *3rd International Conference on Funding Transportation Infrastructure*, Paris.

Nakamura, R. & Kajiwara, A. (2012), Empirical study on 60 GHz in-vehicle radio channel, in *2012 IEEE Radio and Wireless Symposium (RWS 2012)*, IEEE, Santa Clara, CA, pp. 327–330.

Nash, Jr, J. (1950), 'The bargaining problem', *Journal of the Economic Society (Econometrica)* **18**(2), 155–162.

Naumann, N., Schünemann, B., Radusch, I. & Meinel, C. (2009), Improving V2X simulation performance with optimistic synchronization, in *2009 IEEE Asia–Pacific Services Computing Conference (APSCC 2009)*, IEEE, Singapore, pp. 52–57.

Naumov, V., Baumann, R. & Gross, T. (2006), An evaluation of inter-vehicle ad hoc networks based on realistic vehicular traces, in *7th ACM International Symposium on Mobile Ad Hoc Networking and Computing (Mobihoc 2006)*, ACM, Florence, pp. 108–119.

Navas, J. C. & Imielinski, T. (1997), GeoCast – Geographic addressing and routing, in *3rd ACM International Conference on Mobile Computing and Networking (MobiCom 1997)*, Budapest, pp. 66–76.

Negreira, J. A., Pereira, J., Pérez, S. & Belzarena, P. (2007), End-to-end measurements over GPRS-EDGE networks, in *4th International IFIP/ACM Latin American Conference on Networking (LANC '07)*, ACM, pp. 121–131.

Neisser, U. (1976), *Cognition and Reality: Principles and Implications of Cognitive Psychology*, WH Freeman/Times Books/Henry Holt & Co.

Nekovee, M., Irnich, T. & Karlsson, J. (2012), 'Worldwide trends in regulation of secondary access to white spaces using cognitive radio', *IEEE Wireless Communications* **19**(4), 32–40.

Neudecker, T., An, N., Tonguz, O. K., Gaugel, T. & Mittag, J. (2012), Feasibility of virtual traffic lights in non-line-of-sight environments, in *9th ACM International Workshop on Vehicular Internetworking (VANET 2012)*, ACM, Low Wood Bay, pp. 103–106.

Ni, S.-Y., Tseng, Y.-C., Chen, Y.-S. & Sheu, J.-P. (1999), The broadcast storm problem in a mobile ad hoc network, in *5th ACM International Conference on Mobile Computing and Networking (MobiCom 1999)*, Seattle, WA, pp. 151–162.

Noori, H. (2013), Modeling the impact of VANET-enabled traffic lights control on the response time of emergency vehicles in realistic large-scale urban area, in *IEEE International Conference on Communications (ICC 2013)*, IEEE, Budapest.

Ott, J. & Kutscher, D. (2005), A disconnection-tolerant transport for drive-thru Internet environments, in *24th IEEE Conference on Computer Communications (INFOCOM 2005)*, Miami, FL.

Otto, J. S., Bustamante, F. E. & Berry, R. A. (2009), Down the block and around the corner – The impact of radio propagation on inter-vehicle wireless communication, in *29th International Conference on Distributed Computing Systems (ICDCS 2009)*, IEEE, Montréal, Québec, pp. 605–614.

Palazzi, C. E., Roccetti, M., Ferretti, S., Pau, G. & Gerla, M. (2007), Online games on wheels: Fast game event delivery in vehicular ad-hoc networks, in *IEEE Intelligent Vehicles Symposium 2007, 3rd International Workshop on Vehicle-to-Vehicle Communications*, IEEE, Istanbul.

Papadimitratos, P., Buttyan, L., Holczer, T. *et al.* (2008a), 'Secure vehicular communication systems: Design and architecture', *IEEE Communications Magazine* **46**(11), 100–109.

Papadimitratos, P., Kung, A., Hubaux, J. & Kargl, F. (2006), Privacy and identity management for vehicular communication systems: A position paper, in *1st Workshop on Standards for Privacy in User-Centric Identity Management*, Zurich.

Papadimitratos, P., Mezzour, G. & Hubaux, J.-P. (2008b), Certificate revocation list distribution in vehicular communication systems, in *5th ACM International Workshop on Vehicular Inter-Networking (VANET 2008)*, ACM, San Francisco, CA, pp. 86–87.

Park, J.-S., Lee, U., Oh, S. Y., Gerla, M. & Lun, D. S. (2006), Emergency related video streaming in VANET using network coding, in *3rd ACM International Workshop on Vehicular Ad Hoc Networks (VANET 2006)*, ACM, Los Angeles, CA, pp. 102–103.

Pawlikowski, K., Jeong, H.-D. & Lee, J.-S. R. (2002), 'On credibility of simulation studies of telecommunication networks', *IEEE Communications Magazine* **40**(1), 132–139.

Pecchia, E., Erman, D. & Popescu, A. (2009), Simulation and analysis of a combined mobility model with obstacles, in *2nd ACM/ICST International Conference on Simulation Tools and Techniques for Communications, Networks and Systems (SIMUTools 2009)*, ICST, Rome, pp. 1–2.

Penny, T. (1999), Intersection Collision Warning System, Techbrief FHWA-RD-99-103, US DOT, Federal Highway Administration.

Perkins, C. E., Belding-Royer, E. M. & Das, S. R. (2003), Ad Hoc On-Demand Distance Vector (AODV) Routing, RFC 3561.

Perkins, C. E. & Bhagwat, P. (1994), 'Highly dynamic destination-sequenced distance-vector routing (DSDV) for mobile computers', *Computer Communications Review* pp. 234–244.

Perkins, C. E. & Royer, E. M. (1999), Ad hoc on-demand distance vector routing, in *2nd IEEE Workshop on Mobile Computing Systems and Applications*, New Orleans, LA, pp. 90–100.

Perkins, C., Ratliff, S. & Dowdell, J. (2013), Dynamic MANET On-Demand (DYMO) Routing, Technical report, IETF.

Pfitzmann, A. & Köhntopp, M. (2000), Anonymity, unobservability, and pseudonymity – A proposal for terminology, in *International Workshop on Design Issues in Anonymity and Unobservability*, Vol. LNCS 2009, Springer, Berkeley, CA, pp. 1–9.

Piorkowski, M., Raya, M., Lugo, A. L. *et al.* (2007), TraNS: Joint traffic and network simulator, in *13th ACM International Conference on Mobile Computing and Networking (MobiCom 2007)*, Montréal, Québec.

Ploeg, J., Scheepers, B., van Nunen, E., van de Wouw, N. & Nijmeijer, H. (2011), Design and experimental evaluation of cooperative adaptive cruise control, in *IEEE International Conference on Intelligent Transportation Systems (ITSC 2011)*, IEEE, Washington, DC, pp. 260–265.

Qiu, D. & Srikant, R. (2004), Modeling and performance analysis of BitTorrent-like peer-to-peer networks, in *ACM SIGCOMM 2004*, ACM, Portland, OR, pp. 367–378.

Rahmani, M., Pfannenstein, M., Steinbach, E., Giordano, G. & Biersack, E. (2009), Wireless media streaming over IP-based in-vehicle networks, in *IEEE International Conference on Communications Workshops (ICC Workshops 2009)*, Dresden, pp. 1–6.

Rajamani, R., Tan, H.-S., Law, B. K. & Zhang, W.-B. (2000), 'Demonstration of integrated longitudinal and lateral control for the operation of automated vehicles in platoons', *IEEE Transactions on Control Systems Technology* **8**(4), 695–708.

Rakouth, H., Alexander, P., Brown, Jr., A. *et al.* (2012), V2X communication technology: Field experience and comparative analysis, in *FISITA World Automotive Congress*, Vol. LNEE 200, Springer, Beijing, pp. 113–129.

Ranjan, R., Harwood, A. & Buyya, R. (2008), 'Peer-to-peer-based resource discovery in global grids: A tutorial', *IEEE Communication Surveys and Tutorials* **10**(2),6–33.

Rao, A., Ratnasamy, S., Papadimitriou, C., Shenker, S. & Stoica, I. (2003), Geographic routing without location information, in *9th ACM International Conference on Mobile Computing and Networking (MobiCom 2003)*, San Diego, CA.

Rappaport, T. S. (2009), *Wireless Communications: Principles and Practice*, 2nd edn., Prentice Hall.

Ratnasamy, S., Francis, P., Handley, M., Karp, R. & Shenker, S. (2001), A scalable content-addressable network, in *ACM SIGCOMM 2001*, ACM, San Diego, CA, pp. 161–172.

Ratnasamy, S., Karp, B., Shenker, S. *et al.* (2003), 'Data-centric storage in sensornets with GHT, a geographic hash table', *ACM/Springer Mobile Networks and Applications, Special Issue on Wireless Sensor Networks* **8**(4), 427–442.

Ratnasamy, S., Karp, B., Yin, L. *et al.* (2002), GHT: A geographic hash table for data-centric storage, in *1st ACM International Workshop on Wireless Sensor Networks and Applications (WSNA 2002)*, Atlanta, GA.

Raya, M., Papadimitratos, P., Aad, I., Jungels, D. & Hubaux, J.-P. (2007), 'Eviction of misbehaving and faulty nodes in vehicular networks', *IEEE Journal on Selected Areas in Communications* **25**(8), 1557–1568.

Raya, M., Shokri, R. & Hubaux, J.-P. (2010), On the tradeoff between trust and privacy in wireless ad hoc networks, in *3rd ACM Conference on Wireless Network Security (WiSec 2010)*, ACM, Hoboken, NJ, pp. 75–80.

Rekhter, Y. & Li, T. (1995), 'A Border Gateway Protocol 4 (BGP-4)', RFC 1771.

Riaz, Z., Edwards, D. & Thorpe, A. (2006), 'SightSafety: A hybrid information and communication technology system for reducing vehicle/pedestrian collisions', *Elsevier Automation in Construction* **15**(6), 719–728.

Rivera-Lara, E. J., Herrerias-Hernandez, R., Perez-Diaz, J. A. & Garcia-Hernandez, C. F. (2008), Analysis of the relationship between QoS and SNR for an 802.11g WLAN, in *International Conference on Communication Theory, Reliability, and Quality of Service (CTRQ 2008)*, IEEE, Bucharest, pp. 103–107.

Rizzo, L. (1997), 'Effective erasure codes for reliable computer communication protocols', *ACM SIGCOMM Computer Communication Review* **27**(2), 24–36.

Rondinone, M., Maneros, J., Krajzewicz, D. *et al.* (2013), 'iTETRIS: A modular simulation platform for the large scale evaluation of cooperative ITS applications', *Simulation Modelling Practice and Theory* **34**, 99–125.

Rouf, I., Miller, R., Mustafa, H. *et al.* (2010), Security and privacy vulnerabilities of in-car wireless networks: A tire pressure monitoring system case study, in *19th USENIX Security Symposium*, USENIX Association, Washington, D.C.

Rybicki, J., Scheuermann, B., Kiess, W. *et al.* (2007), Challenge: Peers on wheels – A road to new traffic information systems, in *13th ACM International Conference on Mobile Computing and Networking (MobiCom 2007)*, Montréal, Québec, pp. 215–221.

Rybicki, J., Scheuermann, B., Koegel, M. & Mauve, M. (2009), PeerTIS – A peer-to-peer traffic information system, in *6th ACM International Workshop on Vehicular Inter-Networking (VANET 2009)*, ACM, Beijing, pp. 23–32.

SAE (2011), DSRC Message Communication Minimum Performance Requirements: Basic Safety Message for Vehicle Safety Applications, Draft Std. J2945.1 Revision 2.2, SAE Int. DSRC Committee.

Saha, A. K. & Johnson, D. B. (2004), Modeling mobility for vehicular ad-hoc networks, in *1st ACM Workshop on Vehicular Ad Hoc Networks (VANET 2004)*, Philadelphia, PA, pp. 91–92.

Salvo, P., Cuomo, F., Baiocchi, A. & Bragagnini, A. (2012), Road side unit coverage extension for data dissemination in VANETs, in *9th IEEE/IFIP Conference on Wireless on Demand Network Systems and Services (WONS 2012)*, IEEE, Courmayeur, Italy, pp. 47–50.

Sampigethaya, K., Huang, L., Li, M. *et al.* (2005), CARAVAN: Providing location privacy for VANET, in *Embedded Security in Cars (ESCAR 2005)*, Tallinn.

Sarafijanovic-Djukic, N. & Grossglauser, M. (2004), Last encounter routing under random waypoint mobility, in *IFIP NETWORKING 2004*, Vol. LNCS 3042, Springer, Athens, pp. 974–988.

Sastry, N., Shankar, U. & Wagner, D. (2003), Secure verification of location claims, in *2nd ACM Workshop on Wireless Security (WiSe 2003)*, ACM, San Diego, CA, pp. 1–10.

Schaub, F., Kargl, F., Ma, Z. & Weber, M. (2010), V-tokens for conditional pseudonymity in VANETs, in *IEEE Wireless Communications and Networking Conference (WCNC 2010)*, IEEE, Sydney.

Scheuermann, B., Lochert, C., Rybicki, J. & Mauve, M. (2009), A fundamental scalability criterion for data aggregation in VANETs, in *15th ACM International Conference on Mobile Computing and Networking (MobiCom 2009)*, ACM, Beijing, pp. 285–296.

Schmidt, R. K., Leinmüller, T., Schoch, E., Kargl, F. & Schäfer, G. (2010), 'Exploration of adaptive beaconing for efficient intervehicle safety communication', *IEEE Network Magazine* **24**(1), 14–19.

Schmitz, A. & Wenig, M. (2006), The effect of the radio wave propagation model in mobile ad hoc networks, in *9th ACM International Symposium on Modeling, Analysis and Simulation of Wireless and Mobile Systems (MSWiM 2006)*, ACM, Torremolinos, pp. 61–67.

Schneier, B. (1996), *Applied Cryptography*, 2nd edn., John Wiley & Sons.

Schoch, E. & Kargl, F. (2010), On the efficiency of secure beaconing in VANETs, in *3rd ACM Conference on Wireless Network Security (WiSec 2010)*, ACM, Hoboken, NJ, pp. 111–116.

Schoch, E., Kargl, F., Leinmüller, T., Schlott, S. & Papadimitratos, P. (2006), Impact of pseudonym changes on geographic routing in VANETS, in *3rd European Workshop on Security and Privacy in Ad Hoc and Sensor Networks (ESAS 2006)*, Vol. LNCS 4357, Springer, Hamburg.

Schünemann, B. (2011), 'V2X simulation runtime infrastructure VSimRTI: An assessment tool to design smart traffic management systems', *Elsevier Computer Networks* **55**(14), 3189–3198.

Schwartz, R. S., Ohazulike, A. E. & Scholten, H. (2012a), Achieving data utility fairness in periodic dissemination for VANETs, in *75th IEEE Vehicular Technology Conference (VTC2012-Spring)*, IEEE, Yokohama.

Schwartz, R. S., Ohazulike, A. E., Sommer, C. *et al.* (2012b), Fair and adaptive data dissemination for traffic information systems, in *4th IEEE Vehicular Networking Conference (VNC 2012)*, IEEE, Seoul, pp. 1–8.

Schwartz, R. S., Ohazulike, A. E., Sommer, C. *et al.* (2014), 'On the applicability of fair and adaptive data dissemination in traffic information systems', *Elsevier Ad Hoc Networks* **13B**, 428–443.

Segata, M. (2013), Novel communication strategies for platooning and their simulative performance analysis, in *1st GI/ITG KuVS Fachgespräch Inter-Vehicle Communication (FG-IVC 2013)*, Innsbruck.

Segata, M., Bloessl, B., Joerer, S. *et al.* (2014), Towards inter-vehicle communication strategies for platooning support, in *7th International Workshop on Communication Technologies for Vehicles*, IEEE, Saint Petersburg, Russia.

Segata, M., Bloessl, B., Joerer, S. *et al.* (2013), Vehicle shadowing distribution depends on vehicle type: Results of an experimental study, in *5th IEEE Vehicular Networking Conference (VNC 2013)*, IEEE, Boston, MA, pp. 242–245.

Segata, M., Dressler, F., Lo Cigno, R. & Gerla, M. (2012), 'A simulation tool for automated platooning in mixed highway scenarios', *ACM SIGMOBILE Mobile Computing and Communications Review* **16**(4), 46–49.

Serjantov, A. & Danezis, G. (2002), Towards an information theoretic metric for anonymity, in *2nd International Workshop on Privacy Enhancing Technologies (PET 2002)*, San Francisco, CA, pp. 259–263.

Shenker, S., Ratnasamy, S., Karp, B., Govindan, R. & Estrin, D. (2003), 'Data-centric storage in sensornets', *ACM SIGCOMM Computer Communication Review* **33**(1), 137–142.

Shenpei, Z. & Xinping, Y. (2008), Driver's route choice model based on traffic signal control, in *3rd IEEE Conference on Industrial Electronics and Applications (ICIEA 2008)*, IEEE, Singapore, pp. 2331–2334.

Shladover, S. (2006), PATH at 20 – History and major milestones, in *IEEE Intelligent Transportation Systems Conference (ITSC 2006)*, Toronto, pp. 22–29.

sim^{TD} (2013), Final Report of Subproject 5, Deliverable D5.5 Part A.

Skordylis, A. & Trigoni, N. (2008), Delay-bounded routing in vehicular ad-hoc networks, in *9th ACM International Symposium on Mobile Ad Hoc Networking and Computing (Mobihoc 2008)*, ACM, Hong Kong, pp. 341–350.

Sommer, C., Dietrich, I. & Dressler, F. (2007), Realistic simulation of network protocols in VANET scenarios, in *26th IEEE Conference on Computer Communications (INFOCOM 2007): IEEE Workshop on Mobile Networking for Vehicular Environments (MOVE 2007), Poster Session*, IEEE, Anchorage, AK, pp. 139–143.

Sommer, C. & Dressler, F. (2007), The DYMO routing protocol in VANET scenarios, in *66th IEEE Vehicular Technology Conference (VTC2007-Fall)*, IEEE, Baltimore, MD, pp. 16–20.

Sommer, C. & Dressler, F. (2008), 'Progressing toward realistic mobility models in VANET simulations', *IEEE Communications Magazine* **46**(11), 132–137.

Sommer, C. & Dressler, F. (2011), Using the right two-ray model? A measurement based evaluation of PHY models in VANETs, in *17th ACM International Conference on Mobile Computing and Networking (MobiCom 2011), Poster Session*, ACM, Las Vegas, NV.

Sommer, C., Eckhoff, D. & Dressler, F. (2010a), 'Improving the accuracy of IVC simulation using crowd-sourced geodata', *Praxis der Informationsverarbeitung und Kommunikation (PIK)* **33**(4), 278–283.

Sommer, C., Eckhoff, D. & Dressler, F. (2014a), 'IVC in cities: Signal attenuation by buildings and how parked cars can improve the situation', *IEEE Transactions on Mobile Computing*, **13**(8), 1733–1745.

Sommer, C., Eckhoff, D., German, R. & Dressler, F. (2011a), A computationally inexpensive empirical model of IEEE 802.11p radio shadowing in urban environments, in *8th IEEE/IFIP Conference on Wireless on Demand Network Systems and Services (WONS 2011)*, IEEE, Bardonecchia, pp. 84–90.

Sommer, C., German, R. & Dressler, F. (2010b), Adaptive Beaconing for Delay-Sensitive and Congestion-Aware Traffic Information Systems, Technical Report CS-2010-01, University of Erlangen, Department of Computer Science.

Sommer, C., German, R. & Dressler, F. (2011b), 'Bidirectionally coupled network and road traffic simulation for improved IVC analysis', *IEEE Transactions on Mobile Computing* **10**(1), 3–15.

Sommer, C., Hagenauer, F. & Dressler, F. (2014b), A networking perspective on self-organizing intersection management, in *IEEE World Forum on Internet of Things (WF-IoT 2014)*, IEEE, Seoul, pp. 230–234.

Sommer, C., Joerer, S. & Dressler, F. (2012), On the applicability of two-ray path loss models for vehicular network simulation, in *4th IEEE Vehicular Networking Conference (VNC 2012)*, IEEE, Seoul, pp. 64–69.

Sommer, C., Joerer, S., Segata, M. *et al.* (2013), How shadowing hurts vehicular communications and how dynamic beaconing can help, in *32nd IEEE Conference on Computer Communications (INFOCOM 2013), Mini-Conference*, IEEE, Turin, pp. 110–114.

Sommer, C., Krul, R., German, R. & Dressler, F. (2010c), Emissions vs. travel time: Simulative evaluation of the environmental impact of ITS, in *71st IEEE Vehicular Technology Conference (VTC2010-Spring)*, IEEE, Taipei, pp. 1–5.

Sommer, C., Schmidt, A., Chen, Y. *et al.* (2010d), 'On the feasibility of UMTS-based traffic information systems', *Elsevier Ad Hoc Networks, Special Issue on Vehicular Networks* **8**(5), 506–517.

Sommer, C., Tonguz, O. K. & Dressler, F. (2010e), Adaptive beaconing for delay-sensitive and congestion-aware traffic information systems, in *2nd IEEE Vehicular Networking Conference (VNC 2010)*, IEEE, Jersey City, NJ, pp. 1–8.

Sommer, C., Tonguz, O. K. & Dressler, F. (2011c), 'Traffic information systems: Efficient message dissemination via adaptive beaconing', *IEEE Communications Magazine* **49**(5), 173–179.

Sommer, C., Yao, Z., German, R. & Dressler, F. (2008), Simulating the influence of IVC on road traffic using bidirectionally coupled simulators, in *27th IEEE Conference on Computer Communications (INFOCOM 2008): IEEE Workshop on Mobile Networking for Vehicular Environments (MOVE 2008)*, IEEE, Phoenix, AZ, pp. 1–6.

Souley, A.-K. H. & Cherkaoui, S. (2005), Realistic urban scenarios simulation for ad hoc networks, in *2nd International Conference on Innovations in Information Technology (IIT'05)*, Dubai.

Stallings, W. (2013), *Cryptography and Network Security: Principles and Practice*, 6th edn., Pearson Prentice Hall.

Steinmetz, R. & Wehrle, K., eds. (2005), *Peer-to-Peer Systems and Applications*, Springer.

Stepanov, I. & Rothermel, K. (2008), 'On the impact of a more realistic physical layer on MANET simulations results', *Elsevier Ad Hoc Networks* **6**(1), 61–78.

Stoica, I., Morris, R., Karger, D. R., Kaashoek, M. F. & Balakrishnan, H. (2001), Chord: A scalable peer-to-peer lookup service for internet applications, in *ACM SIGCOMM 2001*, ACM, San Diego, CA, pp. 149–160.

Stoica, I., Morris, R., Liben-Nowell, D. *et al.* (2003), 'Chord: A scalable peer-to-peer lookup protocol for internet applications', *IEEE/ACM Transactions on Networking* **11**(1), 17–32.

Stübing, H., Bechler, M., Heussner, D. *et al.* (2010), 'simTD: A car-to-X system architecture for field operational tests', *IEEE Communications Magazine* **48**(5), 148–154.

Stutts, J. C., Stewart, J. R. & Martell, C. (1998), 'Cognitive test performance and crash risk in an older driver population', *Accident Analysis and Prevention* **30**(3), 337–346.

Sugimoto, C., Nakamura, Y. & Hashimoto, T. (2008), Prototype of pedestrian-to-vehicle communication system for the prevention of pedestrian accidents using both 3G wireless and WLAN communication, in *3rd IEEE International Symposium on Wireless Pervasive Computing (ISWPC 2008)*, IEEE, Santorini, pp. 764–767.

Suzuki, H. (1977), 'A statistical model for urban radio propagation', *IEEE Transactions on Communications* **25**(7), 673–680.

Tan, G., Bertier, M. & Kermarrec, A.-M. (2009), Convex partition of sensor networks and its use in virtual coordinate geographic routing, in *28th IEEE Conference on Computer Communications (INFOCOM 2009)*, IEEE, Rio de Janeiro.

Tanenbaum, A. S. & Wetherall, D. J. (2011), *Computer Networks*, 5th edn., Prentice Hall.

Tang, A. & Yip, A. (2010), 'Collision avoidance timing analysis of DSRC-based vehicles', *Accident Analysis and Prevention* **42**(1), 182–195.

Tielert, T., Jiang, D., Hartenstein, H. & Delgrossi, L. (2013), Joint power/rate congestion control optimizing packet reception in vehicle safety communications, in *10th ACM International Workshop on Vehicular Internetworking (VANET 2013)*, ACM, Taipei, pp. 51–60.

Tonguz, O. K. & Boban, M. (2010), 'Multiplayer games over vehicular ad hoc networks: A new application', *Elsevier Ad Hoc Networks* **8**(5), 531–543.

Tonguz, O. K., Wisitpongphan, N. & Bai, F. (2010), 'DV-CAST: A distributed vehicular broadcast protocol for vehicular ad hoc networks', *IEEE Wireless Communications* **17**(2), 47–57.

Tonguz, O., Wisitpongphan, N., Bai, F., Mudalige, P. & Sadekart, V. (2007), Broadcasting in VANET, in *26th IEEE Conference on Computer Communications (INFOCOM 2007): Mobile Networking for Vehicular Environments (MOVE 2007)*, IEEE, Anchorage, AK, pp. 7–12.

Tonguz, O., Wisitpongphan, N., Parikh, J. *et al.* (2006), On the broadcast storm problem in ad hoc wireless networks, in *3rd International Conference on Broadband Communications, Networks, and Systems (BROADNETS)*, San Jose, CA.

Torrent-Moreno, M., Santi, P. & Hartenstein, H. (2006), Distributed fair transmit power adjustment for vehicular ad hoc networks, in *3rd IEEE Communications Society Conference on Sensor and Ad Hoc Communications and Networks (SECON 2006)*, Vol. 2, IEEE, Reston, VA, pp. 479–488.

TPEG (2006a), Traffic and Travel Information (TTI) – TTI via Transport Protocol Expert Group (TPEG) Data-streams – Part 1: Introduction, Numbering and Versions, TS 18234-1, ISO.

TPEG (2006b), Traffic and Travel Information (TTI) – TTI via Transport Protocol Expert Group (TPEG) Data-streams – Part 4: Road Traffic Message (RTM) Application, TS 18234-4, ISO.

TPEG (2006c), Traffic and Travel Information (TTI) – TTI via Transport Protocol Experts Group (TPEG) Extensible Markup Language (XML) – Part 1: Introduction, Common Data Types and tpegML, TS 24530-1, ISO.

Train, J., Bannister, J. & Raghavendra, C. (2011), Routing fountains: Leveraging wide-area broadcast to improve mobile inter-domain routing, in *IEEE Military Communications Conference (MILCOM 2011)*, Baltimore, MD, pp. 842–848.

Treiber, M., Hennecke, A. & Helbing, D. (2000), Microscopic simulation of congested traffic, in D. Helbing, H. Herrmann, M. Schreckenberg & D. Wolf, eds., *Traffic and Granular Flow '99*, Springer, Heidelberg.

Tsai, H.-M., Tonguz, O., Saraydar, C. *et al.* (2007), 'Zigbee-based intra-car wireless sensor networks: A case study', *IEEE Wireless Communications* **14**(6), 67–77.

Tsai, M.-J., Wang, F.-R., Yang, H.-Y. & Cheng, Y.-P. (2009), VirtualFace: An algorithm to guarantee packet delivery of virtual-coordinate-based routing protocols in wireless sensor networks, in *28th IEEE Conference on Computer Communications (INFOCOM 2009)*, IEEE, Rio de Janeiro.

Tubaishat, M., Shang, Y. & Shi, H. (2007), Adaptive traffic light control with wireless sensor networks, in *4th IEEE Consumer Communications and Networking Conference (CCNC 2007)*, IEEE, Las Vegas, NV, pp. 187–191.

Tung, L.-C., Mena, J., Gerla, M. & Sommer, C. (2013), A cluster based architecture for intersection collision avoidance using heterogeneous networks, in *12th IFIP/IEEE Annual Mediterranean Ad Hoc Networking Workshop (Med-Hoc-Net 2013)*, IEEE, Ajaccio, Corsica.

Uang, S.-T. & Hwang, S.-L. (2003), 'Effects on driving behavior of congestion information and of scale of in-vehicle navigation systems', *Transportation Research Part C: Emerging Technologies* **11**(6), 423–438.

Uzcátegui, R. A. & Acosta-Marum, G. (2009), 'WAVE: A tutorial', *IEEE Communications Magazine* **47**(5), 126–133.

Valerio, D., Ricciato, F., Belanovic, P. & Zemen, T. (2008), UMTS on the road: Broadcasting intelligent road safety information via MBMS, in *67th IEEE Vehicular Technology Conference (VTC2008-Spring)*, pp. 3026–3030.

van Arem, B., van Driel, C. & Visser, R. (2006), 'The impact of cooperative adaptive cruise control on traffic-flow characteristics', *IEEE Transactions on Intelligent Transportation Systems* **7**(4), 429–436.

Varga, A. & Hornig, R. (2008), An overview of the OMNeT++ simulation environment, in *1st ACM/ICST International Conference on Simulation Tools and Techniques for Communications, Networks and Systems (SIMUTools 2008)*, ACM, Marseille.

Vasudevan, S., Kurose, J. & Towsley, D. (2004), Design and analysis of a leader election algorithm for mobile ad hoc networks, in *12th IEEE International Conference on Network Protocols (ICNP 2004)*, pp. 350–360.

Vesco, A., Scopigno, R., Casetti, C. & Chiasserini, C.-F. (2013), Investigating the effectiveness of decentralized congestion control in vehicular networks, in *IEEE Global Telecommunications Conference (GLOBECOM 2013)*, IEEE, Atlanta, GA.

Vinel, A. (2012), '3GPP LTE Versus IEEE 802.11p/WAVE: Which technology is able to support cooperative vehicular safety applications?', *Wireless Communications Letters* **1**(2), 125–128.

Viriyasitavat, W., Bai, F. & Tonguz, O. (2010), UV-CAST: An urban vehicular broadcast protocol, in *2nd IEEE Vehicular Networking Conference (VNC 2010)*, IEEE, Jersey City, NJ, pp. 25–32.

Viriyasitavat, W., Tonguz, O. K. & Bai, F. (2009), Network connectivity of VANETs in urban areas, in *6th IEEE Communications Society Conference on Sensor and Ad Hoc Communications and Networks (SECON 2009)*, IEEE, Rome.

Vogels, W., van Renesse, R. & Briman, K. (2003), 'The power of epidemics: Robust communication for large-scale distributed systems', *ACM SIGCOMM Computer Communication Review* **33**(1), 131–135.

Vora, A. & Nesterenko, M. (2006), 'Secure location verification using radio broadcast', *IEEE Transactions on Dependable and Secure Computing* **3**(4), 377–385.

Wang, Y., Ahmed, A., Krishnamachari, B. & Psounis, K. (2008), IEEE 802.11p performance evaluation and protocol enhancement, in *IEEE International Conference on Vehicular Electronics and Safety (ICVES)*, Columbus, OH, pp. 317–322.

Watteyne, T., Molinaro, A., Richichi, M. G. & Dohler, M. (2011), 'From MANET To IETF ROLL standardization: A paradigm shift in WSN routing protocols', *IEEE Communications Surveys and Tutorials* **13**(4), 688–707.

Watteyne, T., Simplot-Ryl, D., Augé-Blum, I. & Dohler, M. (2007), On using virtual coordinates for routing in the context of wireless sensor networks, in *18th IEEE International Symposium on Personal, Indoor and Mobile Radio Communications (PIMRC 2007)*, IEEE, Athens, pp. 1–5.

Wegener, A., Piorkowski, M., Raya, M. *et al.* (2008), TraCI: An interface for coupling road traffic and network simulators, in *11th Communications and Networking Simulation Symposium (CNS'08)*, Ottawa.

Wehrle, K., Günes, M. & Gross, J. (2010), *Modeling and Tools for Network Simulation*, Springer.

Weiß, C. (2011), 'V2X communication in europe – From research projects towards standardization and field testing of vehicle communication technology', *Elsevier Computer Networks* **55**(14), 3103–3119.

Wenger, M., Spyridakis, J., Haselkorn, M., Barfield, W. & Conquest, L. (1990), 'Motorist behavior and the design of motorist information systems. Human factors and safety research related to highway design and operation', *Transportation Research Record* **1281**, 159–167.

Werner, M., Lupoaie, R., Subramanian, S. & Jose, J. (2012), MAC layer performance of ITS G5 – optimized DCC and advanced transmitter coordination, in *4th ETSI TC ITS Workshop*, Doha, Qatar.

Wiedemann, R. (1974), Simulation des Straßenverkehrsflusses, Habilitation, University of Karlsruhe.

Wiedersheim, B., Ma, Z., Kargl, F. & Papadimitratos, P. (2010), Privacy in inter-vehicular networks: Why simple pseudonym change is not enough, in *7th IEEE/IFIP Conference on Wireless on Demand Network Systems and Services (WONS 2010)*, Kranjska Gora, Slovenia.

Williams, B. (2008), *Intelligent Transport Systems Standards*, Artech House.

Willke, T. L., Tientrakool, P. & Maxemchuk, N. F. (2009), 'A survey of inter-vehicle communication protocols and their applications', *IEEE Communications Surveys and Tutorials* **11**(2), 3–20.

Wischhof, L., Ebner, A. & Rohling, H. (2005), 'Information dissemination in self-organizing intervehicle networks', *IEEE Transactions on Intelligent Transportation Systems* **6**(1), 90–101.

Wischhof, L., Ebner, A. & Rohling, H. (2006), Self-generated road status maps based on vehicular ad hoc communication, in *3rd International Workshop on Intelligent Transportation (WIT 2006)*, Hamburg.

Wischhof, L., Ebner, A., Rohling, H., Lott, M. & Halfmann, R. (2003), SOTIS – A self-organizing traffic information system, in *57th IEEE Vehicular Technology Conference (VTC2003-Spring)*, Jeju, South Korea.

Wisitpongphan, N. & Bai, F. (2013), Microscopic experimental evaluation of multi-hop video streaming protocol in vehicular networks, in *5th IEEE Vehicular Networking Conference (VNC 2013)*, IEEE, Boston, MA.

Wisitpongphan, N., Bai, F., Mudalige, P., Sadekar, V. & Tonguz, O. (2007a), 'Routing in sparse vehicular ad hoc wireless networks', *IEEE Journal on Selected Areas in Communications* **25**(8), 1538–1556.

Wisitpongphan, N., Tonguz, O. K., Parikh, J. S. *et al.* (2007b), 'Broadcast storm mitigation techniques in vehicular ad hoc networks', *IEEE Wireless Communications* **14**(6), 84–94.

Wright, A. (2011), 'Hacking cars', *Communications of the ACM* **54**(11), 18–19.

Xue, Q. & Ganz, A. (2003), 'Ad hoc QoS on-demand routing (AQOR) in mobile ad hoc networks', *Journal of Parallel and Distributed Computing* **63**(2), 154–165.

Yoon, J., Liu, M. & Noble, B. (2003), Random waypoint considered harmful, in *22nd IEEE Conference on Computer Communications (INFOCOM 2003)*, IEEE, San Francisco, CA, pp. 1312–1321.

Zhang, H. & Hou, J. C. (2005), 'On the upper bound of α-lifetime for large sensor networks', *ACM Transactions on Sensor Networks* **1**(2), 272–300.

Zhao, Y., Chen, Y., Li, B. & Zhang, Q. (2007), 'Hop ID: A virtual coordinate-based routing for sparse mobile ad hoc networks', *IEEE Transactions on Mobile Computing* **6**(9), 1075–1089.

Zheng, Z., Lu, Z., Sinha, P. & Kumar, S. (2010), Maximizing the contact opportunity for vehicular internet access, in *29th IEEE Conference on Computer Communications (INFOCOM 2010)*, IEEE, San Diego, CA, pp. 1–9.

Zhou, B., Tiwari, A., Zhu, K. *et al.* (2009), Geo-based inter-domain routing (GIDR) protocol for MANETs, in *IEEE Military Communications Conference (MILCOM 2009)*, IEEE, Boston, MA, pp. 1–7.

Zhou, L., Zhang, Y., Song, K., Jing, W. & Vasilakos, A. (2011), 'Distributed media services in P2P-based vehicular networks', *IEEE Transactions on Vehicular Technology* **60**(2), 692–703.

Zhu, Y., Xu, B., Shi, X. & Wang, Y. (2013), 'A survey of social-based routing in delay tolerant networks: Positive and negative social effects', *IEEE Communications Surveys and Tutorials* **15**(1), 387–401.

Ziomek, J., Tedesco, L. & Coughlin, T. (2013), 'My car, my way: Why not? I paid for it!', *Consumer Electronics Magazine* **2**(3), 25–29.